Ich bin der Hecht

eine fischereiliche Plauderei von Aal bis Zander

Ich bin der Hecht
eine fischereiliche Plauderei von Aal bis Zander
erschienen 05.2019, 1. Auflage
Verlagshaus Schlosser, 85551 Kirchheim

Text: Dr. Dieter Mechtel
Umschlag, Layout & Druck: Verlagshaus Schlosser
ISBN: 978-3-96200-213-8
€ 14,90

Ich bin der Hecht

eine fischereiliche Plauderei von Aal bis Zander

mit
Dieter Mechtel

Verlagshaus Schlosser

Inhaltsverzeichnis

Vorwort

Plaudern wir also über Fische, genauer über unsere einheimischen Fische oder lassen wir sie selbst sprechen. Im Gegensatz zu den heimischen Tieren in Feld und Flur, im Wald und in der Luft leben die Fische unter Wasser und sind uns deshalb verborgen. Das scheint der einfache Grund zu sein, weshalb viele Zeitgenossen über die Schuppentiere nicht so viel wissen.
Dass Fische kein schönes Kuschelfell haben, nicht warm sind, sondern kalt und noch dazu glitschig, dass wir von ihnen keine schöne Feder finden, mag ebenfalls viele davon abhalten, sich mehr für diese Wirbeltiere zu interessieren.

Vor mir liegt ein sehr schönes Buch "Die schönsten Tierfabeln von Äsop bis Hey", bereits 1905 unter dem Titel "Das große Fabelbuch. Für die Jugend ausgewählt von Walter Heichen" in Berlin erschienen und 2013 vom Anaconda Verlag Köln neu herausgegeben. 23 Autoren sind hier mit 297 Fabeln versammelt. Dabei Johan Peter Hebel (1760 bis 1826) mit 29 Anekdoten aus seinem Schatzkästlein. Abgesehen vom antiken Äsop (um 600 vor Christus), dem Begründer und Vater der Fabeldichtung, ist der älteste dieser Dichter Ulrich Boner (1324 bis 1349) und der jüngste Martin Greif, geboren 1893, gestorben 1911. Eine zeitliche Lebensspanne also von knapp 600 Jahren.
Von diesen 297 Fabeln wiederum sind nicht alle Tierfabeln, so die des Philosophen Arthur Schopenhauer (1788 bis 1860). Die Titel lauten Apfelbaum und Tanne, die Feldblume, die Oase und die Wüste. Desgleichen die 22 Fabeln von Abraham Emanuel Fröhlich (1796 bis 1865) und noch einige andere. Die Tierfabeln überwiegen jedoch mit 215 bei weitem. Hier einige ausgewählte Tiere: Esel, Ochse, Pferd, Sperling, Affe, Bär, Fuchs, Hahn, Löwe, Dachs, Schmetterling, Wolf, Kranich, Hirsch, Schlange, Rabe, Pfau, Geiß, Ameise, Grille, Adler, Frosch, Storch, Reiher, Schwein, Kalb usw. usf.

Von diesen 215 Fabeln wiederum handeln gerade 6 von Fischen. Es sind:
"Fischlein" von Wilhelm Hey (1790 bis 1854), "Der tyrannische Hecht" von Burkhard Waldis (um 1490 bis 1557), "Der kleine Fisch und der Fischer" von Jean de La Fontaine (1621 bis 1695), "Der Lachs und das Neunauge", "Die Sardelle und die Auster" von Gottlieb Konrad Pfeffel (1736 bis 1809) sowie "Das Huhn und der Karpfen" von Heinrich Seidel (1842 bis 1906) - allesamt Gedichte. Allein diese einfache Aufzählung ist Kommentar genug. Kein Zander und Barsch, keine Plötze, Rotfeder und Schleie, kein Wels, Blei oder Stichling reden miteinander. Schauen wir uns das Gedicht vom Lachs und Neunauge an, so sehen wir, dass es auf einem damals verbreiteten Irrtum beruht. Das Neunauge wird in einem Netz gefangen und der Lachs wundert sich darüber. Du hast doch neun Augen und ließest dich erwischen? fragt er. Das Neunauge antwortet: "Viele Augen helfen nichts, wenn unser Feind mit zweien besser sieht als wir mit neun."
Ein Blick noch in das Buch "Der Fuchs und die Trauben. Deutsche Tierdichtung des Mittelalters", 1973 bei Rütten & Löning in Berlin erschienen. Hier lernen wir 101 Tierfabeln von 14 Autoren und das Epos über Reinke de Vos kennen. Darunter drei über Fische: "Der Fischer und das Fischlein" von Heinrich Steinhöwel (1412 bis 1482 oder 1483), "Fuchs und Wolf beim Fischzug" von Burkhard Waldis und "Die drei Fische" von Hans Wilhelm Kirchhof " (1525 bis 1605).
Auch bei den Märchen sieht es ebenso rar aus.
Fazit: Fischfabeln gab es, aber nur ganz wenige und gibt es heute noch weniger, weil auch die Fabeldichtung selbst völlig außer Mode gekommen ist. Warum eigentlich? Da Fabeln ausdrücklich mit der Absicht geschrieben wurden, zu belehren, eine Botschaft zu vermitteln, zu erziehen, aufzuklären, auch zu kritisieren, zu warnen, mithin also der erhobene Zeigefinger immer unsichtbar gegenwärtig ist, sind sie heute offenbar nicht mehr gelitten, denn das Publikum will nicht belehrt werden.

Aber sind wir heute klüger, moralisch auf einer höheren Stufe, in unseren Taten edler, toleranter als damals? Wer wollte das wohl behaupten? Und, nicht zu verkennen: Die Fabel will auch unterhalten, ein Schmunzeln hervorlocken. Also folgt daraus, dass die Fabel auch heute noch und möglicherweise gerade in unserer Zeit ihren Platz hätte - wenn sie denn heutzutage noch geschrieben würde. Welche Tiere sprechen heute miteinander oder zu uns, von den Fischen ganz zu schweigen?
In meinem Buch "Wie die Fische in den Himmel kamen" - erschienen 2013 bei Edition BEBUG mbh / Berolina - habe ich zwischen den Angelgeschichten bereits 22 Fischfabeln platziert. Dadurch ermuntert, ist es die Absicht dieses Buches, unsere einheimischen Süßwasserfische vor allem aus der Sicht der Fische selbst durch Gedichte, Fabeln und Märchen vorzustellen. Denn hiervon gibt es in unserem Sprachraum so gut wie keine aktuellen Vorbilder. Ein Lichtblick sind hier allerdings die originellen Fischgedichte von Arezu Weitholz. Da die "Wassertierfabeln" weniger Gestaltungsfreiheit ermöglichen als die "Landtierfabeln", bin ich auf die Reaktion der Leser gespannt.
Der großartige russische Fabeldichter Iwan Andrejewitsch Krylow (1769 bis 1844) hat von seinen 101 Fabeln immerhin 6 über Fische geschrieben, in vieren steht der Hecht im Mittelpunkt. Sie sind allesamt in Gedichtform zugänglich (zuletzt Verlag Phillip Reclam jun., Leipzig 1988 sowie im Internet unter Projekt Gutenberg) und in einer für uns heute umständlichen bzw. veralteten Sprache durch die Übersetzung von Ferdinand Löwe (1809 bis 1889). Eine Neuübersetzung bzw. eine vollständige Nacherzählung in Prosa wäre bestimmt verdienstvoll. Die bekannteste Fabel ist wahrscheinlich die über den Schwan, den Hecht und den Krebs. Sie wollten - vergebens - einen leichten Karren fortschieben. Der Schwan strebt nach oben, der Krebs rückwärts und der Hecht genau entgegengesetzt ins Wasser.

Nach wie vor ist auch für mich Äsop ein inspirierendes zeitloses und damit auch modernes Vorbild. Er hat uns übrigens auch einige

"Fischer-Fabeln" hinterlassen, die leider nicht in dem erwähnten Fabelbuch aufgenommen wurden. Darunter "Der Fischer und die Sardelle". Steinhöwel hat hieraus sein "Der Fischer und das Fischlein" gemacht (s. später unter Schonzeiten und Mindestmaße).
Dabei soll die "Moralpredigt" nicht übertrieben werden, wie es damals, das heißt zwischen dem 13. und 18. Jahrhundert, üblich war. Da wurden nicht wenige Fabeln verpackt wie eine Klappstulle - oben Moral, in der Mitte die Handlung, unten Moral.
Ein anschauliches Beispiel dafür ist die Fabel von den drei Fischen. Sie beginnt so:

So viele Gaben es gibt, mit denen Gott vor allem die Menschen geadelt und ausgezeichnet hat, so viele Arten ihrer Verwendung finden sich. Man bedient sich ihrer bald zu Ehren, bald zu Unehren Gottes; bald zum Nutzen seiner selbst und seines Nachbarn, bald zum Schaden. Dazu soll die folgende Fabel ein Gleichnis bieten.

Sie ist eigentlich schnell erzählt. In einem See wohnten drei Fische. Der eine war vorausschauend, der zweite klug und der dritte träge. Als die Fischer ihre Netze auswarfen, konnten sich die ersten beiden retten, der träge Fisch jedoch wurde gefangen.
Danach folgt eine lange, viel längere "Predigt" als die Fabel selbst mit diesem Anfang:

So findet man auch im allgemeinen dreierlei Menschengruppen auf der Welt, von denen eine jede ihre besondere Art hat, sich der verliehenen Gaben Gottes zu bedienen.
Und sie endet: *Tod und Lebensgefahr begegnet man mit herzhafter Tapferkeit, denn wer mutig wagt, besiegt das Unglück. Unsicheres Zaudern und Verzagtheit führen selten zum guten Ende, denn der Träge besteht das Unglück nicht.*
Solcherart Belehrung ist heute sicher nicht vonnöten, denn die Fabel selbst muss die Botschaft sein. Aber ganz ohne Erinnerung an

unsere Werte sollte es auch nicht gehen. Ein Blick zurück, wie unsere Vorfahren die Fische beurteilten, macht die Plauderei ein wenig "historisch".
Schließlich sollen auch der Fang und die Hege der Fische in Verbindung mit einigen geschichtlichen Rückblicken nicht zu kurz kommen. Einige Angelgeschichten, eine kleine Fischnamenskunde und der Anhang, hier ein Angebot besonders für Kinder, ergänzen die Fischreise.

Also lade ich Sie, liebe Leserinnen und Leser, ein zu einer fischereilichen Plauderei von Aal bis Zander. Wenn es fürs erste genug ist, dann unterbrechen Sie einfach und wir reden das nächste Mal weiter miteinander.

Dieter Mechtel,

Berlin, im März 2019.

Von Aal bis Zander

Aal und Zander

Ein unvorsichtiger Aal geriet in die Fangzähne eines Zanders und sprach: „Verehrter Herr oder gnädige Frau Zander. Ich bin sehr froh, bei Ihnen zu sein, haben wir doch beide eine Gemeinsamkeit, die die Zweibeiner begründet haben. Wenn man über unsere Geschlechter nachdenkt, über unsere Größe und Vielfalt, dann sagt man von Aal bis Zander. Ich bin also der Anfang und Sie das Ende. Beide sind wir untrennbar verbunden, denn es gibt kein Ende ohne Anfang, und jeder Anfang hat einmal in unserer Welt ein Ende. Wir beide sind also auserwählt vom Menschen, unsere Lebenswelt zu erfassen, wir beide sind somit die Denkologen und Symbole für alle hiesigen Fischarten. Ich bin überzeugt, dass Sie, verehrte gnädige Stachelritter, dies auch so sehen und Lust haben, mit mir gemeinsam über unsere Welt tiefsinnig und vergnüglich zu reden."
Der Zander dachte, auf solche Schmeicheleien falle ich nicht herein, und was gehen mich die Zweibeiner an. Deshalb antwortete er: „Sie irren sich gewaltig, …" Der Aal nutzte sofort das offene Maul und entfloh.

Hecht und Zander

1. Begegnung

Eines Tages trafen sich Herbert Hecht und Zacharias Zander. "Stachelrücken", begann sogleich der Hecht, "ich habe mächtigen Hunger. Du hast doch sicherlich schon erkundet, wo es was zu fressen gibt?" "Aber natürlich, verehrter Fangblitz. Heute Nacht habe ich eine Stelle am Ufer entdeckt, da hat ein Angler eine Kiste mit kleineren Fischen versenkt, die er als Köder für uns benötigt, um uns zu überlisten. Aber das werden wir jetzt tun."
"Wie, was werden wir jetzt tun?", fragte der Hecht. "Wir werden den Angler überlisten oder traust du dich nicht?" Der Zander schwamm erregt auf und ab. "Na und ob, eine gute Idee, aber was hast du vor?" "Wir müssen feststellen, ob der Angler da ist und

warten, bis er seine Kiste öffnet. Dann werde ich ihn mit Schlägen der Schwanzflosse auf mich aufmerksam machen und ablenken. Sodann kannst du in die Kiste hinein und dir so viel Fische holen wie du magst." Gesagt getan. Der Hecht zwängte sich in die Öffnung der Kiste und schnappte gierig eine Plötze. Als er jedoch herauswollte, hatte er große Mühe, was nicht unbemerkt blieb. Der Angler staunte nicht schlecht, ergriff seine Schwanzflosse und zog ihn freudig heraus. Aber es gelang ihm nicht, den Hecht festzuhalten, so dass dieser sich befreien konnte. Durch diese Aktion schwammen einige Köderfische aus der Kiste und der Zander stillte seinen Hunger.
"Das ist nochmal gut gegangen", meinte der Hecht zum Zander. Dieser antwortete: "Du hättest vorsichtiger sein müssen. Das sollte dir eine Lehre sein."

2. Begegnung
Erneut forderte der Hecht den Zander auf, ihm Beute zu verschaffen. Der Zander antwortete: "Nicht weit von hier hat ein Angler in seinem großen Kescher zwei Karpfen und kleinere Fische gefangen. Das rieche ich bis hierher. Für mich ist der Karpfen zu groß. Einen davon könntest du dir holen. Dann ist dein Hunger garantiert für längere Zeit gestillt. Ich begnüge mich mit den kleineren Fischen, sollte ich sie erwischen." "Aber wie wollen wir es dieses Mal erfolgreich anstellen?", fragte der Hecht.
"Du musst vorsichtig vorn heranschwimmen und versuchen, das Garn zu zerreißen. Der Angler wird es nicht sogleich merken, wenn sich der Kescher bewegt, weil vor allem die Karpfen ständig versuchen, aus dem Gefängnis zu entkommen. Hast du es geschafft, werden sie heraus schwimmen und möglicherweise auch die Plötzen. Dann kannst du einen von ihnen bequem packen. Ich selbst bin zu schwach, das Netz zu zerreißen. Und außerdem tust du ein gutes Werk, denn du befreist die Fische aus der Gefangenschaft des niederträchtigen Anglers." Der Hecht war einverstanden. Als sie sich dem Setzkescher bedächtig näherten, vergaß der Hecht alle Zurückhaltung und versuchte in einem ersten Angriff,

durch kräftiges Bewegen seines Kopfes eine Öffnung, in das Netz zu reißen. Aber es gelang ihm trotz aller Mühen nicht und er blieb mit den Zähnen im festen Garn hängen. Als der Angler die unnatürlichen Bewegungen des Keschers bemerkte, zog er ihn heraus. Der Hecht mochte zappeln, wie er wollte, das Netz hatte sich so in seinen nach hinten stehenden Zähnen verhakt, dass er sich auch jetzt nicht befreien konnte. Der Angler hatte viel Mühe, das Netz aus dem Maul des Hechtes zu bekommen. Dabei verletzte er sich an den spitzen Zähnen des Nimmersatts und ließ ihn vor Schreck fallen.

Doch auch dieses Erlebnis führte beim Hecht nicht zu einem Sinneswandel.

3. Begegnung

Kaum hatte sich Fangblitz erholt, behauptete er, stärker zu sein als ein Angler und bedrängte den Zander erneut, ihm beim Raubzug zu helfen. Dieser widersprach nicht, im Gegenteil, er stachelte den Hecht noch an, denn er hoffte, ihn auf diese Weise loszuwerden. Dennoch wahrte er den Schein und warnte ihn. Der Hecht jedoch wollte nichts davon hören und verbiss sich in einen offensichtlich kranken Fisch. Aber der Räuber merkte zu spät, dass er es mit einem Angelköder zu tun hatte und war derart überrascht, dass er nicht sofort Widerstand leistete. Erst als er die Wasseroberfläche bemerkte, wehrte er sich nach Kräften, konnte aber nicht verhindern, dass er mit dem Kopf bereits aus dem Wasser gezogen wurde. Dieser Schreck vervielfachte seine Kräfte und er schüttelte sich so heftig, dass der Haken, der nur vorne im Maul saß, ausriss und der Hecht wieder freikam.

Triumphierend schwamm er zum Zander: "Hast du gesehen, wie man es machen muss?" "Du hast erneut Glück gehabt", antwortete dieser. "Glaube nicht, dass es beim nächsten Mal wieder so ausgeht. Die Angler locken uns, wie du soeben erlebt hast, mit ihren Ködern, die an einem dünnen, aber sehr festen Faden befestigt sind. Auch du hast ihn jetzt nicht zerreißen können und der Angler wird vielleicht den Haken anders in seinem Köder anbringen, so

dass er fest und sicher in deinem Maul sitzt. Dann hast du keine Chance. Sollte es dir dennoch passieren, dann musst du sofort und mit ganzer Kraft versuchen, den Faden augenblicklich zu zerreißen. Vielleicht kannst du den Angler damit überraschen. Aber vergiss nicht, dass du es mit dem Netz nicht geschafft hast."
Der Hecht stimmte zu. "Die Angelfäden sind doch viel dünner, also müssen sie auch leichter zu zerreißen sein, wenn ich für den Angler überraschend sofort zuschnappe und all meine Kräfte einsetze." So schwammen beide ungeduldig zu der Stelle, wo ein Angler mit einer Spinnrute seinen Köder auswarf. Kaum war der Kunstfisch im Wasser, ergriff ihn der Hecht, flüchtete einige Meter und versuchte, die Sehne mit einem kräftigen Ruck zu zerreißen. In der Tat war der Angler überrascht über die Schnelle des Bisses und den gewaltigen Zug des Hechtes. Aber ebenso schnell konzentrierte er sich wieder und drillte den Räuber vorsichtig, aber stetig heran.
So sehr sich der Hecht auch mühte, so wild und stark er auch kämpfte, schließlich verließen ihn nach einer halben Stunde die Kräfte und er musste die Überlegenheit des Anglers anerkennen. Voller Bewunderung kescherte dieser den starken Hecht heraus und staunte über dessen Größe - auf jeden Fall mehr als ein Meter. Der Zander freute sich und schwamm zufrieden davon, dieses lästige Großmaul nun endlich los zu sein. Aber der Hecht hatte zum dritten Mal das Glück auf seiner Seite. Der Angler maß und wog ihn, machte ein Foto und setzte ihn vorsichtig zurück.

4. Begegnung

Der Zander staunte nicht schlecht, ja, er erschrak sogar, als er den Hecht erblickte. "Bist du es wirklich?" fragte er. "Ich habe die letzten Stunden vor Trauer nichts gefressen, so hat mich der Verlust meines besten Freundes betrübt. Nun aber bin ich voller Freude", heuchelte er. "Ja, ich bin es", antwortete der Hecht. "Ich muss zugeben, dass der Angler mit seinem Faden stärker war als ich. Aber als er mich in voller Größe erblickte und bewunderte, muss er den-

noch Angst vor mir bekommen haben, denn er setzte mich behutsam zurück ins Wasser. Aber dein Hunger kommt mir gerade recht, denn auch mir geht es nicht besser. Lass uns also beide auf Jagd schwimmen."
Der Zander stimmte zu, ließ aber den Hecht stets voran schwimmen. "Wie ängstlich du doch bist", meinte dieser. "So wirst du nie deinen Hunger stillen. Ich werde dir jetzt zeigen, wie es geht." In diesem Moment bemerkte der Zander ein Zugnetz, stellte sich ängstlich und tat zum Schein so, als wolle er umkehren. Aber der Hecht wollte nichts davon wissen. "Sei gewarnt und vorsichtig, damit du nicht wieder mit deinen Zähnen in das Garn gerätst. Ich halte lieber Abstand", erklärte der Zander, wohl wissend, dass der Hecht genau das Gegenteil tun würde. "Ach, wo denkst du hin", antwortete der. "Was bist du doch für eine ängstliche Natur. Dieses Netz ist doch viel viel größer. Sieh doch wie viele Fische dort sind, besser kann es nicht gehen. Ich werde hier bestimmt wieder herausfinden" und schoss davon.
Da freute sich der Zander und wenig später auch der Fischer.

Baumhecht
Auf dem Baumast steht ein Hecht.
Moment, ist das wirklich recht?
Ja, er sah mit Hechtverstand
hier einen guten Unterstand.
Der Baum war mit den Ästen allen
einfach in den See gefallen.

Du sollst des Fisches
Du sollst des Fisches
Schuppen schuppen,
sonst sind die Schuppen
in den Suppen.

Willst du den Fisch

Willst du den Fisch mit Gräten braten,
soll‘n sie nicht in den Hals geraten.
Passiert es doch, hilft in der Not
meist ein Schluck Wasser, trocknes Brot.

Der Nachfolger

Der Wels als König der einheimischen Süßwasserfische fühlte sein Ende nahen. Er suchte nach einem Nachfolger und lud einen starken Artgenossen zum Gespräch ein, der ihm empfohlen wurde. Die erste Frage des Königs lautete: "Wie verhältst du dich zu deinen Artgenossen und wie kommst du mit ihnen aus?" "Ich lasse mir nichts gefallen, setze mich im Streite durch und dulde keinen Widerspruch. Lange Diskussionen sind nicht meine Sache. Wo ich bin, ziehen sich die anderen respektvoll zurück." Der König antwortete: "Wer sich so wie du zu seinen Artgenossen verhält, ist als mein Nachfolger nicht geeignet, denn wie willst du das ganze Fischvolk regieren?" Und er schickte ihn weg.

Ukeleis Fernweh

Ein Ukelei schwamm in der Spree,
da überkam ihn fernes Weh.
Ade mein lieber Heimatfluss,
die Welt ich nun erkunden muss.
Sprach ein Aal, der kam vorbei:
Komm mit mir kleiner Ukelei.
Ich schwimme zum Sargassomeer,
zurück komm ich dann nimmermehr.
Da erschrak das kleine Tier.
Wenn's so ist bleib ich lieber hier.

Der Ratschlag

Ein alter stattlicher Hecht war am Ende seines Lebens angelangt. Früher fürchteten ihn alle als sehr erfolgreichen und aggressiven Räuber. Nun aber schwamm er geradezu zahm daher und begnügte

sich mit kranken Fischen. Nur hin und wieder verhalf ihm seine Erfahrung zu einer größeren Beute, wie er es jahrelang gewöhnt war. Ein junger Hecht sprach zu seinen Artgenossen: "Es wäre doch schade, wenn er von uns ginge, ohne uns sein Wissen zu hinterlassen. Wir wollen ihn fragen, worin das Geheimnis seiner Jagderfolge lag." Alle stimmten zu. Der alte Hecht freute sich über den Wissensdurst der jungen Wilden und antwortete:
"Ich habe in meiner Jugend immer andere Hechte bei der Jagd beobachtet und von ihnen gelernt. Am meisten von denen, die erfolglos waren. Dann wusste ich: so darf man es nicht machen."

Plötzin und Plötzerich
Frau Plötzin und Herr Plötzerich
trafen unter Wasser sich,
denn über Wasser geht es nicht.
Was sie da sprachen weiß ich nicht,
denn plötzisch sprech ich wirklich nicht.

Moderlieschens Reise
Ein Moderlieschen wollte gerne
reisen in die weite Ferne.
Doch war es kaum zehn Meter weit,
da roch es anders weit und breit.
Wer lebt denn hier in dem Gestank?
Ich schwimm nach Hause, schönen Dank!

Kaulbarsch
Ein Kaulbarsch schimpfte unverdrossen
auf seine großen Artgenossen.
Gierig seien sie und gerissen,
gönnen ihm nicht einen Bissen.
Nennt alle schlechten Eigenschaften,
die auch an ihm selber haften.
Ein großes Maul, ein kleines Tier!
Dies, liebe Leute, kennen wir.

Der fremde Aal

In einem kleinen Fluss begrüßten die Fische im Herbst freudig Lasse Lachs und Merit Meerforelle. Beide waren von hier aus vor drei Jahren als Jungfische in die Elbe und danach in den Atlantik gewandert und nun in diesem Jahr als erste erwachsene laichbereite Fische in ihren Heimatfluss zurückgekehrt, um hier für reichlichen Nachwuchs zu sorgen. Viele andere ihrer Art wurden noch erwartet.

Sie berichteten von ihrer langen Reise, besonders über die gefährlichen Hindernisse auf dem Rückweg, wie Turbinen von Wasserkraftwerken oder Querverbauungen, die sie nur mit Hilfe der Menschen überwinden konnten. Sehr ausführlich erzählten sie von ihrem Leben im riesengroßen Atlantik, dessen Wasser salzig ist und deshalb eher bitter schmeckt und auch ganz anders riecht als das einheimische vertraute Flusswasser. Das wollten ihnen die interessierten Zuhörer nicht glauben. "Wir können uns nur dieses Wasser und kein anderes vorstellen", fasste Dirk Döbel die Meinung aller zusammen.

Da sprach Alibert Aal: "Lachs und Meerforelle haben völlig Recht. Auch ich habe auf dem langen Weg bis hierher zuerst salziges Meerwasser und danach den Mündungsfluss eures völlig anderen Heimatgewässers durchquert." "Wenn es wirklich so ist", entgegnete der Döbel, "dann müssen wir es wohl glauben".

Da wandte sich der Lachs an die Meerforelle: "Es ist doch eigenartig. Einem Fremden glauben sie eher als uns."

Keltische Botschaft

In einem kleinen Flüsschen versammelten sich traditionell hier einst als Brütlinge ausgesetzte junge Lachse und Meerforellen vor ihrer ersten Wanderung in den Atlantik (Smolts), um einen Vortrag zu hören, was sie künftig beachten sollten. Den Vortrag hielt ein stattlicher Lachs, der es geschafft hatte, nach dem Laichen zu überleben, auch Kelt genannt. Hören wir hinein:

„Der Mensch ist ein Lebewesen, ohne Frage, aber völlig abartig, denn er hat statt Flossen Beine und Arme, besitzt keine Kiemen

und kann nur an der Luft leben, nicht aber wie wir hier im Wasser. Er ist hässlich, denn er hat keine glänzenden Schuppen wie wir, sondern faltige ledrige meistens bleiche und fettige Haut mit abartigen Auswüchsen, die er Haare nennt. Was sich der Schöpfer dabei gedacht hat, so eine zweibeinige Kreatur zu erschaffen, wird wohl ewig dessen Geheimnis bleiben.
Während wir von Natur aus mehrfarbig sind, muss sich der Mensch, hier besonders die Weibchen, dauernd anfärben, um nicht so eintönig auszusehen. Er ist sehr empfindsam und bedeckt sich deshalb mit vielfältiger Zweithaut. Aber abgesehen vom Äußeren interessiert uns besonders das Verhalten der Menschen uns gegenüber.
Aus alten Quellen wissen wir, dass der Mensch es war, der unser Geschlecht durch Habgier und Wasserfrevel nahezu ausgerottet hat. Keiner von uns hat das glücklicherweise erleben müssen. Wir wissen aus eigenem Erleben, dass der Mensch mit Leidenschaft und viel Verstand dafür sorgt, dass wir uns hier wieder ansiedeln und hoffentlich auch künftig leben und überleben können - wenn auch leider nicht in solchen Dimensionen wie unsere Vorfahren. Sein Motto lautet "Angeln ist mehr, als Fische aus dem Wasser zu ziehen" oder „Wer das kleinste Gewässer nicht ehrt, ist die ganze Natur nicht wert“. Ja, es gibt einen Ehrenkodex, in dem ausdrücklich festgehalten ist, dass alle Fische als Teil der Schöpfung mit Achtung und Respekt zu behandeln sind. Das alles ist ebenso richtig und darf nicht vergessen, ja, muss von uns besonders gewürdigt werden.
Wir brauchen den Menschen und er braucht uns. Warum sage ich euch das alles?
Wenn ihr in ein oder die meisten in zwei Jahren hierher zurückkehrt, werdet ihr die Menschen kennenlernen, die euch aus dem Wasser holen, um euch zu messen und zu wiegen oder um euch zu helfen, ein Hindernis zu überwinden, das ihr alleine nicht passieren könnt. Habt dann keine Angst, sondern vertraut ihnen, denn alles, was sie tun. ist nur zu eurem und eurem Nachwuchs Besten. Sie kannten euch schon als Brütlinge, ihr aber wart damals noch zu

klein, um eine Vorstellung vom Menschen zu haben. Dies ist meine heutige Botschaft.
So wie wir die Vorfahren der heutigen Menschen verurteilen, so wollen wir die jetzt lebenden vor unserem Schöpfer loben und voller Hoffnung sein, dass unsere Zukunft gesichert ist.
Und noch eins will ich euch mit auf den Weg geben. Überschätzt niemals eure Kräfte, denkt immer daran, sie richtig einzuteilen und den Zeitpunkt klug zu wählen, sie vollends zu mobilisieren."

Keltische Erfahrung
Im Herbst kehrten viele Lachse voller Ungeduld in ihr Heimatgewässer zurück, um hier abzulaichen und so für Nachwuchs zu sorgen. Mit ihnen schwamm auch ein Kelt, dem diese Reise zum zweiten Mal vergönnt war. Im Gegensatz zu den Jungen hielt er sich von Zeit zu Zeit zurück, schaute und prüfte. „He Alter“ rief ein Junglachs, was ist los mit dir, warum bleibst du hin und wieder zurück? Es ist nicht mehr weit bis zur Heimat, ich rieche es genau. Wir haben das salzige Wasser hinter uns und sind bald da, was soll uns jetzt noch passieren?“
Der Kelt antwortete: „Genau das ist der Grund für meine Vorsicht. Wenn man glaubt, nun könne uns nichts mehr passieren, werden die Sinne trüb wie manchmal das Wasser. Der Leichtsinn nimmt zu und die Wachsamkeit ab. Jetzt ist die Gefahr für Unheil am größten.“

Fisch im Aquarium

Fisch schwimmt im Aquarium
immer rechts herum,
Delirium,
um.

Aalfrage

Ist der Mensch schlau?
Ich weiß nicht genau.
Denn seit hunderten Jahren
will er erfahren,
wie ich mich vermehre
und forscht weiter ins Leere.
Mein Geheimnis liegt im Meer.
Das freut mich sehr.

Nachtrag:

Es wird höchste Zeit, dass der Mensch schlauer wird, denn der Aalbestand ist akut gefährdet. Früher Brotfisch der Fischer wird er nun immer seltener und ist vom Aussterben bedroht. Gegenwärtig beträgt der Aalertrag weniger als die Hälfte von 1994. Er ist inzwischen in die „Rote Liste" der stark gefährdeten Fischarten aufgenommen. In der roten Liste des Washingtoner Artenschutzabkommens steht er neben Berggorilla, Nashorn und Elefant. Die Ursachen hierfür sind komplex und vielfältig, aber ganz unschuldig daran ist der Mensch nicht. Die Gier nach Glasaalen vor allem in Asien, Umweltverschmutzung und Staustufen, die den Wanderfisch behindern, Kraftwerke, die ihn in den Turbinen zerhäckseln, Krankheiten, Überfischung, die Veränderung der Meeresströmungen durch Klimaveränderungen und nicht zuletzt fischfressende Tiere, allen voran der Kormoran, sind wohl die wichtigsten Gründe. Umfangreiche Besatzmaßnahmen mit jungen Glasaalen versuchen, das Schlimmste zu verhindern. Hier engagieren sich natürlicherweise besonders die Fischer und Angler auch mit großen finanziellen Mitteln.

Ein aktuelles Beispiel ist die Pressemeldung des Landesanglerverbandes Brandenburg vom 18. Februar 2019, in der es u. a. heißt:

Am 20. Februar 2019 werden im Rahmen des Pilotprojektes „Zur Erhöhung des Aallaicherbstandes im Havel-Dahme und Spreeeinzugsgebiet des Landes Brandenburg" 684 Kilogramm Glasaale,

das entspricht ca. zwei Millionen Fischen mit einem durchschnittlichen Gewicht von 0,3 Gramm und einer Länge von sechs bis acht Zentimetern, im Einzugsgebiet der Elbe – für die Gewässer des Einzugssystems im Land Brandenburg Havel, Dahme, Spree und deren sich anschließenden Gewässern – vom Landesanglerverband besetzt. Der Besatz mit Aalen ist der Beitrag der Angler, um den Aal-Management-Plan zu erfüllen. Durch den Besatz wird jedes Jahr ein Vielfaches mehr an Aalen in die Gewässer gebracht, als durch das Angeln wieder entnommen wird.
Zusammen mit den Berufsfischern werden so allein in Brandenburg pro Jahr rund 7 Millionen Glasaale ausgesetzt. Eine Million Glasaale kosten 130 000 €. Wir wissen nicht, was die Zukunft bringen wird, so wie wir nicht wissen wie genau sich der Aal in der Sargassosee im südlichen Nordatlantik vermehrt.

Barbie Bachforelle, Amalia Äsche und Bärbel Barbe

Bachforelle:
Guten Tag, Frau Äsche. Schön, Sie wieder zu treffen. Wir haben uns seit dem Winter nicht mehr gesehen. Was gibt es Neues?

Äsche:
Oh, danke der Nachfrage, Frau Forelle. Bei mir hat sich nichts geändert. Wir sind wieder älter geworden. Ich hoffe, man sieht es uns nicht an.

Bachforelle:
Das hoffe ich auch, aber ich benötige mehr und mehr Zeit für die Körperpflege. Spannkraft und Gesundheit dürfen ja nicht nachlassen. Und auch die Nahrung will erbeutet sein. Dazu brauche ich einen äußerst kräftigen Schwanz, um bei der Jagd schnell zu beschleunigen. Von den Nachstellungen der Zweibeiner draußen erst gar nicht zu reden. Zudem haben wir Verantwortung für die kommenden Generationen.

Äsche:
Ganz meiner Meinung. Ich war deshalb gestern bei meinem Flosseur, einem begnadeten Spezialisten für die Rückenflosse. Sie ist wie eine Fahne und unser auffälligstes Markenzeichen. Keine hiesigen Fische können da mithalten. Wenn unsere auch nicht die Größe der männlichen Rückenflosse erreicht, weil diese auffällig nach hinten verlängert ist, so wollen auch wir damit beeindrucken und die Aufmerksamkeit der Männer mit der größten Rückenflosse genießen.

Bachforelle:
Ihre Fahne ist in der Tat beneidenswert. Ich lege großen Wert auf meine roten Tupfen auf den Flanken sowie auf die Rücken- und Fettflosse im Winter. Ebenso auf die weißlichen oder blau umrandeten. Auch wir haben dafür einen Spezialisten, unseren Punkteur. Da gibt man gerne etwas mehr aus. Er wird kurz vor der Laichzeit bei uns am meisten nachgefragt. Ein einfacher Schuppeur ist hier überfordert.
Obwohl wir auf ein festes Revier Wert legen, schwimmen wir in dieser Zeit stromaufwärts. Auch hier brauchen wir Frauen einen kräftigen Schwanz, um eine Mulde in den kiesigen Grund des Gewässers zu schlagen und darin die Eier abzulegen. Es schmeichelt mir schon, wenn uns starke und erfahrene Männchen mit einem Laichhaken umschwärmen und ungeduldig auf die Eiablage warten.

Äsche:
Unsere Zeit für den Nachwuchs ist das Frühjahr. Wir sind bei den Laichplätzen sehr wählerisch und nehmen nur ein oder zwei Stellen mit kiesigem Grund. Dafür müssen wir bei kurzen Wanderungen suchen. Aber wenn wir sie gefunden haben, sind wir motiviert, alles zu geben. Ansonsten sind wir sehr standorttreu. Aber ich sehe, dort kommt eine Gruppe Barben auf uns zu.
Hallo, Frau Barbe, vielleicht haben Sie Neuigkeiten für uns?

Barbe:
Entschuldigen Sie, ich habe es eilig, denn ich darf meinen Termin beim Barteleur nicht verpassen. Die vier Barteln an der Oberlippe sind unser vornehmstes Kontaktorgan, zumal wir ja auch, wie Sie wissen, in der Nacht aktiv sind. Die Laichzeit steht bevor. Unsere Männer haben schon zahlreiche, in Reihen angeordnete weiße Knötchen auf der Kopfoberseite und im Nacken. Sie sind bereit. Da muss alles ganz besonders und bestens funktionieren. Als Allesfresser haben wir glücklicherweise kein Problem, kräftig genug zu bleiben. Für unsere Fortpflanzung suchen wir gemeinsam passende Laichplätze, die einen flachen Wasserstand und einen Untergrund aus Kies vorweisen können.
Gern schwimme ich danach im Sommer für ein Schwätzchen zur Verfügung.

Äsche:
Nun ja, Frau Forelle, wer könnte das verstehen, wenn nicht wir? Soweit ich das beurteilen kann, ist der Drang nach Schönheit in Zeiten der Nachwuchsproduktion ganz besonders ausgeprägt. Ob das bei den Tieren außerhalb unseres Lebensraumes auch so ist?

Bachforelle:
Ich weiß es nicht, Frau Äsche, aber ich kann es mir zumindest vorstellen. Wo Leidenschaft ist, da soll auch Schönheit sein. Letztendlich ist unser Leben dreigeteilt - Nahrung erbeuten, ruhen und laichen. Und immer wollen wir gut dabei aussehen. Also kommt noch die Schuppen- und Flossenpflege hinzu.

Äsche:
Ich muss nun weiter und hoffe, dass wir uns demnächst gesund wiedersehen und Zeit für einen weiteren Plausch mitbringen. Jetzt steht die Laichzeit bevor. Da muss ich mich noch gesondert vorbereiten. Hoffentlich bleibt uns das kühle quirlige Wasser erhalten und der schwarze Vogel fern. Auf Wiedersehen!

Bachforelle:
Bis bald mit guter Laune.

Wie der Barsch erschaffen wurde
Als der liebe Gott die Süßwasserfische in ihrer ganzen Artenvielfalt geschaffen hatte und sein Werk betrachtete, war er sehr zufrieden. Wie es da wimmelte, planschte und in allen Farben leuchtete. Nur eins störte ihn noch. Vom Schöpfungsakt waren noch einige Teile, wenig Gräten und vor allem Farben übriggeblieben. Zum Beispiel die roten Flossen der Rotfeder, die stachlige Rückenflosse des Zanders, seine schwarzen Querbinden und auch dessen fest im Körper steckenden Kammschuppen.
Kurz entschlossen fügte er die Reststücke zusammen, ergänzte das Fehlende und nutzte reichlich die noch vorhandenen Farben. Zum Beispiel das Messinggelb der Barbe und der Karausche oder das variantenreiche Grün der Quappe und der Schleie, das Braun des Karpfens.
Damit die Farben schön ineinander übergehen können, verband er sie mit den Querbinden des Zanders. Da war es nur logisch, das neue Geschöpf auch mit den verschiedensten Eigenschaften der zuvor geschaffenen Fische auszustatten: Vom Zander die räuberische Natur und den vortrefflichen Geschmack; vom Hecht die Fressgier; vom Döbel die Nahrungsvielfalt; von der Schleie die Anpassungsfähigkeit; von der Karausche die Widerstandsfähigkeit gegen Klimaeinflüsse; vom Karpfen die Lernfähigkeit; von der Rotfeder das Schwarmverhalten.
Der Schöpfer war geradezu verliebt in sein letztes Werk und, wie er sich selbst insgeheim eingestand, hielt er den Barsch für den am besten gelungenen einheimischen Süßwasserfisch. Er beschloss, dass der Barsch in allen stehenden und fließenden Gewässern existieren und sich fortpflanzungsfreudig tüchtig vermehren soll. Deshalb befähigte er ihn als einzigen Fisch in Mitteleuropa, seinen Laich in mehr als einen Meter langen und mehrere Zentimeter breiten Laichbändern zu produzieren und - da er stark klebrig ist - an

allen möglichen Unterlagen anzuheften. So sicherte er eine möglichst hohe Schlupfrate.
Aber er sah auch voraus, dass sein Neuling dereinst als geschätzter Speisefisch auch ein sehr beliebter Angelfisch sein würde und vor allem durch seine Fressgier eine leichte Beute zu werden drohte. Wenn es denn so sein soll, überlegte er, werde ich die Kammschuppen so fest in seinem Fleisch befestigen, dass das Abschuppen viel mehr Mühe und Geduld erfordern wird als der Fang selbst. Den Anglern soll deswegen ein wenig die Lust vergehen, ja, sie sollen unwirsch oder barschig werden.
Als alles vollendet war, betrachtete Gott sein Werk mit Wohlgefallen und sprach:
Es ist erstaunlich, dass ich dieses wundervolle vielfältig und lebhaft gefärbte Geschöpf nicht vorher in meinem Kopf hatte. So ist nun aus einer Notlösung ein vortreffliches Ergebnis gelungen - eine Tugend sozusagen. So soll es dann auch künftig bei allen meinen Geschöpfen sein.
Und als Zeichen dafür befestigte er ganz zuletzt einen schwarzen Fleck an der Rückenflosse des Barsches.

Stefan Stör und Merit Meerforelle in der Nordsee vor der Elbmündung

Stör:
Ich grüße Sie, Frau Meerforelle. Sie sehen sehr stattlich aus, geradezu ein silbernes Kraftpaket. Ich darf wohl annehmen, Sie hatten in der Nordsee eine gute Zeit und sind gut gerüstet für Ihre Wanderung in das Heimatgewässer?

Meerforelle:
Oh, danke der Nachfrage. An Fischen, Garnelen und Krebsen mangelte es nicht.

Stör:
Das kann ich nur bestätigen.

Meerforelle:
Aber verzeihen sie meine Unwissenheit. Mit wem habe ich es zu tun? Sie sind mir noch nie begegnet. Ich müsste es wissen, denn so ein imposanter Reisebegleiter wäre mir auf jeden Fall in Erinnerung geblieben.

Stör:
Die Menschen nennen mich Stör. Ich glaube ihnen gerne, dass sie mich noch nie gesehen haben. In früheren Zeiten strebten ganze Schwärme von uns die Elbe hinauf bis in die Nebenflüsse, um in den Gewässern unserer Kindheit für Nachwuchs zu sorgen. Aber nun? Schauen sie sich doch um, Es ist weit und breit keiner meiner Art zu sehen.

Meerforelle:
Ich weiß, dass von früheren Generationen - das ist lange, lange her - übermittelt wurde, dass Störe ebenso wie wir hier der Beute nachjagten und uns begleiteten, wenn wir ihnen gleich die Flüsse hinauf wanderten, um in unseren Kindergewässern im bunten Hochzeitsschmuck die von den Weibchen in einer vorher mit der Schwanzflosse geschlagenen Kiesgrube portionsweise abgelegten Eier zu befruchten. Aber diese Überlieferung verblasste mehr und mehr, so, dass wir in unserem Leben keine Störe mehr gesehen haben. Umso mehr bin ich erfreut, sie hier kennenzulernen.

Stör:
Ich glaube ihnen. Besser kann man unsere eigene verzweifelte Situation nicht beschreiben. Wir sterben aus.

Meerforelle:
Sagen sie das nicht. Haben sie Hoffnung. Uns Meerforellen, vor allem aber unseren Verwandten, den Lachsen, drohte vor Jahren das gleiche Schicksal. Den Göttern sei Dank, hat der Mensch dafür gesorgt, dass wir nicht ausgestorben sind, und hilft uns, unsere Art

zu erhalten und zu mehren. Was wäre ihm und uns erspart geblieben, hätte er früher mit Weitsicht gehandelt und schon damals unser Überleben gesichert. Vielleicht treffen wir Lachse, die ebenfalls zurückkehren wollen. Aber ich füge hinzu, die Einsicht kommt spät, sehr spät.

Stör:
Wäre es doch auch bei uns so wie bei ihnen. Wir können nur hoffen. Was haben wir den Menschen angetan, dass wir nur noch so wenige sind? Schlägt denn ihr Gewissen nicht über diesen auch für sie großen Verlust? Ich verstehe das nicht. Wir waren einst die Herren der Gewässer. Und was sind wir jetzt? Wir hatten keine Feinde in unserem Element, wir fühlten uns sicher und dachten in unserer Überheblichkeit nicht an den Menschen außerhalb unseres Lebensraumes. Vielleicht war das unser Verhängnis.

Meerforelle:
Nein, das glaube ich nicht. Wie sollten wir, die wir nur im Wasser existieren können, etwas wissen von Lebewesen, die nur außerhalb des Wassers leben? Wir wissen nichts von denen da draußen. Wir erleben aber, dass sie existieren, weil sie uns jagen. Und sie tun es viel schlimmer als jegliche Feinde in unserer Welt. Auch wenn wir das alles berücksichtigen, wie sollten wir ihnen entkommen?
Es ist unser Schicksal, so als Beute leben zu müssen. Allerdings haben sie Recht, dass auch wir die Maßlosigkeit, die Gier, die Unvernunft des Menschen unterschätzt haben. Ein Lebewesen, das in der Lage ist, uns so zuzusetzen, ist nicht imstande, die gesamten Folgen seines Tuns zu überblicken und ist im Begriff, uns auszurotten. Das ist in der Tat nicht zu begreifen.

Stör:
Ja, ja, das haben sie treffend analysiert. Wir mussten damit leben und müssen es weiterhin, wenn wir noch leben können. An die Vernunft des Menschen zu glauben, ist verhängnisvoll.

Meerforelle:
Dennoch gibt es auch unter den Menschen Verbündete, die ihren Kindern und Kindeskindern zeigen wollen, wer wir sind und wie wir leben. Es sind wenige, aber sie regen sich und tun etwas für uns. Sie sind unsere Hoffnung, wenn sie es schaffen, mehr und mehr davon zu überzeugen, wie wichtig auch wir für sie sind, nicht allein als Beute, sondern als Kinder der großen Mutter Natur wie der Mensch auch.

Stör:
Die große Mutter Natur hat uns ein langes Leben gegeben. Ich bin noch nicht am Ende.

Meerforelle:
Noch glauben wir an die Hoffnung. Wünschen wir uns alles Glück unserer Welt.

Stör:
Ja, wir können es gut gebrauchen.

Über das Bildungssystem der einheimischen Fische
In unseren Flüssen und Seen gibt es nach neuesten Forschungen ein dreistufiges Bildungssystem für ein- und zweisömmrige Fische. Die Weißfische gehen alle in die Gesamt- bzw. Ganztagsschule, die Raubfische aufs Gymnasium, während die Universität den Salmoniden, also den lachs- und forellenartigen Fischen, vorbehalten ist. Die werden später Priester oder Philosophen oder Künstler, kurz Geistesschaffende im weitesten Sinne. Es ist ja deshalb nicht zufällig, dass der Logofisch des Bundesverbandes (Deutscher Angelfischerverband - DAFV) eine Forelle ist.
Die Raubfische qualifizieren sich zum Manager und Arbeitgeber. Die Weißfische hingegen sind und bleiben, was man hierzulande als Arbeitnehmer bezeichnet. Diese soziale Differenzierung gilt schon seit Millionen Jahren - und da sich das Landleben, somit auch der Mensch, aus dem Wasserleben entwickelte, hat dieser bis

heute dieses Sozial- und Schulsystem im Prinzip beibehalten. Aber das ist ein anderes Thema.
Diese Lernorganisation ist ganz natürlich, denn Fische produzieren bekanntlich so viel Nachwuchs, dass die Elternfische nicht jeden einzelnen Kleinfisch betreuen, wie es die Säugetiere können. Daher organisieren sich die Kleinfische in Schwärmen und diese wiederum sind eine Klassenstufe, um auf diese Weise die Erfahrungen der Elterngeneration aufzunehmen. Der gesamtschulische Grundkurs allerdings gilt für alle Fische, wenn auch in getrennten Klassen-Schwärmen.
Es ist nur erstaunlich, dass bisher niemand auf die Idee gekommen ist, dies alles zu untersuchen.
Schauen wir einmal in eine Fischklasse hinein. Der Lehrer, ein dicker Karpfen, hält gerade einen Vortrag über die Menschen:
"Wir beobachten besonders das Verhalten der Menschen uns gegenüber, denn viele von ihnen haben es auf uns abgesehen. Nicht nur, dass wir es hier im Wasser mit Raubfischen zu tun haben, was ja noch einigermaßen verständlich, wenn für uns auch nicht angenehm ist, nein, auch oder gerade der Mensch ist das gefährlichste Lebewesen, viel schlimmer als alle Raubfische zusammen. Nicht auszudenken, wenn er so wie wir im Wasser leben könnte.
Durch seine Klugheit hat er sich so viele Möglichkeiten geschaffen, uns trotzdem erbarmungslos zu jagen. Ganz besonders gefährlich sind die Fischer und Angler, und die Angler sind hinterlistig obendrein. Aber deren Fangmethoden werden wir in einer besonderen Unterrichtseinheit behandeln. Viele Angler organisieren sich wie wir in Schwärmen. Sie nennen das Anglerverein. Aber es gibt auch Einzelangler. Für uns ist das auf den ersten Blick egal, aber nicht auf den zweiten. Doch dazu später. Der Angler ist für uns der gefährlichste Mensch, denn sein ganzes Sinnen und Trachten ist seit ewigen Fischgenerationen darauf gerichtet, uns zu überlisten und letztlich zu fressen.
Bekanntlich setzen die Angler die Jungfische zurück ins Wasser, was sie mit uns Erwachsenen nur in Ausnahmefällen machen. Das

ist mir auch schon passiert, weil ich im vorigen Jahr so einem verwünschten gut riechenden und schmackhaften runden Köder nicht widerstehen konnte. Mit einer Urgewalt wurde ich trotz heftigster Gegenwehr aus dem Wasser gezogen, Luft zog durch meine Kiemen und mir wurde schwindelig. Der Anglermensch nahm mich in seine harten Hände, ein anderer guckte durch einen schwarzen Stein auf uns und kurz bevor ich glaubte, ohnmächtig zu werden, wurde ich ins Wasser zurückgesetzt.
Seither bin ich Kriegsveteran und bekomme eine Rente. Aber das nur nebenbei. Wenn ich auch überlebt habe, so wünsche ich dieses noch nicht mal einem Raubfisch. Nicht nur die großen Menschen stellen uns nach, auch die kleinen. Schon sie lernen, wie sie uns nachstellen und überlisten. Freilich lernen sie auch, wie wir heißen, wie wir aussehen, was wir fressen, wie wir leben und uns fortpflanzen usw. – aber doch nur, damit sie uns umso eher an den verwünschten Haken kriegen und an die Luft ziehen, wo sie uns in Flossenschlagschnelle töten. Denn mein Beispiel darf man auf gar keinen Fall verallgemeinern."
Wir verlassen nun diesen Grundkurs und besuchen eine gymnasiale Oberstufe, wo der Lehrer, ein Hecht, die jungen Raubfische in jüngster Geschichte unterrichtet: „Es ist auch für ein Fischalter noch nicht so lange her, da mussten wir Raubfische mit gewissen Einschränkungen leben, denn da herrschte ein anderes Regime. Ihr könnt euch das nicht mehr vorstellen, aber wir durften keine Rotfedern fressen. Rot war tabu. Und wehe, man verstieß dagegen, dann wurde man in eine Ecke abgedrängt, wo sich nur hin und wieder ein anderer Weißfisch verirrte. Eigenartigerweise waren es zwei Raubfische und noch dazu Welse mit großen Barteln, die das vor mehr als 100 Jahren erfunden haben. Schließlich kam es soweit, dass auch die Plötzen nicht mehr gefressen werden durften, weil sie rote Augen haben und ja in anderen Gegenden deshalb auch Rotaugen heißen. Das war für uns Raubfische eine harte Zeit. Aber nun gab es besonders für uns ein großes Ereignis in der Fischgeschichte. Die Weißfische, darunter auch Rotfedern und viele Plötzen, fühlten sich deswegen so sehr reglementiert bzw. in ihrer

persönlichen Freiheit eingeschränkt, dass sie sich in Schwärmen zusammentaten und dagegen erfolgreich protestierten. Wir sind das Fischvolk riefen sie selbstbewusst.
Freiheit, meinten sie, ist ein so hohes Gut, dass es auch die Freiheit unserer Feinde einschließt, uns fressen zu dürfen. Wir fanden das großartig und so kam es schließlich, dass wir heute wieder in Freiheit leben können. Heute geht es uns Raubfischen so gut wie schon seit Jahrzehnten nicht und wir alle hoffen, dass es so bleibt.
Die Rotfedern haben zwar nun ihre Freiheit, aber viele andere karpfenartige Fische können es ihnen bis heute nicht verzeihen, dass sie rote Flossen haben, zumindest nicht öffentlich, auch nicht die Plötzen oder gerade die nicht. Über solche Kleingeisterei sind wir Raubfische erhaben. Uns interessiert nicht Rotfeder oder Rotauge oder sonst was. Uns interessiert, dass sie alle unsere Beute sind – je mehr umso besser."
Nun kommen wir zur Universität. Der Professor, eine stattliche Bachforelle, hält gerade eine Vorlesung über Dialektik: "Dialektik ist das Funktionsprinzip des Lebens schlechthin, ob unter oder über Wasser. Es bedeutet, dass sich das Leben nur entwickelt, wenn sich zwei Dinge, die sich einander auszuschließen scheinen, zusammen funktionieren. Dialektik ist die Lehre vom Widerspruch. Ich will das, meine Damen und Herren Salmoniden, an einem Beispiel erläutern. Von klein auf wird uns die Frage gestellt: Wie heißt das für uns gefährlichste Lebewesen? Und wir antworteten im Chor: Der Mensch. Dennoch ist das alles nur halb richtig und damit auch nicht richtig richtig. Aber nicht wegen des großen schwarzen Vogels. Das ist ein Kapitel für sich. Denn: Wir Forellen sind, obwohl wir uns seinerzeit nicht danach gedrängelt hatten, der Logofisch und damit der Spitzenfisch des Anglerverbandes. Wir wissen, dass es nur noch wenige von uns gäbe, hätte nicht der Mensch mit der gleichen Leidenschaft, wie er uns nachstellt, durch Nachzucht und Neubesatz, ja sogar durch aufwändige Wiedereinbürgerung dafür gesorgt, dass wir Salmoniden heute weiterleben und damit überleben können.

Ich freue mich, hier unter uns einige Schwestern und Brüder Lachs und Meerforelle zu sehen. Gerade sie wären gar nicht unter uns, gäbe es die Anglerverbände nicht. Der Status als Logofisch schützt uns natürlich, denn wer kann sich einen Logofisch leisten, der vom Aussterben bedroht ist? Ja, der Bundesanglerschwarm hat in seinem Ehrenkodex ausdrücklich festgehalten, dass alle Fische als Teil der Schöpfung mit Achtung und Respekt zu behandeln sind. Das alles ist ebenso richtig und darf nicht vergessen, ja, muss von uns besonders gewürdigt werden.
Dies muss jedem Salmoniden bewusst sein. Wir brauchen den Anglerschwarm und er braucht uns. Er ist unser ärgster Feind und zugleich unser bester Freund. Dies, meine Damen und Herren Salmoniden, ist Dialektik, es ist die Dialektik unseres Fischlebens. Und dies ist unser unverrückbarer Standpunkt. Nur den Aal interessiert das alles herzlich wenig. Er schlängelt sich überall durch, bis heute, er ist ein klassischer Opportunist. Und ich behaupte, sozusagen aus geisteswissenschaftlicher Sicht, dass er eben deshalb immer weniger in unseren Gewässern vorkommt. Kriechen und schlängeln ist eines Salmoniden unwürdig.
Das wollen wir uns für alle Zeit einprägen."

Zwei Güstern beim Flosseur

Gunda:
Wie schön, Sie hier zu treffen, Frau Gusti. Man muss ja schließlich etwas tun für sein Aussehen. Meine Flossen könnten wieder neuen Glanz vertragen, die Schuppen sowieso.

Gusti:
Ganz Ihrer Meinung. Es ist ja nicht nur das Aussehen alleine. Haben Sie schon bemerkt, wie hochmäulig die Bleie auf uns herabsehen? Als ob sie etwas Besseres wären. Nur weil sie größer werden als wir, sind sie noch lange nicht schöner. Was denken Sie, warum der Mensch uns nicht nachstellt?

Gunda:
Darüber habe ich mir noch keine Gedanken gemacht.

Gusti:
Ganz einfach, der Mensch findet uns schön. Wer hat schon solche großen Augen im Verhältnis zum Kopf? Große Augen machen niedlich. Unsere Flossen sind leicht rötlich und nicht so eintönig grau wie die des Bleis. Übrigens soll mir heute der Flosseur das Rot verstärken. Die Bleie werden neidisch sein. Unsere Schuppen sind auch größer als ihre, dazu silbrig und nicht vergraut. Die Menschen schätzen Schlankheit. Wir mit unserem abgeflachten Körper und dem dazu passenden ausgleichenden Umfang entsprechen ihrem Ideal.

Gunda:
So habe ich das noch nicht gesehen. Wir sollten stolz auf unser Aussehen sein und den Bleien die kalte Flosse zeigen oder unseren hohen Rücken. Doch mit unserem Grätenreichtum sind wir benachteiligt, ebenso wie der Blei, der schon alleine deswegen nicht so überheblich sein sollte.

Gusti:
Das ist doch kein Nachteil. Wir sind dadurch kompakt, robust, anpassungsfähig, stellen keine hohen Ansprüche an die Qualität unseres Lebensraumes - alles Eigenschaften, die auch der Mensch schätzt. Hinzu kommt, dass wir keine Fischräuber sind.

Gunda:
Nun ja, aber das trifft ja auf den Blei ebenso zu.

Gusti:
Eben, weil das so ist, haben sie erst recht keinen Grund, von oben auf uns herabzublicken. Schließlich kennt man uns auch als Halbbrasse. Wir sind so nah verwandt, aber wir kommen dem Schönheitsideal der Menschen am nächsten oder zumindest viel näher.

Deshalb ist es ein Privileg, dass er uns schont und wenn schon, lieber den Blei nimmt. Vielleicht nennen uns deshalb auch einige Menschen Blicke, weil wir ihre Blicke auf uns ziehen.

Gunda:
Ja, Schönheit muss belohnt werden. Dafür ist uns kein Aufwand zu groß. Übrigens, haben sie gestern Rosa Rotfeder gesehen? Wie die daher schwimmt, unmöglich, mal hierhin, mal dorthin, mal im Kreis, das verdreht einem ja die Augen.

Gusti:
Nein, aber Petra Plötze ist gestern bei uns vorbeigeschwommen, wobei geschwommen geprahlt ist, vorbeigezuckelt wäre richtiger formuliert. Ein wenig vorwärts, dann stehen, wieder voran, dann erneut stehen. Irgendetwas stimmte nicht mit ihr.

Gunda:
Aber die dicken Karpfen erst. Kein Wunder, dass ihnen die Kiemen flattern. Wer so unförmig aussieht, sollte sich nicht in die Öffentlichkeit wagen. Aber sie machen sich nichts draus. Kein Wunder, dass der Mensch hinter ihnen her ist. Sie sind ja noch nicht mal in der Lage, sich hier selbst zu vermehren. Wenn der Mensch nicht die Karpfenkinder ins Wasser setzen würde, wäre es aus mit ihnen. Dafür haben sie wirklich ein großes Maul. Da kann man sich ja eher mit dem Schlei anfreunden.

Flosseur:
Achtung, meine Damen, ein Aal.

Gunda:
Igitt, er sieht doch in keinster Weise so aus wie wir, dieser schleimige Herumtreiber. Und sowas soll ein Fisch sein? Eine Schlange ist er. Wenn ich könnte, ich würde es ändern.

Flosseur:
Bitte Frau Gunda, nicht so laut.

Gunda:
Der ist doch Ausländer und versteht das sowieso nicht.

Gusti:
Neulich habe ich einen Gründling getroffen. Er sah ganz passabel aus mit seinem gestreckten drehrunden und am Bauch flachen Körper und seiner olivgrün bis grauen Färbung. Die bläulichen zu einem Band verschmolzenen bläulichen Flecken schimmerten auffallend. Also kurzum, sehr schön herausgeputzt. Aber Schönheit und Klugheit gehen nicht immer zusammen. Ich konnte fragen, was ich wollte, aber er ignorierte mich total. So etwas ist mir noch nicht vorgekommen.

Gunda:
Mir ging es ähnlich mit einem Ukelei. Mit seinen relativ großen Schuppen, seinem langgestreckten Körper und dem graugrün gefärbten Rücken sieht er besonders bei Sonneneinstrahlung nahezu fremd aus. Genauso verhielt er sich. Als ob er unsere Sprache nicht versteht. Und dazu völlig verspielt. Ich frage mich, ob der überhaupt weiß, was Benehmen bedeutet.

Gusti:
Da muss ich Ihnen noch von meinem letzten Besuch bei Gisbert Giebel berichten. Wie bitte? Ach so, jetzt bin ich an der Reihe. Na endlich. Wir werden uns bestimmt demnächst hier wieder treffen.

Gunda:
Ja, ja natürlich. Schade, es gäbe noch so viel zu erzählen, beispielsweise von den Graskarpfen. Über sie habe ich nur den Kopf geschüttelt. So algendumm kann man doch nicht sein. Aber aufgeschoben ist ja nicht aufgehoben.

Dialogisches

Zwei Angler stehen am Ufer des Sees. Da kommt ein Spaziergänger vorbei, schaut eine Weile zu, aber keiner fängt einen Fisch. Schließlich fragt der Spaziergänger:
"Warum angeln Sie eigentlich?"

1. Angler:
"Weil es mir Spaß macht."
Spaziergänger zum 2. Angler:
"Und Sie, angeln auch Sie, weil es Ihnen Spaß macht?"
2. Angler
"Nein, weil ich Fische fangen will. Fische schmecken gut und sind gesund."
Spaziergänger:
"Aber Ihnen macht das keinen Spaß?"
2. Angler:
"Doch, wenn ich einen fange."
Spaziergänger:
"Und wenn Sie nichts fangen?"
2. Angler:
"Dann habe ich eben Pech und versuche es noch einmal. Sie steigen doch auch nicht in ihr Auto, nur weil es Ihnen Spaß macht, sondern weil Sie damit zu einem bestimmten Ziel fahren wollen."
Spaziergänger:
"Aber warum ist denn Ihr Kumpel der Meinung, dass es ihm Spaß macht?"
2. Angler:
"Da müssen Sie ihn schon selber fragen."
Spaziergänger zum 1. Angler:
"Haben Sie auch Spaß, wenn Sie Pech haben?"
1. Angler:
"Auch wenn ich Pech habe, habe ich meinen Spaß. Das ist doch so einfach zu verstehen."
Spaziergänger:
"Noch eine Frage. Angeln soll wirklich glücklich machen?"

Beide Angler:
"Ja natürlich, das sagen wir doch die ganze Zeit."

Der Spaziergänger geht weiter und schüttelt den Kopf. Das verstehe wer will, denkt er. Als er zu Hause ist, erzählt er seiner Frau: "Ich habe vorhin zwei Angler am Seeufer gefragt, warum sie eigentlich angeln. Keiner fing einen Fisch. Das waren komische Leute, denn sie gaben komische Antworten. Der eine angelt, weil es ihm Spaß macht, auch wenn er Pech hat und der andere, weil er einen Fisch fangen will und Pech ihm keinen Spaß macht ebenso wie das Einsteigen in sein Auto. Aber glücklich sind beide."

Nachmittags erzählt seine Frau ihrer Friseuse:
"Mein Mann hat sich heute früh mit Anglern unterhalten. Stellen sie sich vor. Sie sind immer glücklich, auch wenn sie Pech haben. Aber es macht ihnen keinen Spaß, mit einem gefangenen Auto Fische zu fahren."
Die Friseuse erzählt der nächsten Kundin:
"Die Angler sind doch eigenartig. Ihre Vorgängerin, Frau eines Anglers, hat mir erzählt, dass es den Fischen Spaß macht, mit einem geangelten Auto zu fahren, obwohl sie dabei das Pech haben können, gefangen zu werden."
Die Kundin antwortet:
"Ich habe nie begriffen, was an der Angelei spaßig sein soll. Doch jedem Tierchen sein Pläsierchen. Angeln muss aber ganz schön Geld kosten. Schließlich müssen die Angler ja die Fahrschule für die Fische bezahlen. Ich frag mich bloß, was passiert, wenn einer die Fahrprüfung nicht bestanden hat?"

Dialog zwei
Zwei Angler nach der Vereinsversammlung beim Bier:

Erster:
"Gestern habe ich den, äh, Dings, du weißt schon wen, getroffen, der mit dem großen Fisch beim letzten Mal."

Zweiter:
"Ah ja, ich weiß schon, wen du meinst. Das ist doch der, der immer die tollsten Angelgeschichten erzählt, aber so, als ob er sie selbst erlebt hätte. Und was ist mit dem?"
Erster:
"Na, hast du doch eben schon gesagt. Der hat wieder mal eine Story erzählt, da kannst du nur staunen."
Zweiter:
„Ha, ha, kann ich mir lebhaft vorstellen. Letztens behauptete er allen Ernstes … "
Erster:
"Meinst du die Sache, wo er von seinem Boot aus den großen Fisch …?"
Zweiter:
"Genau die."
Erster:
"Sag ich doch, genau der ist es."

Unrühmlich

Einst versammelten sich in einem See einige Fische und unterhielten sich über die Bedeutung ihrer Art. Der Hecht beispielsweise sprach darüber, dass vor 300 Jahren im brandenburgischen Wriezen eine eigene Zunft der Hechtreißer existierte.
Der Karpfen verwies unter anderem auf die Verdienste seines ehrwürdigen Geschlechts für die Speisetafel der Mönche im Mittelalter und die nach ihm benannte Wirtschaft in Teichen bis auf den heutigen Tag. Auch eine Karpfenkönigin werde extra gewählt. Und schließlich sei der Karpfen in einer großen Umfrage vor dem Hering und der Forelle zum Fisch des 20. Jahrhunderts gewählt worden.
Nur der Aal hielt sich zurück. "Was kannst du über deine Vorfahren rühmliches berichten?", fragte der Hecht. Der Aal antwortete: "Ich finde es eigenartig, dass ihr euren Ruhm vom Menschen abhängig macht. Habt ihr denn keine andere Daseinsberechtigung als

nur dem Menschen zu dienen? Umgekehrt muss es ein. Der Mensch muss uns dienen, denn wir Fische sind älter als er."

Zwei Rotfedern

Treffen sich zwei Rotfedern. "Kommst du mit zur Krautkante?", fragt die eine. "Um Wasserswillen nicht dahin, da ist heute Vereinsangeln." "Woher weißt du das?" "Ich habe es in der Anglerzeitung gelesen, die ein Angler am Ufer vergessen hat." "Keine Angst, das ist verschoben worden." "Woher weißt du das?" "Ich habe es gestern von dem Angler erfahren, der seine Zeitung gesucht hat."

Der Klügere gibt nach

Zwei Karpfen waren seit Jahren befreundet und schwammen immer gemeinsam ihre Bahnen. Ihre Charaktere allerdings waren total unterschiedlich. Während der eine spontan und spritzig war, überlegte der andere sehr lange, ehe er sich zu etwas entschied. Stritten sie sich, ging der Lebhafte von seiner Meinung nicht ab und wurde immer aggressiver. Dann brach der Freund den Streit ab nach dem Motto: der Klügere gibt nach.

Eines Tages sahen sie auf dem Boden einige Maiskörner. Sofort schwamm der eine hin und schluckte alle herunter, während sein Gefährte abwartete. Der Klügere gibt nach, meinte er.

Wenig später bemerkten sie an der gleichen Stelle erneut Maiskörner. Sogleich schwamm der lebhafte Karpfen erneut hin und sog sie ein. Da spürte er den Haken und kämpfte wie wild, um dem Angler zu entkommen. Schließlich gelang es ihm auch.

Sein behäbiger Freund hatte alles beobachtet und freute sich mit. Da sah er einen Wurm im Wasser schweben und schnappte ihn mit seinem Saugmaul. Er bemerkte zwar den Anhieb und den Zug, leistete aber keinen Widerstand. Der Klügere gibt nach, dachte er noch, ehe er aus dem Wasser gekeschert wurde.

Sein langjähriger Freund indes wartete vergeblich auf ihn.

Der Neidhecht

In einem See lebten zwei Hechte. Sie waren von denselben Eltern und zur gleichen Zeit geschlüpft. Dennoch entwickelten sie sich völlig unterschiedlich. Der eine war stets auf Jagd, der andere eher behäbig. So kam es, dass der Fleißigere schneller wuchs und nach einigen Jahren viel größer, kräftiger und explosiver wurde als sein Altersgenosse. Diesen ärgerte das schon seit längerem und er versuchte, die erfolgreiche Jagd des anderen zu verhindern.

Er folgte dem größeren Hecht und verscheuchte oft erfolgreich dessen Beute, um sie dann selber zu fressen. Dieser bemerkte das wohl, aber er ließ sich nicht beirren und strengte sich umso mehr an. Was der Neidhecht auch anstellte, er konnte nicht verhindern, dass der bessere Jäger nach und nach noch größer und stärker wurde als er. Dennoch ließ ihm der Neid keine Ruhe und er setzte seine Störversuche umso verbitterter fort. Als er sich dabei wieder einmal auf den wahrscheinlichen Beutefisch konzentrierte, bemerkte er zu spät, dass er nun dem verhassten Hecht zu nahegekommen war. Dieser ließ sich natürlich eine solche Gelegenheit nicht entgehen. Der Neidhecht hatte keine Chance.

Rotfeder und Wels

Eine Rotfeder, die sich für schöner hielt als Ihresgleichen, schwamm stolz im See auf und ab, damit man sie auch ja beachte und bewundere. Dabei kam sie einem Wels zu nahe, der sie in sein Maul sog. "Oh weh", schrie die Rotfeder. "Der einzige, der mir noch helfen kann ist der Mensch. Ist denn keiner in der Nähe, um mich aus dem schrecklichen Maule zu befreien"?

Als der Wels das hörte, ließ er sie verächtlich frei. Die Rotfeder irrte erschöpft davon und schnappte begierig nach einem Teigköder.

Der faule Karpfen

Ein dicker Karpfen war in die Jahre gekommen und wurde träge, ja richtig faul. Er hatte keine Lust mehr, sich auf die anstrengende Futtersuche zu begeben, sondern blieb an seinem Platz. "Ich nehme das, was die Angler hier reichlich anbieten. Weißbrot, gekochte Kartoffeln, gequollenes Getreide, Bohnen, Mais, Brot- und Semmelteig und manche andere schmackhafte Speise. Warum in die Ferne schweifen, wenn das Gute so naheliegt?", pflegte er zu sagen. Er belächelte seine Artgenossen, wenn sie gelegentlich über die nervige und anstrengende Futtersuche klagten. Dennoch wollten sie nicht mit ihm tauschen und warnten ihn. Vergiss nie unseren Grundsatz, geschenktes Futter ist gefährliches Futter. Lieber selbst suchen, dann weiß man doch, was man hat. Aber der Dicke ignorierte alle gut gemeinten Ratschläge und wurde noch dicker. Als die anderen Karpfen eines Tages wieder an der Futterstelle vorbei schwammen, suchten sie den Faulen vergeblich. Er war und blieb verschwunden. Ob ein Zweibeiner ihn erwischt hat?, rätselten sie. Aber wen sollten sie fragen?

Wels und Zander

Ein Zander beobachtete, dass ein Wels gerade einen Fisch erbeutet und noch im Maul hatte. Sofort schwamm er zu ihm: "Ich grüße dich, Beherrscher des Sees und all seiner Bewohner. Bewundungswürdig, mit welcher Schnelligkeit und Eleganz du diesen Fisch erbeutet hast. Sag mir doch bitte, mit welcher List dir dies gelungen ist, damit ich von dir lernen kann." Der Wels verschlang erst den Fisch und antwortete:

"Mein lieber Zander, es wird dir nicht gelingen, mich mit deinen Schmeicheleien zu täuschen. Du bist selbst ein wendiger und erfolgreicher Jäger und hast eine Belehrung durch mich nicht nötig." Der Zander schwamm grußlos davon. Einige Tage später wiederholte sich alles. Erneut versuchte der Zander, durch schmeichelnde Lobeshymnen den Wels zur Freigabe des Fisches im Maul zu verführen. Und tatsächlich, der Wels spuckte den Fisch wieder aus, um antworten zu können. Sogleich schnappte ihn der Zander und schwamm eilig davon. Man darf eben nicht aufgeben, dachte er triumphierend, als er merkte, wie der Fisch ihn mit Kraft in eine andere Richtung zog. Vergeblich versuchte er, dagegen anzukämpfen und spürte den Haken im Maul.

Der Karpfenblei

Ein Blei war der Geringschätzung der Angler wegen seiner vielen Gräten überdrüssig und behauptete nunmehr steif und fest, ein Karpfen zu sein. Als ein Angler ihn in seinem Kescher hatte, sagte der Blei: "Ich bin kein Blei, sondern ein Karpfen." "Ganz genau", antwortete der Angler. "Eben darum setze ich dich nicht wieder zurück."

Der junge und der alte Wels

Ein junger Wels sprach zu einem alten Wels, der mit seinen 80 Jahren der älteste Bewohner des Gewässers war. "Du hast schon so viel erlebt, du kannst weit zurückdenken an deinen Großvater und Urgroßvater. Glaubst du, dass der Mensch eines Tages Vernunft annimmt und uns nicht mehr nachstellen wird?"

"Das hat mit Vernunft nichts zu tun", antwortete der Alte. "Seit Welsgedenken versucht der Mensch, uns zu erbeuten. Dabei wird er schlimmer und raffinierter, geht mit immer mehr List und Tücke vor. Glaubst du, dass ein Raubfisch wie du und ich je aufhören werden, Fische zu erbeuten? So wird auch der Mensch niemals aufhören, uns nachzustellen. Wir haben keine Chance, etwas dagegen zu unternehmen. Nur unsere Erfahrung und die Mäßigung unserer Gier können wenigstens den Schaden begrenzen."

Stichlinge

Ein Mensch fing mit einem feinmaschigen Netz Stichlinge aus einem Steinbruch, um sie in einem Aquarium zu halten. Ihre Artgenossen bedauerten sie und beklagten deren Schicksal. Aber die gefangenen Stichlinge erwiderten: "Wir sind zu klein, um den Menschen als Speise zu dienen, also hat er uns ausgewählt für eine besondere Aufgabe."

"Egal, was euch widerfahren wird", antworteten die Artgenossen, "ihr seid nun nicht mehr frei wie wir und müsst euch dem Willen des mächtigen Menschen unterwerfen. Wir sind froh, dass wir hier in Freiheit bleiben können. Lieber um das tägliche Futter kämpfen und noch anderen Gefahren ausgesetzt als in sicherer Unfreiheit zu leben."

Junge Barsche

Einige junge Barsche tauschten Erfahrungen aus über ihre Jagderfolge. "Wir sind jung und stark und schnell, schneller als die Alten und jagen doch nicht so gut", stellte einer fest. "Und woran liegt das?", fragte ein anderer. Keiner wusste die richtige Antwort.
Ein alter Barsch gesellte sich neugierig zu ihnen. "Du kommst uns wie gerufen", riefen alle wie aus einem Maule und fragten nach den Gründen für seine Jagderfolge. Er schwieg zunächst und antwortete, sie mögen morgen um die gleiche Zeit hier wieder erscheinen, dann wolle er die Antwort geben.
Am nächsten Tag versammelten sich die jungen Barsche wie verabredet. Einer informierte, dass der Alte heute nicht kommen könne und darum gebeten habe, das Treffen um einen weiteren Tag zu verschieben. Endlich erschien er am nächsten Tag. "Du hast uns aber lange warten lassen", empfingen ihn die ungeduldigen Jungen. "Eben das ist meine Antwort auf eure Frage", sprach der Alte und schwamm wieder davon.

Im Dorfteich

Eine Karausche hielt im Dorfteich einen Vortrag über das Meer. "Wovon sprichst du eigentlich?", fragte ein Zuhörer. "Wo soll es denn noch Wasser geben außer hier?"

Die schöne Bachforelle

Einer weiblichen Bachforelle war ihre große Schönheit zu Kopf gestiegen. Niemand hatte so viele leuchtend rote von einem hellen Rand umgebende Tupfen wie sie. Ihre Artgenossen beneideten sie, und die anderen Fische des Fließgewässers schauten ihr bewundernd hinterher. Aber das reichte der Schönen noch nicht. Und so beschloss sie, ihre Schwanzflosse vergrößern zu lassen. Die Laichzeit im Winter kam heran. Alle anderen weiblichen Forellen schlugen mit ihrer Schwanzflosse Laichgruben in den kiesigen Grund.

Die Männchen warteten schon ungeduldig auf den Rogen, um ihn mit ihrer Milch zu befruchten.
Nur die eitle Bachforelle hielt sich zurück. "Nein", sprach sie, "ich möchte meine verschönerte Schwanzflosse nicht beschädigen." Enttäuscht schwammen die Männchen davon. Fortan beachtete niemand mehr die eingebildete rotgepunktete Forellendame, auch wenn sie aufdringlich vor allen anderen hin- und herschwamm. Sie starb einsam, verbittert und abgemagert.

Stoßwellen

Ein dicker Karpfen kam zum Wels in die Sprechstunde und klagte über Bewegungsschmerzen. Der Wels tröstete ihn: "Die Flossenreflexzonenmaßnahmen hatten offenbar nicht die erhoffte Wirkung. Aber gleich nebenan kann dir bestimmt besser geholfen werden." Der Karpfen schwamm dahin und sah zwei große Hechte. Erschrocken kehrte er um und fragte den Wels, ob denn das seine Richtigkeit habe. Der Wels antwortete lächelnd: "Durchaus, die Hechte sind meine Assistenten. Sie erzeugen mit ihren Schwanzschlägen starke Wasserbewegungen. Die neue Methode nennt sich Stoßwellentherapie."

Nicht bei uns

Ein See wurde mit jungen Karpfen besetzt, die sofort begannen, sich in ihrer neuen Umgebung zu orientieren. Noch am selben Tag versammelten sich die Bleie und protestierten dagegen. Ihr Sprecher sagte: "Wir haben natürlich nichts gegen die neuen Karpfen, aber warum setzt man sie bei uns aus und nicht im benachbarten See?"
Nach einiger Zeit aber hatten sich alle Fische an die Neuen gewöhnt, und nach drei Jahren sprach niemand mehr darüber. Danach wurde der See erneut besetzt, doch dieses Mal mit jungen Aalen. Da versammelten sich die nun erwachsenen Karpfen und protestierten. Ihr Sprecher verkündete: "Wir haben natürlich nichts gegen Aale, aber warum setzt man sie bei uns aus und nicht im benachbarten See?"

Auf der Fischtheke

Auf der Theke eines Fischladens lag eine Forelle, die am Morgen noch gelebt hatte. Wenig später bekam sie als Nachbarin eine geräucherte Forelle. Da sprach die Frische: "Womit habe ich verdient, dass neben mir ein brauner und übelriechender Fisch liegen muss?" Die Geräucherte antwortete: "Ich bin eine Forelle wie du. Warte ab, bis du gebraten bist, dann wollen wir uns wiedersprechen."

Raubfischkonzert

Der Wels streicht einen Kontrabass,
der Zander bläst Posaune,
die anderen Fische werden blass
und haben schlechte Laune.

Der Rapfen klimpert das Klavier,
der Aal kriecht schnell ins Horn,
er bläst und bläst vergebens hier
und platzt voll Wut und Zorn.
Der Hecht nimmt jetzt die Violine,
der Barsch die Klarinette,
sie spielen leis mit Trauermine
zwei aalige Duette.

Ein nutzloses Ding

Eines Tages fiel ein Handy in den See, das einem Kind beim dauernden Herumspielen im Boot aus der Hand gefallen war. Mit großer Neugier betrachteten die Fische dieses fremde, komische, schimmernde Ding, das sie vorher noch nie gesehen hatten, und sie rätselten miteinander, was das wohl sein könne. Aber niemand vermochte das Rätsel zu lösen. Soviel war klar: Es kam aus der Welt der Menschen, weshalb äußerstes Misstrauen angebracht schien. Also beschlossen sie, es zu umschwimmen. Als das komische Ding nach einem Jahr noch immer so dalag, sprachen die Fische untereinander: "Es ist eigenartig, womit die Menschen uns nachstellen.

Mit ihren raffinierten Ködern versuchen sie uns zu täuschen und zu fangen. Das ist schlimm für uns, aber immerhin noch zu verstehen. Von diesem Ding hier geht jedoch keine Gefahr für uns aus. Es ist also für die Menschen völlig unnütz. "

Der alte Wels

Werner Wels feierte seinen 80. Geburtstag. Er war nicht nur der älteste und größte Fisch weit und breit, sondern zweifellos auch der klügste. Kein Wunder eigentlich, denn der Gigant der Tiefe hatte so viel erlebt wie kein anderer. So konnte er viele Fragen der Fische beantworten. Und wenn nicht, dann erklärte er ohne Umschweife, es nicht zu wissen.

Damit gaben sich die Fische zufrieden, denn wenn es der weise Wels es nicht weiß, so sagten sie, dann niemand, also brauchte man auch nicht weiter zu fragen. Kurzum, er war er mehr denn je die unumstrittene Autorität für alle Fische im See. Niemand wusste mehr als er, niemand sah die Dinge anders als er, niemand zweifelte. Er habe sich noch nie geirrt, sagten bewundernd seine Verehrer.

Daher war es für das Fischvolk ein großer Trauertag, ja eine Katastrophe, als er starb. Schon eine Generation später waren die Fische fest davon überzeugt, dass der Alte ihre jetzige Unterwasserwelt erschaffen hatte.

Flunderbesuch

Eine Flunder schwamm einst in das Mündungsgebiet der Elbe und weiter den Fluss hinauf. Die dortigen Fische betrachteten sie neugierig, denn diesen Plattfisch mit den Augen auf der Oberseite und der aufgerauten Haut hatten sie noch nicht gesehen. "Wer bist du, was willst du hier und wovon ernährst du dich?", fragten sie neugierig. "Die Menschen nennen mich Flunder oder auch Raubutt. Ich komme aus dem Meer, worin dieser Fluss hier mündet und ernähre mich von Krebsen, Würmern, Schnecken, Muscheln, gelegentlich vom Laich und manchmal von kleinen Fischen und hier im süßen Wasser auch von Insektenlarven. Die Neugier hat mich

hergetrieben. Zu Hause war es mir zu langweilig. Ich möchte wissen, welche Fische in diesem Fluss leben und was sie den ganzen Tag so machen. Deshalb freue ich mich, euch kennenzulernen."
"Bist du allein oder folgen dir noch viele nach?", fragte der Kaulbarsch. "Ich bin allein, aber wir sind hier ja nicht zu Hause und fühlen uns im eher salzigen Wasser richtig wohl."
"Dann ist es ja gut", antwortete das kleine stachlige Großmaul. "Ich dachte schon, du bist ein Flüchtling und willst dich bei uns niederlassen. Da sind wir nämlich sehr empfindlich, denn ist erst einer da, folgen bestimmt andere. Es ist dann alles nicht mehr so wie vorher, es wird eng hier und das Futter knapp. Das wollen wir doch alle nicht."
"Vielen Dank für die Offenheit", entgegnete die Flunder. "Meine Neugier ist gestillt." Sie schwamm eilig wieder zurück.
Der Rotzbarsch triumphierte. "So muss man es machen, dann bleiben sie uns von den Flossen. Ich glaube ihr nämlich kein Wort. Habt ihr gesehen, wie platt sie ist? Offensichtlich gibt es in ihrer Heimat nicht genug Futter. Sie wollte nämlich sehen, ob man bei uns satt wird. Sie hat ja selbst gesagt, wovon sie sich ernährt. Stellt euch mal vor, was los wäre, würden die Platten hier in Scharen einfallen. Wir wollen doch unseren Wohlstand allein genießen."

Quappenheld

Eine Quappe wanderte im Winter flussaufwärts zu ihrem Laichplatz. Frohen Mutes hatte sie sich auf den Weg gemacht, als sie auf ein Hindernis stieß, dass sie nicht überwinden konnte. Wieder und wieder versuchte sie es, aber vergebens. Ein Blei hatte sie schon die ganze Zeit beobachtet. "Was strengst du ich so an? Hier kommst du sowieso nicht durch. Also schone lieber deine Kräfte."
"Du hast gut reden", erwiderte die Quappe. "Wenn ich meinen Laichplatz nicht erreiche, bekommen wir keinen Nachwuchs und sterben hier langsam aber sicher aus." "Warum legst du deine Eier nicht einfach vor dem Wehr ab, so wie wir? Das erspart dir viel Mühe und Kummer." "Du sprichst, wie du es verstehst, aber wir müssen unserer Natur folgen und können hier nicht laichen." Der

Blei schwieg eine Weile und sagte: "Ja, wenn es so ist, dann kann man da nichts machen. Da habt ihr eben Pech" und schwamm davon.
Die Quappe aber gab nicht auf, und es gelang ihr und einigen Artgenossen tatsächlich, einen Schlupfweg zu finden und das Wehr zu passieren. Auch auf dem Rückweg überwand sie auf diese Weise das Hindernis. Als sie ihre heimatliche Region wieder erreicht hatte, wurde sie zu ihrem Erstaunen als Held gefeiert. "Wenn der Mut der Verzweiflung und das Glück zusammenkommen", sprach sie, "dann kann auch das Unmögliche möglich werden."

Kormoran und Waschbär
Ein Kormoran saß auf einem Stein am Ufer eines fischreichen Sees und breitete seine Flügel aus, um sie im Winde zu trocknen. Da tauchte ein großer Hecht auf und sprach: "Warum bist du so gefräßig und jagst uns und andere Fische so erbarmungslos, dass es scheint, du würdest niemals satt werden?" Der Kormoran antwortete: "Wir leben von den Fischen. Sie sind unsere Beute. Wir können euch nicht schonen, denn dann würden wir verhungern und unseren Jungen in ihren Nestern sterben. Jeder muss seiner Natur folgen. Auch du bist ein gefräßiger Räuber und frisst Fische. Spar dir also deine Klage."
Nachdem der Kormoran seine Flügel getrocknet hatte, flog er zu seinem Nest, um die Jungen zu füttern. Als er hier ankam, sah er, wie ein Waschbär eines davon raubte und fortschleppte. "Was fällt dir ein", rief der Kormoran außer sich vor Wut. "Gib sofort mein Kind her. Hast du erbarmungsloses Tier denn kein Mitleid und keine andere Beute als gerade mein Junges?"
"Es ist unsere Natur" entgegnete der Waschbär. "Seit Ihr hier brütet, haben wir es gut. Bequemer als mit euren Eiern und Jungvögeln können wir keine Beute machen. Du machst es doch nicht anders mit den Fischen. Wozu sollten wir gerade euch schonen?"

Fischtreppe
Ein Lachs kommt vom Atlantik her
und steht vor einem großen Wehr,
folgt der Strömung, die ihn leitet,
dass er durch die Treppe gleitet,
passiert gesund und schnell das Wehr
und spürt die Heimat immer mehr.

Morgenstern heute
Christian Morgenstern (1871 bis 1914) schildert in dem folgenden Gedicht „Der Salm“ das Dilemma eines Lachses:

Ein Rheinsalm schwamm den Rhein
bis in die Schweiz hinein.

Und sprang den Oberlauf
von Fall zu Fall hinauf

Er war schon weißgottwo,
doch eines Tages – oh! -

da kam er an ein Wehr:
das maß zwölf Fuß und mehr!

Zehn Fuß – die sprang er gut!
Doch hier zerbrach sein Mut.

Drei Wochen stand der Salm
am Fuß der Wasser Alm.

Und kehrte schließlich stumm
nach Deutsch- und Holland um.

Dies wurde also bereits zu seiner Zeit beklagt. Inzwischen hat man hat begonnen, die Fehler der Vergangenheit mehr und mehr zu korrigieren, wenngleich hier noch sehr viel zu tun ist. Fischtreppen bzw. Fischwanderhilfen oder Fischpässe ermöglichen es den Lachsen, auch den Meerforellen, den Atlantik zu erreichen und hier heranzuwachsen und danach zurück ihre Laichgewässer wieder aufzusuchen und so den Fortbestand der Art zu sichern. Stellen wir uns nun vor, Christian Morgenstern würde mit Freude beobachten können, wie ein Lachs das Wehr mit Hilfe einer Fischtreppe passiert hat. Wie würde er wohl jetzt die letzten drei Doppelzeilen dichten? Vielleicht so?

Mit frischem Lachsesmut
folgt er der Strömung gut.

Hat nun das Wehr passiert
und freudig triumphiert.

Zwei Stunden schwimmt der Salm,
vergisst die Wasser-Alm.

Frei nun ist der Rhein
bis in die Schweiz hinein.

Drei Aale

Es waren einmal drei Aale,
die mussten nach Sargasso reisen,
schwammen los mit froher Mine
bis zum Kraftwerk mit Turbine.

Diese hätt sie voll verdrechselt
oder sogar klein gehäckselt.
Da überlegten sie weise
und unterbrachen die Reise.

Aber nach einigen Tagen
mussten erneut sie es wagen,
schwammen mit Hoffen und Bangen.
Wie ist es ihnen ergangen?

Güster und Hecht

Eine Güster schwamm einst zum Hecht und sprach: "Wie ich sehe und erlebe, kann keiner so schnell schwimmen wie du. Ich bitte dich, mir im Schnellschwimmen Unterricht zu geben."
Der Hecht lehnte ab. Aber die Güster blieb hartnäckig und bettelte. Da schnappte sie der Hecht mit seinem Maul und schnellte mit ihr durch das Wasser. Die Güster war begeistert. Aber der Hecht ließ nicht mehr los und fraß sie.

Der goldene Ring

Ein junger Karpfen fand bei der Futtersuche einen goldenen Ring. Erfreut zeigte er ihn den älteren Artgenossen. Einer von ihnen sagte: "Das ist ein völlig unnützes Ding, denn du kannst es nicht essen." Der kleine Karpfen aber versteckte den Ring. Immer, wenn er sich nicht wohl fühlte oder traurig war, schwamm er zum Ring und freute sich.

Kaulbarsch und Zander

Ein Kaulbarsch beobachtete im Mai einen großen Zander, der sein Gelege mit befruchteten Eiern bewachte. Als der Kleine nach sieben Tagen erneut vorbeischaute, sah er die geschlüpfte Brut. Nun beeilte er sich, ebenso zu handeln und bewachte sein Gelege. Die Artgenossen lachten ihn aus. "Das schaffst du nicht, wie willst du 10 Tage durchhalten? Wir sind nicht für Brutpflege geschaffen." Schon nach einem Tag bekam er Hunger, hielt aber tapfer aus. Nach drei Tagen trieb ihn der Hunger vom Gelege. Er kehrte jedoch zurück. Als die jungen Barsche nach sieben Tagen noch immer nicht schlüpften, gab er total geschwächt auf. Mit großer Mühe kam er wieder zu Kräften und fragte sich: Wie hat der Zander das bloß ausgehalten?

Zwei hungrige Barsche

Zwei hungrige Barsche stritten sich um einen toten Fisch. Keiner gönnte dem anderen die leichte Beute. Derweil sie immer noch stritten, schnappte sich ein dritter Barsch den Fisch und schwamm davon. Aber der Fisch war ein Köder und der vermeintlich lachende Dritte wurde selbst erbeutet. So kann auch Egoismus manchmal von Vorteil sein.

Plötzen und Finten

In einem Fluss beklagten mehrere Plötzen untereinander ihr Los, weil sie von überallher gejagt würden. "Wozu leben wir eigentlich noch?", fragte eine. "Es ist doch ohnehin sinnlos. Sind wir den Raubfischen entwischt, frisst uns der Kormoran oder der Reiher. Sind wir diesen entkommen, stellt uns der Mensch nach. Wir wollen uns eine Stelle suchen, wo wir in den Freitod gehen können." Als sie eine Weile geschwommen waren, begegneten sie einigen Fischen mit schwarzen Flecken, die sie noch nie gesehen hatten. "Wieso", so fragten sie, "sind wir uns noch nie begegnet?" "Es gibt nur noch wenige von uns", antworteten die Finten. "Wir können nicht mehr stromauf schwimmen, weil uns der Weg versperrt ist, das Wasser ist für uns zu schmutzig, die wenigen erreichbaren Laichplätze zerstört. In Kürze wird es uns hier nicht mehr geben." Da beschlossen die Plötzen wieder umzukehren. "Verglichen mit dem bedauernswerten Schicksal der Schwarzgepunkteten sollten wir nicht weiter klagen und zufrieden sein."

Ein Rotfederschwarm

In einem Rotfederschwarm einigten sich alle Fische, immer eng zusammen zu schwimmen, damit ein Raubfisch annehmen muss, sie seien insgesamt ein großer Fisch und daher als Beute ungeeignet. Als sie aber einen großen Hecht bemerkten, bekamen einige solche Angst, dass sie aufgeregt hin und her schwammen und die Geschlossenheit des Schwarmes auflösten. So hatte der Hecht leichtes Spiel.

Barsch und Zander
Ein Barsch hatte gerade einen Ukelei erbeutet und schickte sich an, ihn zu verschlucken, als er selbst zur Beute eines Zanders wurde. Wie man es macht, ist es verkehrt klagte er still. Jage ich nicht, verhungere ich. Jage ich und will meinen Erfolg genießen, werde ich selber zur Beute.

Hecht und Stichling
Ein Hecht sah im Mai einen dreistachligen Stichling, der ganz anders aussah als sonst. Sein Rücken schillerte geradezu grünblau, während Kehle, Brust und Bauch besonders stark rot leuchteten. Wie kommt das, fragte sich der Hecht, denn normalerweise ist der Rücken dieser Winzlinge olivgrün bis blauschwarz und die Seiten glänzen silbergrau. Den schnapp ich mir. Der Stichling flehte um sein Leben. "Ich bin doch für dich viel zu klein, du merkst noch nicht einmal, dass du mich gefressen hast. Wir haben gerade Laichzeit, wie du an meiner anderen Färbung siehst. Da werde ich gebraucht. Lass mich frei und ich will dir deine Hilfe danken." Der Hecht ließ ihn los und erwiderte: "Da bin ich aber gespannt, wie du mir helfen könntest. Dafür lass ich dich frei.“
Einige Zeit später schnappte sich der Hecht einen Köderfisch und hing an der Angel. Der Stichling schwamm gerade vorbei und versprach Hilfe zu holen. Er alarmierte einen großen Hecht und sagte, dass sein Gevatter in großer Not sei und Hilfe benötige. Der Hecht schwamm herbei und beobachtete, wie der andere durch den Kampf immer schwächer wurde. Schnell fasste er zu, riss ihn von der Angel und verschluckte ihn zum Entsetzen des Stichlings.

Kaulbarsch und Barsch
Ein Kaulbarsch hatte gerade einen riesigen für ihn eigentlich viel zu großen Tauwurm erbeutet und mühte sich, ihn zu verschlingen. Da schwamm eilig ein großer Barsch herbei, riss ihm den Regenwurm aus dem Maul und verschluckte ihn augenblicklich. Den Haken bemerkte er erst jetzt und musste dem Zug der Angel folgen. Das soll mir eine Lehre sein, dachte der Kaulbarsch erschrocken.

Die junge Rotfeder
Eine Rotfeder träumte davon, die Welt über Wasser kennenzulernen und stellte sich vor, wie man sie dort wegen ihrer goldfarbenen Schuppen und roten Flossen bewundern würde. Vergebens warnten die Artgenossen, Fische könnten ohne Wasser nicht leben und nach kurzer Zeit an der Luft sterben. Als sie einmal wiederum an ihren Traum dachte, achtete sie nicht auf den Köder vor sich und hing an der Angel. Der Angler zog sie aus dem Wasser, aber sie jubelte "endlich habe ich es geschafft."

Zwei Karpfen
In einem kleinen Dorfteich lebten zwei Karpfen friedlich miteinander. Als die Temperaturen im Sommer außergewöhnlich heiß wurden, trocknete der Teich immer mehr aus, so dass beide beratschlagten, was nun zu tun sei, wenn das so weiterginge. "Du musst dir einen anderen Teich suchen", sagte der eine zum anderen. "Wieso ich und nicht du? Und wenn schon, wie soll ich denn aus dem Teich herauskommen, es ist doch kein Zufluss da", entgegnete der andere. "Das ist mir egal. Auf jeden Fall ist kein Platz hier für uns beide", entgegnete der erste.
So gab ein Wort das andere und aus Freunden wurden erbitterte Feinde. Jeder suchte den eigenen Vorteil zu Lasten des anderen. Schließlich schwammen sie aufeinander los und kämpften um den besten Platz. Dadurch verspritzten sie die letzten Wasserlachen und waren dem Tod nahe.
Ein kräftiger Landregen füllte den Teich wieder, so dass beide zu Kräften kamen. Aber die alten Zeiten waren dahin. Sie blieben erbitterte Feinde.

Frosch und Bachforelle
Ein Frosch verbeugte sich vor einer großen Bachforelle. "Ich bin begeistert, wie du sogar gegen die Strömung mit kühnem Sprung und schnellen Bewegungen Insekten fängst. Wie du weißt, ernähre auch ich mich davon und würde gern so ein geschickter und vielseitiger Jäger werden wie du." Die Bachforelle antwortete: "Vielen

Dank für das Lob. Du hast wirklich Recht, ich bin ein vielseitiger Jäger." Sie schnappte den Frosch und fraß ihn.

Zwei Rapfen

Zwei Rapfen stritten sich, wer von ihnen der Stärkere wäre und kämpften schließlich miteinander. Der Gewinner schwamm siegestrunken davon und übersah das Netz eines Fischers. Es wäre besser, ich hätte verloren, dachte er, nun bin ich zwar Sieger, aber ein Gefangener.

Die unentschlossene Schleie

Eine Schleie sah den Haken in einem Wurm und überlegte lange, ob sie es wagen sollte, den Köder zu versuchen. Aber sie konnte sich nicht entscheiden, schwamm um den Wurm ein ums andere Mal herum, probierte, ließ los, probierte erneut, ließ wieder los, immer den Wurm im Auge behaltend. Als sie sich endlich zu einem Entschluss durchgerungen hatte, wurde sie zur Beute des Hechtes.

Die Stirnlampe

Ein Angler hatte in der Nacht seine noch brennende Stirnleuchte ins Wasser fallen lassen. Das war für die Fischwelt ein außerordentlich aufregendes Ereignis. Neugierig, aber vorsichtig schwammen die Wasserbewohner heran und rätselten, was für ein wundersames Ding das wohl sein könne. "Es muss vom Himmel hier zu uns ins Wasser gefallen sein, dort oben gibt es solche kleinen Lichter", vermutete der nachtaktive Zander. Diese Erklärung fanden die meisten im wahrsten Wortsinne einleuchtend. Nicht lange danach erlosch die Lampe. "Das ist normal", versicherte ein Aal, "denn auch die leuchtenden Punkte am Himmel sind nicht immer zu sehen. Wir müssen nur warten."

Jeden Tag schwammen nun die Fische zur Lampe, aber leider leuchtete sie nie wieder.

Zwei Forellen
Zwei Forellen hatten sich zu weit den Bach hinauf gewagt und blieben im flachen Wasser stecken. Während die eine nach kurzer Zeit ihre Bemühungen aufgab, wieder frei zu kommen, verdoppelte die andere ihre Anstrengungen, schuf dadurch eine Grube, die sich mit Wasser füllte und rettete so ihr Leben.

Warum der Blei grätenreich ist
Einst bat eine Bleifrau Petrus, er möge sich beim Schöpfer dafür einsetzen, dass sie größere Brustflossen, eine rote Rückenflosse, größere Augen und weniger Gräten bekäme. Vergeblich riet Petrus, die Bitte zurückzunehmen. Also trug er sie vor. Gott war darüber so erbost, dass er die Augen noch verkleinerte und die Anzahl der Gräten verdoppelte.

Blei und Stint
Ein Blei beging seinen 15. Geburtstag. Da er wusste, dass dies wahrscheinlich sein letzter sein würde, lud er viele Fische zu einer Geburtstagsfeier ein. Die Schar der Gratulanten war sehr groß. Alle brachten auch Geschenke mit. Als aber der Stint ihm sein Geschenk überreichen wollte, wandte sich der Blei ab und sagte: "Von einem Stinkefisch nehme ich keine Geschenke an."

Hecht, Zander und Barsch
Hecht, Zander und Barsch schlossen Freundschaft miteinander und beschlossen, gemeinsam zu jagen. Der Zander schlug vor, sich vorher über die Verteilung der sicherlich reichen Beute zu verständigen. Darüber gerieten sie in einen so heftigen Streit, dass der Zander den Barsch fraß und der Hecht den Zander. So ist es besser für mich, sprach der Hecht zu sich.

Güster und Stichlinge
Eine Güster sann betrübt darüber nach, dass sie dauernd auf der Hut sein müsse vor den Raubfischen und anderen Räubern. Was ist das doch für ein elendes Leben, sprach sie zu sich. Da gewahrte

sie einen Hecht und schwamm in Panik davon. Unbeabsichtigt geriet sie in einen Schwarm Stichlinge, die erschrocken auseinanderschwammen.
Oh, freute sich die Güster. Die hatten Angst vor mir. Welch ein großartiges Gefühl.

Nacktkarpfen

Einst belauschte ein Lederkarpfen zwei Schuppenkarpfenweibchen. "So wie unser nackter Vetter möchte ich nicht aussehen, da denke ich immer an den Zweibeinigen, der hier oft am Ufer sitzt", kicherte die eine. "Meinst du den mit dem kahlen Kopf?" "Ja, ja, ein Fisch muss doch Schuppen haben so wie wir. Er ist aus der Art geschlagen."
Wütend schwamm der Lederkarpfen davon und berichtete anderen Lederkarpfen von dem Gespräch. Mach dir nichts draus, tröstete ihn einer. Die haben es nötig, diese gemeinen Schuppenkarpfen. Sie stehen auf der untersten Stufe unserer Entwicklung und wir auf der obersten. Wir sind nicht aus der Art geschlagen, wir krönen unsere Art. Sie sind Relikte einer vergangenen Zeit, wir sind die Vertreter der Zukunft.“
So sprachen sie, und der wütende Lederkarpfen beruhigte sich. Als er dem Spiegelkarpfen davon berichtete, schüttelte der seine Flossen und antwortete: "Entweder wir tragen alle eine Krone oder keiner. Gegen solcherart Dummheit, sofern sie keinen Schaden anrichtet, hilft nur die Gelassenheit des Klügeren. Aber Überheblichkeit ist anerzogen. Das sollte man ändern, aber es ist aussichtslos."

Angeber Kaulbarsch

Ein Kaulbarsch prahlte vor seinen Artgenossen, dass sich hier im Brackwasser des Flussunterlaufes sogar die Meeresfische vor ihm fürchten. Er behauptete es immer wieder, biss die Schwarmmitglieder ihn aufforderten, dies endlich zu beweisen. "Nichts leichter als das", sagte er und forderte alle auf, ihm - allerdings mit Abstand - zu folgen.

Bereits nach kurzer Zeit bemerkte er eine Flunder, die sich im Sand eingegraben hatte. Nur ihre Augen schauten hervor. "Seht ihr den großen Plattfisch?", fragte er die Gefährten, als sie herangekommen waren. "Nein, wir sehen ihn nicht", antworteten sie. "Im Sand hat sich eine Flunder eingegraben aus Angst als sie mich kommen sah. Zum Beweis, dass ich nicht lüge, wollen wir gemeinsam das Wasser ordentlich aufwirbeln, dann werdet ihr sie sehen."
Das taten die Kaulbarsche. Tatsächlich erschrak die Flunder und schwamm schnell davon. Die Kaulbarsche glaubten ihm nun und wählten ihn zu ihrem Leitfisch.

Das Angeldenkmal
Ein Angler hatte seine Angel für kurze Zeit unbeaufsichtigt am Ufer abgelegt und vergessen, den Bügel der Rolle aufzuklappen. Ein starker Karpfen schnappte sich den Köder und zog die Angel in den See. Es gelang ihm, sich vom Haken zu befreien, und die Angel blieb auf dem Grund liegen.
Fortan schwammen alle Fische hierher, um das menschliche Angstwerkzeug aus nächster Nähe ausgiebig zu besichtigen. Im Umkreis des Liegeplatzes der Angel herrschte allgemeiner Frieden. Der Karpfen war der Held des Sees und musste immer wieder seine unglaubliche Tat erzählen. Die Fische studierten vor allem den Angelhaken, denn nicht nur der Held hatte ihn schon gespürt und darüber berichtet.
Mit der Zeit wurde die Angel zu einem Denkmal und ihr Liegeplatz zu einem Wallfahrtsort. Für alle jungen Fische war die Besichtigung der Angel Pflicht. So verging die Zeit, bis alle Fische gestorben waren, die noch den Karpfen und seine Heldentat persönlich gekannt hatten, die nun mündlich weitererzählt wurde. Mehr und mehr wurde die Tat ausgeschmückt und hörte sich so an: Der Karpfen (oder war es ein Hecht, wenn ein Hecht sie erzählte?), hatte dem Angler die Angel in Todesverachtung mutig aus der Hand gerissen und damit weitere Fischopfer verhindert.
Dies hat nun fatale Folgen. Mutige junge und starke Fische wollen dieser Heldentat nacheifern - und scheitern bis heute.

Die Sonnenbrille

Ein Kind hatte seine Sonnenbrille beim Baden verloren. Am nächsten Tage fand sie ein Hecht. Er setzte sie auf und schwamm weiter. Das Gelächter der Artgenossen störte ihn nicht. Wenig später stieß er sich an den Pfosten des Badesteges, den er nicht gesehen hatte. Ebenso konnte er keine Fische mehr entdecken. Da schüttelte er die Brille ärgerlich ab.

"Was für ein unnützes Zeug diese Menschen haben", rief er. "Und vor denen leben wir in Angst?"

Kleine Plötzen

Kleine Plötzen hatten sich zu einem Schwarm vereinigt und klagten nach einigen Tagen: "Es ist ja so langweilig. Jeden Tag der gleiche Ablauf. Keiner spielt mit uns." Dies hörten die Barsche. "Wir wollen den Plötzen helfen und ihre Langeweile beenden."

Barbe und Blei

Eine Barbe hatte sich mit einem Blei angefreundet und fragte ihn, ob er bereit sei, mit ihr zu neuen Nahrungsgründen zu wandern. "Ist das anstrengend?", fragte der Blei. "Natürlich", antwortete die Barbe, "und weit ist es auch. Aber dafür wird man reichlich entschädigt." Der Blei überlegte und willigte ein. Sie machten sich zügig auf die Reise in den Oberlauf ihres Flusses. Bereits nach einigen Stunden blieb der Blei zurück und klagte: "Nicht so schnell. Das bin ich nicht gewöhnt." Die Barbe drosselte ihr Tempo, aber der Blei wurde immer langsamer. "Schwimm alleine weiter", schnaufte er. "Was nützt mir reichliche Nahrung, wenn ich meine Kraft vergeude, um hinzukommen und wieder Kraft brauche, um zurückzuschwimmen? Am Ende habe ich nur verloren. Lieber bescheiden leben, dafür aber ruhig in gewohnter wärmerer und viel sicherer Umgebung."

Das eitle Barschweibchen

Ein Barschweibchen entdeckte einen Spiegel, der auf dem Grund des Flusses lag und betrachtete sich erstaunt. Sie zählte ihre dunklen Querbinden und kam auf acht. Erfreut schwamm sie weiter und zählte die Querbinden eines anderen Weibchens. Hier waren es nur sechs. Bei einem nächsten Weibchen stellte sie mit Genugtuung sieben fest. Dies konnte sie natürlich nicht für sich behalten und machte auf den Unterschied aufmerksam. Als jedoch ein weiteres Weibchen mit neun Querbinden vorbeischwamm, verschwand ihr Hochmut im Nu und wich dem Neid. Der trieb sie an, alles zu versuchen, auch einen neunten Streifen zu bekommen. Sie wälzte sich im Schlamm auf dem Grund, fraß vor allem kleinere Artgenossen, um deren Querbinden zu bekommen - jedoch vergebens. Mehr und mehr wurde sie schwarmuntauglich und entwickelte sich zu einer mürrischen Einzelschwimmerin.

Die verrückte Forelle

Eine Forelle beobachtete neidvoll einen Vogel und träumte davon, auch so hoch und elegant fliegen zu können. Sie sprang aus dem Wasser und bewegte schnell ihre Flossen, aber vergebens. Doch sie gab nicht auf und versuchte es immer wieder. Die anderen Forellen beobachteten sie verständnislos. "Du gibst dir umsonst solche Mühe", sagten sie. "Ein Fisch ist doch kein Vogel, er hat keine Federn und kann deshalb auch nicht fliegen."

Die Forelle ließ sich jedoch nicht beirren, teils aus Trotz oder vielleicht auch deshalb, weil ihr die Springerei einfach Spaß machte. Die anderen lachten über sie, manche erklärten sie sogar für verrückt.

Aber eben deshalb erregte sie die Aufmerksamkeit eines Anglers, der Tag um Tag versuchte, gerade diesen Fisch zu fangen. Endlich gelang es ihm, die Forelle mit einer künstlichen Fliege zu täuschen. Bewundernd stellte er fest, wie kraftvoll und ausdauernd sie mit wilden Sprüngen aus dem Wasser kämpfte. Und tatsächlich gelang es ihr, sich vom Haken zu befreien und dem Angler zu entkommen, der nur mit dem Kopf schüttelte. Die anderen Forellen hatten diesen Kampf mit großer Anteilnahme beobachtet. Eine fragte nachdenklich: "Was ist eigentlich verrückt?"

Forellen oder Biber?

Ein munterer Bach schlängelte sich in Schleifen durch Feld und Wiesen. Die Forellen fühlten sich wohl und hielten sich gern in den Bögen auf, wo sie Schatten und Ruhe fanden. Aber der Mensch begradigte den Bach, um mehr Land als zuvor nutzen zu können. Die Forellen beschlossen, hier nicht länger zu bleiben. "Unser Bach ist krank geworden", sprachen sie, "bald wird er sterben und wir vielleicht mit ihm. Wir ziehen uns in den Fluss zurück, in den der Bach mündet." Hier erinnerten sie sich gern an ihren Heimatbach als verlorenes Paradies und gaben dieses Wissen an die nachfolgenden Generationen weiter.

Nach Jahrzehnten korrigierte der Mensch seinen Fehler und stellte den vormaligen naturnahen Zustand wieder her. Die Forellen kehrten nun in ihre alte neue Heimat zurück. "Es ist wahr", versicherten sie sich gegenseitig, "unsere Ahnen haben nicht gelogen. Bald werden auch wir wieder im Paradies leben." Aber sie hatten sich getäuscht. Ein Biber entdeckte den Bach auf der Suche nach einem neuen Revier. Er baute einen Damm und staute den Bach auf. Niemand hinderte ihn daran. Die Forellen mussten sich erneut in den Fluss zurückziehen. "Unsere neue Heimat ist nun ein modriges sterbendes Gewässer ohne Abfluss geworden", riefen sie, "viel schlimmer noch als es einst unsere Ahnen erzählten. Was soll aus uns werden? Die Biber sind noch schlimmer als die Menschen."

Zahnloser Räuber

Eine junge Plötze beobachtete wie ein Rapfen in einen Ukeleischwarm hinein preschte und erinnerte sich an den Schulunterricht. Hier hatten sie gelernt, der Rapfen sei zwar zahnlos, aber als erwachsener Fisch, wie auch der Döbel, ebenso gefährlich wie Wels, Hecht, Barsch und Zander. Es ist wahr, dachte sie. Auch vor einem zahnlosen Räuber müssen wir ständig auf der Hut sein.

Aland und Aal

Der Aland traf den Aal und sprach: "Ich mache dir einen Vorschlag. Gib mir von dir das A. Dann beginnt mein Name so wie deiner." "Dafür musst du mir dein 'and' geben", antwortete der Aal. "Aber dann heißt du ja wie ich jetzt und ich heiße wie du." "Richtig, bemerkte der Aal. Deshalb ist es besser, wir lassen den Buchstabentauch und somit alles wie es ist."

Plötzelei

Plankton fressend planschten
plappernd platte Plötzen,
als es plötzlich platschend
plauzend plumpsend pladderte.
Da ärgerten sich die Plötzen die Platze.

Zanderei

Zehn zahnbewehrte zackenflossige
Zander ziehen zusammen
zuversichtlich zur Zopenjagd.

Zopen zeigen zeitig
zügige Zickzackbewegungen.
Zandertraum Zopenbeute zerronnen.

Zwist zwischen zerknirschten
Zandern zwecks Zopen.
Ziemliches Zerwürfnis.

Zwei zaghafte Zander
zweifeln zuletzt zusehends,
ziehen zürnend zurück.

Zurückgebliebene Zander
zwingen zielbewusst
zitternde Zopen zahlreich zusammen.

Zopen zappeln zwischen
zuschnappenden zandrigen Zähnen.
Zander zufrieden.

Der Tümpelkarpfen

Ein Karpfen schimpft in einem Tümpel,
hier ist allerlei Gerümpel.
Ein Regenschirm, ein Fahrradschlauch,
ein altes Moped gibt es auch.

Büchsen, Flaschen, Plastedosen,
alte Schuhe, Unterhosen
und so weiter und so fort -
ein wirklich grauenhafter Ort.

Kein Angler hier noch angeln mag,
sie treffen sich zum Hegetag.
Am Ufer liegt der ganze Dreck,
die Angler bringen ihn noch weg.

Der Karpfen lebt nicht mehr allein,
ein zweiter kam zu ihm herein
und manche Fische ebenso.
Jetzt ist der Tümpelkarpfen froh.

Wer solcherart den Tümpel ehrt,
ist auch das große Wasser wert.

In der Hechtschule

In der Hechtschule stand das Fach Anglerkunde auf dem Lehrplan. Das schien einige junge Wilde nicht zu interessieren. Als der Lehrer einen besonders unaufmerksamen Schüler ermahnte, antwortete dieser: "Die können doch kaum schwimmen, wieso sollten wir uns vor ihnen in Acht nehmen?" Der Lehrer erläuterte geduldig und anschaulich die Versuche der Angler, mit ihren verschiedensten Ködern vor allem die unerfahrenen und sich stark dünkenden jugendlichen Hechte zu überlisten und schloss: "Dennoch müssen wir uns vor den Anglern nicht fürchten. Unser größten Feinde sind die eigene Überheblichkeit und Fressgier, die Angeberei und der Neid sowie der Egoismus und die Bequemlichkeit bei der Futtersuche. Die müssen wir fürchten und bekämpfen, dann können uns die Angler mit ihren verführerischen Ködern nichts anhaben."

Karpfen, Hecht und Stichling beurteilen die Angler

Karpfen:
Die Angler sind unsere größten Feinde außerhalb unseres Lebensraumes, schlimmer noch als Kormoran, Reiher oder Otter. Nur eines muss man ihnen zu Gute halten. Sie stellen auch den Raubfischen, unseren ärgsten Feinden hier im Wasser nach. Es ist für einen Karpfen ein gutes Gefühl, dass vor allem der große gefürchtete Hecht und Wassertyrann vor den Anglern Angst haben muss. Insofern haben die Angler für uns einen Nutzen. Letztendlich sind sie also für uns sowohl Fluch als auch Segen.

Hecht:
Ja, die Angler sind unsere schlimmsten Feinde. Und das im dreifachen Sinne. Erstens müssen wir in unseren besten Jahren nur die Angler fürchten. Zweitens jagen und verringern sie auch unsere Beutefische. Und drittens schließlich schützen sie auch noch die anderen Jäger unserer Beutefische, wie Kormoran, Reiher, Otter.
So komme ich zu dem eindeutigen Ergebnis, dass der Schöpfer mit den Menschen und so auch mit den Anglern völlig überflüssige und nutzlose Wesen geschaffen hat. Warum, wird er wohl nur selber wissen.

Stichling:
Die Angler? Wovon ist die Rede? Ich kenne sie nicht und habe noch nie etwas mit ihnen zu tun gehabt. Das Gerede der großen Fische interessiert mich nicht.

Beim Fischdoktor
Das Wartezimmer von Dr. Wels ist wieder einmal schwarmvoll. Gerade unterhalten sich zwei Plötzen. "Was hast du denn zu beklagen?", fragt die eine. "Blasenentzündung. Und du?" "Ich habe es mit der Wirbelsäule." Die Praxisgehilfin, eine Zwergwelsin, ruft: "Der Krebspatient bitte." In dem Moment kommt Unruhe auf. Es geht um einen Notfall, denn eine Rotfeder ist verletzt einem Raubüberfall entkommen und muss sofort versorgt werden.
Ein Karpfen leidet an Pilzinfektion, ein anderer an einer Magen-Darm-Entzündung und ein dritter hat Läuse. Auch Tuberkulose behandelt der Arzt, denn die kann zur Hornhauttrübung führen. Bei einem Barsch fehlt ein Flossenstück. Das hat ein anderer rausgebissen. Tja, ein Fischdoktor hat es nicht leicht.

Kaulbarschtraum
Ein Kaulbarsch träumte, er sei König der Fische geworden. Jeden Tag mussten ihm die Untertanen Nahrung heranschaffen, um seinen Hunger zu stillen. Die Friedfische vor allem Zooplankton, Zuckmückenlarven, Würmer und Flohkrebse; der Aal Fischlaich; Hecht, Barsch, Zander und Wels Fischbrut.
Als er erwachte, konnte er sich nicht von seinem Traum befreien und fühlte sich weiter als König. Er bemerkte wohl den sich nähernden Zander und glaubte, dieser würde ihm kleine Fische bringen. Aber es war zu spät. Der Zander fraß ihn auf und wunderte sich, dass der Kaulbarsch keinerlei Fluchtversuch unternommen hatte.

Nachtanglers Wunsch
Gern genieße ich
nächtliche Ruh.

Hell scheint der Mond
und flüstert mir zu,
sei auf der Hut,
es dauert nicht lang,
dann schicke ich dir
reichlichen Fang.

Nachtanglers Ehre

Die Nacht ist schon kalt
und Regen kommt bald.
Der Wind weht so stark,
das geht mir ins Mark.
Doch werd ich nicht geh‘n,
denn Angeln ist schön.

Der mutmaßliche Räuber

Ein Jurist und ein Journalist gingen angeln. Der Jurist montierte einen toten Köderfisch an seine Hechtangel und wartete geduldig, was da kommen würde. Nach einer halben Stunde fing er einen Hecht von fünf Pfund, ließ ihn jedoch wieder frei. Der Journalist stand fassungslos daneben. "Wieso hast du ihn wieder zurückgesetzt?" "Dieser Hecht hatte mutmaßlich meinen Köderfisch geschnappt, aber ich konnte es ihm nicht einwandfrei beweisen. Er ist also nur der mutmaßliche Räuber." "Und wer soll denn der tatsächliche Räuber gewesen sein?" "Das weiß ich nicht", entgegnete der Jurist gelassen. "Es könnte doch auch ein anderer Hecht den Köderfisch abgerissen haben und dieser biss auf den blanken Zwilling. Auch wenn er sprechen könnte und die Tat gestehen würde, muss ich ihn freilassen. Ich nehme nur den einwandfrei hieb- und stichfest überführten Raubfisch. Tja mein Lieber, auch beim Angeln will ich meinem beruflichen Ethos treu bleiben."
Nun blinkerte der Journalist mit seiner Spinnrute und erwischte ebenfalls einen Hecht. Ungerührt hakte er den Räuber ab und setzte ihn zurück. "Was ist denn jetzt?", staunte der Jurist. "Hier kann es

doch keinen Zweifel geben, dass dieser Hecht eventuell nicht gebissen haben könnte. Also kannst du ihn doch mitnehmen." "Ja, ja", antwortete der Journalist. "Aber wer sagt denn, dass dieser Fisch wirklich ein Hecht war? Es könnte doch auch nur mutmaßlich ein Hecht gewesen sein, obwohl er wirklich so aussah. Leider kann ich ihn nicht mehr fragen, aber er hätte ohnehin nicht antworten können."
"Was soll es denn sonst sein, wenn es kein Hecht ist?" "Das weiß ich nicht. Vielleicht ein Rapfen, der hat ja noch Schonzeit. Das nächste Mal müssen wir einen Richter oder einen Fischereibiologen bitten, ein Urteil abzugeben."

Zwei Fahnen
Ein Angler kescherte vom Ufer aus eine Äsche. Ein anderer Petrijünger kam gerade vorbei und sah ihm zu. Als der Äschenfänger den Fisch stolz präsentierte und mit der rechten Hand die Rückenflosse aufrichtete, sprach der Andere: "Oh, zwei Fahnen."

Der Regenangler
Mitten in des Regens Pfütze
sitzt er da mit großer Mütze.

Der Angler grübelt, weiß nicht recht,
werd ich zu feucht, so ist das schlecht.
Dem Fisch ist Regen einerlei,
denn er wird ja nicht nass dabei.

Geh ich weg von dem See
ist mein großer Fang passé,
bleib ich hier nass und kalt,
holt mich eine Grippe bald.

Doch vielleicht, wer will es wissen,
wird jetzt kräftig angebissen,
sitz hier nass, doch nicht vergebens

und erwisch den Fang des Lebens.

Aber wenn die Fische passen,
wart umsonst ich und verlassen.
Schnupfe jetzt schon hin und wieder.
Da hüpft die Pose auf und nieder.

Jetzt geht es los, vorbei der Frust,
geweckt ist meine Angellust.
Nimm schon den Köder voll und ganz
und höre auf mit Posentanz.

Nun steht sie wieder grad und still.
Ob jetzt der Fisch noch beißen will?
Hätte gleich ich angehauen,
würd ich nicht den Biss versauen.

Geh ich weg von dem See
ist mein großer Fang passé,
bleib ich hier nass und kalt,
holt mich eine Grippe bald.

Der Regen trommelt, hört nicht auf.
Das nehme ich jetzt nicht in Kauf.
Hol meine Angel endlich raus,
pack hier zusammen, schnell nach Haus.

Doch wo ist jetzt die Pose nur?
Bestimmt ein Biss, läuft da die Schnur?
Ja, sie läuft, nur Ruh bewahren
und sogleich werd ich erfahren,

ist es ein Karpfen oder Schlei -
egal, mir ist es einerlei.
Er greift die Angel, doch oh Schreck

er rutscht lang hin, der Fisch ist weg.

Geh ich weg von dem See
ist mein großer Fang passé,
bleib ich hier nass und kalt,
holt mich eine Grippe bald.

Mitten in des Regens Pfütze
sitzt er noch mit großer Mütze.

Zwei Angler

Am Ufer sitzt ein Angler. Er wartet auf seinen Kumpel, mit dem er sich verabredet hat. Nach einer Stunde kommt er endlich. "Wo warst du denn so lange?", empfängt ihn der Freund. "Ich war eine Stunde früher als zur verabredeten Zeit hier und dachte, gehst nochmal auf den Steg. Da sah ich einen großen Schwarm kleiner Brutfische. Ihre Körper blitzten in der Sonne. Ein herrliches Bild, sage ich dir. Ich konnte mich gar nicht losreißen und wartete ab, bis der Schwarm vorüber war."
Eine Woche später zur nächsten gemeinsamen Angeltour erscheint derjenige, der beim letzten Treff zuerst am Ufer war zwei Stunden später. "Nanu", begrüßt ihn sein Freund. "Was war denn heute los?" "Ich war eine Stunde früher als zur verabredeten Zeit hier und dachte, gehst doch mal auf den Steg. Vielleicht kommt der große Schwarm wieder vorbei." "Na und?", hast du ihn gesehen?"
"Na klar, aber die Fische sind in dieser einen Woche so schnell gewachsen, dass der Schwarm doppelt so groß war."

Flossenstreit

Einst stritten sich die Flossen des Hechtes, wer von ihnen am wichtigsten sei. Auslöser des Streites war die Schwanzflosse. „Ich bin die stärkste und wichtigste Flosse“, sagte sie zu den anderen. „Nur durch meinen wuchtigen seitlichen Schlag gewinnen wir die nötige Geschwindigkeit zum Beutefang. Deshalb ernähre ich euch alle mit und sorge für den Erhalt unserer Art. Und was habt ihr zu bieten?“ Die Brust- und Bauchflossen sowie die Rücken- und Afterflosse waren empört. „Ohne uns“, parierte die Rückenflosse, „ohne uns ist auch deine zweifellos große Kraft nutzlos. Ohne uns gibt es keine erfolgreiche Jagd.“

Aber die Schwanzflosse machte nur eine abschätzige Bewegung und wiederholte ihre großspurigen Worte. Da beschlossen die anderen Flossen, ihre Funktion ruhen zu lassen.

Schon nahte ein Beutefisch. Mit einem starken Schlag beschleunigte die Schwanzflosse, aber der ganze Hecht schoss in Schräglage am Fisch vorbei, der schleunigst verschwand.

Dieses Szenario wiederholte sich so oder so ähnlich öfter, so dass der Hecht zusehends abmagerte und auch alle Flossen an Kraft verloren. Besonders die Schwanzflosse wurde schwächer und schwächer. Ja, es kam sogar soweit, dass die Beutefische provokativ vor dem Hecht hin- und herschwammen und manche riefen sogar „du kriegst mich nicht“.

Die Schwanzflosse musste wohl oder übel ihren bedrohlichen Irrtum eingestehen und entschuldigte sich bei den anderen Flossen. „Ich erkenne jetzt, nur gemeinsam sind wir stark und in der Lage, wieder zum gefürchtetsten und gefräßigsten Räuber hier im See zu werden.“

Fünf Fische

Auf einem Holzbrett in der Fischgaststätte lagen einträchtig fünf prächtige Fische – ein Brat-, ein Grill-, ein Koch- und ein Rauchfisch und einer, der sah aus, als wäre er erst vor kurzem gefangen worden.

Die ersten vier Fische erzählten sich ihre Abenteuer in der Pfanne, auf dem Grill, im Kochtopf und im Räucherofen. Nur der fünfte schwieg die ganze Zeit und hörte zu. „Und was hast du erlebt?“, fragte schließlich der Bratfisch. Das ist es ja, noch nichts. Ich lieg schon lange auf der Lauer und deshalb bin ich ziemlich sauer.“

Drei Karpfen
Drei befreundete Karpfen suchten im See nach Futter. Da erblickte der Älteste ein Wurmbündel. "Da, schaut mal, ein Zweibeiner will uns verführen. Aber wir fallen nicht auf ihn herein." "So ist es", bestätigte der zweite Karpfen. Und auch der Dritte stimmte zu. "So dumm wie die Zweibeiner glauben sind wir nicht, zumindest nicht wir drei." Sie schwammen weiter.
"Ich muss noch etwas erledigen", sagte der Älteste und schwamm davon. Die anderen beiden suchten weiter. "Was meinst du“, sagte einer", wollen wir mal schauen, ob ein Dummer auf das Wurmbündel hereingefallen ist?“ "Daran habe ich auch gerade gedacht", antwortete der andere Karpfen. Schwimmen wir also hin." Als die beiden dort ankamen, sahen sie, wie ihr älterer Freund verzweifelt kämpfte, um sich vom Haken zu befreien.

Hechtärger
Ein Sturm hatte den dicht am Ufer wachsenden Baum ins Wasser gedrückt. Sofort bezog ein Hecht hier zwischen den Ästen seinen neuen Unterstand. Aber der Baum behinderte Angler und Wassersportler und wurde aus dem See gezogen. Der Hecht ärgerte sich sehr darüber. "Hier im Wasser hat der Baum wenigstens einen Nutzen, aber da draußen ist er zu nichts zu gebrauchen."

Weltende
Ein Aal erzählte den Plötzen von der beschwerlichen weiten etwa drei Jahre dauernden 6.000 km langen Reise aus seinem Geburtsort Sargassosee bis hierher. "Dorthin muss ich wieder zurück. Dies ist eine Rückreise bis ans Ende der Welt." Zwei Plötzen beschlossen, ebenfalls eine solche Reise zu wagen. Nach einem Tag erreichten sie ein Wehr und kamen nicht weiter. "Hier muss das Weltende sein", sprach die eine Plötze. "Aber so weit und beschwerlich wie der Aal geschildert hat, ist es nun doch nicht. Die Welt ist kleiner als ich dachte."

Warum die Güster so mager ist

Einst feierte der Wels als König des Seereiches sein 10-jähriges Thronjubiläum und hatte je einen Vertreter der hier vorhandenen Fischarten eingeladen. Nur die Rotfeder, die im ganzen See als erfolgreicher Arzt bekannt war, nahm nicht an der Huldigungszeremonie teil.

Die Güster, die sich immer darüber ärgerte, dass sie nicht so schöne rote Flossen hatte wie die Rotfeder und sie deshalb beneidete, nahm dies zum Anlass, dem Wels von der Abwesenheit der Rotfeder zu berichten. Der König hatte das im Festtrubel nicht bemerkt und reagierte nicht auf die Petzerei der Güster. Diese ärgerte sich sehr, hatte sie sich doch eine Belohnung erhofft.

Den Wels indes beschäftigte nach einigen Tagen immer stärker der Grund, warum die Rotfeder nicht am Fest teilgenommen hatte. Also ließ er sie rufen und fragte sie. Die Rotfeder antwortete:

"Majestät, es war nicht die Missachtung Eurer königlichen Würde noch Gleichgültigkeit, die mich von dem Fest fernhielt. Übrigens nur beim Festumzug konnte ich nicht anwesend sein, während ich später wohl am Fest teilnahm. Zur gleichen Zeit fand im Nachbarsee ein Ärzte-Kongress statt, zu dem ich eingeladen war und einen Vortrag halten durfte. Ich sprach über die gelungene Behandlung gegen Wasserparasiten in eurem Reich und erntete viel Aufmerksamkeit und Anerkennung. Danach eilte ich sogleich zum Thronjubiläum."

Der Wels dankte für die Antwort und ließ die Güster rufen. Diese schwamm sogleich schnellstens zum König in der Hoffnung, nun doch noch die versprochene Belohnung zu erhalten. Der Wels aber sprach:

"Deine Information über die Abwesenheit der Rotfeder war eine böse Intrige, denn obwohl du nicht den Grund dafür wusstest, hast du auf diese Weise versucht, die Rotfeder ins Unrecht zu setzen und mich betrogen. Dafür wirst du bestraft mit 10 Tagen Käfig ohne Nahrung."

Die damals kräftige Güster wurde noch blasser als sie ohnehin schon war und wurde sofort in den Käfig gesperrt. In dieser Zeit magerte die Güster so ab, dass sie sich bis heute nicht wieder davon erholt hat.

Forellenquintett

Im Fischfernsehen läuft regelmäßig eine Gesprächsrunde unter dem Titel "Forellenquintett". Die Bachforelle als Moderatorin lädt regelmäßig fünf Fische zur Diskussion über aktuelle Probleme ein. Dieses Mal sind ihre Gäste eine Woche vor der nächsten Wahl die Vorsitzenden der fünf im Parlament vertretenen Parteien.
Es sind: Rosa Rotfeder von den Rot-Flossen (RF), Barbara Blei von der Sozialdemokratischen Blei-Partei (SBP), Susi-Siglinda Schleie vom Bündnis der Grünen Fische (BGF), Karla Karpfen von der Christlichen Karpfen-Union (CKU) und Bernhard Barsch von der Freien Demokratischen Barschpartei (FDB). Hören wir kurz hinein:

Forelle:
Herzlich willkommen, ich freue mich, dass sie meiner Einladung gefolgt sind und hoffe, sicher mit ihnen, auf eine interessante, will damit sagen auch kontroverse Diskussion. Die erste Frage geht an die Kanzlerin Frau Karpfen. Sie regieren gemeinsam mit der SBP. Wollen sie die Koalition fortsetzen?

Karla Karpfen:
Der Souverän ist der Wähler. Er entscheidet, also werden wir abwarten, wie er entscheidet.

Forelle:
Und sie, Frau Blei?

Barbara Blei:
Ich bin zwar nicht in allen Fragen mit der Kanzlerin einverstanden, aber in diesem Falle stimme ich ihr zu.

Forelle:
Nun zu Opposition. Frau Rotfeder, welche Bilanz der Koalition ziehen sie?

Rosa Rotfeder:
Die Schere zwischen den Raubfischen und den Friedfischen, den großen und kleinen Fischen wird immer größer, die Blei-IV-Empfänger werden an den Rand gedrängt, die neu besetzten Mitfische haben kaum eine Chance, sich zu integrieren.

Susi-Siglinda Schleie:
Die Bilanz ist sehr mager. Die SBP unter ihrer Leitung, Frau Blei, hat sich von der Karpfenunion einwickeln lassen. Die Hechte regieren, die Karpfen lassen es geschehen. Das Schulsystem ist hoffnungslos veraltet und die Wasserpflanzen sind in einem schlechten Zustand. Nach wie vor werden die weiblichen Fische diskriminiert.

Barbara Blei:
Entschuldigung, da müssen sie mindestens auf einem Auge blind sein. In unserem Parteiprogramm stehen die Wasserpflanzen ganz vorne. Und unser Außenminister kommt gerade von einem Besuch im benachbarten See zurück, wo er eine engere Zusammenarbeit gerade auf dem genannten Gebiet vertraglich vertieft hat. Außerdem sind wir vier Frauen in dieser Runde.

Bernhard Barsch:
Es gibt zu viele Vorschriften und Gesetze. Die Freiheit des Fischlebens ist bedrohter denn je. Wenn wir regieren würden, dann könnte sich jede Fischbürgerin und jeder Fischbürger viel freier individuell entfalten. Die immer mehr ausufernde Regelungswut droht uns zu ersticken.
Dem freien Fisch die freie Bahn, das ist unsere Devise.

Forelle:
Also ist die Ausgangslage skizziert. Meine nächste Frage, Herr Barsch hat sie zum Teil schon beantwortet, geht an die Koalitionäre, was sie künftig besser machen wollen und an die Oppositionäre, womit sie ihre Wähler überzeugen wollen, gerade ihrer Partei die Stimme zu geben.

Karla Karpfen:
Wir haben die erfolgreichste Legislaturperiode hinter uns. Die Bevölkerung ist gewachsen, der Wohlstand gestiegen. Es gibt keinen Grund für Experimente. Wir machen weiter wie bisher. Allenfalls müssen wir in mancher Beziehung etwas wendiger werden, wie es uns der Aal beispielsweise vormacht und bei nicht vorherzusehenden plötzlich ganz dringend zu lösenden Problemen parteipolitische Interessen hintenanstellen, damit es nicht zu einer Krise kommt. Wenn wir vorangehen, werden uns die anderen folgen. Wenn wir es gut machen, Ideen haben, nicht verzagt sind, dann können wir nur gewinnen.
Ansonsten halte ich es wie bisher. Erst in Ruhe das Problem studieren, Lösungen suchen, diskutieren, die beste auswählen und dann entschlossen entscheiden. Also jetzt einfach anpacken und entschlossen alle Hindernisse aus dem Weg räumen.

Barbara Blei:
Wir haben in der Koalition gezeigt was wir können und manche Verbesserung durchgesetzt, wenn auch nicht alles, was wir uns selbst gewünscht haben. Ich denke nur an das Verbot der Räuberei an Feiertagen. Aber in der Politik geht es nun mal nicht nach Wünschen, sondern nach dem real Machbaren. Da sind auch wir keine Zauberkünstler.
In diesem Sinne werden wir weiter unsere Kräfte einsetzen. Und wir werden alle Anstrengungen unternehmen, um unsere Jugend über den Menschen und den Kormoran aufzuklären und ihr zu zeigen, wie man sich schützen kann. Dies ist die wichtigste Herausforderung für die Zukunft. Wenn wir sie nicht meistern, werden

auch wir auf die Dauer nicht bestehen können. Daher sagen wir: Zukunft nur mit uns und nicht ohne uns.

Susi-Siglinda Schleie:
Dieses Selbstlob der Koalitionäre ist ja unfassbar und macht das Wasser trübe. Wenn ich vergleiche, was sie vor der Wahl angekündigt hatten und was wirklich umgesetzt wurde, dann ist das ebenso als ob ein Karpfen mit einem Maiskorn zufrieden wäre.
Wir brauchen eine grüne Revolution. Nicht mehr und nicht weniger. Nur so kann sich unsere Gesellschaft erneuern. Alles muss auf den Prüfstand, es darf keine Tabus geben.
Wir werden uns für Schonbezirke auf dem Seegrund einsetzen, damit sich die Natur hier erholen kann. Dort darf zeitlich begrenzt nicht gefressen werden.
Und den Raubfischen sagen wir, dass sie nur an festgelegten Tagen fressen dürfen. Wenigstens an einem Tag könnten sie sich mit Wasserpflanzen begnügen. Grün und vielfältig, das ist unsere Philosophie.

Bernhard Barsch:
Also verehrte Kollegin Schleie, bleiben sie mal auf dem Seegrund. Die Natur folgt Gesetzen und lässt sich nicht überlisten. Man muss diese Gesetze besser erkennen und nutzen, dann geht es auch ordentlich voran. Wir jedenfalls haben da ganz genaue Vorstellungen und bleiben nicht an überholten Traditionen und Szenarien kleben. Ausdrücklich unterstütze ich die Bemerkungen von Frau Blei über die Menschen und den Kormoran.

Rosa Rotfeder:
Da sehen sie wieder mal, wie wichtig unsere Partei ist, denn niemand redet über die sozialen Probleme. Aber wir tun es und machen ihre Lösung zum Schwerpunkt unserer Politik. Wir sind der Anwalt der kleinen Fische, der Schwachen, der Ausgegrenzten und nicht zuletzt der Neuankömmlinge.

Deshalb fordern wir eine radikale Umverteilung der Mittel zu ihren Gunsten und zu Ungunsten der Raubfische. Sie nehmen sich ohnehin was sie wollen und wie sie es wollen. Also sollen sie auch mehr Lasten tragen.
Und was den Kormoran und die Menschen betrifft, so mahne ich bezüglich des Menschen eine differenziertere Betrachtung an. Er nimmt nicht nur, er gibt auch.

Susi-Siglinda Schleie:
Das ist ja unerhört, ich bin schier fassungslos. Die Menschen sind Mörder. Punkt um. Da verbietet sich jede Differenzierung.

Bernhard Barsch:
Liebe Kollegin Schleie, ich rate ihnen, nicht ideologiegesteuert, sondern den Tatsachen gemäß zu diskutieren. Es ist nun einmal unbestritten: So wie der Mensch zwei Beine hat, so hat er auch zwei Bestimmungen - eine für uns schädliche und eine für uns nützliche. Historisch betrachtet wären beispielsweise die Karpfen gar nicht hier, wenn es die Menschen nicht gäbe. Sie haben auch die ungehinderte Ausbreitung und Vermehrung des Kormorans gestoppt.

Bachforelle:
Da haben wir ja gleich das Thema der nächsten Runde. Vielen Dank, meine Damen und Herren, ich hoffe, unsere Zuschauer sehen jetzt klarer und können sich besser entscheiden, wen sie wählen wollen. Wir sind uns sicher einig, dass möglichst viele zur Wahl gehen sollen.
In diesem Sinne uns allen einen schönen Abend und eine spannende Wahl.

Nachtrag:
Die Wahlen sind vorbei. Die alte Regierung von CKU und SBP ist auch die neue Regierung. Karla Karpfen ist wiederum Kanzlerin. Eine sechste Partei hat den Einzug in das Fischparlament geschafft.

Sie nennt sich Die Alternativen Fische (DAF). Die meisten Mitglieder sind Kaulbarsche, Plötzen und Güstern. Die DAF hatte vor den Wahlen damit geworben, den Neubesatz in allen Gewässern rigoros zu beschränken. Vor den nächsten Wahlen wird die Fernsehsendung ein Forellensechstett sein.

Musst du den Fisch

Musst du den Fisch ins Wasser setzen,
darfst seine Schleimhaut nicht verletzen.
Vorsichtig mit den Händen fassen,
jedoch nicht trockenen, nur mit nassen.

Zerstörte Freundschaft

Eine Möwe, ein Frosch und ein Karpfen hatten sich zufällig getroffen und Freundschaft geschlossen. Als sie wieder einmal bei Sonnenaufgang am Steg beisammen waren und über dies und das plauderten, sagte der Frosch:

"Liebe Freunde, ich habe lange nachgedacht, wie wir drei zusammen unsere Fähigkeiten und Kenntnisse vereinigen können, um davon gut zu leben."

"Das hört sich interessant an", erwiderte die Möwe. Sag uns deine Idee." Der Frosch nickte bedächtig. "Sehr schön, hört zu: Wie wäre es, wenn wir drei uns als Wetterkundler versuchten. Das heißt, die Möwe informiert über das Wetter hoch in der Luft, du Karpfen über die Temperaturen des Wassers an der Oberfläche und in der Tiefe sowie über seine Sauberkeit oder gegebenenfalls auch Verschmutzung. Ich selbst beobachte das Wetter hier am See. Da ich des Schreibens kundig bin, notiere ich alle Informationen auf einem Seerosenblatt und verkünde sie zudem laut und deutlich früh, morgens und abends allen Tieren am und unter Wasser. Machen wir es gut, dann bitten wir als Gegenleistung um eine Futtergabe - jeder nach seinen Möglichkeiten."

Die Möwe war sofort begeistert und auch der Karpfen fand diese Idee gut. Das Konzept des Frosches ging auf und funktionierte immer besser. Gerne gaben die Tiere von ihrem Futter ab. Die Möwen sorgten für reichlich Krebs- und Weichtiere, der Frosch bekam von seinen Artgenossen insbesondere Insekten und der Karpfen erhielt allerlei Bodentierchen wie Insektenlarven, Schnecken und Würmer, wobei er als Allesfresser ohnehin nicht wählerisch war.

Aber wie es so ist im Leben, wo Erfolge sind, bleiben die Neider nicht aus. Ein Artgenosse sprach eines Tages zum Frosch: "Wie ich sehe, hast du hier die meiste Arbeit. Du musst Seerosenblätter besorgen, selbst das Wetter beobachten, die Informationen der Möwe und des Karpfens entgegennehmen, sie ordnen, aufschreiben und sodann laut verkünden. Die beiden anderen hingegen haben nichts weiter zu tun, denn die Möwe schwebt ohnehin viel in der Luft und der Karpfen ist bekanntlich auch ständig im Wasser. Sie geben nur weiter, was sie sehen."

Diese Rede verfehlte ihre Wirkung nicht. So schlug der Frosch wenig später vor, die Aufgaben anders zu verteilen. "Ich sammle die Informationen wie früher die Möwe und sie übernimmt meine Aufgabe." "Wenn du meinst", antwortete der Karpfen und die Möwe sagte nur "versuchen können wir es ja. Aber ich kann nicht schreiben, nicht lesen und nicht so laut schreien wie du Frosch." "Du musst dir dann alles genau merken und dich anstrengen, so laut zu reden wie du kannst", entgegnete dieser.

So kam es wie es kommen musste: Das Möwe vergaß viele Informationen, weil sie nicht schreiben und lesen konnte. Ihr fehlte zudem die Geduld, die Informationen des Karpfens anzuhören, ihr Gekreische ging den anderen Tieren auf die Nerven, und der Frosch konnte die Wetterlage in höheren Lagen nicht erkunden. So wurden die Wetterberichte immer weniger und fehlerhafter, weshalb auch die Futtergaben schließlich ausblieben.

Der Karpfen, daran gewöhnt, seine Nahrung nicht selbst zu suchen, schnappte sich einen Boilie. Der Frosch sah seinen Fehler ein und starb vor Kummer. Die Möwe hatte ihre Stimme verdorben und krächzt seit dieser Zeit.

Steg- und Steilufer-Plötze

In einem kleinen Baggersee lebten einst zwei Rotfedern. Die eine dicht am steil abfallenden ungesicherten Ufer, die andere in der Nähe des Steges gegenüber. Sie unterhielten sich eines Tages darüber, wo es sich besser lebe, am Steilufer oder am Steg. Die Steg-Rotfeder lud ihre Gefährtin ein, sie zu besuchen. Diese staunte über das üppige Nahrungsangebot. Es kam vor allem von dem ins Wasser geworfenen Futter der Angler und den Ködern an zahlreichen Angeln.

"Nein, so verlockend es auch bei dir ist, hier möchte ich nicht leben, das ist mir zu gefährlich. Was nutzt es mir, mich immer satt essen zu können, aber dabei ständig in Angst zu schweben, Beute eines Zweibeiners zu werden? Da vergeht einem doch die beste Speise."

"Ich kann dir nicht zustimmen", entgegnete die Steg-Rotfeder. "Wenn du gelernt hast, die Köder der Zweibeiner genau zu erkennen und dich auf das von ihnen stammende leckere Futter auf dem Grund konzentrierst, dann hast du hier ein herrliches Leben."

Aber die Ufer-Rotfeder blieb skeptisch. "Das mag ja alles sein, aber woher weißt du denn, ob nicht auch im Futter auf dem Grund ein verwünschter Haken steckt? Schon ein Wurm, ein kleines Häppchen kann dein Tod sein. Ich bleibe dabei: Lieber sicher und bescheiden leben als üppig und in Angst. Lebe wohl!"

Der listige Aal

Ein tyrannischer Wels als König des Fischvolkes hatte angeordnet, dass er nacheinander den Hecht, Zander, Barsch, Blei, Schlei und Aal zu sehen wünsche, um mit ihnen etwas zu besprechen.

Als der Aal die Nachricht erhielt, schwamm er heimlich zum Palast des Welses und beobachtete, ob die Fische vor ihm der Aufforderung Folge leisten würden. Sie kamen alle, aber dem Aal fiel auf, dass sie nicht wieder aus dem Palast heraus schwammen und ahnte warum. Als er nun an der Reihe war, teilte er dem König schriftlich mit:

„Hochgeschätzte Majestät!

Ich bin unendlich geehrt über die Gnade, Euch einen Besuch abstatten zu dürfen und zugleich unendlich traurig, ja verzweifelt, dieser Gnade nicht teilhaftig werden zu können. Der Grund liegt darin, dass ich an einer Virus-Krankheit leide, deren Wirkung auf Eure Majestät ich nicht abzuschätzen vermag. Es wäre daher nicht zu verantworten, wenn ich in Eure Nähe käme und Majestät ebenfalls erkranken würde. Ich bin mir völlig sicher, dass ich also auch in Eurem Sinne handele und bitte um Vergebung für mein Nichterscheinen.
Mit vorzüglicher Hochachtung
der geladene Aal."
Als der Wels diese Nachricht las, ordnete er sofort an, den Aal aus seinem Reich abzuschieben, was auch unverzüglich geschah. Der Aal war dennoch zufrieden. Lieber abgeschoben als gefressen, dachte er und machte sich auf den Weg.

Der alte Zander

Ein großer Zander von einem Meter Länge spürte mit 15 Jahren, dass seine Kräfte nachließen. Aber dennoch blieb er nach wie vor ein gefürchteter Räuber. Die Beutefische Ukelei, Stint, Plötze, Barsch und Kaulbarsch hofften vergeblich, ihm leichter entkommen zu können. Darüber wunderten sich die jungen Zander und sie fragten ihn, wieso er immer noch so erfolgreich sei. Der Alte antwortete:
"Ich habe zwar nicht mehr die Kraft der Jugend wie ihr, dafür aber den Verstand und die Erfahrung des Alters. Man muss sich seiner schwindenden Kräfte bewusst sein und sie daher nicht verzetteln, sondern auf das Wichtigste konzentrieren, nämlich auf Beutejagd. Dann hat man auch im Alter Erfolg."

Karpfenstreit

Einst stritten sich drei Karpfen, welche Art zu leben die bessere wäre. Der eine dachte nur an das Fressen, der zweite bevorzugte das Philosophieren und der dritte stärkte unentwegt seine Muskeln.

Sie verabredeten, sich in einem Jahr zu treffen und über ihre Erfahrungen zu berichten. Als das Jahr herum war, erschien keiner von ihnen. Der erste war an Fettsucht gestorben, den zweiten hatte ein Wels geholt und der Dritte hatte einen Angler herausgefordert und verloren.

Gründlinge und Bleie

Zwei Gründlinge schwammen an zwei großen Bleien vorbei und riefen:
"Kommt mit, wir wollen beraten, wie wir uns vor den Kormoranen schützen." Aber die lachten nur. "Beratet alleine, uns kann der nichts anhaben." Wenig später trafen sich die Fische erneut. Dieses Mal riefen die Bleie: "Kommt mit, wir wollen beraten, wie wir uns vor den Anglern schützen können." Aber die Gründlinge lachten nur. "Beratet alleine, uns stellen die Angler nicht nach, wir sind ganzjährig geschützt."

Die Streitkultur der Fische

In einem Fluss trafen sich eines Tages auf Einladung der Zope Vertreter aller hier lebenden ganzjährig geschonten Fische zu einer außerordentlichen Versammlung. Die Zope begrüßte die Delegierten und trug ihr Anliegen vor:
"Liebe Gefährtinnen und Gefährten. Uns alle, so unterschiedlich wir auch sind, eint, dass uns der Mensch nicht angeln will und darf und wir daher das ganze Jahr vor ihm sicher sind. Ich höre ununterbrochen ein großes Geklage anderer Fische, die teilweise geschont sind und vor allem derjenigen, denen die Angler das ganze Jahr nachstellen, wie schlecht der Mensch ist und damit verbunden die Aufforderung, in dieses Gejammer einzustimmen. Ich kann das verstehen, aber nicht den damit verbundenen Meinungsterror. Wer sich weigert, weil er wie wir nicht betroffen ist, der wird geächtet, bedroht, beschimpft, zur Ausreise aufgefordert und so weiter. Ich weiß, dass es vielen von euch ebenso geht und schlage deshalb vor, dass wir uns zu einem Verband der Menschenfreunde, abgekürzt

V. d. M., zusammenschließen, um uns mit vereinter Kraft zu schützen und unsere Interessen zu behaupten. Die anderen Fische sollen ihre Meinung behaupten, wir respektieren das, aber auch wir müssen das Recht auf unsere eigene Sicht haben und entsprechend leben können."

Der Vorschlag der Zope wurde mit heftigen Flossenbewegungen angenommen und sie auf der Stelle zur Vorsitzenden des Verbandes mit allen Vollmachten gewählt.

Die Gründung des V. d. M. löste eine riesige Empörung bei allen anderen Fischen aus. Die Forderung nach radikaler Ausweisung scheiterte verständlicherweise nur am Widerstand der Raubfische. Am schlimmsten verhielten sich die Plötzen. Ja, einige von ihnen schwammen zu den Raubfischen und forderten sie auf, nur noch diese Flussbewohner und Verräter zu fressen. Die Raubfische scherten sich nicht darum, sondern nutzten diese gute Gelegenheit und fraßen die Bittsteller gleich auf.

Alle Versuche des V. d. M., sich wenigstens gemeinsam gegen andere Fischfresser wie Kormoran, Reiher, Otter usw. zu schützen, wurden vehement abgelehnt. Mit Verrätern spreche man nicht und mache mit ihnen schon gar nicht gemeinsame Sache lautete jedes Mal die gleiche Antwort. Bis heute ist die Einheit des Fischvolkes zur Freude der fischfressenden Tiere nicht wiederhergestellt.

Weißschon

Einst lebte in einem See ein junger Ukelei, der sich für sehr klug hielt. Jedes Mal, wenn ihm der Lehrer in der Fischschule oder die älteren Fische etwas erklären wollten, antwortete er: "ja, ich weiß schon" und hörte nicht mehr zu. Mit der Zeit hatte er den Spitznamen "Weißschon". Alles und jedes wusste er, schon bevor es passiert war.

Der Wels, König des Seereiches, hörte davon, lud ihn zu einem Gespräch ein und berief ihn trotz seiner Jugend zum Kanzler. Hier verhielt sich Weißschon erst recht so überschlau und wurde von allen bewundert. Eines Tages geschah ein großes Unwetter. Es reg-

nete tagelang. Der See trat über die Ufer und große Schlammlawinen verschmutzten das Wasser. Das ganze geordnete Leben im See geriet völlig durcheinander. Alle suchten Weißschon, aber der war nirgends zu finden. Erst nach Wochen beruhigte sich die Natur und das normale Leben kehrte nach und nach zurück, wenn auch mit vielen Verlusten.
Aber Weißschon war und blieb verschwunden. Der König ließ ihm ein Denkmal errichten. Er stiftete als höchste Auszeichnung den Weißschon-Orden in drei Stufen. Und so lebt er im Gedächtnis des Fischvolkes fort als großer Kanzler, der alles wusste und sich niemals irrte.
Der König äußerte die Vermutung, Petrus selbst habe ihn als sein Stellvertreter geholt und mit der Betreuung aller Süßwasserfische beauftragt. Diese Vermutung verklärte sich alsbald zur Gewissheit. Und so bleibt Weißschon bis heute der unumschränkte am meiste bewunderte Fisch in der Geschichte des Seereiches.

Der Hofnarr

Schon längere Zeit hatten die Fische in einem See bemerkt, dass ihr Wasser nicht mehr so sauber war wie früher. Aber sie konnten hier immerhin noch leben. Der Wels und König des Seereiches hatte schon lange überlegt, welche Maßnahme am geeignetsten wäre, sein Fischvolk aufzuheitern. Schließlich fragte er seine Ratgeber. Der weitgereiste Aal sprach:
"Majestät, ich hörte auf meiner Reise wiederholt, dass sich Herrscher einen Hofnarren halten, der imstande ist, das Leben von seiner lustigen Seite zu betrachten und daher für gute Laune sorgen kann. Allerdings sind das sehr kluge Geschöpfe, die auch vor unliebsamer Kritik nicht zurückschrecken, denn nur in der Kritik liegt der Humor verborgen."
Der Wels nickte und schaute seine Berater an. "Wer hat noch eine Idee?" "Majestät", meldete sich der Karpfen, "ich weiß aus jahrhundertealten Überlieferungen unserer Art, dass so ein Hofnarr nicht so aussehen sollte wie wir oder seine Art, das heißt, er muss durch seinen Wuchs zum Lachen oder zur Spötterei reizen."

"Vielen Dank, ich werde darüber nachdenken", antwortete der Wels und schickte die Berater weg. Nach einigen Monaten hörte er von einem Zander, dessen stachelige Rückenflosse völlig verkümmert war, weshalb er dauernd verspottet wurde. Da erinnerte er sich an sein Gespräch mit den Beratern und ließ den Zander zu sich kommen. "Ich verstehe", begann der Wels das Gespräch, "dass man über dich lacht. Ich schlage dir vor, du bleibst an meinem Hof als Spaßmacher und zahlst allen, die dich verspotten, mit gleicher Gemeinheit heim. Dabei hast du jegliche Freiheit und stehst unter meinem persönlichen Schutz. Du sollst auch ohne Scheu die Dinge kritisieren, die dir nicht passen, aber so, dass man immer noch darüber schmunzeln kann. Es gibt eigentlich keine Tabus, mit einer Ausnahme. Das bin ich selbst als König."
Der Zander bat sich Bedenkzeit aus und stimmte zu. Da er ein kluger Kopf war, vertrieb er die Langeweile am Hofe des Königs und geißelte vor allem die Vetternwirtschaft, Korruption und Verschwendungssucht. Mit der Zeit jedoch gab es noch weitere Zander mit der gleichen Missbildung. Auch andere Fische sahen höchst komisch aus. Manche hatten keine Schwanz- andere keine Rückenflosse, Beulen auf dem Rücken oder an der Seite. Was anfangs noch eine Ausnahme war, wurde nun zur Normalität und brachte das ganze Leben der Fischgesellschaft durcheinander. Am schlimmsten war jedoch, dass die Produktion von Nachwuchs völlig gestört war.
An ein Hofnarrenleben war für den Zander nicht mehr zu denken, zumal ja nun die Mehrheit der Fische wie ein Hofnarr aussah. Schließlich sah nur noch der König selbst aus wie ehedem und wurde so sein eigener Hofnarr.

Bleis Irrtum

Ein Blei ging auf Reisen.
Er wollte beweisen,
dass er es allemal
ebenso kann wie der Aal.

Zuerst ging es noch gut,
schwamm voller Übermut.
Er beeilte sich sehr
und erreichte das Meer.

Dort musste er husten
und immerzu prusten,
kehrte um in der Frühe
aus der salzigen Brühe.

Überall tat's ihm weh,
er schafft's bis zum See
und denkt tausendmal
ich kann's nicht wie der Aal.

Zwei Rapfen
Es streiten sich zwei Rapfen
um einen Krapfen-Hapfen.
Den schnapft als Dritter der Blei,
und schon ist der Streit vorbei.
Es kann Freude bereiten,
wenn zwei sich so streiten

Karpfen und Zuchtkarpfen

Unweit einer Karpfenteichanlage trafen sich zwei Spiegelkarpfen. "Nanu, wohin willst du denn?", fragt der Karpfen. "Ich bin bei dem Hochwasser aus dem Teich abgehauen. Da ist es mir zu eng. Nun will ich hier bei euch leben und meine Freiheit genießen."
"Hoffentlich hast du deinen Entschluss reichlich überlegt, denn hier warten eine Menge Gefahren auf dich." "Gefahren, welche denn?" „Erstens musst du dir dein Futter selber suchen. Das ist oft ganz schön mühselig und manchmal bleibst du sogar hungrig. Zweitens lauern überall Angler. Du weißt nie, wenn du Futter findest, ob es nicht an einer verwünschten Angel befestigt ist. Einmal gehakt, hast du meistens keine Chance mehr zu entkommen."

"Wie erkenne ich denn, ob das Futter mit einer Angel verbunden ist?" "Dazu braucht man lange Erfahrung, die manchmal sogar schmerzlich ist. Ich weiß, wovon ich rede."
Der Karpfen fragte nun den Neuen seinerseits: "Wie lebt es sich denn in so einem Teich mit vielen Artgenossen zusammen?" "Naja", antwortete der Zuchtkarpfen. "Wir müssen unser Futter nicht suchen, regelmäßig bekommen wir es. Das ist zwar etwas eintönig, aber wir werden immer satt. Hunger kennen wir nicht. Und Angler, wie du sie nennst, gibt es bei uns auch nicht. Aber man lebt keinen Augenblick für sich allein, muss dauernd Rücksicht auf die anderen nehmen."
Der Karpfen verabschiedete sich und wollte in Richtung Teich schwimmen. "Wo willst du denn hin?", fragte der Zuchtkarpfen. "Na, in euren Teich. Das habe ich mir schon lange gewünscht. Niemals Hunger, immer zu fressen und keine Angler."
"Warte noch einen Moment", sagte der Zuchtkarpfen. "Ich habe dir noch nicht alles gesagt. Wenn das Jahr zu Ende geht, dann kommen die Fischer und fangen uns alle alle in großen Netzen. Da sind die paar Angler im Vergleich lächerlich. Keiner von uns ist je zurückgekehrt."
"Das habe ich nicht gewusst. Gut, dass ich dich getroffen habe. Es ist besser, ich genieße mein Leben so wie es bisher war. Wenn du willst, komm doch mit mir."

Student Karpfen

Ein Karpfen wollte in Berlin studieren,
er meinte, er sei sehr gelehrt,
übte vorher Deklamieren
und mietete sich ein Gefährt.

Als er Silvester angekommen
und sich im Adlon einquartiert,
wurde er gleich ausgenommen
und hat nimmermehr studiert.

Nachtrag:
In der Zeitschrift "Der deutsche Sportangler" vom September 1936 fand ich dieses Zitat aus einem Wiener Flugblatt von 1795:
Obschon das Wasser das einzige Nahrungsmittel dieses Fisches zu seyn scheinet, so lebt er dennoch auch lange Zeit in der Luft, dieses bekräftiget die Art, wodurch man diese Fische in Holland und Engeland mästet. Man wickelt sie in ein Netz, und legt sie in den Keller oder an einen anderen kühlen Ort auf eine Decke naßen Moses, also, daß der Kopf vom Netze heraus rage, auf dies Art erhält man sie lange am Leben, um sie mit Brosamen und Milch zu mästen.

Leitfische
Gibt es Managerfische? Natürlich nicht, wohl aber Leitfische. Wir Menschen haben sie dazu gemacht, um uns besser orientieren zu können. Die Leitfische leben bevorzugt in einer bestimmten Flussregion bzw. bestimmten Flussabschnitten und geben diesen ihren Namen.

Die **Bachforelle** bevorzugt struktur- und gefällereiche sommerkühle Bäche und kleine Flüsse mit sandig-kiesigem Grund. Daher ist sie der Leitfisch für diese Fließgewässerregion.

Die **Äsche** bevorzugt rasch strömende, sommerkühle Bäche und Flüsse mit sandig-kiesigem Grund.

Die **Barbe** besiedeln bevorzugt die Flussmittelläufe. Hier findet sie am ehesten sauberes und sauerstoffreiches Wasser, kiesig-sandige Untergründe und stärkere Strömung.

Der **Blei** hält sich gerne in Unterläufen größerer Fließgewässer auf - auch bekannt unter Brachsenregion.

Der **Kaulbarsch** gibt dem Unterlauf großer ins Meer fließenden Flüsse seinen Namen, auch bekannt unter Kaulbarsch-Flunder-Region.

Soweit die nüchterne Einleitung. Nun stellen wir uns vor, diese Fische treffen sich auf einer Konferenz der Leitfische, um neueste Informationen zu erfahren und Erfahrungen auszutauschen. Mit großen Erwartungen waren sie zusammengekommen und zahlreiche Gäste hatten sich auch eingefunden.
Den Einführungsvortrag hielt die Bachforelle. Es ist müßig, auch nur Auszüge wiederzugeben. Sie lobte natürlich ihre Umwelt als die einzige lebenswerte, lobte die Äsche und kritisierte alle anderen als primitiv, die beispielsweise, wie der Kaulbarsch, auch im Brackwasser leben.
Dieser wiederum nannte Bachforelle und Äsche überheblich, versnobt, weil sie nur im ausgewählten sauberen Wasser leben können und wollen und lobte den Blei, der ihn wenigstens verstehen würde.
Die Barbe bezeichnete sowohl Bachforelle und Äsche als auch Kaulbarsch und Blei als einseitig, ja als Extremisten.
So lobte jeder Leitfisch seine Lebensart und zeigte sich als unfähig, sich auch nur vorzustellen, dass andere Leitfische in einem anderen Wasser sehr gut zurechtkommen.
Nachdem also jeder seinen Vortrag gehalten hatte, entwickelte sich keinerlei Diskussion. Da meldete sich der Wels:
"Ich bedaure, den Weg bis hierher gemacht zu haben. Zwar habe ich mehr erfahren von den verschiedenen Ansprüchen der Leitfische, aber es betrübt mich sehr, dass sie alle, meine Damen und Herren Leitfische, unfähig sind, einander zuzuhören und wenigstens den Versuch zu unternehmen, sich gegenseitig zu verstehen. Wenn jeder nur darauf beharrt, dass seine Lebensart erfolgreich ist, dann wird es keine gemeinsamen Aktionen gegen unsere zahlreichen Feinde geben. Jeder denkt und lebt für sich allein und jeder stirbt letztendlich auch für sich allein."
Sofort entstand ein großer Trubel. Die Leitfische waren sich nun auf einem Mal sofort einig, die Rede des Welses zu kritisieren und sie als persönliche Beleidigung, ja Verunglimpfung aller Leitfische auf das schärfste zurückzuweisen. Nur die Größe des Welses hielt sie allesamt davon ab, sich auf ihn zu stürzen und zu verjagen.

Damit war die Konferenz beendet und nie wieder hat es eine vergleichbare Veranstaltung gegeben.

Die eitle Schleie

Eine kleine Schleie bemühte sich vergebens, ihre Artgenossen durch allerlei gewagte Übungen zu beeindrucken, was ihr aber nicht gelang. Schließlich heftete sie sich eine große Karpfenschuppe an und schwamm stolz hin und her. Begeistert von sich selbst achtete sie nicht auf einen Köder und wurde so die Beute eines Anglers. Der wollte sie sogleich wieder zurücksetzen, sah aber die Schuppe und staunte. So eine Schleie habe ich noch nicht gesehen, dachte er und beschloss, diese dem Institut für Fischereibiologie zu bringen.

Barschzwerg

Es schwimmt ein munterer Barschzwerg
im See auf einen Barschberg.
Er schaut sich um wie ist die Sicht,
doch sitzen kann er leider nicht.

Fische können gar nicht sitzen
und tragen keine Zipfelmützen.
Sie schlafen gern in guter Ruh,
die Augen offen und nicht zu.

Sie schnarchen nicht, sind gut versteckt.
Und hat die Sonn sie aufgeweckt,
schwimmt ein munterer Barschzwerg
wieder auf den Barschberg.

Dauerwelle

Eine dicke Bleifrau schwamm einmal in der Woche zu einem Wehr mit herunterstürzendem Wasser. Die anderen wunderten sich und fragten, was sie da wolle. "Ich brauche regelmäßig meine Dauerwelle", antwortete sie.

Karpfenschmaus

Ich aß einen Karpfen in Franken
und kann mich nur bedanken,
gebacken mit den Flossen
hab aichisch ihn genossen.

Den Karpfen aus der Oberpfalz
genoss ich mit und ohne Salz.
Während der Erlebniswochen
hab den Karpfen ich gerochen.

Nun aß ich ihn mit Biosiegel
im Oberlausitz-Karpfen Tiegel.
Dazu noch einen Räucherhappen,
weiter ging's auf Schusters Rappen.

Ich aß einen Karpfen in Peitz,
der hatte seinen Reiz
und stärkte meine Glieder.
Ich ess ihn immer wieder.

Den Holstein-Karpfen nicht vergessen,
der hat im Bokeler See gefressen.
Wuchs langsam auf im Nordenland,
sein festes Fleisch ist hier bekannt.

Reinfeld als die Karpfenstadt
machte mich gut karpfensatt.
Jetzt zog ich in die Welt hinaus,
gespannt auf andren Karpfenschmaus.

Ich aß einen Karpfen im Westen,
den wollt ich erst mal testen.
In Frankreich musst ich leiden,
ich konnt mich nicht entscheiden.

Ich aß einen Karpfen im Süden
und musst danach ermüden.
Den Karpfen in Kroatien
konnt ich nur noch bratien.

Den Karpfensnack aus Serbien
servierte man auf Scherbien.
Nun aß ich ihn in Österreich,
trank sofort drei Obstler gleich.

Ich aß einen Karpfen im Norden
und bin ganz blau geworden,
als ich ihn aß im Finnenland,
da hab ich mich nicht mehr erkannt.

Ich wollt einen Karpfen im Osten,
den konnt ihn nicht verkosten.
denn dieser war aus Polen
und lachte noch verstohlen.

Ich aß einen Karpfen in Tschechien
und konnte nicht mehr sprechien.
Ich fuhr noch zu den Russen,
die haben mich verlussen.

Jetzt probiert ich den Chinesen,
danach konnte ich schlecht lesen.
In Kambodscha und in Laos
verirrt ich mich im Chaos.

Das Angebot aus Indien
war einfach nicht zu findien.
Bei E-Mails aus Sri Lanka
schrieb ich zurück nein danka.

Der Karpfen in den Staaten
war viel zu lasch geraten.
Die Zeit in Südamerika
sie war zu kurz, kein Karpfen da.

In Afrika zu heiße Tage.
Für die Australier eine Plage.
Woanders bin ich nie gewesen,
hab von Karpfen nur gelesen.

Zu den Sternen wollt ich noch.
Im Himmel aber war kein Loch.
Bei den Fischen oben schwimmt
auch ein Karpfen ganz bestimmt.

Karpfenschuppe
In einer leckeren Karpfensuppe
schwamm eine schöne Karpfenschuppe.
Ich nahm sie raus mit der Idee,
die steck ich mein Portemonnaie.
Nun bin ich reich, denn bitte sehr,
mein Portemonnaie ist niemals leer.

Genau wie wir
Die Eiszeit hatte eine Kette von fünf Seen hinterlassen, die alle miteinander verbunden waren. Nach und nach entwickelte sich in allen Seen gleiches Leben wie wir es heute noch kennen. Doch kaum hatten sich die einheimischen Fische zu stabilen Populationen entwickelt, misstrauten oder bekämpften sie sich.
Sowie sich ein Fisch aus dem Nachbargewässer auch nur sehen ließ, wurde er rigoros verjagt. Das ist ein Fremder, ja ein Agent, er soll herausbekommen, wie sich seine Seebewohner von nebenan hier am besten festsetzen und dann ausbreiten können. Sie werden unsere Nahrung wegfressen, für uns bleibt dann nichts mehr übrig. So oder so ähnlich lautete seit Jahrtausenden die Begründung.

Ein junger Hecht wollte sich damit allerdings nicht abfinden. So beschloss er, trotz aller Warnungen seiner Artgenossen und sogar vieler Friedfische eine Erkundungstour durch alle fünf Seen zu unternehmen. Einige Hechte versuchten zwar, dies zu verhindern, aber als das nicht gelang, prophezeiten sie, er werde in sein Verderben schwimmen und nicht mehr zurückkehren. Nach einigen Monaten aber kehrte er zurück, größer und kräftiger als er losgeschwommen war.
Sofort versammelte sich das Fischvolk um ihn herum, begierig seinen Bericht zu hören. Aber er kam nicht dazu, weil er zuvor viele Fragen beantworten musste. "Wie ist es denn dort?" "Genau wie bei uns." "Wie sprechen sie untereinander?" "Genau wie bei uns." "Wovon und wie leben sie?" "Ebenso wie wir." "Wie vermehren sie sich?" "Genau so wie wir auch."
Nach diesem Fragenansturm herrschte einen Moment Ruhe. Dies nutzte der mutige Hecht und sprach:
"Eben die gleichen Fragen, die ihr mir gestellt habt, musste ich in allen fünf Seen beantworten. Und immer gaben mir die Bewohner dieselben Antworten wie ich sie euch gegeben habe. Egel, in welchem See wir wohnen, wir sind alle gleich. Es gibt keine Unterschiede.
Die allermeisten wollen dort leben, wo sie geboren wurden und sind zufrieden. Sie haben die gleichen Sorgen, die gleichen Probleme, die gleichen Freuden und die gleichen Feinde wie wir. Auch bei ihnen gibt es ewige Nörgler, Besserwisser und Profiteure des Misstrauens. Kurzum, letztendlich ist es sogar völlig egal, in welchem See wir leben. Wir können ohne Nachteile miteinander in Frieden auskommen und dadurch noch besser leben."
Übrigens: Diejenigen Hechte, die die Abreise ihres jungen Artgenossen verhindern wollten, waren zu seiner Rückkehr nicht erschienen.

Oh nein

Ein Angler schaut vergnügt in Ruh
dem Spiel der kleinen Fische zu.

Da ertönt ein lauter Knall.
Was war das für ein Zwischenfall?
Kommt die Erklärung in Latein?
Die Antwort lautet schlicht oh nein.
Zwei Mücken stachen sein Gesicht.
Da schlug er zu, traf aber nicht.

Die alte Hechtin und der belehrende Karpfen

Ein weiblicher Hecht spürte in ihrem fünfzehnten Lebensjahr, dass die Kräfte nachließen. Immerhin hatte sie die stattliche Größe von 2,15 m erreicht, aber jetzt erbeutete sie immer weniger Fische. Da sie das nahe Ende spürte, dachte sie über ihr bisheriges Leben nach, wie es verlaufen war und ob sie etwas zu bereuen hätte.

In dem Moment kam ein großer Karpfen vorbei. Er bemerkte die Schwäche der Hechtin und sprach: „Du warst einst der gefürchtetste Räuber, wir alle hatten Angst vor dir. Es ist nun an der Zeit, dass du deine Taten bereust." Die Hechtin antwortete: „Du redest, wie du es verstehst. Ich würde alles wieder so machen wie ich gelebt habe. Es gibt nichts, wofür ich mich schämen müsste und was ich daher bereuen sollte."

„Hast du denn gar kein schlechtes Gewissen, weil du Hunderte und Hunderte Fische gefressen hast?", fragte der Karpfen. „Wieso sollte ich, es gibt für mich nur diese Nahrung. Das solltest du wissen. Weil du ein bodenorientierter Allesfresser bist, ist das kein Grund, mir deswegen Vorwürfe zu machen.

Jeder von uns folgt seinem Trieb, seiner Natur, seiner Bestimmung. Wollte ich so leben wie du, würde ich nach kurzer Zeit verhungern. Das gleiche gilt für dich, würdest du so leben wollen wie ich.

Ich staune, wie dumm du urteilst. Stell dir vor, es gäbe uns Hechte nicht. Deine Art und die deiner Verwandten könnten sich so vermehren, dass das Futter für alle nicht reichen würde und viele von euch verhungern müssten. Auch habe ich nicht wenige kranke und

sogar tote Fische gefressen, die sonst unsere gemeinsame Wasserheimat verdorben hätten. Wir haben also eine unverzichtbare Aufgabe.
Spar dir also deine Belehrungen und lass mich in Ruhe."

Der Bootsangler

Es sitzt in seinem kleinen Boot
ein Angler bis zum Abendrot.
Kein Fisch macht ihm ein Angebot,
so schlägt er Stund um Stunde tot.

Was macht er nun in seiner Not?
Er isst mit Lust sein Abendbrot
und sitzt in seinem kleinen Boot
mit Hoffnung bis zum Morgenrot.

Steckbriefe

Hecht
Keiner gleicht mir
in gefräßiger Gier.
Meine Gestalt langgestreckt
für einen Räuber perfekt.

Suche Deckungen mir,
bilde so mein Revier.
Meine Färbung mich tarnt,
kein Fisch ist gewarnt.

Aus dem Stand stoß ich zu,
greif die Beute im Nu.
Sie kann nicht entrinnen
durch Fangzähne nach innen.

Ich lass mir nichts sagen,
nur allein will ich jagen.
Fische mit meinem Gewicht
schrecken mich nicht.

Fress sogar meinesgleichen,
kann ich sie erreichen.
Selbst manch Würmchen klein
kann ein leckeres Häppchen sein.

Ich bin der Hecht
und hab immer Recht.

Rotfeder
Ich und meine Artgenossen
haben leuchtend rote Flossen.
Wie sonnig glänzt mein Schuppenkleid,

kein Fisch hier gleicht mir weit und breit.
Nur mich benennt der Mensch als Feder,
darum bewundert mich ein jeder.

Steinbeißer

Beißt du in einen Stein?
Wie kommst du darauf? Nein!
Ich durchkaue den Sand
und filtere gewandt
kleine Tierchen heraus.
Ein für mich feiner Schmaus.

Durch meine Kiemen ich dann
den Rest ausschwemmen kann.
Nur ich fresse hier so.
Deshalb bin ich sehr froh.
Am Tag eingegraben
kann nachts ich mich laben.

Zwölf Zentimeter schlank
Sechs Barteln nicht lang.
Ich bin hübsch anzuschaun,
gefärbt gelblich und braun,
darauf dunkle Flecken
sind gut zum Verstecken.

Neunauge

Der Mensch ist tatsächlich ein Tropf!
Zwei Augen nur hab ich im Kopf.
Können Kiemenlöcher taugen
zu sehen wie meine Augen?
Den Namen hat er gelassen.
Ich kann es einfach nicht fassen.
Oft träume ich wirklich von neun.
Wie würd ich mich darüber freun.

Schlammpeitzger
Oh wie bin ich stolz auf mich
genau zehn Barteln habe ich.
Kein andrer Fisch hat diese Zier,
ich bin der Bartel-König hier.
Viere auf der Unterlippe
hat die ganze Schmerlensippe.

Oh wie bin ich stolz auf mich,
genau zehn Streifen habe ich.
Kein andrer Fisch hat diese Zier
Ich bin der Streifen-König hier.
Fünf je gelb und fünf je braun
am Körper längs gut anzuschaun.

Zander
Man nennt mich Zander oder Schill,
ich lebe so wie ich es will.
Mein Körper grau grün langgestreckt
tarnt mich zu jeder Zeit perfekt.
Mit Flankenstreifen schwarz und quer,
die Tarnung bessert sich noch mehr.

Zweigeteilt die Rückenflosse
bin ich echt ein Barschgenosse.
Schwarz punktiert hier und am Schwanz
vollendet meine Tarnung ganz.
Meine Lust sind Jagen, Fressen,
bin im Rausch dann ganz besessen.

Ob Plötze, Kaulbarsch, Ukelei
ist ganz und gar mir einerlei.
Auch Rotfeder, Blei, Barsch und Stint
wenn's schlanke kleine Fische sind.
Vor meiner Art mach ich nicht Halt,

des Räubers Blut ist immer kalt.

Im trüben Wasser jag ich gern,
seh und rieche Beute fern.
Sogar den Hecht bemerke ich
hier früher als der Unhold mich.
Sinkt die Sonne bin ich bereit,
zum Jagen ist dann beste Zeit.

Unerbittlich, stark und im Nu
fassen dann spitze Zähne zu.
Nur mit viel Beute im Magen
bin sanft ich und zu ertragen.
Im Mai, Juni bin ich bereit,
hier ist für uns die Nachwuchs-Zeit.

Ein Meter groß, mir geht es gut,
beim Angler bin ich auf der Hut.
Ich fürchte weder Wels noch Hecht,
gleiche ihnen mit vollem Recht.
Man nennt mich Zander oder Schill,
ich lebe so wie ich es will.

Döbel
Fischer mögen mich nicht sehr,
doch die Angler umso mehr.
Ich hab viele Gräten - na und?
Mein Fleisch schmeckt und ist gesund.

Fast alles finde ich lecker,
bin dennoch ein Feinschmecker.
Knacke Muscheln und Schnecken
zu deren Erschrecken.
Nicht nur Larven und Nymphen
gehören zu meinen Trümpfen,

Würmer und sogar Fische
hol ich mir zu Tische.

Auch Wasserpflanzen und Laich
verspeise ich lieber gleich.
Es sind keine Gerüchte,
ich nehm auch gern Früchte.

Kirschen und Weintrauben,
man mag es nicht glauben.
Auch Pflaumen und Holunder.
Mein Magen ist ein Wunder.

Solltest du mich fragen,
was kannst du dazu sagen?
Dann antworte ich flott:
dumme Frage, ich liebe Kompott.

Anglerfrage:
Trotzdem hab ich mir gedacht,
was er mit den Kernen macht.
Er wird sie doch nicht schlucken,
dann kann er nur noch spucken.

Forelle
Ich bin die Forelle,
kraftvoll und schnelle.
Im Bache sauber und kühl
wohl ich mich fühl.
Mag eilen die Welle,
ich bin zu Stelle,
die Fliege zu schnappen
als köstlichen Happen.
Ich bin die Forelle,
kraftvoll und schnelle.

Welsmann
Der Größte bin ich,
keiner erreicht mich.
Zwei Meter und mehr,
60 Kilogramm schwer.
Mein Wuchs hört nicht auf,
da geht noch was drauf.
80 Jahr kein Problem,
ohne Schuppen zudem,
mit meist dunkler Haut,
so bin ich gebaut.
Die Barteln sind lang,
sie dienen dem Fang.
Hauptsächlich Fische
hab ich zu Tische.
Und auch warmes Blut
tut mir richtig gut.
Ganz breit ist mein Maul.
Im Winter sehr faul.
Im Sommer sehr rege
pfleg ich das Gelege,
bewache den Laich,
vertreib jeden gleich.

Zwergwels und Wels

Zwergwels
Warum wirst du so riesig groß
und warum bleibe ich so klein?
Ich find das gemein.

Wels
Wir beide sind ja nicht verwandt,
Wieso ist dir das nicht bekannt?
Meine Afterflosse saumlang,

deine kurz und rund und nicht rank.

Hast eine Fettflosse mit Haut.
Ich nicht, bin hier anders gebaut.
Sechs lange Barteln habe ich.
Sogar acht davon zieren dich.

Du kommst aus Nordamerika.
Wir sind hier schon immer da.
Ich kann keine Antwort geben,
so geheim ist unser Leben.

Obwohl klein, kannst dich in Ehren
mit dem Flossenstachel wehren.
Bist so eigentlich nicht bedroht,
hast Futter und kennst keine Not.

Weder Hecht noch Barsch noch Zander
kennen Zwerge miteinander.
Nur wir sind groß und zugleich klein.
Freue dich, ein Zwergwels zu sein.

Karpfelei
Ein zarter geschleimter
hochrückig geleimter
behäbiger netter
unbändig fetter
gerne verfressener
Boilie versessener
oft träger massiger
schwer händig fassiger
gleichmäßig geformter
schuppig genormter
stilistisch eleganter
ganz vielen bekannter

am meisten züchtiger
zunehmend tüchtiger
großäugig stierender
nicht gerne frierender
liebend sonniglicher
weil es wonniglicher
jetzt viel behendiger
und auch noch wendiger
mäulig schlammiger
körperlich schwammiger
dennoch erklecklicher
mitwürzend schmecklicher -
für mich ein Bester
genau zu Silvester.

Der Fisch, der aus der Kälte kommt

Keine Regel ohne Ausnahme - so zumindest verkündet es eine alte Volksweisheit. In unserem Fall trifft sie voll zu. Wenn wir Dorsch hören, dann denken wir zuerst an den Fisch gleichen Namens in der Ostsee, der in der Nordsee Kabeljau heißt und vielleicht an andere Meeresfische im Atlantik wie den Wittling, Köhler - aus verkaufsfördernden Gründen irreführend Seelachs genannt, s. anschließendes Gedicht - Schellfisch, Pollak. Sie alle gehören der Dorschfamilie an.

Aber wer denkt an die Quappe? Und doch ist sie ein Dorsch, sie ist die Ausnahme von der Regel, denn sie ist der einzige Vertreter der Familie der Dorschartigen im Süßwasser, auch erkennbar an der auffälligen längeren Bartel am Unterkiefer wie beim Dorsch.

Deshalb ist die Quappe ein Diplomat, ein Botschafter, denn sie ist sozusagen der ständige Vertreter der Dorschfamilie im Süßwasser. Und da sie der einzige Vertreter ist, ist sie auch der einzige Süßwasserfisch im diplomatischen Dienst. Aber diplomatische Immunität genießt sie nicht und Privilegien hat sie auch nicht.

Weil sie einen langgestreckten, runden und hinten seitlich abgeflachten Körper mit einem breiten und abgeplatteten Kopf hat,

nennt man sie auch Aalquappe oder auch Aalraupe, Aalrutte oder Quappenaal (Norddeutschland). Das ist noch verständlich. Aber Trüsche (am Bodensee), Trische, Treische (Schweiz), Rutte (Bayern, Österreich), Ruppe (Süddeutschland) wird sie auch genannt.
Im Wörterbuch der Brüder Grimm finden wir den Hinweis, dass Quappe oder auch Quabbe aus dem Niederdeutschen kommt und verwandt ist mit schwabbelig, also aufgeschwemmt, dick. Noch heute sprechen wir abschätzig von einem Schwabbelbauch. Wenn man eine Quappe in den Händen hält, dann hat man ein "Puddinggefühl".
Die Haut ist braun bis gelb-grün marmoriert und von sehr kleinen Schuppen bedeckt. Bekannt sind maximale Längen von über einem Meter und einem Gewicht von mehr als 30 kg. Aber das muss schon sehr lange her sein, vielleicht zu Fontanes Zeiten, also vor rund 150 Jahren.
Vor der Urbarmachung des Oderbruches waren die Quappen einst so zahlreich, dass sogar ein Ort im Oderbruch Quappendorf heißt. Nähere Informationen über den sagenhaften Reichtum an Fischen und Krebsen sind bei Fontanes Wanderungen nachzulesen.
Aber auch aus dem Spreewald wird dies in damaligen Quellen geschildert. Die Quappe im Spreewald gilt heute als ausgestorben. Dabei war sie noch vor 140 Jahren nach der Plötze die zweithäufigste Art. Es gibt aber intensive Bemühungen, sie wieder dauerhaft anzusiedeln. Dazu wurden Altarme der Spree im Ober- und Unterspreewald als Rückzugs- sowie Laichgebiet renaturiert und neu von Fischern und Anglern besetzt.
Bei der seit 2001 laufenden Aktion "Wer wird märkischer Anglerkönig?" der Mitgliederzeitschrift des Landesanglerverbandes Brandenburg "Der Märkische Angler" wurden bis Ende 2018 von insgesamt 1007 Fangmeldungen von 13 ausgewählten Fischarten 38 zur Quappe eingereicht. Die größte wurde im Dezember 2013 in der Oder auf Tauwurmbündel geangelt. Sie war 80 cm groß und wog 4,5 kg. Die Quappen waren im Durchschnitt 67,50 cm lang und 2,50 kg schwer.

Spitzenreiter ist hier übrigens der Karpfen mit 232 Fangmeldungen, gefolgt vom Hecht mit 182 und der Schleie mit 129.

Und noch etwas macht die Quappe zu einem Ausnahmefisch: Im Sommer, wenn alle Fische lebhaft herumschwimmen, hält sie einen tiefen Schlaf. Im Gegensatz zu den anderen Fischen zieht sie so richtig in der kalten Jahreszeit auf Beute. Wer sie angeln will, muss sich also im wahrsten Wortsinne warm anziehen. Der Fisch, der aus der Kälte kam - kein schlechter Titel für einen Krimi. Dafür wird man mit wohlschmeckendem süßwasserlichen Dorschfleisch belohnt, vom Angelerlebnis selbst ganz zu schweigen. Quappen laichen zwischen November und Februar. Ein einziger Rogner, wie man die weiblichen Tiere etwas dröge nennt, kann über eine Million Eier ablegen. Da haben die Männchen oder Milchner aber viel zu tun, was man treffend Rudelhochzeit nennt. Nach fünf bis acht Wochen schlüpfen die Larven. Auch für sie trifft also wenigstens zum Teil der Krimititel zu.

Karausche – märchenhaft goldig und bescheiden

Sie beflügelt unsere Phantasie. Angelt man einen großen Hecht, dann kommt oft ein staunendes "Oh" über die Lippen - so ein stattlicher Bursche. Bei der goldglänzenden Karausche ist es eher ein bewunderndes "Aah" - wie bei einem bunten Schmetterling oder einer prachtvollen Blume oder auch wie bei kostbarem Schmuck. Sie ist im wahrsten Wortsinne ein Goldfisch. Und genau dies ist es, was unsere Phantasie antreibt - ein hochrückiger goldener Taler-Fisch.

Dann ist es nicht mehr weit bis zur Zauberei, zu einem Fisch, der unsere Wünsche erfüllen kann wie der Butt im Märchen vom Fischer und seiner Frau. Dafür brauchen wir aber nicht ans Meer zu fahren. Bereits in einem kleinen unscheinbaren Gewässer können wir diesem Zauberfisch begegnen.

Vielleicht so: Er erlaubt uns, von ihm eine goldene Schuppe zu entfernen, wenn wir ihn wieder zurücksetzen. Sind wir in Not, müssen wir sie mit einem feinen Tuch reiben und einen Wunsch

aussprechen. Sogleich wird er wahr. Aber nur dann, wenn die Erfüllung des Wunsches keinem anderen schadet. Andernfalls erlischt der Zauber sofort.
Ein goldener Fisch - dies assoziiert Reichtum, hochherrschaftliche Lebensweise in "Saus und Braus", wie es im Märchen heißt. Aber genau das Gegenteil ist bei ihr der Fall. Ja noch mehr. Die Karausche kommt mit kargen Bedingungen zurecht, wo andere Fische längst aufgeben müssen - in kleinen Dorfteichen, Tümpeln, im Brackwasser, in Gräben. Sie mäkelt nicht herum, ist ein Allesfresser, vor allem Insektenlarven und Pflanzenteile.
Nichts von Saus und Braus. Die Karausche kann sogar einige Tage ohne Sauerstoff überleben und einige Zeit mit ganz wenig oder keiner Nahrungsaufnahme. Sogar ein vollständiges Durchfrieren eines Gewässers kann sie aushalten, indem sie sich im Schlamm eingräbt.
Also nichts von Völlerei, dafür viel Erfahrungen an der Grenze zwischen Leben und Überleben. Das wäre doch mal einigen Hochherrschaften - wenigstens zeitweise - zu gönnen.
Gold, Bescheidenheit, Genügsamkeit - das macht die Faszination der Karausche aus. Wollte man sie mit einem Landtier vergleichen, dann wäre das Kamel ein Kandidat. Es ist ebenso genügsam und hat auch einen "Buckel".
Zurück zur Realität oder ans Gewässer. Die Karausche ist auch ein sehr guter Speisefisch. Deshalb wird sie ja geangelt. Vielleicht bringt ihr Verzehr Glück? Schon allein diese Vorstellung versetzt uns in eine besondere Stimmung und lässt den Faden der Phantasie munter abspulen. Es ist auf jeden Fall eine Freude, diesen Fisch gefangen zu haben, der in Ausnahmefällen bis 50 cm groß und mehr als zwei kg erreichen kann.
Ein Glück für uns Angler, dass die Karausche fischwirtschaftlich unbedeutend ist. So können wir alleine diesen märchenhaften Fisch sowohl beim Anblick als auch beim Verzehr genießen.
Es ist zwar zu lesen, wer sich einen Karpfen nicht leisten konnte, musste mit einem Bauernkarpfen vorliebnehmen, aber im Wörterbuch der Brüder Grimm finden wir dieses Zitat:

dann wan ein bürger in der stat
ein guten freund geladen hat,
so setzt er ihm carusen dar.

Vortrag einer Schleie vor Karpfenfischen

Ich freue mich über diese Einladung, gehören wir doch alle zur großen Familie der Karpfenfische. Keiner anderen Familie hierzulande gehören 28 Fischarten als Mitglieder an. Deshalb sollten wir immer zusammenhalten und uns besser kennenlernen.

Die Menschen nennen mich Schleie, weil ich eine schleimige Haut habe. Sie ist mein Gesundheitsschutz. Ich bin, wie ihr seht, am Körper olivgrün gefärbt. Manche von uns glänzen sogar wie Messing. Der Bauch hingegen ist eher gelblich. So bin ich im Gewässer bestens getarnt. Von unten für den Raubfisch, von oben für den Raubvogel. Aber dennoch haben wir Opfer zu beklagen. Viele stellen uns nach - der Fischer, der Angler, der Kormoran, der Reiher, der Adler, der Otter, um nur die wichtigsten Feinde zu nennen. Ich liebe die Ruhe und hab es nicht eilig. Schnelle Gewässer kann ich nicht leiden. Wenn sie stehen oder langsam fließen, krautig sind mit schlammigem Grund, ist es für mich am besten. Die Größe ist für mich nicht wichtig. Die Menschen können noch viel von mir lernen. Wird es zu kalt, dann bringe ich mich in die Kältestarre, wird es zu heiß, erstarre ich auch. Lassen Kälte und Hitze nach, lebe ich wieder normal. Das können die Menschen nicht. Aber mich hat noch niemand gefragt, wie ich das mache.

Vor den Anglern bin ich auf der Hut, aber ich habe keine Angst vor ihnen. Im Gegenteil, es macht mir Spaß, sie zu foppen. Ich unterscheide zwischen der normalen Speise in meinem natürlichen Lebensraum, also Kleinstlebewesen, Algenaufwuchs, und einem Köder. Sogar eine meiner Lieblingsspeisen, eine Schnecke, ist nach mir benannt - die Schleienschnecke. Da kann nur noch die Plötze mithalten, genauer die wohlgenährte Palmplötze, die nach der Palmschnecke benannt ist. Ich vermute, ihr kennt sie beide und seid mit mir einer Meinung. Aber ich habe auch etwas mit der Rotfeder gemein. Unsere Brut heftet sich nach dem Schlüpfen mit

Hilfe von Klebedrüsen am Kopf an Wasserpflanzen, bis der Dottervorrat aufgebraucht ist. So hat sie zu Beginn des Lebens gute Startbedingungen.

Niemals nehme ich sofort einen Köder. Ein Köder ist für mich eine andere Speise als meine natürliche, die ich von klein auf kenne. Mit dieser Nahrung hatte ich noch nie Ärger. Aber eben mit Ködern. Die gehören eigentlich nicht in unser Gewässer. Deshalb bin ich sehr vorsichtig und misstrauisch wie übrigens auch meine Nachbarin Karausche. Diese Köder schwimmen einfach so im Wasser oder liegen meistens auf dem Grund. Ob Wurm oder Teig, Made Mais, Brot, sogenannte Boilies oder andere Verführungen. Ich prüfe lange, ehe ich mich zum Mahl entschließe. Das Fremde aber ist am reizvollsten. Ich kann da nicht vorbeischwimmen. Hunger beißt und Neugier sticht. Ich probiere den Köder vorsichtig und spucke ihn wieder aus. Das wiederhole ich viele Male, wenn es sein muss. Ist alles in Ordnung, dann schnappe ich zu und suche weiter nach Futter. Einmal aber hatte ich die Falle doch nicht bemerkt und auf einen Haken gebissen. Aber der saß glücklicherweise ganz vorn im Maul. Mein Widerstand war so groß, dass er ausriss. Durch meinen Schreck habe ich das nicht gespürt, aber Hunger und Neugier waren erst einmal dahin. Doch es dauert nicht lange und beide stellen sich wieder ein. Sie besiegen den Schreck und alles beginnt von vorn.

Bei uns kann man Männchen und Weibchen leicht unterscheiden. Man braucht nur die Bauchflossen anzuschauen. Die der Männchen sind sehr groß und löffelförmig, die der Weibchen kleiner, länger, spitzer und eher dreieckig. Zwei Bartfäden in den Mundwinkeln und kleine rote Augen haben wir Schleien alle. Wir können 15 bis 20 Jahre alt werden, erreichen über 60 cm und mehr als 3 kg. Wir sind keine ausgesprochenen Schwarmfische, weil wir lieber mit uns selbst sprechen. Aber beim Laichen ist das völlig anders. Dann sind wir redselig und auch lustig, müssen uns verständigen und finden uns in Schwärmen zusammen. Das passiert zwischen April und Juni. Ob das bei den Menschen auch so ist?

Blei

Als Blei bin ich bekannt,
wurde als Leitfisch benannt.
Heiß auch Brasse und Brachsen,
bin hochrückig gewachsen.

Schwimme sehr gerne im Schwarm,
allein fühl ich mich arm.
Mein Maul stülp ich aus
als Rüssel zum Schmaus.

Kleine Muscheln und Schnecken
mir besonders gut schmecken.
Die Schleimschicht mir nützt
vor Krankheiten schützt.

Im Alter habe ich schon
Schuppen mit bronzenem Ton.
Nicht mehr der Hecht erschreckt mich.
Nur noch den Wels fürchte ich.

Mai bis Juli, in dieser Zeit
sind wir zum Laichen bereit.
Der Kopfausschlag zeigt an,
wir Männchen gehen jetzt ran.

Jeder bildet sein Revier,
duldet Weibchen nur hier,
verteidigt befruchteten Laich,
denn Weibchen entfernen sich gleich.

Die Fischmehrheit sind wir
in fast jedem Gewässer hier.
Ich bin ein Brassen
und immer gelassen.

Lob dem Lachse

Ich preise dich als Edler unserer Flüsse.
Einst in mächtigen Scharen hier zu Hause
verschwandest du und fehltest uns sehr.
Nicht dein Verschulden war es,
sondern des Menschen Frevel und Gier.
Nun aber nach so vielen Jahren
kehrest zurück du zu unserer Freude.
Es korrigiert jetzt der Mensch
die Unvernunft seines Tuns.

Es sind ihrer jedoch nicht viele,
die deine Seele verstehen,
denen Anerkennung wir schulden
und verdienten Respekt.
Leidenschaftlich hoffen sie
deinen Schutz und freies Geleit
des Besatzes ins Meer und zurück,
immer bedenkend
dein lachsiges Wohl.

Ich preise dich du Edler unserer Flüsse.
Als Smolt machst du dich auf,
kehrest nach Jahren zurück
aus dem salzgen Atlantik,
folgend dem Dufte der Heimat.
Imposant nun deine Größe,
lockend dein Aussehen
im farbigen Laichkleid
mit dem Laichhaken bewehrt.

Hier dein Leben vollendend
sorgest du deine Heimat beglückend
für reichlichen Nachwuchs
und bleibst in Erinnerung

immerwährend als Edler der Flüsse.
Könntest du reden wie wir,
würdest glücklich du preisen
dein heutiges Schicksal
behütet durch menschliches Tun.

Des Lachses Rückkehr

Eilend aus der nordischen See
küsst der Lachs voll Liebesweh
die heimatduftige Elbe.
Er will weder jagen noch ruhn,
erreicht schnell die Stepenitz nun
ist der Heimat so nahe,
umarmt stürmisch die Panke
und seufzt beglückt danke,
ich bin endlich zu Hause.

Es muss ein Smolt nun wandern

Es muss ein Smolt nun wandern
den Fluss hinaus zum Meer.
Er schwimmet mit den andern,
sein Herz ist sehnsuchtsschwer.

Wann werd ich wiederkommen,
wie wird's mir wohl ergehn?
Ich bin noch ganz benommen
und kann das nicht verstehn.

Komm, komm ruft eine Stimme,
die geht mir bis ins Mark.
Nun säume nicht und schwimme,
hier wirst du groß und stark.

Und sollt ich wiederkehren
dereinst in diesen Fluss,

will ich mich gut vermehren,
das wär des Lebens Schluss.

Tarnfisch Groppe

Die Groppe (auch Westgroppe) lebt vorwiegend in kleinen bis mittelgroßen schnell fließenden Gewässern am Boden zwischen den Steinen in einer Forellenregion. Sie kann sich dem jeweiligen Untergrund schnell anpassen, also tarnen, indem sie ihre Färbung weitgehend dem Boden anpasst, so dass sie von oben betrachtet so gut wie nicht zu sehen ist. Da hat es beispielsweise der Eisvogel schwer und erwischt sie nur, wenn sie den Standort wechselt. Generell hat sie eine gräulich-braune Färbung mit dunkler Marmorierung.

Zwar kann beispielsweise die Bachforelle ihre Färbung in begrenztem Maße der Umgebung anpassen. Auch beim Hecht variiert die Färbung je nach der Umgebung. Ein junger Hecht, der sich vorwiegend zwischen grünen Wasserpflanzen aufhält kann seine Hautfärbung grünlich verändern und heißt eben deshalb Grashecht. Beide Fische aber können es nicht so intensiv und schnell wie die Groppe. Mit Hilfe ihrer relativ großen Flossen stemmt sie sich in den Boden gegen die Strömung. Die Groppe ist nachtaktiv und ernährt sich vorwiegend von Wirbellosen, beispielsweise Insektenlarven, Bachflohkrebse, aber auch von Fischlaich und Jungfischen. Früher glaubte man, sie ernähre sich vorwiegend vom Fischlaich beispielsweise der Forellen, wäre sogar ihr Futterkonkurrent und dezimierte sie wo es ging. So glaubte man, der Forelle zu helfen, aber das Gegenteil war der Fall, weil die Groppe selbst für die Forelle ein wichtiger Beutefisch ist.

Die Groppe ist zudem ein wichtiger ökologischer Beweis für gute Wasserqualität. Wo sie lebt, ist das Wasser sauber, relativ kühl und reich an Sauerstoff. Sie ist europaweit geschützt.

Bei Wikipedia steht unter Groppe:

Sie soll muskulär einen tiefen Ton erzeugen können.

Nehmen wir einmal an, sie kann das tatsächlich. Wozu wäre das gut? Da sie ruhig zwischen den Steinen lebt, will sie vielleicht Artgenossen mitteilen, hier bin ich, der Platz ist besetzt. Oder soll der Ton ein Männchen bzw. Weibchen anlocken?
Ich finde das jedenfalls originell. Da brummt etwas, aber es ist nichts zu sehen.

Fischnamen

Fangen wir mit der **Rotfeder** an. Eine rote Feder kennen wir von Vögeln. Schon auf dem Hühnerhof könnten wir so eine finden. Immerhin denken wir an die rote Flosse des Fisches. Dennoch muss man schon Fantasie haben, um eine Flosse einer Feder gleichzusetzen. Aber das ist noch verständlich. Ebenso wie **Gründling**, denn er ist ein bodenorientierter Fisch, also ein Grundfisch. **Schlei** und Schleim klingen nachvollziehbar, zumal man den Schlei auch wegen seiner schleimigen Haut als Schlüpfling bezeichnet.
Und auch der **Schlammpeitzger** kommt gut im Schlamm zurecht, ja, er kann sogar eine vorübergehende Austrocknung seines Gewässers im Schlamm überleben. Die **Plötze** wird in Süddeutschland auch Rotauge genannt, hat sie doch eine rote Iris, die Rotfeder eine gelbliche bis orangefarbene. Der kleine **Stichling** hat Stacheln zu seiner Verteidigung. Und auch bei den folgenden Namen ist die Erklärung nachvollziehbar.

Rapfen
Wenn man beobachtet, wie heftig und leidenschaftlich dieser Fisch raubt, dann kann man leicht verstehen, warum früher rappen so viel hieß wie gewaltsam an sich reißen. Im Wörterbuch der Brüder Grimm finden wir diese Erklärung, die wir heute noch im gleichen Sinne als raffen kennen. So ist dieser Name verständlich. Er raubt im Erwachsenenstadium.
Als Jungfisch ernährt er sich von kleinen Krebsen. Gern hält er sich dicht unter der Wasseroberfläche auf und prescht geradezu mit lautem Geplatsche beispielsweise in die oberflächennahen Ukeleischwärme hinein. Man hat den Eindruck, er wolle als erwachsener Fisch nachholen, was ihm als Jungfisch nicht möglich war.

Barbe
Wenn man weiß, dass das Lateinische barba Bart heißt, und sich diesen Fisch mit seinen vier gut ausgeprägten Barteln anschaut,

dann drängt sich der Name geradezu auf. Der lateinische Name heißt ja auch Barbus barbus, soll heißen die Bärtige.

Barsch

In seiner ursprünglichen Bedeutung heißt barsch so viel wie spitz. Und damit sind wir schon bei seiner stacheligen Rückenflosse. Das ist eine Erklärung. Eine ähnliche finden wir im Grimmschen Wörterbuch. Im Mittelalter wurde der Barsch auch als Persche oder Persing, Parschen, Parß, Berschke, Bärschling, Perzke bezeichnet. Im genannten Wörterbuch zitieren die Grimms den deutschen Dichter Andreas Gryphius (1616 bis 1664):

hier sah man aal und welsz und auserlesne schmerlen
und perszken, meine lust, und köstliche forellen. ...
auch karpfen, barben, hecht und lachs, die zier der tisch.

Und wir finden diese Erläuterung aus einer Quelle von 1465:
*wann ihn (*den *parschen) der hecht oder ein anderer fisch fressen will, so streubet und perschet er sich gegen ihn.*
Der Barsch streubt, wehrt sich also durch seine Stacheln. Insofern ist auch das Wort widerborstig nicht weit von hier entfernt und im weitesten Sinne auch ein Synonym für barsch sein.

Kaulbarsch

Warum heißt dieser kleine 10 bis 15 cm große Fisch eigentlich so? Eine naheliegende Frage, aber die Antwort ist nicht so nahe. Vielleicht diese: Bereits im Mittelalter wurde er als "Kuhlbars" beschrieben. Im Niederdeutschen - Plattdeutsch im Norden Deutschlands - wurde er bis Ende des 18. Jahrhunderts auch als "Kuhlbarsch" bezeichnet.
Kuhl oder Kaul bedeutete früher so etwas wie Keule, wobei der relativ große oder dicke Kopf hier eine Rolle spielen dürfte. Bei der Kaulquappe ist das offensichtlich. Auch bei der Groppe, die ja auch Dick- und Kautzenkopf oder Kaul- und Rotzkopf genannt

wird. Ein großer Kopf und ein kleiner Körper, insgesamt durchschnittlich 8 bis 15 cm - eine richtige schleimige und schuppenlose Keule. Wie dem auch sei, lassen wir es dabei.
Interessanter ist, dass der Kaulbarsch auch Rotzbarsch genannt wird, weil er so schleimig ist, denn er hat an der Unterseite Schleimgruben. Und in der Tat, wenn man ihn so im hellen Sonnenlicht betrachtet, dann schillert der Schleim besonders an seinem Bauch weißlich und grünlich, so dass man wirklich an Rotz denken muss - nicht fein, aber treffend, eben Volkes Weisheit. Eine skandinavische Sage erklärt uns - wieder treffend, aber nicht fein -, warum der Kaulbarsch so schleimig ist:

Es war einmal ein Kaulbarsch und ein Hecht, die beschlossen, um die Wette zu einer Insel zu schwimmen. Der Hecht meinte zwar, daß es sich nicht der Mühe lohnte, mit einem so elenden Kaulbarsch um die Wette zu schwimmen. Aber der Kaulbarsch war ganz ruhig und sagte zum Hecht: "Du glaubst es nicht, aber du wirst schon sehn, daß ich früher bei der Insel bin als du." "Wie übermütig du bist", sagte der Hecht und lachte über die Prahlerei des Kaulbarsches. "Wollen wir wetten?", sagte der Kaulbarsch. "Was soll's gelten", sagte der Hecht. "Ein Achtel Branntwein", sagte der Kaulbarsch. "Nun, meinetwegen", sagte der Hecht. Und dann schwammen sie los aus Leibeskräften. Aber gleich blieb der Kaulbarsch zurück. Doch er war ein schlaues Luder. Als er sah, daß er zurückblieb, biss er sich am Schwanze des Hechtes fest. "Was sind das für Dummheiten?", meinte der Hecht, wurde böse und wippte mit dem Schwanze so heftig, daß der Kaulbarsch mit einem Male auf die Insel hinüberflog. Nun lag der Kaulbarsch auf der Insel und lachte und rief dem Hechte zu: "He, hier bin ich, aber wo bist du?" Als der Hecht nach geraumer Zeit zur Insel kam, war er verblüfft, denn er wusste nicht, wie der Kaulbarsch eher zur Insel hatte kommen können als er. "Gib mir ein Achtel Branntwein, wie du es versprochen hast", sagte der Kaulbarsch. Der Hecht tat es, und der Kaulbarsch trank auf der Stelle alles aus und wurde

betrunken. Dann wurde er krank und spie alles über sich aus, was er in sich hatte.
Deshalb ist der Kaulbarsch noch heute so schleimig.

Moderlieschen

Der Name Moderlieschen kommt nicht daher, weil der Fisch nur im modrigen Wasser lebt, wenngleich ihm ein stark organisch belastetes Gewässer nicht viel ausmacht. Der Name ist aus dem plattdeutschen Wort Moder von Mutter abgeleitet und bedeutet moderlos, genauer mutterlos, weshalb der Fisch auch Mutterloseken genannt wird. Die Weibchen legen die Eier ab und kümmern sich nicht weiter darum. Die befruchteten Eier sind nun ohne Mutter. Die Männchen bewachen den Laich bis zum Schlupf und sorgen durch das Bewegen der Brustflossen für die Zufuhr sauerstoffreichen Wassers.
Aus der Brut werden dann 6 bis 8 cm kleine silbrig glänzende Schwarmfische stehender Gewässer. Sie ernähren sich von Plankton und Anflugnahrung, weshalb sie sich gern an der Wasseroberfläche aufhalten und hier auch gut beobachtet werden können. Nicht nur Raubfische stellen ihnen nach, sondern auch fischfressende Vögel wie Eisvogel oder Seeschwalbe.
In neu entstandenen oder ausgestickten Gewässern sind die Moderlieschen sehr oft Erstbesiedler. Der Laich klebt besonders gut an den Füßen der Fische, die ihn hierher transportieren. Da sie die Fähigkeit zur Massenentwicklung haben, ist nun für Raubfische und andere „Fischliebhaber“ der Tisch reich gedeckt.
Übrigens: Im frühen Mittelalter war das Moderlieschen so häufig, dass man glaubte, dieser "Hundert Tausend Fisch" sei der "Samen aller anderen Arten", weshalb man ihn schonte und nicht massenhaft aus den Gewässern entnahm.
In "Johann Hübners Zeitungs- und Conversations-Lexikon" von 1826 können wir lesen:

Mutterlos, Kinder, nachdem sie ihre Mutter verloren haben. Im gemeinen Leben auch Benennung einer Art kleiner Fische, von welchen man wähnt, daß sie aus Schaum oder Schlamm entstanden seien, (Mutterlöschen, Mutterlosecke).

Nun gibt es einige Fischnamen, die in unserer Sprache eine ganz andere Bedeutung haben.

Da fragt man sich, wie sind die wohl entstanden? Nehmen wir zum Beispiel die Finte, den Schneider, die Ziege, den Bitterling, den Blei, den Giebel, die Nase und die Rußnase. Alle Begriffe kennen wir aus unserer Sprache in einem ganz anderen Zusammenhang.

Die Schnauze der **Nase** steht nasenartig vor. Schaut man sich diesen Fisch an, so wäre auch Boxerfisch denkbar, denn die "Nase" sieht wirklich wie nach einem Boxschlag aus.

Beim **Schneider** hat wahrscheinlich die ungewöhnliche Struktur der nach unten gebogenen Seitenlinie des Fisches zum Namen geführt. Sie sieht nämlich aus wie eine Doppelnaht.

Aber die **Ziege** hat keine Schuppenhörner oder gibt meckernde Geräusche von sich, der **Bitterling** schmeckt nicht bitter und der **Giebel** baut kein Haus. Wann, wo und warum sind diese Namen entstanden?

Interessanterweise gehören alle diese Fische zur Familie der Karpfenfische - nur die Finte nicht, denn sie gehört zu den Heringsfischen. Aber das hilft uns auch nicht weiter.

Das hat auch seinen Vorteil, denn jetzt kann das Fantasiepferd galoppieren. Geben wir ihm also die Sporen.

Maifisch und Finte

Als Gott die Heringe erschaffen hatte, kreierte er gewissermaßen als Zugabe eine ähnlich aussehende Art. Diese steigt jedoch im Unterschied zu den dauernd im Meer lebenden Heringen zum Laichen im März bis Mai weit in die Flüsse auf. Da sie oberflächennah schwimmen, kann oder besser gesagt konnte man die Schwärme gut beobachten. Im Mai waren sie besonders zahlreich. Daher auch der Name. Aber auch Alse ist gebräuchlich. Dies war zugleich ein

hoffnungsvolles Naturschauspiel, denn nun konnte man sich auf den baldigen Sommer freuen und die beste Zeit im Frühjahr genießen. Und natürlich auch diesen schmackhaften Fisch selbst. Sie erreichen immerhin eine Länge von 70 bis 80 cm und werden 2 bis 3 kg schwer. Die Jungfische (durchschnittlich 10 cm) wandern wie die jungen Lachse ins Meer (August bis Oktober) und kehren dann nach 3 und auch mehr Jahren geschlechtsreif zurück. Die Elterntiere lassen sich mit der Strömung ins Meer zurücktreiben oder sterben. Im Wörterbuch der Brüder Grimm lesen wir unter Maifisch:
wegen seines regelmäszigen erscheinens im mai hat dieser fisch am Rhein ziemlich allgemein den namen maifisch erhalten.
Viktor von Scheffel (1826 bis 1886) schrieb in seinem Trompeter von Säckingen. Kapitel 13:

– Und doch ging sie nicht, – ihr Auge
Blieb an der Trompete haften
Wie der Maifisch an der Angel.

Der Teufel ärgerte sich jedoch, weil er die Heringe mit der neuen Art verwechselte. So nahm er einen Fisch heraus, um ihn genau zu betrachten. Dabei fasste er ihn hinter die Kiemenspalte und verursachte mit seiner rußigen Hand einen großen dunklen Fleck. Nun hatte er für sich ein Unterscheidungsmerkmal geschaffen. Dort, wo er den Fisch auch noch berührte, hinterließ er ein oder zwei kleinere undeutliche schwarze Spuren.
Aber offensichtlich hatte der Teufel Vergnügen an seiner Schwarzmalerei gefunden. Mit seiner rußigen Hand griff er nun erneut einigen Maifischen hinter die Kiemen und holte sie aus dem Wasser. Dadurch wurde der dunkle Fleck hinter der Kiemenspalte noch besser sichtbar. Dahinter fügte der Teufel entlang der Körperseite unter dem Rücken noch weitere deutlich zu sehende schwarze Punkte hinzu - von vier bis manchmal sechzehn.

Als der Schöpfer das bemerkte, gebot er ihm Einhalt, wobei er die bisher schwarz gemachten Maifische schwimmen ließ und dem Teufel gestattete, diesen einen anderen Namen zu geben. Dieser überlegte nicht lange und gab ihnen den Namen Finte, weil es ihm gelungen war, den Schöpfer wenigstens eine kurze Zeit zu täuschen. Die Finten aber durften nun nicht mehr zum Laichen in die Flüsse aufsteigen wie die Maifische und müssen sich mit dem gezeitenbeeinflussten teuflisch unsauberen Brackwasser in den Flussunterläufen begnügen.
Beide Wanderfischarten sind heute in ihren Beständen durch die Querverbauung der Flüsse und ihre Verschmutzung stark bedroht. Sie sind daher ganzjährig geschont.

Bitterling

Freyja, Gattin des Odin und Göttin der Ehe und Fruchtbarkeit, fühlte sich als Beschützerin dieser 4 bis 8 cm kleinen Fischart mit ihrer relativ großen weit nach hinten gesetzten Rücken- und Afterflosse. Es war nicht der helle Silberglanz des Bauches und der Körperseite sowie der graugrün gefärbte Rücken, der die Göttin begeisterte. Auch nicht die blaugrünen Längsstreifen von der Körpermitte bis zur Schwanzwurzel.
Es war die Verwandlung zur und die Art und Weise der Fortpflanzung. Denn das Männchen erscheint zur Laichzeit in einer in allen Regenbogenfarben schillernden Hochzeitsfärbung. Die Bitterlinge zeigen eine außergewöhnliche und für die europäischen Süßwasserfische einmalige Fortpflanzungsweise. Die Weibchen legen maximal bis 100 Eier mittels einer Legeröhre in eine Großmuschel, wo sie sich in den Kiemen festsetzen. Die Spermien der Männchen gelangen durch das Atemwasser in den Kiemenraum der Muscheln und befruchten dort die Eier. Nach etwa einem Monat haben die Larven den Dottersack aufgezehrt und schwimmen dann heraus.
All das faszinierte die Göttin der Fruchtbarkeit, und sie pries wiederholt diese kleinen Fische. Um sie zu schützen, drohte sie den Menschen, den Verzehr dieser Fische würden sie bitter bereuen,

weil damit ihre Fruchtbarkeit dahin wäre und nannte sie daher Bitterling.

Giebel

Es herrschte einmal vor alten Zeiten in China ein Kaiser, der hatte eine wunderschöne Tochter. Als sie ins heiratsfähige Alter kam, ließ er für sie ein Schloss erbauen. Aber die Bauleute konnten es nicht fertig stellen. Es schien ein böser Fluch über dem Neubau zu liegen, denn jedes Mal, wenn der Giebel hochgemauert wurde, stürzte er wieder zusammen. Alle Versuche, diesem Unheil auszuweichen, schlugen fehl. Der Neubau blieb eine Ruine.

Da verkündete der Herrscher, dass derjenige, der das Rätsel lösen oder den Fluch bannen könne, seine Tochter zur Frau bekommen solle. Doch vergeblich, alle Bewerber scheiterten und gaben es schließlich auf. Die schöne Prinzessin blieb unverheiratet.

Im nahe gelegenen See versah der Fischer sein Handwerk und sorgte stets für frischen Fisch zur Freude des Kaisers und seiner Gäste. Nur die Prinzessin mochte keine Fische, ja, sie ekelte sich geradezu vor ihnen.

Der Fischer hatte einen Sohn im gleichen Alter wie die Prinzessin. Als Kind hörte er von ihr, sah sie auch manchmal und wollte mit ihr spielen. Er verstand aber nicht, warum ihm dies streng verboten war. Er kannte alle heimischen Fische und war wie sein Vater darauf bedacht, sie nicht nur zu fangen, sondern auch zu hegen und zu pflegen. Ja, er versetzte sich soweit in die Natur der Fische, dass er sogar ihre Sprache verstand und oft neugierig im Schilf verborgen ihren Unterhaltungen lauschte.

Eines Tages hörte er, wie sich zwei Fische mit schwarzblauem Rücken sowie silberglänzenden Flanken und Bäuchen, auch Silberkarauschen genannt, unterhielten.

"Ach", sagte eine, "die Menschen dünken sich so schlau, so überlegen und wissen doch noch viel zu wenig über uns und unsere Welt. Ja, sie ahnen noch nicht einmal, wie sehr ihr Leben mit dem unseren verbunden ist." "Wie meinst du das?", fragte die andere Karausche. "Nun, da bauen sie an einem Haus und wissen nicht, warum es letztlich immer wieder zusammenfällt." "Weißt du es denn?", fragte die zweite erneut. "Ja, die Prinzessin hat als junges Mädchen wiederholt uns Fische beschimpft, nach uns mit dem Stock geschlagen und uns noch bis zuletzt im Netz des Fischers gequält. Erst wenn sie hierherkommt und Abbitte tut, sich entschuldigt, dann wird der Bau gelingen."

Da ging der Fischersohn zum Kaiser, stellte sich vor und bot an, das böse Omen zu tilgen. Vorsichtshalber fragte er, ob sein kaiserliches Wort noch gelte. Dieser bestätigte es und erlaubte ihm, alles zu tun, was er für notwendig hielte. Da ging er zur Prinzessin, die anfangs die Nase rümpfte. Aber der Kaiser gebot ihr streng, alle Anweisungen des jungen Fischers zu befolgen. Dieser nahm die Tochter bei der Hand und führte sie zum See. "Schöne Prinzessin", so begann er, "ihr müsst euch vor den Fischen verbeugen und sie um Entschuldigung bitten für Euer Verhalten." Sie sträubte sich, aber er blieb konsequent. So half alles nichts, nach einer Stunde Bedenkzeit, in der er über die für sie völlig unbekannte Welt der Fische erzählte, gab sie ihren Widerstand auf, verbeugte sich vor den Fischen, entschuldigte sich und versprach, sie und ihre Lebenswelt künftig zu achten.

Bereits nach einer Woche wurde der Rohbau des neuen Schlosses vollendet und danach die Hochzeit gefeiert. Als Dank an die Fische ließ der kaiserliche Nachfolger, der nach wie vor seinem Vater beim Fischen half, vom Hofbildhauer eine Silberkarausche modellieren und sie in den Giebel einmauern. Seit dieser Zeit heißen die Silberkarauschen eben Giebel. Dieser aber zierte von da an das neue Wappen des jungen Paares und wurde später in das kaiserliche Wappen eingefügt. Als der Fischer den Thron bestieg, ließ er einen Teich bauen und besetzte ihn mit Silberkarauschen. Nach und nach gelang es ihm, daraus Goldfische zu züchten. Er erhielt Besuch von vielen anderen Herrschern, die ihn baten, einige Fische mitzugeben. Diese Bitte erfüllte der Fischer-Kaiser gern. So wurde der Giebel zur Stammform der Goldfische.

Nachtrag:
Der deutsche Fischkundler (Ichthyologe) Marcus Elieser Bloch (1723 bis 1799) gab der Silberkarausche den Namen Carassius gibelio. Daraus wurde dann sicher der eingedeutschte Name Giebel. Aber das ist so profan, so gefühllos.

Rußnase
So wird auch die Zährte genannt, ein durchschnittlich 30 bis 35 cm großer Karpfenfisch. Zährte soll im Ursprung aus dem Slawischen abgeleitet sein und schwarz bedeuten. Denn während der Laichzeit verfärbt sich insbesondere bei den Männchen die nasenartig vorgeschobene Oberlippe dunkel. Und warum? Auch hier könnte man ..., aber lesen sie selbst:
Die Zährten waren von Beginn ihrer Existenz an sehr neugierig und wissensdurstig. Der Schöpfer hatte sie mit dieser schönen Eigenschaft ausgestattet und ihnen den Lebensraum in der Mündungsströmung größerer Flüsse zugewiesen, wo sie sich von wirbellosen Bodentieren - Würmern, Insektenlarven, Kleinkrebsen, Schnecken - und pflanzlicher Nahrung gut ernährten. Hier konnten sie ständig Neues entdecken und ihre Neugier befriedigen. Aber mit der Zeit übertrieben sie die Neugier, drängelten sich überall hinein, schnüffelten ständig herum und bedrängten im Schwarm andere Fische, insbesondere die mit ihnen eng zusammenlebenden Bleie. Das konnte so nicht weitergehen. Die Bleie und auch andere Fische beklagten sich bei Petrus und dieser ermahnte die Zährten, sich zurückzuhalten und auch anderen Fischen ihren Freiraum zu lassen.
Aber sie ignorierten diese Warnung und änderten ihr Verhalten nicht. Ganz im Gegenteil, sie drängelten sich überall hinein, probierten und kosteten alles, was ihr Maul erwischte, weshalb ihre Unterlippe immer weiter nach vorne wuchs. Aber das schien sie nicht zu stören, ganz im Gegenteil, sie waren noch stolz darauf, denn das hatten die anderen Fische so nicht. Aber auch dort, wo es mit Sicherheit keine Nahrung gab, mussten sie hinschwimmen und alles untersuchen.

Überhaupt waren sie von Anfang an nicht nur neugierig, sondern auch eitel und eingebildet wegen ihrer silbrigen Grundfärbung von Seiten und Bauch, wegen des dunkel bis blaugrauen Rückens, wegen ihrer gelblichen und an der Basis leicht rötlichen Brust-, Bauch- und Afterflosse. Die Männchen verfärbten sich überdies zur Laichzeit vom Rücken bis zur Seitenlinie dunkelgrau und an den Seitenlinien samt Flossen leuchtend orange. Die Vorzüge der anderen Fische ignorierten sie.
Als die Zährten ihr aufdringliches, ja äußerst lästiges Verhalten nicht änderten, färbte der Schöpfer ihre große Oberlippe gerade während der Laichzeit dunkel als Warnung für alle, die eine eigentlich gute Eigenschaft übertreiben, weil sie sich dadurch in ihr Gegenteil verkehrt.
Diese Geschichte wurde bei allen Fischen von Generation zu Generation überliefert. Und noch heute weiß jeder Fisch von klein auf, dass das Maul von übertriebener Neugier schwarz werden kann. Als unsere Vorfahren diesen Fisch das erste Mal sahen, drängte sich der Spitzname Rußnase geradezu auf. Übrigens, stellen wir uns einmal vor, diese Geschichte wäre einigen von uns passiert und bis heute … .

Bei anderen Fischnamen ist Logik schwer zu erkennen, eher scheint der Zufall der Namensgeber gewesen zu sein. Zum Beispiel der

Hasel

Die Herkunft des Namens Hasel ist nicht geklärt. Es gibt ja neun kleinere Flüsse gleichen Namens, wir kennen das Haselhuhn, die Haselmaus, den Hasenwurz, die Gemeinde Hasel im Landkreis Lörrach in Baden-Württemberg.
Wer denkt da nicht zuerst an den Haselnussstrauch? Aber welche Verbindung soll es hier zwischen dem Fisch und dem Strauch geben? Der Haselstrauch galt in den mittelalterlichen Volksliedern und in der Alltagssprache jener Zeit als der Öffentlichkeit verborgener Ort, wo sich Verliebte heimlich und verbotenerweise trafen.

Er war das Symbol für "illegale" Liebe bzw. unerlaubte voreheliche geschlechtliche Verbindung. Die Redewendung von der tauben Nuss kommt von hier. Er steht für viele weitere mythologische Bedeutungen und Bräuche. Aber der silbrig glänzende (lateinisch Leusiscus leusiscus ist abgeleitet vom griechischischen leukos und heißt leuchtend, glänzend) durchschnittlich 15 bis 20 cm große karpfenartige Fisch hat doch als Allesfresser keine erotische oder böse oder schützende Bedeutung.
Eher möglich ist, dass er schnell und flink ist wie ein Hase, worauf auch die andere Bezeichnung Sandläufer hindeutet. Ein weiteres Synonym ist Häsling. Da er leicht mit dem Döbel verwechselt werden kann, der auch in alten Schriften (Wörterbuch der deutschen Sprache 1808) als Häseling bezeichnet wird, ist auch hier eine sprachliche Verbindung oder Ableitung denkbar. So zumindest auch im Deutschen Wörterbuch der Brüder Grimm:
Nach der art des fisches, der namentlich eine grosze sprungfähigkeit besitzt …, ist es wahrscheinlich, dasz sein name mit hase *und* hasel … *verwandt, und auf die dort erwähnte wurzel zurückzuführen sei. vergl. auch* häszling.

Forelle und Lachs:
Hier noch eine Erklärung zur Bedeutung bzw. Herkunft der Namen Forelle und Lachs vom Fischereihistoriker Heinz Haase:

Forelle:
Unser ältester Fischname ist wohl Forelle. Geht doch das zugrunde liegende germanische Wort auf dieselbe sprachliche Wurzel wie ein altindisches zurück, das "gesprenkelt" bedeutet, und ist mit dem griechischen "bunt" verwandt, so daß die ursprüngliche Bedeutung "die Bunte", die "Getüpfelte" ist. Die neuhochdeutsche Form "Forelle" entstand aus dem mittelhochdeutschen "vorhen"; durch Anhängung der Verkleinerungssilbe "le" wurde zunächst "forénle", dann "forélle."

Lachs:

In der Römerzeit übernahm man am Rhein aus dem Lateinisch-Gallischen den Namen Salm, der auch heute noch in dieser Gegend vorherrscht, während man in Niederdeutschland den Namen Lachs bevorzugt. "Warumb er Salm genannt werde", leitet Olaus Magnus in seinem Buch "Beschreibung allerley Gelegenheyte/Sitten/Gebräuchen und Gewohnheyten/ der Mitnächtigen Völcker ..." vom Sprung ab. In diesem Buch ("getruckt ... 1567 zu Straßburg") schreibt er: "Es hat aber der Salm bei den Lateinischen seinen Namen vom Sprung, dann wenn er von wegen der hohen Felsen an eynem Ort nicht kann fürtkommen, beugt er den Schwantz zu dem Maul, hebt ihn und nimmt eyn Schwanck, daß er hinüberspringe. Und ob wol das Wasser gar streng gegen ihn lauffet, höret er doch nicht auff, bis er zum süssen Wasser kommt, die er mit grossem verlangen begehret, darnach wenn er sich im süssen Wasser erquicket hat, springet er wieder über die Felsen hinab in seine vorige Herberg."

(Olaus Magnus (1490 bis 1557) war Bischof von Uppsala sowie Kartograf und Geograph).

Äsche

Hier drängt sich die aschgraue Farbe des Fisches als Namenshintergrund auf. Aber sicher behaupten kann man es nicht. Übrigens nennen die Angler die auffällig große Rückenflosse nicht zu Unrecht Fahne.

Aal

Wir finden im Grimmschen Wörterbuch:

scheint entsprungen aus ahal (*wie noch* LUTHER ahl *schreibt*), *der verkleinerung oder ableitung eines verlornen* aha.

Karausche

Die Karausche hat noch diese Namen: Bauernkarpfen, Steinkarpfen, Moorkarpfen, Gareisle, Guratsch, Burretschel und Kotbuckel und Schneiderkarpfen. Warum heißt dieser Fisch Karausche? Im

Althochdeutsch-Mittelhochdeutschen Wörterbuch (Althochdeutsch wird etwa von 750 bis 1050 datiert, Mittelhochdeutsch zwischen 1050 und 1350), erstellt von Gerhard Köbler 2014, finden wir den Namen Karausche nicht. Aber:

***karūsse**, karūtse, karūsche karutze, karuske, mnd., F.: nhd. Karausche (eine Karpfenart).*

Das Wörterbuch der Brüder Grimm dokumentiert die deutsche Sprache seit dem 16. Jahrhundert. Hier finden wir Karausche bereits in der jetzigen Schreibweise. Sie nennen auch den Namen Karutze als norddeutsch aus dem Jahr 1592, aber auch als ältere Formen bereits Karausch, Karutsch, Karautsch und andere. Sie sind wahrscheinlich slawischen Ursprungs. Russisch z. B. heißt Karausche Karas, ebenso sorbisch und polnisch. Dies ist wahrscheinlich auch eine Spur zu den Namen anderer Fische.

Eine ganz andere "volkstümliche" Erklärung finden wir bei Max Piper (1876 - 1960) in seinem Buch "Der vielseitige Angler", 9. Auflage 1963 im Neumann Verlag Radebeul und Berlin:

Karauschen würden sich im Kraut oder Schilf mucksmäuschenstill verhalten, so dass man "ka Rauschen" hört. Diese Interpretation hörte ich jüngst auch in einem Dokumentarfilm. Aber wie verträgt sich das mit den oben angeführten alten Namen? Da war wohl doch zu viel Fantasie im Spiel.

Stint

Im Grimm'schen Wörterbuch: *name eines kleinen fisches, ... nd. und nl. wort, vgl. auch* stinz.

unklarer herkunft. meist zu einer germ. wurzel *stent '*verkürzen*' *in nhd.* stunz '*kurz, rund, stumpf*' *u. s. w.*

Heinz Hase zitiert aus dem Archiv für Fischereigeschichte 1916 eine Übersicht, nach welchen Gesichtspunkten man die Fische benannt hat. Nach auffallenden Merkmalen, die die ganze Gestalt betreffen, z. B. in Bezug auf Ähnlichkeit sind bezeichnet:

Felchen, Stint, Döbel Alraupe, Stichling. Nach dem auffallenden Kopf: Koppe und Kaulbarsch. Nach anderen Körperteilen:

Schnäpel, Nase, (Schnauze); Schleie (Haut), Barbe (Bartfäden). Nach dem Schuppenglanz: Blei oder Brachsen. Nach der Farbe: Forelle, Äsche (Asche), Zährte. Nach den Waffen: Hecht, Zander (Zähne), Barsch, Zingel (Stachelflossen. Nach dem Wesen: Rapfen (Räuber).
(Heinz Haase: „Faszination Fisch Geschichtliches zum Fisch und seinen Fang“. Findling Buch- und Zeitschriftenverlag Neuenhagen 2000).

Jedenfalls ist hier noch viel Gelegenheit für Sprachwissenschaftler, sich mit der Herkunft bzw. den Wurzeln unserer einheimischen Fischnamen zu beschäftigen. Im Internet wird man fündig unter "Die Namen unserer Fische – eine etymologische Spurensuche." Die österreichische Wissenschaftlerin Dr. Regina Petz-Glechner liefert viele, zum Teil auch verschiedene vermutete Erklärungen zur Herkunft der Fischnamen und widerspricht auch manch gängiger Auffassung. So schreibt sie beispielsweise über die Brachse bzw. Blei. Dessen Name
kommt nicht, wie oft angegeben, von der bleigrauen Farbe des Rückens, sondern dürfte sich von bleja *ableiten, einer slawischen Bezeichnung für die Brachse, die auf das Sorbische (westslawische Sprache der Wenden oder Sorben) zurückgeht (Koch, 1925).*

Beachten Sie in diesem Zusammenhang auch, wie viele andere Namen unsere Fische haben. Und warum sind die allermeisten Namen unserer einheimischen Fische weiblich und männlich? Von den 65 beschriebenen Fischarten in Brandenburg sind nur das Moderlieschen und das Bach-, Fluss- und Meerneunauge sächlich.

Plötze
In der gleichen Quelle ist zu lesen:
Dieses kommt von plosika, einer slawischen Bezeichnung für das Rotauge, die auf das Sorbische (westslawische Spreche der Wenden oder Sorben) zurückgeht. Es bedeutet eigentlich "Plattfisch".

Dieser Name des Rotauges ist in einigen slawischen Sprachenenthalten, z.B. in plotica obecná (tschechisch), plotica obycajná (slowakisch), ploc (polnisch), plitka (ukrainisch) und plotva (russisch).

Karpfen

Bei den Karpfen unterscheiden wir den vollständig beschuppten **Schuppenkarpfen** als Urform. Dann sozusagen im Ergebnis der Züchtung schuppenabnehmend den **Zeilenkarpfen** mit einer Reihe bis drei Reihen Schuppen vom Kopf bis zum Schwanz in der Seitenmitte, zum Teil nicht durchgehend, und auch mit einer Schuppenreihe am Rücken. Es folgt der

Spiegelkarpfen mit einer Schuppenreihe am Rücken vom Kopf bis zum Schwanz an den Ansatzstellen der paarigen Flossen sowie beidseitig auf dem Schwanzstil mit nur wenigen jedoch unregelmäßig gleich verteilten Schuppen. Wenn der Karpfen oberflächennah seine Kreise zieht, würden diese Schuppen die Sonne auffällig reflektieren und so an einen Spiegel erinnern. Deshalb heißt er also Spiegelkarpfen.

Schließlich folgt gewissermaßen logisch der schuppenlose **Nacktkarpfen**, auch Lederkarpfen genannt.

Wir kennen ja auch den berühmten "Silvesterkarpfen" - in vielen Familien ein Muss oder sogar Kult, insbesondere bei der älteren Generation. Da schmunzelt man über solchen nicht gewollten Humor, geschrieben mit Kreide auf einem Aushang einer Fischverkaufsstelle:

Lebende Karpfen - auch geteilt.

Dr. Regina Petz-Glechner schreibt über den Karpfen:

*Die Herkunft des Namens **Karpfen** ist nicht bekannt. Wahrscheinlich stammt die Urform aus einer unbekannten slawischen Sprache (Donauraum) und wurde von germanischen Stämmen und dann von den Römern übernommen. Das lateinische Wort carpa, das später zum lateinischen Artnamen carpio wurde, taucht erstmals bei Cassiodorus (490–585 n. Chr.) auf. Im süddeutschen Raum und*

Westösterreich wurde der Karpfen durch die Römer weiter verbreitet. ...
Die Entwicklung des Wortes im Deutschen verlief von charpho, charofo (althochdt.) über karpfe (mittelhochdt.) zum heutigen Karpfen. Der wissenschaftliche Gattungsname Cyprinus, *der der sehr artenreichen Fischgruppe der Karpfenfische (Cypriniformes) den Namen gab, geht als* Kyprinos *oder Kyprianos auf Aristoteles (384–322 v. Chr.) zurück. Es handelt sich um eine Ableitung von Kypris (Cypris), dem Zweitnamen der Göttin Aphrodite, die auf Cypern (Kypros) sehr verehrt wurde. Wahrscheinlich musste die griechische Göttin der Liebe für die bekanntermaßen enorme Fruchtbarkeit der Cypriniden Pate stehen. Später wurde der Name zu* Cyprinus *latinisiert. Im Griechischen heißt der Karpfen noch heute Kyprinos.*

Und Schneiderkarpfen? Nicht nur die Karausche hieß früher Schneiderkarpfen, (in Österreich auch Schusterkarpfen), auch der Bitterling und sogar der Hering galten als Fisch für arme Leute. Da der Schneider früher stellvertretend für arm und gering stand, man denke auch an "frieren wie ein Schneider", weil er arm war und sich kein Brennmaterial leisten konnte, deshalb auch keinen "richtigen" Karpfen. So musste er eben mit kleineren Fischen vorlieb nehmen, den Schneiderkarpfen.

Bis vor kurzer Zeit war gängige Auffassung, dass die Karpfen von den Römern zu uns gelangt seien. Aber jüngste voreiszeitliche Knochenfunde in Nahrungsresten belegen, dass der Karpfen schon damals im Gebiet des heutigen Deutschland gefangen und gegessen wurde, beispielsweise klimaabhängig im Donauraum. So haben wir allenfalls die Karpfenzucht von den Römern übernommen. Wissenschaftler stufen ihn als Haustier ein.
Gelegentlich wird noch behauptet, der Karpfen sei eine fremde Fischart, weil er ursprünglich aus dem eurasischen Raum stammt. Ja, aber das war vor einigen Zehntausend Jahren.

Der Karpfen gehört zu unseren beliebtesten einheimischen Fischen. Ja, er wurde sogar in einer Umfrage des Deutschen Anglerverbandes 1999 zum beliebtesten Fisch der Deutschen des 20. Jahrhundertfisch erwählt. Die Laudatio hierzu hielt der Schriftsteller Siegfried Lenz (1926 bis 2014) und stellte fest:
Fisch des Jahrhunderts: Das ist ja so gut wie der Nobelpreis, dachten wir, das ist eine außerordentliche Würde.

Ziege
Ich hatte mir schon die folgende Erklärung ausgedacht:
Dieser auch Sichling genannte Fisch führt uns in die nordische Götterwelt der Asen. Hier kennen wir mit Donar den Gott des Donners und des Blitzes. Er fuhr bekanntlich mit seinem von Ziegen gezogenen Wagen durch die Götterwelt, wobei die rollenden Geräusche der Räder den Donner verursachten. Mit seinem Hammer lockerte er die Erde. Im Kampf gegen einen Feind jedoch wurde dieser zur blitzenden Waffe und kehrte stets in die Hand des Gottes zurück.
Einmal ruhte Donar im Frühsommer am Fluss und sah einige silbrige Fische aus dem Wasser springen. Er fing einen von ihnen und bemerkte die große Brustflosse, die ihnen solche Sprünge ermöglichte. Der Fisch war etwa 40 cm groß, hatte einen nahezu geraden Rücken und einen gewölbten Bauch, der an ein Messer oder vielleicht auch an eine Sichel erinnerte.
Als er seine Ziegen betrachtete, fiel ihm eine verblüffende Ähnlichkeit mit ihnen auf, nämlich der gerade Rücken und der gewölbte Bauch. Vorsichtig setzte er den Fisch zurück und warf ihm Futter aus seiner Proviantasche in Form von kleinen Fleischstückchen zu. Aber die Fische verschmähten sein Angebot. Das ärgerte ihn sehr und er warf ihnen Gras ins Wasser. "Wenn ihr kein Fleisch eines Gottes wollt, dann fresst doch Gras wie meine Ziegen", rief er ärgerlich. Seit der Zeit heißen die Fische Ziegen.
Ja, das wäre als Erklärung doch nicht schlecht. Aber Dr. Regina Petz-Glechner meint:

Die Ziege ist eine Karpfenfischart, die im Gebiet der Mittleren Donau ab dem Osten Österreichs und bis zum Kaspischen Meer und zum Baltikum verbreitet ist. Wie kommt sie zu ihrem kuriosen Namen? Die Erklärung ist simpel: Bei der Ziege (auch Zicke genannt) handelt es sich um einen stark abgeflachten Fisch mit fast geradem Rücken und gebogener, kielartiger Bauchlinie. Das erinnerte die Menschen an ein Tier, das sie täglich vor Augen hatten, an das Haustier Ziege. Man darf dabei nicht an die pummeligen Zwergziegen aus den Wildparks denken, sondern muß sich die mageren, knochigen Ziegen vor Augen halten, wie man sie oft auf Postkarten aus Europas Süden sieht. Sie zeigen meist einen geraden Rücken und einen deutlichen Bauch.
Schade, ich finde meine Erklärung romantischer.

Döbel
Über den Ursprung des Namens habe ich nur dies gefunden. Die Brüder Grimm vermuten in ihrem Wörterbuch, er heißt deshalb so, weil er mit seinem dicken Kopf einem Pflock ähnlich sieht und so ein Pflock auch Döbel genannt wird. Im aktuellen Duden steht in diesem Sinne bei Döbel neben Fisch vgl. Dübel. Das ist immerhin eine Erklärung.

Katzenwels
Der aus Nordamerika stammende Zwerg- oder Katzenwels kam erst 1885 nach Deutschland. Deshalb gehört er als gebietsfremdes Tier zu den sogenannten Neozoen, also Tieren, die hier ursprünglich nicht beheimatet waren und eingebürgert wurden. Er hat sich zahlenmäßig stark vermehrt. Aber warum wird er auch Katzenwels genannt? Was schreibt unsere Expertin?
Die deutsche Bezeichnung Katzenwels oder Katzenfisch rührt daher, dass einige Vertreter dieser Familie in englischsprachigen Ländern catfish genannt werden. Der Zwergwels heißt im Englischen aber brown bullhead, was übersetzt soviel wie 'brauner Stierkopf' bedeutet. Die Verbindung zum Stier ist nicht nur wegen

des großen Kopfes naheliegend, sondern auch, weil ein Bartelpaar wie Stierhörner gebogen nach oben ragt.

Und warum hat man ihn eingebürgert? Man dachte, er würde hier ebenso groß werden wie in seiner nordamerikanischen Heimat, etwa 45 cm und 2 kg schwer, also eine richtig gute Portion. Aber in unseren Breiten wurde er lange nicht so groß, nur 20 bis 30 cm und 300 g Gewicht. Nun ist er da, breitet sich aus und ärgert die Fischer und Angler. Und zwar so sehr, dass er schon zu einer Plage wird. Ein Beispiel: Die Landkreise Spree-Neiße und Elbe-Elster in Brandenburg haben 2015 die "Anlandungs- und Entnahmeverpflichtung" des Zwergwelses angeordnet. Im Amtsblatt des Landkreises Elbe-Elster vom 8. Juli 2015 steht:
Alle Zwergwelse (Ameiurus nebulosus), die mittels Angelfischerei oder im Zuge genehmigter Elektro-Befischungen in den öffentlichen Gewässern des Landkreises Elbe-Elster gefangen werden, sind unabhängig von ihrer Größe bis auf Widerruf zu entnehmen.
In vielen Gewässern des Landkreises Elbe-Elster kam es zu wiederholten Massenfängen von Zwergwelsen. Der Zwergwels ist eine nicht heimische Fischart.
Begründet wird die Anlandungs- und Entnahmeverpflichtung mit dem teils massenhaften Auftreten dieser Fischart. Der Zwergwels ist keine geschützte oder gar besonders geschützte Tierart. Aufgrund seiner Lebensweise ist bei massenhaftem Auftreten eine negative Auswirkung insbesondere auf die Reproduktion einheimischer Fischarten zu beobachten.
Hinzu kommt, dass diese Fischart eine hohe Reproduktionsrate aufweist und daher ihrerseits auf ein ausreichendes Nahrungsangebot angewiesen ist. Sie ist daher auch als Nahrungskonkurrenz zu heimischen Fischarten in Betracht zu ziehen.
Da die Wahrnehmung der Fischereiwirtschaft an den öffentlichen Gewässern des Landkreises Elbe-Elster ausschließlich auf den Freizeitbereich (Angelsport) beschränkt ist, wird hier der Angelfischer als hauptsächlicher Adressat für diese Allgemeinverfügung benannt. Da der Fang ebenso mittels Elektrobefischungen (für

Hege- und Kontrollmaßnahmen) möglich ist, wird auch diese Fangmethode ausdrücklich angegeben.

Da hat vor 130 Jahren noch keiner dran gedacht. Und warum dieses lange Zitat? Weil hier eine Aufgabe der Angelfischerei höchst offiziell benannt wird, die normalerweise nicht genügend gewürdigt und von den militanten Gegnern des Angelns völlig ignoriert wird: Angeln hat auch - vom Staat gefordert - die Aufgabe, im Sinne des Natur- und Tierschutzes regulierend in die Fischbestände einzugreifen. Wir nennen das Hegefischen.

Wels oder Waller

Die Brüder Grimm leiten Waller von Wal ab und Wels von Wals. Obwohl die Wale Säugetiere sind, so ist doch das Wasser ihr Lebensraum. Der Walhai ist der größte Meeresfisch, und in Anlehnung an die "Walfische" entwickelte sich für unseren größten einheimischen ausschließlich im Süßwasser lebenden Fisch die heutige Bezeichnung Wels. Wenn das so stimmt, dann ist Waller noch authentischer. Aber auch hier ist sich die Wissenschaft nicht sicher.

Auf jeden Fall umgeben ihn viele Legenden über seine Gefräßigkeit, die in der Regel übertrieben sind. Da das Welsmännchen den Laich pflegt und bewacht und verteidigt, greift es alles an, was sich hier nähert. Nur in diesem Zusammenhang sind auch seine seltenen Angriffe auf Badende zu sehen, jedoch keinesfalls als menschenfressendes Monster.

Gerade über den Wels liest man, dass er bis zu seinem Lebensende nicht aufhört zu wachsen. Das ist richtig, trifft aber nicht nur für ihn zu, sondern prinzipiell auf alle Fische. So wird beispielsweise die Größe des dreistachligen Stichlings mit 5 bis 8 cm angegeben, maximal 11 cm. Mehr schafft er eben nicht in 3 Lebensjahren. Dabei muss man allerdings hinzufügen, dass das Wachstum mit zunehmendem Alter eines Fisches immer weniger wird und schließlich extrem langsam verläuft. Wenn man bedenkt, dass der Wels bis 80 Jahre alt werden kann, sind kapitale Größenangaben verständlich. Das kann man im Internet unter Wels nachlesen. Aber das ist schon wieder ein neues Thema.

Nachtrag:
Der heute eher unbekannte Dichter und Gelehrte Georg Wende (1634 bis 1705) schrieb eine Wundergeschichte mit einem Welse, erschienen als Zeitungsartikel in Preussen 1701, nachzulesen im Internet "Projekt Gutenberg" und hier unter dem Stichwort Wels:
Vor einem halben Jahre hat sich daselbst eine sonderbahre Wunder-Geschichte mit einem Welse zugetragen, der ein ganzes Kind verschlucket. ... Am 3. Julii Anno 1700. sahe ein auff einer kleinen in den Weichsel-Fluß gelegenen Insul bey dem Tornischen (in Masuren) *Dorffe Gurßke wohnhafftiger Bauer einen ziemlich grossen Wels, welcher sich oben auff dem Wasser ungewöhnlicher Weise herumb wälzere und dadurch eine große Angst zu erkennen gab. Der Bauer nahm seine Büchse und tödtete den Fisch mit einer Kugel, als er ihn nun darauff am Strand gezogen ersiehet sein bey sich habender Junge, daß der in seinem auffgesperrten Rachen noch einen Kinder Arm hat. Hiernechst schneidet der Alte den Fisch auff und findet in dessen Bauche ein ganzes an allen Gliedmassen unverletztes und vollkommenes, jedoch todtes Kind, welches nach dem Urtheile deren, so es gesehen, vor ganz neugebohren gehalten und vermuthlich von einer leichtfertigen Raben-Mutter zu Deckung ihrer Schande in dem Fluß geworffen worden; da denn der Wels solches auffgefangen, in dessen engen Schlund es hernachmahls ersticken müssen.*

Zobel
Nun gibt es auch noch den Zobel. Aber der kommt bei uns im mittleren Deutschland nicht vor wie auch sein Namensvetter, der pelzige Zobel. In Deutschland höchstens in der Donau in Niederbayern und seit einiger Zeit auch im Rhein. Vor allem aber lebt er in Russland, beispielsweise in den drei D-Flüssen Dnester, Dnepr, Don. Er liebt schnellströmendes Wasser. Vielleicht gibt es hier

eine Brücke zum Pelztier? Wer hieß eigentlich zuerst so, der Marder oder der Fisch? Oder bekamen beide unabhängig voneinander diesen Namen?

Von Aland bis Zope

Wenn wir unsere einheimischen Süßwasserfische in ihrer Gesamtheit kurz benennen wollen, sagen wir gern einfach "von Aal bis Zander". Beide Fische kennt wohl jeder mehr oder weniger. Wir könnten auch sagen: "von Aland bis Zope". Aber beide stehen nicht so im Mittelpunkt des Interesses, insbesondere die Zope ist nicht so bekannt. Deshalb gibt es diese Redewendung auch nicht. Beides sind Karpfenfische. In Bayern übrigens heißt der Aland Nerfling, aber auch Orfe ist gebräuchlich. Wirtschaftlich ist er nicht bedeutend, aber für die Angler durchaus von Interesse. Die Zuchtform ist auch als Goldorfe in Gartenteichen bekannt. Dr. Regina Petz-Glechner meint:
Der Name Aland stammt von einer germanischen Grundform (alunba-), *die weitere Entstehung des Wortes liegt im Dunkeln.*

Bei der Zope ist es wohl komplett dunkel, denn ich habe nichts gefunden, wie der Name zu erklären ist. Die Wissenschaft bescheinigt ihr Ähnlichkeit mit dem Blei, der Güster, der Zährte und dem Zobel. Auffällig ist die sehr lange Afterflosse sowohl der Zope als auch des Zobels, die fast bis zur Schwanzflosse reicht. Sie ist in Brandenburg vom 1. März bis 31. Mai geschützt, ihr Mindestmaß beträgt 20 cm. In Bayern darf sie nicht geangelt werden. Die Zope ist für die Fischer wie für die Angler unbedeutend. Weitere Informationen sind leicht zu googeln.

Ich konnte mich allerdings nicht damit abfinden, die Herkunft des Namens im Dunkeln zu lassen, und so überlegte ich mir die folgende Version:
Immer wenn Gott einen Fisch geschaffen hatte, taufte er ihn auf diesen oder jenen Namen, die wir kennen. Auch bei seinem jüngsten neu geschaffenen Fisch wollte er es so halten, aber da es schon

spät war, verschob er die Taufe auf den nächsten Tag. Wir werden nie erfahren, welchen Namen er vorgesehen hatte.
Die Neuen aber waren sehr ungeduldig und warteten die Zeremonie nicht ab, sondern verschwanden eiligst in die für sie vorgesehenen Gewässer, wie Unterläufe und Mündungsgebiete großer Flüsse, aber auch Altarme, Überschwemmungsflächen, Seen.
Das ärgerte den Schöpfer, aber er ließ es damit bewenden. Die neuen Fische ohne Namen sollten zusehen, wie sie damit zurechtkommen. Und in der Tat wurden sie dauernd verwechselt und mal als Zope, Blei, Güster oder Zobel angesprochen, was sie ungeheuer nervte. Das ging so lange, lange Zeit, bis Petrus sein Amt als Schutzpatron der Fischer und Fische antrat.
Der erste Auftrag des Schöpfers bestand darin, den namenlosen Fischen einen Namen zu geben, wobei er ihm auch die Gründe für die ausgebliebene Taufe erklärte. Petrus lud eine Abordnung zur Namensverleihung ein. Die Fische freuten sich darüber, denn inzwischen wusste niemand mehr, warum sie immer noch nicht getauft waren. Als sie die Geschichte erfuhren, entschuldigten sie sich und fragten, welcher Name für sie vorgesehen war.
"Ein jeder von euch wird ab jetzt Zope heißen", verkündete Petrus. Von diesem Namen waren die Fische ganz und gar nicht begeistert. "So ähnlich heißt doch sowieso schon einer, dann wird man uns weiter verwechseln. Hast du nicht einen Namen, der zu unserer ausgedehnten stromaufgerichteten Wanderung zu geeigneten Laichplätzen passt oder zu unserer Vorliebe für Strömungen oder auch zur Geselligkeit? Wir dachten an Strömer oder … " Petrus unterbrach sie: "Es ist zu spät, einen Strömer gibt es übrigens bereits. Er ist ein karpfenartiger Schwarmfisch wie ihr. Ihr habt soeben die Geschichte eurer bisherigen Namenlosigkeit gehört. Dafür könnt ihr zwar nichts, aber Gott war zu Recht zornig über eure Vorfahren. Nun ist es wirklich Zeit, dass hier Ordnung waltet. So stehen denn die beiden Buchstaben Z und O an der Spitze eures Namens in Erinnerung daran. Z für Zorn, O für Ordnung. Das P steht für eure Taufe bei Petrus und das E für eure Entschuldigung. So ist der Name eine Kurzfassung eurer bisherigen Geschichte und

eine Mahnung, künftig die göttlichen Gebote zu respektieren." Die Zopen sagten kein Wort mehr, ließen sich demütig taufen und heißen so bis auf den heutigen Tag.

Ukelei

Er wird auch Zwiebelfisch genannt. Ebenso heißt ein Buchstabe im Zeitungs- und Buchdruck, der irrtümlich in einer anderen Schrift gesetzt wurde. Im Wörterbuch der Brüder Grimm finden wir ihn unter Laube bzw. Lauben. Auch Blecke ist gebräuchlich. Aber woher kommt der "Hauptname" Ukelei? Dazu gibt es zwei Auskünfte: Es ist unklar oder er soll slawischen Ursprungs sein. Da haben Namensforscher noch viel zu tun.
Ich kann mir hingegen vorstellen, dass einst ein kleiner Prinz solchen 10 cm kleinen Fisch angelte und enttäuscht darüber ausrief: "u klei". Fortan nannten ihn auch die anderen so. Und daraus entwickelte sich eben Ukelei.

Huchen

Es wäre höchst ungerecht, diesen Prachtfisch hier in unserer Plauderei zu ignorieren. Der schwedische Naturforscher Carl von Linneé (1707 bis 1778) – der Schöpfer der wissenschaftlichen Nomenklatur in der Botanik und Zoologie - gab ihm den lateinischen Namen hucho hucho. Im Wörterbuch der Brüder Grimm kommt er nicht vor. Weil er aus der Familie der Lachse stammt und sich sein Verbreitungsgebiet auf den Donauraum beschränkt, wird er auch Donaulachs genannt, auch Donausalm oder Rotfisch. Deshalb ist er nur in den Fischereigesetzen von Bayern (Schonzeit vom 15. 2. bis 31. 5., Mindestmaß 90 cm) und Baden-Württemberg (1. 2. bis 31. 5., Mindestmaß 70 cm) erfasst. Im Gegensatz zu den anderen Lachsen lebt er ständig im Süßwasser. Hier wird er über 25 kg. schwer und kann über 1,40 m lang werden. Damit kommt er neben dem Hecht dem Wels am nächsten. Der Stör bleibt Spitzenreiter. Äschen, Nasen und Barben sind typische Beutefische.

Der Huchen ist stark bedroht. Er steht in der Roten Liste als vom "Aussterben bedrohte Tierart", weil seine Wander- und Fortpflanzungsmöglichkeiten vor allem durch Querverbauungen akut eingeschränkt sind. Deshalb wurde er (gemeinsam vom Deutschen Angelfischerverband (DAFV) und dem Bundesamt für Naturschutz (BfN) in Abstimmung mit dem Verband Deutscher Sporttaucher (VDST)) zum Fisch des Jahres 2015 gewählt.
Seit 1984 wird in Deutschland auf diese Weise ein Fisch gekürt und so in den Blickpunkt der Öffentlichkeit gerückt, bis 1990 von der Petri Stiftung, seit 1991 vom Verband Deutscher Sportfischer (VDSF). Der 2013 gegründete gemeinsame Dachverband der organisierten Anglerinnen und Angler Deutscher Angelfischerverband (DAFV) hat diese gute Tradition weitergeführt. Die Auswahl erfolgt nach der Gefährdung aufgrund schädigender Einflüsse des Menschen auf den Lebensraum des Fisches. Eine komplette Aufzählung bis 2019 s. am Ende.
Es sind vor allem die Angler, die nachgezüchtete Huchen im Donauraum besetzen und so diesen großartigen Fisch hoffentlich noch retten können.

Nachtrag:
Der bayrische Heimatschriftsteller Ludwig Ganghofer (1855 bis 1920) hat in seinem Roman Waldrausch ausführlich einen Huchenfang beschrieben. Hier ein Auszug:
Auch Brosi sah im Wasser den großen, wütend umherschießenden Fisch. Ein Walfisch war es freilich nicht, sondern ein Huchen der seine fünfzehn Pfund und darüber wiegen mochte und sich von irgendwoher in das stille Altwasser verirrt hatte. Es gehen sonst die Huchen zur Sommerszeit nicht an die Angel. ...
Brosi griff mutig zu, und der Toni nahm die Schnur über die Schulter und fing zu ziehen an. Der Huchen, als er den härteren Zug der Leine spürte, verdoppelte die Kraft seines Widerstandes, sprang auf und tauchte, surrte rasend umher und schlug, daß sich das stille, klare Wasser verwandelte in ein trübweißes Gewirbel. Ein paarmal gelang es dem Buben, den Fisch bis auf den seichten Sand

des Ufers herzuzerren; sobald der Huchen den festen Widerhalt des Grundes fand, schlug er sich wieder zurück ins tiefere Wasser mit solcher Gewalt, daß die beiden Fischer taumelten und nachgeben mußten. ...
In Hast und wortlos zerrte Brosi die Kleider vom Leib, patschte in den Bach und griff mit beiden Armen zu. Das seichte Wasser wurde schlammig, ein Gewirbel dicker Tropfen spritzte in die rot werdende Sonne, und Toni, während er die Leine gespannt hielt, konnte bei diesem pritschelnden Wasserkampfe nicht erkennen, ob der Huchen oder der Brosi unten lag. ...
Da hörte er vom andern Ufer her ein vor Erregung gellendes Stimmchen: „Tu net auslassen! Pack ihn fest! Ich komm und hilf."
... watete das Mädchen unter Lachen durch das seicht werdende Wasser auf den Brosi zu. Jetzt lagen die zwei nackten Kinder in dem aufgewühlten Sand, hielten den Fisch umklammert und schrien um Beistand, obwohl sich der Huchen nicht mehr rührte. Toni erkannte, daß der Fisch nimmer schlug, ließ die Leine fahren, sprang ins Wasser, packte den Huchen mit beiden Fäusten am aufgespreiteten Kiemendeckel und zog die mächtige Beute mitsamt den beiden Kindern, die den Fisch noch immer umklammert hielten, auf die blumige Wiese.
Nun befiel alle drei die lärmende Freude des Sieges. Unter aufgeregten Reden standen und kauerten sie, von Wasser triefend, um den Huchen her, dem ein heftiges Zittern über die silberne Haut und durch die Flossen rann, während er wie ein schimmernder Pfahl im Grase lag und mühsam mit den Kiemen arbeitete. Das Leiden des Fisches, die Qual der Angel in seinem Schlund und das martervolle Ersticken eines aus seinem Element gerissenen Geschöpfes – dieses Harte kam den Kindern mit keinem Gedanken zum Bewußtsein.

Schnäpel

Da kennen wir den Nordseeschnäpel und den Ostseeschnäpel, der auch Steinlachs genannt wird. Beide sind nach meiner Wahrnehmung die mit am meisten unbekannten heimischen Fische. Wie oft

wurde mir gesagt "kenne ich nicht, noch nie gehört." Was man über sie wissen muss kann leicht im Internet nachgelesen werden. Mehr und mehr sind sie wieder als Speisefisch in den Restaurants zu bekommen, zumindest im Norden. In der "Berline Morgenpost" vom 20. Juni 2007 konnte man über den Ostseeschnäpel u. a. lesen:
Erstmals erwähnt wurde der Schnäpel im 16. Jahrhundert. Berühmtheit erlangte er durch sein spitzes, schnabelähnliches Maul. Er ist fettarm und bekömmlich, selbst Kaiser Wilhelm und Prince Charles äußerten sich wohlwollend über sein Filet. Im vergangenen Sommer warb sogar die schwedische Königin Silvia für den Fisch ... . Fast nur im November und Dezember ist die Fischerei erfolgreich, weil er dann zum Laichen in die Peene, das Achterwasser und das Stettiner Haff wandert. Im Frühjahr zieht er ab. Nur selten erwischen Fischer im Sommer einen der bis zu fast einen Meter großen Fische.
Woher kommt nun der Name Schnäpel? Im Wörterbuch der Brüder Grimm finden wir den Fisch unter Schnepel. Und hier:
der name hängt vielleicht mit schneppe, schnebbe, *schnabel (s. das.) zusammen und würde dann auf das spitz zulaufende, schnabelartig verlängerte maul dieser fischarten gehen.*

Kleine Fischgeografie
Matthias Claudius (1740-1815) reimte einst zu Beginn seines Gedichtes "Urians Reise um die Welt" die bis heute gern gebräuchliche Weisheit:
Wenn jemand eine Reise tut,
so kann er was verzählen;
Drum nahm ich meinen Stock und Hut,
Und tät das Reisen wählen.
(Er schrieb tatsächlich verzählen).

Nun stelle ich mir vor, ein Angler aus Brandenburg wählt Bayern als Ziel seiner Anglertour. Dafür muss er sich tüchtig vorbereiten. Welche Fische gibt es hier und wie sind die Schonzeiten und Mindestmaße? Dass Rotauge Plötze heißt und Brachsen Blei, ist ihm

bekannt. Aber nun liest er in der Fischereiordnung Fischnamen, die er bisher nicht kannte: Aitel, Laube, Schied, Rutte, Mühlkoppe. Das kann doch nicht sein, denkt er und macht sich schlau. Aha, in Bayern heißt der Döbel Aitel, der Ukelei Laube, der Rapfen Schied, die Quappe Rutte, die Groppe Mühlkoppe.
Er ist erleichtert, denn er weiß nun, dass auch er diese Fische kennt. Aber da sind noch weitere Fischnamen, die er bisher nicht kannte: Kilch, Perlfisch, Strömer, Schrätzer, Streber, Zingel - alle ganzjährig geschützt. Schön, also ohnehin keine Angelfische. Aber was sind das für Fische? (Liebe Leserin und lieber Leser, wie wär es, wenn sie selbst mal im Internet nachschauen)?
Zu gerne würde er auch einen Bachsaibling fangen, den er in Brandenburg nur aus der Aquakultur kennt. Dieser Fisch ist zudem farblich so wunderschön und variabel, dass bereits die nüchterne Beschreibung des Landesfischereiverbandes Bayern (LFV) besondere Gefühle und Staunen auslöst:
Der Bachsaibling besitzt einen torpedoförmigen, kräftigen Körper. Der Rücken ist oliv bis braungrün gefärbt ebenso wie die Rückenflosse mit hellen Marmorierungen. Auf den Flanken sind gelbliche und rote Punkte, die oft blau umrandet sind. Die Bauchseite ist weiß bis gelb und färbt sich bei den Milchnern während der Laichzeit intensiv orangerot. Die weite Maulspalte reicht bis hinter die Augen. Er besitzt eine Fettflosse. Brust-, Bauch- und Afterflossen sind weiß gesäumt und vom Rest der Flosse durch einen schwarzen Saum abgegrenzt.

Auch der Strömer und die Mühlkoppe waren schon "Fisch des Jahres". Frauennerfling hatte er schon gehört, kein Wunder bei diesem Namen. Seine Schonzeit beginnt am 1. März und endet am 30. Juni und er hat ein Mindestmaß von 30 cm. Beide hätte er zu gern gefangen. Nun überlegt er, warum heißen die Fische in Bayern so und bei uns so? Aber er findet keine überzeugende Antwort. Andere Länder, andere Traditionen und Bedingungen, sprachliche Unterschiede - deshalb andere Namen? Zumal er noch beim LFV

von einem Tigerfisch gelesen hat, den er nur aus Afrika kennt. Aber nein, denn er liest über den Bachsaibling weiter:
Da die Eier an denselben Laichplätzen von Bachforelle und Seesaibling abgelegt werden, kommt es mitunter zu Kreuzungen der Arten. Die unfruchtbaren Nachkommen durch Kreuzung mit der Bachforelle nennt man Tigerfische, die mit dem Seesaibling werden Elsässer Saiblinge genannt.
Natürlich fährt er nach Bayern zum Angeln, nun erst recht. Und als er zurückkommt, da schmunzelt er bei der letzten Strophe des Gedichtes von Claudius:
Und fand es überall wie hier,
Fand überall 'n Sparren,
Die Menschen grade so wie wir,
Und eben solche Narren.

Nachtrag:
Im Gedicht von Claudius kommt aber auch ein Fisch vor:
Drauf kauft' ich etwas kalte Kost,
und Kieler Sprott und Kuchen,

Auch Heinrich Heine liebte die geräucherte Sprotte, wie er in "Deutschland. Ein Wintermärchen" bekennt. Zur Herkunft des Namens kann man googeln. Hier finden wir:
aus dem Niederdeutschen, vielleicht verwandt mit <u>Spross</u> und ursprünglich = Jungfisch.
Dieser 10 bis 14 cm kleine Heringsfisch muss manchmal als Vergleich herhalten, wenn ein dürrer oder kleiner Mensch abschätzig oder mitleidig als Sprotte bezeichnet wird.
Aber diesem Fisch zu Ehren gibt es immerhin einen Marsch „Kieler Sprotten“! Von welchem anderen einheimischen Fisch könnte man das wohl behaupten? Bei den Volksliedern ist das schon anders. Aber die meisten werden heute nur noch ganz selten gesungen oder sind ganz vergessen, teilweise zu Recht. Schauen sie doch mal ins Internet unter „Fische in Liedern“.

Bleis Brautschau

Blasius Blei schwamm auf Brautschau. Er rechnete sich mit seinen 10 Jahren gute Chancen aus. Sein Rücken war auffallend hoch, die Schuppen glänzten bronzen. Die Laichzeit um Pfingsten war heran und er hatte bereits einen starken Laichausschlag besonders im Kopfbereich. Solcherart geschmückt hoffte er, den Bleidamen zu imponieren. Als er der ersten begegnete, stellte er sich mit seinem Namen vor. Aber sie rümpfte nur ihren Maulrüssel: "Wieso Blei? Ich bin eine Brachse und nehme also nur einen Brachsen oder vielleicht noch einen Brachsmen, aber doch keinen Blei." Auch bei der nächsten Auserwählten hatte Blasius kein Glück. "Man nennt mich Brasse, da werde ich mich nicht mit einem Blei einlassen. Tut mir leid."

Aller guten Fischdamen sind drei, sagte sich Blasius und näherte sich unverdrossen der dritten Rognerin. Diese musterte ihn mit ihren kleinen Augen. "Mit uns beiden wird es nichts. Du bist ein gewöhnlicher Blei, aber ich weiß, dass ich eine Pliete bin. Sicher, du siehst gut aus, das will ich nicht abstreiten. Aber ich kann und will nur einen Plietenmann. Deine Werbung ist vergebens."

Solcherart Reinfall hatte Blasius noch nicht erlebt. Was soll ich jetzt nur machen, überlegte er und fasste einen Entschluss. Der vierten Bleidame stellte er sich als Blasius Bresen vor. Diese schaute ihn neugierig an, umschwamm ihn von allen Seiten, um dann zu antworten:

"Herr Blasius Bresen? Solchen Namen habe ich noch nicht gehört. Deshalb bin ich nicht sicher, ob wir zueinander passen. Wärest du ein Blei, so stünde unserer Hochzeit wohl nichts im Wege. Schade."

Palmplötze

Auch langjährige Angler stutzen erst einmal, wenn sie diesen Namen hören. Es heißt, dass Plötzen, die vor allem diese von der Schleie soeben genannte Palmschnecke fressen, besonders groß

und korpulent und daher Palmplötzen genannt werden. Doch woher kommt dieser Name? Das wollte ich nun wissen. Aber ich habe es nirgendwo gefunden. Meine Erklärung:
Mit der Schnecke ist die Kamm- oder Federkiemenschnecke gemeint. Das sind sehr kleine (3 bis 5 mm) Süßwasserschnecken, die sich durch eine besondere, federähnliche Kieme auszeichnen, die sie aus der Mantelhöhle hervorstrecken können. Schaut man sich ein Bild an, kann man in der fächerartigen Form dieser Kieme auch so etwas wie einen Wedel einer Fächerpalme erkennen.
Logischer wäre allerdings, solche Plötzen hießen dann Kamm- oder Federplötzen. Aber wir haben ja schon einen verwandten "Federfisch"- die Rotfeder. Also dann doch lieber Palmplötze.

Zander:
Bei Wikipedia lesen wir:
Die Bezeichnungen Sander und Zander sind parallel seit dem 16. Jahrhundert im deutschen Sprachraum geläufig mit Bevorzugung von Sander bei lexikalischen Einträgen bis ins 20. Jahrhundert. Erst in den 1930er Jahren wurde die heute übliche Schreibweise mit Z einheitlich festgelegt. Der Name stammt vom mittelniederdeutschen sandat, das entsprechend dem osteuropäischem Ursprung des Fisches möglicherweise aus dem Slawischen entlehnt wurde

Nachtrag:
Es ist sehr interessant, im Internet nach der Häufigkeit von Fischnamen bei den Familiennamen in Deutschland zu forschen. Unter den dreitausend häufigsten Familiennamen (Stand 2002 nach Telefonanschlüssen) ist der Hering unter 602 zu finden, der Krebs übrigens unter 213 – und immerhin auf Platz vier steht der Familienname Fischer nach Müller, Schmidt und Schneider. Einen Süßwasserfisch habe ich bis dahin nicht gefunden.
Wieviel Familiennamen Hecht oder Karpfen oder Aal beispielsweise gibt es und welche berühmten Persönlichkeiten tragen einen solchen bzw. einen Fischnamen?

Spinnstunden

Die Rentner und begeisterten Angler Arthur, Ludwig und Günter sind seit Jahr und Tag befreundet. Regelmäßig halten sie ihre traditionelle Spinnstunde ab, wie sie es nennen. Sie schildern ihre jüngsten Angelerlebnisse oder tauschen Erinnerungen aus alter Anglerzeit aus. Hier Geschichten aus den letzten Treffen:

Fischfernsehen

"Also", begann Arthur nach einer kurzen Pause, er beginnt komischerweise immer mit also, „also in der Hochsommerzeit habe ich einen Schlei geangelt. Da kam mir die Idee, ihn in mein großes altes Aquarium zu setzen, das seit längerer Zeit in meinem Keller nutzlos herumstand, um endlich mal in Ruhe das Verhalten meines Lieblingsfisches zu studieren. Damit er nicht so einsam ist, fing ich noch einen und am Abend stand mein Aquarium mit zwei wunderschönen Schleien an seinem alten Platz. In den ersten Tagen bemerkte ich noch nichts Auffälliges. Klar, sie mussten sich erst an ihre neue Umgebung gewöhnen.

Eines Abends aber, es war genau 20.00, erklang der ARD-Tagesschau-Gong mit der bekannten Musik, da randalierten sie im Aquarium, schwammen aufgeregt hin und her und machten ein Theater, dass es mir wirklich zu bunt wurde und ich das Aquariumlicht ausknipste. Am nächsten Tag wiederholte sich zur gleichen Zeit dasselbe und am übernächsten ebenfalls. Das konnte doch kein Zufall sein.

Meine Helga lachte nur und meinte natürlich mehr aus Spaß, sie wollten bestimmt die Tagesschau sehen. Aber das war es, das war es. Mit viel Mühe bugsierte ich den Fernseher an das Aquarium. Und nun war Ruhe. Meine Schleien verfolgten das Tagesgeschehen am Bildschirm mit einer Aufmerksamkeit, die kann ich nicht beschreiben. Das wiederholte sich nun jeden Tag. Aber meine Frau war sauer, denn sie fühlte sich gestört. Es blieb mir nichts weiter übrig, als einen neuen Fernseher zu kaufen. Der steht nun vor meinem Aquarium und die häusliche Ruhe ist eingekehrt."

"Welche Sendungen sehen sie denn am liebsten?", fragte Ludwig.

„Also Tagesschau, das sagte ich ja schon, dann Volksmusik, Krimis und Actionfilme. Sie kriegen einfach nicht genug davon. Bei Sexszenen allerdings schwimmen sie verschämt in die dunkelste Ecke des Aquariums. Ihr Fernseher läuft bis Programmende. Wenn ich morgens aufstehe, mache ich ihn aber aus. So ein Fernsehapparat braucht ja auch mal seine Ruhe.
Einheimische Fische im Aquarium sind äußerst nützlich. Ich probiere hier aus, welches Futter sie am liebsten mögen. Das funktioniert prima. Nun habe ich meine Fische sogar abgerichtet oder trainiert. Wenn ich angeln will, zeige ich ihnen einen großen Haken mit einer Teigkugel. Wenn sie sofort wegschwimmen, dann gehe ich gar nicht erst los. Hat keinen Zweck, das habe ich mehrmals getestet. Betrachten sie hingegen interessiert den Köder, dann weiß ich, dass Beißwetter ist."
„Weißt du", wandte sich Ludwig an Arthur, "als du mir das erste Mal von deinen Fernseh-Schleien erzählt hat, kam mir ein ganz toller Gedanke. Das habe ich euch noch nicht erzählt. Ich kaufte mir einen kleinen Fernseher, allerdings batteriebetrieben, und nahm ihn mit zum Angeln. Den stellte ich ganz dicht ans Ufer und wartete gespannt, was da nun passieren würde. Ich wartete eine Stunde, ich wartete noch eine." „Und dann?", fragte Arthur ungeduldig nach, „und dann"? „Warte doch ab", beruhigte ihn Ludwig. „Ich hatte inzwischen meine Friedfisch- und Raubfischangel ausgeworfen, aber da tat sich nichts, noch mehr als nichts.
Da konnte sich auch nichts tun, denn am Ufer drängelte sich der ganze Fischbestand und schaute sich das Fernsehprogramm an. Und wie diszipliniert die waren, zuerst die ganz kleinen, dann die kleinen, es folgten die größeren, bis zu den wirklichen Jonnys. Seit der Zeit brauche ich zum Angeln keine Angel mehr. Ich suche mir meine Fische in aller Ruhe aus und keschere sie einfach heraus. Ja, das ist sogar so schlimm mit der Fernsehbesessenheit der Fische, dass sich ein Karpfen, den ich gerade im Kescher hatte, darin noch in Richtung Fernseher herumwarf, um ja nichts zu verpassen. Ein Hecht biss wütend in meinen Finger, weil er sich gestört fühlte, und ihr wisst ja, was so einer für spitze Zähne hat. Ich hatte ganz

schön zu tun, ihn wieder loszuwerden."
Arthur und Günter sagten nichts. Die Ruhe war verdächtig. Ludwig registrierte das und fuhr wie angespornt fort. "Neulich setzten sich etwa zwanzig Frösche vor den Fernseher, aber da war was los, die Fische randalierten derart, dass die Quaker die Flucht ergreifen mussten. Ich überlege nun, ob ich mir für die Frösche noch einen weiteren Apparat zulege. Man hat ja Verantwortung gegenüber den Tieren. Einmal aber, da hätte es mich fast erwischt." Ludwig schaute die beiden an, ob sie ihm noch folgen würden. „Erwischt wie?", fragte Günter nach. Ludwig grinste.
„Einmal, es war ganz schön warm, fiel der Fernseher aus. Da hättet ihr mal sehen wollen, was am Ufer los war. Ich dachte das Wasser kocht. Ich konnte die Fische kaum beruhigen und ging barfuß zum Fernseher, um nachzuschauen. Da kam doch aus der hintersten Reihe der Klopper von Hecht von vorhin, der mich schon mal erwischt hatte und wollte mir ins Bein beißen. Ich konnte gerade noch zur Seite springen."
„Und was war nun mit dem Fernseher?", fragte Arthur. „Ganz einfach, die Batterien waren leer. War ja auch kein Wunder. Seither nehme ich immer statt der Angel Ersatzbatterien mit."

Kabinettangeln

Arthur wandte sich sogleich an seine Freunde: "Es ist reizvoll, den Fischen bestimmte Eigenschaften oder Aufgaben zuzuordnen. Allerdings ist das nicht so einfach. Bei den Landtieren kennen wir genügend Tierfabeln. Ich nenne nur den listigen Reinecke Fuchs aus dem gleichnamigen Epos oder den verfressenen und zugleich dümmlichen Wolf Isegrim, der vom Fuchs immer hereingelegt wird. Der stolze Storch Adebar ist uns ebenso ein Begriff wie der eigenwillige Kater Hinz. Und wer wächst heutzutage nicht mit dem Dschungelbuch auf?
Der tschechische Dichter Jiri Mahen, er lebte von 1882 bis 1939, hat den interessanten phantasiebeladenen Versuch unternommen, die Fische mit den uns bekannten Haustieren oder Vögeln durch die Rede eines Wassermannes zu vergleichen. So setzt er den

Karpfen mit einer Henne gleich, die Karausche mit dem Kaninchen. In den geselligen Barben sieht er Schweine und Ferkel und die Rotfeder ordnet er einer Feldmaus zu, die Plötze nennt er sogar Wasserziege. Die Güster ist für ihn wie ein Spatz und der Flussbarsch sogar schöner als Papagei oder Kolibri. Und zum Schluss bezeichnet er den Hechtbarsch bzw. Zander als Katze der Gewässer."

"Auf solche Idee muss man erst mal kommen", meinte Ludwig.

"Ich habe da auch eine Idee." Günter setzte eine gewichtige Mine auf. "Wir spielen jetzt mal Bundesregierung und setzen Fische in die entsprechenden Funktionen ein. Er ging an den Computer, googelte Bundesregierung und druckte die Liste der Ministerinnen und Minister aus. "So, es kann losgehen. Bevor das Kabinett dran ist, besetzen wir den Bundespräsidenten. "Der Wels", kicherte Ludwig. "Er ist unser größter einheimischer Süßwasserfisch und kann bis 80 Jahre alt werden. Zudem ist er kein Kostverächter. "Und der Bundeskanzler?" Günter schaute Arthur an. "Das wäre der Karpfen, ganz klar oder genauer gesagt eine Karpfenfrau. Karpfen sind sehr bodenorientiert, sie ziehen ruhig ihre Bahn, vermeiden Hektik, sind erstaunlich lernfähig und passen sich schnell den Gegebenheiten an. Der Außenminister ist der Aal. Der bewältigt weite Strecken, kann auch international im Salzwasser und ist ein Meister im Durchschlängeln. Das passt doch."

"Die Äsche nehmen wir als Gesundheitsminister", schlug nun Günter vor. "Sie liebt sauberes und schnellfließendes kühles Wasser. Und als Innenminister würde ich den Hecht nehmen. Der ist bekannt durch schnelle Vorstöße aus der Deckung." Ludwig nickte begeistert. "Sehr gut, Familie, Senioren, Frauen und Jugend besetzt die rot gepunktete Bachforelle. Sie ist beliebt bei Jung und Alt, kann kämpfen und auch zubeißen. Der Döbel als Allesfresser, sogar Kirschen nimmt er, wie wir wissen, wird Chef des Bundeskanzleramtes. Als Minister für Wirtschaft und Energie würde ich den Rapfen nehmen. Der ist grätig, hat ein relativ stabiles Verhaltensmuster, ist erwachsen ein Raubfisch, hält sich als Einzelgänger oft an der Oberfläche auf und taucht bei Gefahr sofort ab."

"Wirtschaftliche Zusammenarbeit und Entwicklung wäre was für die Rotfeder. Die ist wärmeliebend und tolerant bei Sauerstoffmangel", meinte Günter. "Und Justizminister? Die Plötze. Sie ist auch umwelttolerant und praktisch Allesfresser. Und sie lebt in Schwärmen." Nun war Arthur wieder dran. "Den gefräßigen stacheligen Barsch berufe ich zum Finanzminister. Und der andere Stachelfisch, der Zander, bekommt das Verteidigungsministerium. Der ist wehrhaft und verteidigt bissig sein Revier."
"Was haben wir noch?" Günter schaute auf seinen Zettel. "Natürlich das Ministerium für Ernährung und Landwirtschaft. Das könnte der träge Blei bewältigen. Der ist eigentlich fast überall zu finden. Und die Schleie wird Minister für Arbeit und Soziales. Sie ist weit verbreitet und müsste die Stimmung im Fischvolk gut kennen. Und kämpfen kann sie auch." "Hoffentlich für die Rentenangleichung", knurrte Ludwig. Günter fuhr fort: "Das Ministerium für Verkehr und digitale Infrastruktur würde ich der Barbe anvertrauen, die wandert lange Strecken bei der Nahrungssuche, muss aber keine Maut entrichten. Fehlt noch das Ministerium für Bildung und Forschung. Habt ihr eine Idee?" "Hm", Arthur bewegte seinen Kopf hin und her. "Die Karausche." "Wieso denn die?", fragte Ludwig. "Die ist gegenüber anderen Fischen konkurrenzschwach und bildet in artenreichen Gewässern nur geringe Bestände."
Günter nickte erfreut. "Prima, nun haben wir das ganze Kabinett, alles Angelfische. Halt, es fehlt ja noch das Ministerium für Umwelt, Naturschutz, Bau und Reaktorsicherheit. Schließlich geht es um die Energiewende. Arthur und Günter überlegten, aber es fiel ihnen nichts ein. "Die Quappe, na klar", rief Ludwig. "Die kennt sich überall aus, in Flüssen, Seen und salzhaltigen Küstengewässern."
Die beiden Freunde nickten und Günter beendete die fischereiliche Suche nach den Ministerposten: "Stellen wir uns vor, wir fangen einen der ausgewählten Fische und denken daran, welchen Posten

wir ihm gegeben haben. Das gibt der Sache doch einen ganz besonderen Reiz." Arthur und Ludwig stimmten ihm zu. "Mal sehen, wie es ist - das Kabinettangeln."

Fischposter

Ludwig hatte sich im Keller seines Hauses ein schönes gemütliches Angelzimmer eingerichtet - Tisch, Sitzecke und eine kleine Werkbank. Eine Ablage, wie man sie für Regenschirme kennt, diente ihm als Angelständer. Stolz zeigte er seinen Freunden die selbst präparierten Hecht- und Karpfenköpfe. Darunter die Informationen über Fangdatum, Fangzeit, Fangort, Köder und natürlich Länge sowie Gewicht. Schließlich eine Menge Fotos und ausgeschnittene Artikel in der Angel- und Regionalpresse. Auch eine stattliche Sammlung alter Fachbücher stand in einem Regal.
Bei ausgesprochen schlechtem Wetter, wo auch ein leidenschaftlicher Petrijünger eher zu Hause bleibt, setzte er sich in sein Angelreich, bastelte am Gerät, schaute sich Angelvideos an, schrieb seine Artikel, studierte die Fachliteratur oder spann eben seine Stunden mit den Freunden.
Als diese wieder einmal zusammensaßen, fiel Arthur auf, dass Ludwig noch keine Fischposter hatte, z. B. von Süßwasserfischen, Meeresfischen, speziell Raubfischen oder Friedfischen. Das wäre doch eine gute Idee für ein Weihnachtsgeschenk sagte er sich. Gedacht und getan. Ludwig freute sich riesig, ja, er war direkt gerührt und befestigte die Poster noch am Heiligen Abend in seinem Angelkeller.
Am nächsten Tag bemerkte er, dass das Friedfischposter heruntergefallen war. Kann passieren, sagte sich Ludwig und befestigte es wieder. Am Abend desselben Tages lag das Raubfischposter auf dem Boden. Ludwig blieb ruhig und hängte es wieder an.
Aber es dauerte nur wenige Stunden, da lag das Friedfischposter wieder am Boden. Irgendetwas stimmt hier nicht, sinnierte Ludwig messerscharf und studierte die Fachliteratur. Aber da wurde er natürlich nicht fündig. Auch ein Buch über Heimwerkerei half ihm

nicht weiter. Er dachte schon an ein leichtes Erdbeben und inspizierte misstrauisch das ganze Haus, was seiner Frau Uta gehörig auf die Nerven ging.
Gut, dass Arthur und Günter nach Weihnachten zu Besuch kamen. Vielleicht wussten die Rat. Arthur betrachtete einige Minuten den Angelkeller wie ein Detektiv und schaute dann Ludwig mitleidig an. Der war noch gespannter als eine leichte Rute beim härtesten Drill.
"Also", begann Arthur betont langsam, "da bist du nun ein so erfahrener alter Angler, kennst einen Haufen Fachliteratur und kommst nicht auf die Idee, dass sich Raub- und Friedfische nicht miteinander vertragen. Wie kannst du die beiden Poster nebeneinander befestigen? Ist doch klar, eines ist immer in Bewegung. Entweder wollen die Friedfische vor den Raubfischen flüchten oder diese den Friedfischen nachjagen. Da muss doch eins runterfallen. Hänge sie nicht nebeneinander, sondern weit auseinander, am besten jedes an eine andere Wand. Dann hast du Ruhe."
Günter nickte nur zustimmend heftig mit dem Kopf. Ludwig schaute ungläubig und verblüfft drein, murmelte nur was von "das kann doch wohl nicht wahr sein." Aber er befolgte Arthurs Rat und tatsächlich - die Poster hängen bis heute.

Die erste Angelrolle

"Mein Vater", nahm Günter den Gesprächsfaden wieder auf und schaute Arthur an, "war ebenso wie deiner ein begeisterter Angler. Er gehörte 1954 zu den Mitbegründern der Ortsgruppe des neu gegründeten DAV. Als er 1947 aus der Kriegsgefangenschaft heimgekehrte, bastelte er sich sofort eine Rute und eine Pose aus Kork und Gänsekiel. Jeder Fisch, den er dann aus dem Wasser holte, sofern er auch nur einigermaßen groß genug war, wanderte zur Freude meiner Mutter in die Pfanne.
1957 sah die Angelwelt schon wesentlich besser aus. Der DAV funktionierte und auch das angebotene Angelgerät wurde immer besser. Aber eine Rolle fehlte noch. Bisher reichte das Geld dazu

nicht, zumal ich ja noch zwei Geschwister hatte. Viel nötiger jedoch fehlte meiner Mutter ein neues Kleid. Schließlich stand der gemeinsame Geburtstag bevor, Vater und Mutter an einem Tag. Beide beratschlagten, was angesichts des bescheidenen Familienetats auf den Geburtstagstisch kommen sollte. Vater wagte es nicht, für die Rolle zu bitten. Aber Mutter hatte sich schon lange entschieden und so verkündete sie geradeheraus mit fester Stimme: 'Ich weiß, wie sehr Du Dich über eine Rolle freuen würdest. Ich verzichte auf mein Kleid, aber ich möchte dann mehr und größere Fische sehen.'
Vater freute sich unheimlich, protestierte, aber schwach und mehr der Form halber. Mutter blieb bei ihrem Entschluss. So kaufte er gemeinsam mit ihr seine erste Rolle, eine „Rileh-Rex-57" und pflegte sie mit Hingabe. Tatsache aber ist, dass Mutter ihren Entschluss nie bereute, denn ich erinnere mich an den großen Karpfen, den mein Vater mit stolz geschwellter Brust noch im gleichen Monat präsentierte. Den Kopf übrigens hatte er präpariert. So erinnerte diese Trophäe viele Jahre an den ersten Großen mit der ersten Rolle. Und es sollten noch viele Prachtexemplare folgen, darunter auch ein Hecht von genau einem Meter und sieben Kilo. Die Rolle nebst Karton hatte mein Vater gut aufgehoben und zur Erinnerung in einer Vitrine aufbewahrt. Ich habe sie noch heute und hebe sie sozusagen als Anglererbe gut auf."
Günter wandte sich an Arthur: "Übrigens, deine Stipprute ist ja auch nicht mehr die Neuste." "Da hast du völlig Recht", antwortete Arthur. „Auch damit ist eine Geschichte verbunden."

Das schönste Geschenk

"Ich habe schon als Kind gern geangelt. Nicht zufällig lautete mein Spitzname kleiner Fischer. Mein erster Angelhaken war eine krumm gebogene Stecknadel. Als ich damit eine Plötze aus dem Steinbruch am Dorfrand zog, zappelte sie sich wieder frei. Da war mir klar, ich brauche einen richtigen Angelhaken. Im Dorf gab es keinen Angelverein, und später hatte ich durch Studium und Leis-

tungssport wenig Zeit. Der Zufall wollte es, dass ich in eine Anglerfamilie einheiratete. Mein Schwiegervater war ein leidenschaftlicher und tüchtiger Petrijünger, auch im Ehrenamt als Vorsitzender des Kreisfachausschusses. Meine Frau hatte ihn schon als Kind auf seinen Angelausflügen begleitet. Sie saß auf dem Sozius des Motorrades und holte während der Fahrt manche gekochte Kartoffel aus dem Rucksack, die eigentlich für Karpfen bestimmt waren. Jedenfalls wurde ich noch vor der Hochzeit, stehenden Fußes sozusagen, Mitglied des DAV.
Meine Frau war eine hervorragende Stippanglerin. Sie versorgte mich immer mit Köderfischen, bis heute übrigens. Die Angelausflüge wurden stets ein Familienfest. Schwiegermutter sorgte für die Verpflegung. Das einzige Problem bestand darin, dass ich kein eigenes Angelgerät besaß, aber Schwiegervater lieh mir großzügig aus, was ich benötigte. Dennoch war das ein unbefriedigender Zustand.
Weihnachten schenkte mir meine Frau eben diese Rute hier und die Schwiegereltern die Rolle und alles weitere notwendige Zubehör. Ob ihr es glaubt oder nicht, ich sprang hoch vor Freude. Später sagte meine Frau, ich hätte mich nie wieder so über ein Geschenk gefreut wie zu diesem ersten gemeinsamen Weihnachtsfest.
Diese Stipprute wurde und ist nach wie vor meine 'fängigste ' Angel. Ich wollte und will auch keine andere. Auf jeden Fall will und soll sie bis zur Goldenen Hochzeit halten."

Der Wellensittich

Die nächste Runde eröffnete Ludwig. "Ihr wisst ja, dass ich einen Wellensittich habe. Der kann inzwischen eine ganze Menge sprechen. Unter anderem habe ich ihm Petri Heil beigebracht. Wenn Ihr es nicht glaubt, dann hole ich ihn gleich her." "Nicht nötig, erzähl weiter", beruhigte ihn Günter.
"Inzwischen kann er auch noch mehr, und das kam so: Im Sommer wollte mich ein Angelkumpel besuchen und klingelte an der Wohnungstür. Ich war aber nicht da. Dafür meldete sich der Sittich mit

'Hallo, Petri Heil'. Mein Kumpel fand das sehr amüsant und antwortete mit Petri Dank. Er klingelte ein zweites Mal und wiederum antwortete der Sittich mit 'Hallo Petri Heil'. Die Reaktion nach dem dritten Klingeln war ebenso.
Am gleichen Tag wiederholte sich diese Zeremonie noch einmal und am nächsten Tag ebenfalls zwei Mal - also sechsmal Petri Heil und sechs Mal Petri Dank. Mein Kumpel wollte nun eher den Sittich hören als mit mir etwas zu besprechen, zumal er sich ja überzeugt hatte, dass ich nicht da war. Schließlich erwischte er mich doch, ich öffnete die Tür und er ging schnurstracks zum Käfig und sagte 'Hallo Petri Heil'. Da antwortete der natürlich mit 'Petri Dank'".

Der Angel-Geiger

Sachen gibt es, die sind sogar für unsere erprobten Angelrentner kaum glaubhaft. Aber das Leben ist eben doch viel erfinderischer oder reichhaltiger als die Phantasie der Angler. Am sogenannten Herrentag machten sich die drei auf zu ihrer traditionellen Angelpartie. Dieses Mal hatten sie den Gosener Kanal in Berlin als Angelgewässer auserwählt. Bevor sie sich anglerisch eingerichtet hatten, kamen zwei Petrijünger und richteten nebenan ihren Angelplatz ein. Der eine fiel sofort auf, weil er einen Angelkasten trug, der exakt so aussah wie der für eine Bassgeige. "Mann", meinte Ludwig, "der hat einen komfortablen Ort für sein Angelzeug. Aber keine schlechte Idee."
Wie groß war aber das Erstaunen des Trios, als besagter Angler tatsächlich keine Angelruten, sondern eine Bassgeige auspackte, während dessen Kumpel anfütterte und nach ein paar Minuten erste Stippversuche unternahm. Wenig später fing der Geiger an zu musizieren, wobei er belustigt auf die Angelrentner schaute, die noch nicht einmal angefangen hatten, sondern immer noch die beiden beobachteten. Derweil fing sein Freund einen Weißfisch nach dem anderen.
Schließlich war die Neugier doch zu stark und sie erkundigten sich bei ihren Nachbarn, was das zu bedeuten habe, denn dieses hätten

sie noch nie erlebt. "Tja", erklärte der Bassgeiger, "ich bin Musiker, wie man unschwer erkennen kann. Mein Bruder hier ist begeisterter Angler, aber ich habe damit nichts am Hut. Er bedrängt mich schon lange, dass ich ihn doch wenigstens einmal begleite und mich selbst davon überzeuge, ob Angeln nun so langweilig ist oder nicht. Meinen Einwand, ich müsse üben, parierte er mit dem Vorschlag, das könne ich doch auch am Angelplatz tun. Nun gut, dachte ich, das kann ich ja probieren. Und so geschah es auch. Das ist schon einige Wochen her. Zuerst schaute ich nur zu und fand es in der Tat langweilig, denn mein Bruder fing nichts. Schließlich stellte ich mich neben ihn und fing an zu spielen. Nach einigen Minuten bissen die Fisch wie verrückt, und ich fand das durchaus überraschend interessant.
Mein Bruder schüttelte nur immer den Kopf und hatte bereits nach kurzer Zeit eine gute Mahlzeit schöner Plötzen zusammen. Natürlich bedrängte er mich, erneut mit ihm angeln zu fahren, denn vielleicht war ja alles nur Zufall. Aber nein. Das Szenario wiederholte sich, wie sie auch heute wieder beobachten können."
Alle drei standen nur da und hörten sprachlos zu, was besonders bei Ludwig viel zu bedeuten hat. So richtig waren sie dann beim Angeln nicht bei der Sache, denn sie schauten immer noch zu den beiden, die sich bald verabschiedeten.
Nun beratschlagten sie, dieses Erlebnis für sich zu nutzen. "Wir nehmen einfach einen CD-Player mit oder ein Radio und stellen auf Klassik-Radio. Da kommt ja klassische Musik. Vielleicht geht das auch", schlug Arthur vor. Da er am nächsten wohnte, wurde er beauftragt, seinen Vorschlag gleich auszuprobieren. Noch keine Stunde später war er wieder da und es ertönten Musikstücke von Bach, Mozart, Händel, Strauß usw.
Aber - die Fische bissen nicht mehr oder weniger als sonst auch. "Irgendetwas machen wir falsch", mutmaßte Ludwig. Auch Günter suchte nach einer Erklärung. "Hat der Geiger vorhin nicht gesagt, dass er neben seinem Bruder gestanden hat, also ganz dicht am Wasser?" Arthur und Ludwig bestätigten es. "Aber mein Radio steht ja auch dicht am Wasser", wandte Arthur ein. "Nein, nein, das

ist es nicht", sinnierte Günter weiter. "Die Bassgeige oder die Seiten verursachen doch beim Spielen ganz schöne Schwingungen. Und genau die nehmen die Fische mit ihren Seitenlinien wahr. Das ist es. Die reagieren auf die Schwingungen. Da kannst du das Radio so laut stellen wie du willst."
"Schade", erwiderte Arthur, "einen Bassgeiger haben wir nicht in der Familie und ihr sicherlich auch nicht. Und einen engagieren, das geht schon gar nicht. Wir müssen so weiter angeln wie bisher und uns auf uns selbst verlassen."

Der Fenstersprung
"Auf unserer letzten Vereinsversammlung kam unser Jugendwart Fred mit einem Gipsbein und Krücken angehumpelt", eröffnete Günter die Spinnstunde. "Eine eher lustige Geschichte, wenn sie nicht eben so schmerzlich wäre und schlimmer hätte ausgehen können. Ihr müsst wissen, der Jugendwart hat noch einen Zwillingsbruder. Ich kenne beide schon als Jungs, aber kann sie immer noch nicht mit Sicherheit unterscheiden. Der Friseur wird es können, denn einer hat eine Narbe am Kopf. Übrigens hat es auch hin und wieder seine Vorteile, wenn man Zwilling ist. Als Jungs machten sie sich daraus einen Jux, das heißt sie angelten ohne Papiere. Ehe zweifelsfrei festgestellt werden konnte, wer denn nun wirklich schwarz geangelt hatte, verging viel Zeit und die Sache war erledigt. Jetzt haben sie dieses Spiel auch schon mal erfolgreich bei einer Blitzerei gespielt."
Ludwig wurde zusehends unruhiger. Günter tat aber so, als merke er das nicht, kam dann aber lieber doch auf den eigentlichen Kern seiner Geschichte zu sprechen: "So wie das bei Zwillingen ist, sie machten alles zusammen - gleiche Klasse, gleiche Ausbildung, gleiche Hobbys. Selten, dass einer mal allein angeln ging. Aber dann schlug die Liebe zu und trennte die beiden, denn Helmut blieb ledig und Fred, der Jugendwart, heiratete. Er wohnte seit seiner Hochzeit in einer Parterrewohnung. Aber ihre Angelgewohnheiten änderten sie nicht. Ganz früh fuhr Helmut mit dem Fahrrad zum

Bäcker, besorgte sich dort ein ofenfrisches Weißbrot – bei ofenfrischen Weißbrotflocken kann kein Weißfisch widerstehen, so beider Erfahrung von Jugend auf -, fuhr weiter zu Fred, der ihn schon erwartete. Er hatte in solchen Fällen am Vorabend schon alles vorbereitet, d. h. das Fahrrad mit Angelausrüstung stand bereit. Wenn nun Helmut angeradelt kam, öffnete er nur das Küchenfenster und schwang sich gekonnt nach draußen.
Das ging wunderbar, bis sich bei Freds Frau Nachwuchs anmeldete, Zwillinge natürlich, denn das lag ja in der Familie. Die Parterrewohnung war dafür zu klein. Glücklicherweise wurde genau eine Etage höher die um ein Zimmer größere Wohnung frei und rucki-zucki war der Umzug mit brüderlicher Unterstützung geschafft. Die Geburt der Zwillinge war nicht nur ein Familien-, sondern zugleich ein Vereinsfest – Ehrensache.
Durch diese Ereignisse waren unsere beiden Brüder lange nicht angeln gewesen, jedenfalls nach ihrem Verständnis, denn zwei Wochen ohne eine Angeltour, das ist wie ein Jahr ohne Urlaub. Es war also an der Zeit, wieder einmal einen großen Fisch an Land zu ziehen, und beide bereiteten sich guten Mutes darauf vor. Das Ritual wiederholte sich. Fred sah seinen Bruder mit dem Fahrrad kommen und mit einem kühnen Schwung ...
Es ging noch glimpflich mit einer Verstauchung ab. Dass die Vereinsfreunde darüber ihr Lachen nicht unterdrücken konnten, fand Fred ja noch verständlich, aber weniger, dass seine Frau ihm mit süßsauer Mine erklärte, alles habe sein Gutes, denn nun könne er sich mal ganz seinen Zwillingen widmen und sie entlasten."

"Nun habe ich noch eine Überraschung", sagte Arthur vielsagend. "Schaltet mal nächsten Sonnabend den rbb ein, da gibt es eine Sendung über Hobbys. Mehr will ich nicht verraten. Ludwig platzte fast vor Neugier. "Hast du da mitgemacht?" "Ja doch", erwiderte Arthur, sonst hätte ich das nicht gewusst. Aber mehr sage ich nun wirklich nicht."
"Ich habe eine Idee", meldete sich Günter, "wir schauen uns die Sendung gemeinsam an, mit unseren Frauen natürlich. Das wär

doch mal was." Arthur und Ludwig waren sehr einverstanden. Und so trafen sich alle am Sonnabend zur besten Sendezeit.

Der Gewinner

Die Talk-Show, wie es so schön neudeutsch heißt, hatte einen schlichten Titel "Mein Hobby."

Jeder der eingeladenen mitspielenden Gäste musste in einer einminütigen Rede für sein Hobby werben und danach auf Fragen oder Einwände sowohl des Moderators als auch der Zuschauer antworten. Diese sollten dann entscheiden, wer am überzeugendsten für sein Hobby geworben hatte und damit den Gewinner des Abends küren. Zu Beginn stellte der Moderator Frau bzw. Mann kurz vor und dann mussten sie loslegen. Ein glatzköpfiger Mann mit Brille und Fliege pries seine Briefmarkensammlung an, ein langer dürrer Mann erklärte seine Modelleisenbahnanlage und eine Frau stellte ihre Märchenbuchsammlung vor. Ein junges Mädchen berichtete in einer Art Sportreportage über ihre Jagd nach Autogrammen. Sie alle argumentierten so leidenschaftlich, als ob von ihrem Hobby die Rettung der Zivilisation abhinge.

Endlich kann Arthur dran. "Die Augen dieses Mannes", so der Moderator einführend, "glänzen wie Fischschuppen, wenn er über sein Hobby spricht."

Arthur stülpte sich seinen über 25 Jahre alten Hut auf, setzte sich dem Publikum zugewandt auf den Angelhocker, hielt seine Stippangel so, als ob er angle und sagte – nichts. Kein Wort, aber er schaffte es, seinem Gesicht einen so hinreißend glückseligen Ausdruck zu geben, dass er alle faszinierte und in seinen Bann zog. Es war vollkommen ruhig. Die berühmte fallende Stecknadel hätte ein Poltern ausgelöst. Das hatte es noch nie in einer Talk-Show gegeben.

Die Zuschauer lehnten sich entspannt zurück und strahlten Arthur an. Der Moderator war völlig überfordert. Trainiert auf Rede und Gegenrede, Frage und Antwort wusste er nicht weiter, denn es redete ja niemand. Nach genau einer Minuten ertönte der Gong.

Arthurs Redezeit war abgelaufen. Das Publikum löste sich langsam von Arthurs Gesicht. Der Beifall hörte sich zuerst an wie ein leichter Landregen, aber dann entwickelte er sich zu einem heftigen Gewitterguss, begleitet vom Donner der trampelnden Füße. Keine Frage, wie der Gewinner des Abends hieß.

Der Preis konnte sich sehen lassen. Immerhin ein Wochenendurlaub an einem See in einem Nobelhotel.

Ludwig und Günter sowie ihre Frauen klatschten Beifall und Arthur genoss ihre Freude. "Wie hast du denn das vor laufender Kamera so still und glücklich ausgehalten?", fragte Günters Frau. Arthur lachte. "Ich bin einfach weggetreten, geistig, versteht Ihr?"

"Nee", ließ sich Ludwig vernehmen. "Wie denn weggetreten?"

"Die Studiotechnik verwandelte sich vor meinem geistigen Auge in Sträucher und Bäume, die Scheinwerfer verschmolzen zur Sonne, die Zuschauer bekamen Schuppen und Flossen und wurden so zu einem Schwarm unterschiedlichster Fische. Vorne saß eine dicke Karpfenfrau, daneben ein Welsmann mit Bart. Hinten sah ich Plötzen, in der Mitte Rotfedern. Auch Schleie, Barsche, Forellen, Zander, Stichlinge, zwei drei Hechte in Jeans und viele andere. Sogar Seefische waren darunter. Links saß eine Scholle neben einem Knurrhahn. Soviel unterschiedlichste Fische hatte ich noch nie so eng beieinander gesehen. Und wie freundlich sie mich anschauten, als würden sie mich schon lange kennen. Welche Faszination …"

"Na, du hast ja wirklich Phantasie", meinte Günter. "Oh ja", meldete sich Arthurs Frau Helga. "Davon kann ich ein Lied singen. Ich nenne das einfach Spinnerei. Ich muss jedoch gern zugeben, endlich hat sich seine Angeleispinnerei auch mal für mich richtig ausgezahlt."

Da klingelte das Telefon. Arthur nahm den Hörer ab, sprach und gesellte sich wieder zur Runde. Aber das Telefon klingelte noch mehrere Mal. "Mann", fragte Ludwig. "Was ist denn los?" "Es sind Zuschauer", antwortete Arthur erschöpft aber glücklich. "Alle wollten wissen, ob und wo man in meinen oder einen Angelverein eintreten kann, denn so ein hingebungsvoll glückliches Gesicht hätte sie total überzeugt.

Übrigens", fuhr Arthur fort, "ich habe mich nach der Sendung mit dem Briefmarkensammler unterhalten. War ein ganz sympathischer Kerl. Es gäbe wundervolle Fischmotive meinte er und regte an, dass wir doch mal als Angler eine kleine Ausstellung nur mit Fischmotiven zusammenstellen sollten. Er wolle gerne dabei helfen. Bestimmt gebe es Angler, die solche Briefmarken sammeln. Ich finde die Idee gut und machbar. Am nächsten Tag war ich gleich im Internet und suchte Fischmotive auf Briefmarken, insbesondere BRD und DDR. Allein hierfür musst du dir Zeit mitbringen, aber interessant. Das ist eine Welt für sich."
"Und wohin geht die Reise?", wollte Ludwig wissen. "Nicht weit weg von hier, nach Bad Saarow", antwortete der Gewinner.

Sonntagsangler

Dieser Sonntag bescherte so schlechtes Wetter, dass auch unsere drei Freunde lieber ihre Spinnstunde zelebrierten. Aber der Sonntag inspirierte Arthur.
"Ich bin nach heutigen Maßstäben ein rückständiger Angler, ein Geräte- und Technik-Muffel erster Güte. Da gehe ich doch angeln mit Ruten, die schon ein paar Jahre alt sind. Einfach mal so, weil es mir Spaß macht, weil ich hungrig bin nach frischer Luft und die Schnauze voll habe vom Stubenmief. Ich will natürlich Fische fangen, aber ich will auch meine Seele fliegen lassen wie der stotternde Kuckuck, der schon seit Jahren in der Umgebung 'meines' Angelsees beheimatet ist. Ich bin eben ein Sonntagsangler. Und wenn ich die Großen nicht kriege, dann wird mir die Zeit mit Stippen nicht langweilig."
Arthur holte erst mal Luft. "Neulich nutzte ich die Wartezeit auf einen großen Biss von Hecht und Karpfen bzw. Schlei und las ein wenig im Buch „Fische fangen – mit der Pose“ von Vincent Kluwe-Yorck, weil ich weiß, dass ich trotz meines langen Anglerlebens noch viel zu lernen habe. Da lernte ich zwei Familien kennen, Posenfamilien wohlgemerkt. Die Familie der Sticks und die Familie der Waggler. Bei den Sticks gibt es den Standard- Stick,

den Big Stick, Lignum/Stable Stick, Wire Stem Stick, Avon (Tropper), Wire Avon, Pacemaker, Balsa (das kam mir wenigstens bekannt vor), Loafer/Chubber, Slider-Laufpose. Bei den Wagglers lernte ich Insert Waggler, Gleit-Waggler, Straight Waggler, Bodied Waggler, Bodied Waggler mit Insert und Loaded Waggler kennen.

Nun war ich erheblich schlauer und müsste mir jetzt die 9 Sticks-Posen und die 6 Waggler-Posen kaufen, damit ich mich auf alle Veränderungen und Bedingungen einstellen und erfolgreich angeln kann. Aber ich bin nicht sauer, wenn ich ohne Fisch heimkehre. Ganz abgesehen davon, dass die Angelgeräteindustrie jubeln würde, wenn ich mir alles kaufte, was da in den Büchern und Zeitschriften so verlockend beschrieben wird. Mein Fangerlebnis ist das 'Einfangen' der Natur. Ich habe zwei Fischreiher beobachtet, mich an dem schönen See erfreut und einfach so gesessen und ausgeruht. Letztens hatte ich aber einen Schlei von 41 cm. Das war toll, hat Spaß gemacht und Schlei schmeckt sehr gut. Natürlich freue ich mich, wenn ich auch am nächsten Angeltag so ein Glück habe, aber wenn nicht, dann eben nicht.

Aber meine Minderwertigkeitsgedanken werden ein wenig abgeschwächt durch diese Passage:

'Natürlich ist kein Mensch mehr in der Lage, die Vielzahl der Angelgeräte und Methoden mit allen Feinheiten im Blick zu behalten. Aber selbst für den Spezialisten, der sich nur für eine Methode oder für eine einzige Fischart interessiert, ist das Leben schwerer geworden. High-Tech hat unser Hobby komplizierter gemacht und die Methoden wurden so raffiniert, dass sie ohne durch Lesen oder durch gute Schulung erworbenes theoretisches Wissen kaum noch zu meistern sind. Die Wahrheit dieser Behauptung bestätigt sich sofort an jedem beliebigen Gewässer, wenn wir den Nichterfolg eines uninformierten „Sonntagsanglers", der sich gerade mit einem der neuen Geräte plagt, mit dem Erfolg des informierten Spezialisten vergleichen.'

Für den Spezialisten ist also das Leben schwerer geworden. Der arme Spezialist. Ich bin richtig glücklich, keiner zu sein. Ich will mir ja das Leben nicht zuletzt durch das Angeln leichter, fröhlicher und nicht schwerer machen. Was soll mir denn High-Tech, wenn dadurch das Angeln komplizierter wird? Das Leben ist doch kompliziert genug und wird immer komplizierter. Deshalb bin ich nicht wild auf High-Tech.

Rechts vor mir an der Seebiegung saß - wie es aussieht - auf einem Superhocker ein richtiger Profi, ein uniformierter und sicher auch informierter Spezialist, der nicht wie ich zu den Traditionalisten zählt oder noch besser zu den Verweigerern des Modernen. Bei ihm ist alles wie es sein muss: Die tarnfarbene Mütze und Rangerkleidung, die tollen Ruten und Rutenhalter, Bissanzeiger, sogar einen riesigen Sonnenschutz hinter sich und einen Eimer voller Futter.

Da im Moment wieder Flaute war, nur die kleinen Rotfedern schienen sich im Beißeifer zu übertreffen, schaute ich wieder in mein Buch und las:

'Wenn die Fische lustlos reagieren, dann soll man den Köder von Zeit zu Zeit bewegen, d. h. durch die Futterspur ziehen.' Und nun kam ein wunderschöner Satz, so ganz auf mich zugeschnitten, den ich Euch jetzt vorlese:

'Bleiben die Bisse dennoch aus, machen nur die Doofen weiter wie gehabt und stieren stundenlang ihre unbewegliche Pose an. Verändere nichts und du lernst nichts! Ein ehrgeiziger Angler wird sich mit einem schlechten Ergebnis nicht zufrieden geben. Er wird auf intensive Fehlersuche gehen und seine Taktik Punkt für Punkt kritisch untersuchen. Er fragt sich, woran es gelegen haben mag, dass er nicht gut gefangen hat. Er wird experimentieren, seine Köderpräsentation verfeinern, eventuell prüfen, ob die Wahl seiner Angelstelle richtig war und ob die Futtertaktik stimmte. Kleine Änderungen in der Montage wie verschobene Schrote, ein dünneres Vorfach, kleinere Haken, andere Köder, eine andere Pose, die feine Bisse besser sichtbar macht - alles dies wird ihm irgendwann den erhofften Erfolg bringen.'

Ich bin einer von diesen Doofen. Vielleicht bin ich nicht kreativ, nicht experimentierfreudig und ehrgeizig genug, bin zu bequem, um dauernd umzurüsten. Ich sitze eben da und denke so in Ruhe vor mich hin, gehe den vergangenen Tag gedanklich durch und versuche, mich auf die nächsten einzustellen. Manchmal kommt mir eine Idee, die mit dem Angeln nichts zu tun hat, aber sie kommt mir, weil ich Ruhe und Muße habe und mich freue, welche unvorhergesehenen Sprünge meine Gedanken machen werden.

Aber nun beobachtete ich den Spezialisten mir gegenüber. Er machte alles so, wie ich es eben gelesen hatte, legte zum Beispiel Futterspuren aus. Ich war nicht neidisch auf ihn, soll er doch. Ist solches Anfüttern der Fische wirklich weidgerecht? Wie ist das eigentlich bei den Jägern?

Ich jedenfalls lehne das eimervolle Anfüttern ab. Für mich liegt nun mal der Reiz des Angelns neben dem Erlebnis Natur mehr im Glück als im krampfhaften Ausprobieren immer neuer raffinierter Methoden und technischer Feinheiten, wenngleich auch ich das mache, was notwendig ist, beispielsweise Köder ausprobieren, Tiefen regulieren, Platz wechseln. Glück ist so selten geworden heutzutage, wir Angler haben die große Chance, es noch in seiner Ursprünglichkeit zu erleben. Warum sollten wir darauf verzichten? Sicher, auch um uns Angler macht der technische Fortschritt keinen Bogen. Aber ist das wirklich Fortschritt, wenn menschliche Intelligenz eingesetzt wird, das Glück zu einer berechenbaren Größe zu machen? Lasst uns doch wenigstens beim Angeln ein wenig Ursprünglichkeit bewahren.

Naturerlebnis habe ich auch mit einfachem Angelgerät. Und ob die Erfolge wirklich in dem Maße größer werden wie der technische Fortschritt zunimmt, sei noch dahingestellt. Jedenfalls hatte der Spezialist bis jetzt noch nicht mehr gefangen als ich oder genauer gesagt hatten wir beide noch nichts gefangen.

In unserem Ehrenkodex haben wir festgestellt:

'Die Faszination des Angelns liegt u. a. darin, ob der Mensch den Fisch in dessen natürlichen Umgebung zu überlisten imstande ist. Insofern ist Angeln Ausdruck menschlicher Kreativität. Der Reiz

des Angelns liegt weiterhin im Erfahren der Natur, ihrer Schönheit und Einmaligkeit. Vielfach sind wir Menschen diesem Erlebnis schon weitgehend entfremdet. Das alles motiviert den Angler, die Natur mit seinen Möglichkeiten zu hegen und zu pflegen.'
Das ist mir aus dem Herzen gesprochen. Und im Übrigen, was heißt hier Sonntagsangler. Der Sonntag ist doch ein schöner Tag oder nicht? Ich angelte in einer Schilfbucht. Kurz vor Sonnenuntergang, ich wollte schon Schluss machen - es war noch warm, die Mücken plagten - fing ich in wenigen Minuten eine Schleie und zwei Karauschen. Über letztere habe ich mich besonders gefreut, denn meine letzte dieser Art hatte ich vor vielen Jahren - beide 35 cm lang und gut 15 cm hoch. Zwei herrliche schuppengepanzerte Goldstücke. Im Grunde ein runder Fischkörper mit Schwanz auf der einen und mit Kopf auf der anderen Seite. Die haben wunderbar geschmeckt. Einfach gesalzen und gebraten, schönes weißes Fleisch, überhaupt nicht muffig. Das war nach langer Zeit wie eine neue Erfahrung."
Ludwig reagierte sofort. "Mann, du bist ja heute in Vortragslaune, richtig anstrengend, dir zu folgen. Aber, so wie Du sehe ich das mit dem technischen Fortschritt nicht. Gerade in unserem Alter muss man sich mit den neuesten Methoden vertraut machen, auch wenn es Mühe macht. Schließlich besteht der Reiz des Angelns nicht zuletzt darin, die neuesten Entwicklungen nicht nur zu verfolgen, sondern auch auszuprobieren. Ich jedenfalls halte mich immer auf dem Laufenden."
"Wenn du meinst, bitte schön. Aber wenn ich lese, dass es beispielsweise angebracht wäre, sich Tiefenkarten zu besorgen, um sich ein genaues Bild von den Tiefen - und Grundstrukturen eines Sees zu machen oder diese mit einem Echolot zu erkunden, es schließlich auch noch angebracht wäre, sich auf großen Seen ein GPS-Gerät anzuschaffen, um genauer zu navigieren, dann bin ich hier nicht mehr mit dabei."
"Was Deine Angelausrüstung betrifft", Günter zog die Augenbrauen hoch, "bist du ein Kandidat für ein Weihnachtsgeschenk. Ich will sagen, du kannst dir doch ohne Probleme eine gute Rute

leisten." "Schau doch mal deine an und was verstehst du unter einer guten Rute?", wollte Arthur wissen. "Vor einiger Zeit angelte ich unter anderem gemeinsam mit einem sogenannten Spitzenangler in einem Altarm der Donau. Der war früher mehrfacher Meister im Friedfischangeln. Und ich muss gestehen, der hatte was drauf, das heißt, er hatte schon drei ordentliche Burschen, da konnte ich noch keinen Fang melden und wäre froh gewesen, auch nur einen von seinen Fischen erwischt zu haben. Darunter übrigens ein herrlicher Frauennerfling von 40 cm. Ich hatte bis dahin noch nie einen gesehen.

Der Erfolgsangler nun erzählte mir, er habe ein Schnäppchen gemacht. Eine Stippangel, die ursprünglich zweieinhalbtausend Euro kostete, habe er bereits für Tausendfünfhundert bekommen. Dabei schaute er mich begeistert an. Ich aber konnte seine Begeisterung nicht teilen. "Wie, du gibst für eine Angel, und sei sie auch noch so gut, so viel Geld aus? Meine Angel kostet fünfzig Euro und ich bin damit zufrieden." Da wich die Begeisterung aus seinem Gesicht und er antwortete: "Eine Angel für 50 Euro? Damit kann man doch nicht angeln." Günter antwortete nicht sogleich und Arthur fuhr fort: "Jedem nach seinen Bedürfnissen oder Ansprüchen. Ich muss aber zugeben, dass er an diesem Tage Recht hatte."

"Ich möchte mal wissen, wer sich diesen Namen Frauennerfling ausgedacht hat", wollte Ludwig wissen. "Der Name hat es in sich. Weißt du es?", fragte er Günter. "Kann ich dir auch nicht beantworten, aber mit einem, der den Frauen auf die Nerven geht, hat das nichts zu tun, wird ja auch mit f geschrieben und nicht mit v. Es ist aber ein relativ seltener Karpfenfisch, der bei uns in Brandenburg nicht vorkommt, sondern beispielsweise in der Donau. Der Aland, der bei uns häufig zu finden ist, wird ja auch als Nerfling bezeichnet."

Das ist er

Günter erzählte sogleich weiter: "Der letzte Sonntag lud zum Familienangeln ein. Wetter und Stimmung waren gleichermaßen gut. Wir fuhren zu meinem 'Hausgewässer'. Ihr kennt ja diesen kleinen

wunderschön gelegenen zum Teil verkrauteten Hecht-Schleiensee. Ich hatte gerade meine Friedfischangel ausgeworfen, da bekam ich Besuch wie das üblich ist, wenn man vom Ufer aus angelt. Nach den üblichen Begrüßungsformeln, schon was gefangen usw. erzählte dieser Angler, dass er diesen See schon seit vielen Jahren kenne. Ja mehr noch, denn er behauptete, ich zitiere ihn:
'Ich erkenne hier am Platschgeräusch, was das für ein Fisch war, ohne ihn gesehen zu haben. Und an der Größe sowie der Geschwindigkeit der sich ausbreitenden Wellen sehe ich, wie groß der war. So weiß ich genau, wo sich welcher größere Fisch im Moment aufhält.'
Ich reagierte nicht, denn ich hatte diese Offenbarung nicht sogleich erfasst. Als er dann nach vielem langen weiteren Gelabere endlich ging, um selbst zu angeln, wurde mir klar, was er mir da aufgetischt hatte. Dennoch war ich nicht sauer über ihn, im Gegenteil. Es ist doch erstaunlich, was sich so manche Angler alles ausdenken. Auf diese Methode der Fischerkennung muss man erst mal kommen. Das ist eben der gerühmte und immer wieder neue Einfallsreichtum eines Anglers."
Ludwig tippte sich an die Stirn. "So gesehen hast du Recht. Noch nicht mal ich würde mich trauen, sowas zu behaupten. Aber sicherlich wolltest du uns nicht dieses allein erzählen oder war das schon alles?"
"Nein, nein", nahm Günter den Gesprächsfaden wieder auf. "Eigentlich müsste man den See Rotfeder-See nennen. Also eine Rotfeder als Köderfisch gestippt, gut 10 cm, mit Herzstich getötet, an die Hechtangel mit einem Zwilling montiert und rausgeworfen. Schnell merkte ich, dass nur Vorfachlänge angebracht ist, weil das Kraut so hoch stand. Derweil noch eine Grundangel mit Teig auf Schleie ausgeworfen und den schönen See sowie den Tag genießen.
Nach gut einer halben Stunde tauchte die Hechtpose mit einem Ruck ab. Das hatte ich mehr zufällig gesehen, weil man ja nicht dauernd auf die Pose starrt. Und schon lief die Schnur. Und wie sie lief - stetig und gleichmäßig immer geradeaus Meter um Meter. So

einen Anblick hatte ich schon lange nicht genossen. Ich nahm die Angel in die Hand und kontrollierte das Ablaufen, damit sich nichts verfängt. Der Kescher lag bereit. Plötzlich hielt die Sehne still. Noch ein wenig warten, Fühlung aufnehmen und den Anhieb setzen. Leider kam der durch das Kraut nicht richtig beim Hecht an, denn nur ein Hecht konnte es meiner Meinung nach sein. Jedenfalls spürte ich keinen Widerstand, nur den des Krautes, hoffte aber immer noch, weil ich schon erlebt hatte, dass sich ein Hecht im Krautberg ohne großen Widerstand mitziehen ließ. Aber nein. Zu meiner Enttäuschung holte ich nur den Köderfisch heraus und untersuchte ihn nach Bissspuren. Ja, ich sah sie, aber nur oberflächlich. Vielleicht war ich auch zu ungeduldig und hatte den Fisch aus dem Hechtmaul gerissen? Wie groß war er wohl, vielleicht war er zu klein für den Köderfisch? Aber nein, wie die Pose abtauchte und die Schnur lief, das musste wenigstens ein maßiger Hecht gewesen sein.
Mein Sohn meinte, ich hätte einen Drilling verwenden sollen bei diesem Kraut und sofort anschlagen, wenn die Schnur sich strafft. Gut, warum nicht? Geraten und getan. Aber nichts rührte sich mehr und wir fuhren nach Hause.
Mir ging dieser entwischte Fang nicht aus dem Kopf. Noch in der Nacht sah ich die Sehne laufen und grübelte, warum ich keinen Erfolg hatte. Aber vergebens, und so sagte ich mir, bitte, auch so ein Geheimnis macht den Reiz des Angelns aus.
Am nächsten Tag dachte ich erneut an dieses Erlebnis. Meine Frau sah es mir an und meinte, wenn du nochmal da hinfahren möchtest, dann bitte fahren wir eben. Also auf ein Neues.
Die Rotfeder als Köderfisch mit Drilling war dieses Mal rund 5 cm größer. Nach einer halben Stunde meldete meine Frau: 'Jetzt ist die Pose ganz langsam runter getaucht.' Vorsichtig nahm ich die Angel auf und beobachtete die Sehne. Ganz langsam begann sie sich zu straffen. Jetzt, dachte ich, und haute an. Wiederum spürte ich durch die Bremswirkung des Krautes nicht sogleich den erwarteten Widerstand und drillte vorsichtig weiter. Aber dann wippte und bog

sich die Rutenspitze. Er war dran. Nun galt es nur noch, ihn vorsichtig durch das Kraut zu manövrieren. Nach einer Minute sah ich seine gelbgefleckten Flanken. Meine Frau prüfte am morastigen Ufer, ob sie auch wirklich einen festen Standplatz hatte und stand mit dem Kescher bereit. Wie üblich schüttelte sich der Hecht kurz vor dem Kescher noch einmal mit aller Kraft, aber es half ihm alles nichts, er musste so hinein, wie ich ihn führte.
'Das ist er', sagte ich zu ihr, felsenfest überzeugt, dass es dieser Hecht war, der mir gestern noch entwischen konnte. Ich hatte genau an der gleichen Stelle den Köderfisch platziert wie gestern beim Biss. Er war nicht sehr groß, 60 cm und vier Pfund, für die Krautlandschaft wahrscheinlich ideal, aber außerordentlich gut genährt, um nicht zu sagen fett. Kein Wunder bei diesem reichlichen Angebot. Er hatte für seine Größe einen auffallend breiten Rücken und sah richtig gut aus. Er musste dieses Mal den Fisch sofort geschluckt haben, denn der Drilling saß fest tief im Maul. Möglicherweise hatte ihn gestern nur der Jagdtrieb zum Anbiss verführt, obwohl er eigentlich satt war.“
Günter hatte sich richtig in Begeisterung geredet und rote Wangen bekommen. Nun war Arthur an der Reihe:
"Übrigens hatte ich vor vier Wochen während des Campings einen Hecht von 70 cm erwischt. Der schmeckte anders als die mir bisher bekannten. Ein wenig muffig, wie übrigens auch die Plötzen in diesem See. Die Fische schmecken eben auch nach ihrem Heimatwasser. Aber das konnten wir locker wegstecken. Doch das nur nebenbei. Ich erzähle das deshalb, weil eine Campingnachbarin zufällig den Hecht sah und ein wenig flapsig meinte: 'Na, da kann ich mich ja zum Essen einladen.' Für Nichtangler ist ja ein Hecht dieser Größe ein richtig großer Fisch.
Ich gab ihr nachher auch für ihren Mann zwei Filets und wies noch dazu auf die Y-Gräten hin, wobei ich bereits die Rückenpartie eingeschnitten hatte, um sie wenigstens zu halbieren. Klar waren beide überrascht, nein, das wäre ja nicht nötig, ich habe wohl die scherzhafte Bemerkung ernst genommen usw. Aber schließlich freuten sie sich doch und bedankten sich.

Sie erzählten mir, sie hätten noch nie Hecht gegessen. Am nächsten Tag berichtete sie, ja, der Hecht wäre ja ganz lecker, aber die Gräten - und machte dabei ein süßsaures Gesicht. Da kann ich nur an die alte überlieferte Weisheit denken: "Wer Frischfisch ohne Gräten will und hitzeloses Feuer, der irrt umher sein Leben lang und ist nicht ganz geheuer."
„Das ist ein guter Satz“, meinte Ludwig, „denn ich habe hier eine Hechtgeschichte gefunden, die ist auch nicht ganz geheuer. Aber vorher noch eine Frage: Wisst ihr, wie groß ein brandenburgischer Schlappenhecht ist?“
„Was steckt denn da wieder hinter?“, fragte Günter. „Ein Hecht so groß wie dein Schlappen oder was?“ „Nein, nein, der Schlappenhecht ist genau 56 cm. Die Geschichte ist schnell erzählt.

Der Schlappenhecht
Ich war letztes Wochenende für drei Tage in der Marina zum Wolfsbruch an der Mecklenburgischen Seenplatte, gehört aber noch zu Rheinsberg. Dort stehen familienfreundliche Häuschen, einige auf einer künstlichen Insel mit Balkon zum Hafenbecken. Dort wimmelte es vor beißfreudigen Ukeleis. Also rauf auf den Balkon, einen fangen und als Köderfisch nutzen bot sich geradezu an, zumal es an verschiedenen Stellen gehörig räuberisch platschte.

Hier also habe ich einen Hecht in der genannten Größe erwischt, eben mit Schlappen. Noch nie habe ich einen Hecht mit Schlappen gefangen, und wahrscheinlich wird das auch nicht wieder passieren. Ich konnte ihn nicht keschern, dafür war der Balkon zu hoch, aber es hat letztlich doch geklappt, weil ich ihn mit der linken Hand an der Sehne fassend mit kühnem Schwung auf den Balkon beförderte. Glück gehabt, denn er schüttelte sich ganz ordentlich. Wäre er 10 cm größer, hätte das Manöver eher schief gehen können.“

Arthur holte nun zwei bedruckte A-4-Seiten hervor und begann eine neue Geschichte:

„Ab 1835 erschien in Augsburg eine Zeitschrift mit dem Titel „Der Erzähler. Ein Unterhaltungsblatt für jedermann.“ 1855 wurde eine Geschichte veröffentlicht mit dem Titel

Der dankbare Hecht

Der englische Naturforscher Warwik erzählt einen merkwürdigen Fall. Als er eines Tages am Ufer eines Teiches spazieren ging, sah er einen großen Hecht auf seine Beute losschießen; dabei hatte er sich mit großer Heftigkeit an die Ecke eines Fischkastens gestoßen. Augenscheinlich sprang er vor Schmerzen hoch in die Höhe und schoß dann in die Tiefe, um seinen verletzten Kopf im Schlamme zu bergen. Bald aber kehrte er auf die Oberfläche des Teichs zurück; schwamm ans Ufer und schob seinen Kopf aus dem Wasser.

Warwik bemerkte, daß der Hirnschädel des Fisches stark verletzt un d etwas Gehirn herausgequollen war. Behutsam drängte er das Hirn zurück und legte ein Compresse darauf, was der Hecht ruhig geschehen ließ. Als Warwik am folgenden Tage wiederkehrte, kam der Hecht sogleich ans Ufer, legte seinen Kopf auf Warwik's Fuß, der die Wunde wieder verband, was er mehrere Tage wiederholte.

Der Hecht suchte durch verschiedene Gebärden seine Dankbarkeit auszudrücken; er bewegte seinen Schwanz hin und her und wenn Warwik am Ufer auf- und abging, so folgte er ihm im Wasser und kehrte mit ihm um, fraß aus seiner Hand, obschon kein anderer Mensch in seine Nähe kommen durfte, ohne daß er schnell entfloh.

Das Ganze riecht stark nach Humbug. Daher wird es anderwärts auch mit folgendem Zusatz mitgetheilt, den Warwik aus „Familienrücksichten“ verschwiegen habe. Als er nämlich eines Tages sich in einiger Geldverlegenheit befand – die Cur spielt in der Jugendzeit des großen englischen Arztes, ehe er durch den Hecht berühmt wurde! – und verzweifelt am Ufer auf- und ablief, schaute der Hecht ihm aufmerksam ins Gesicht, tauchte dann unter und kam bald darauf ans Ufer geschwommen, indem er dem Doctor

zwei alte Goldstücke aus der Zeit Karl's II. in die Hand legte, die er aus den zuweilen ins Wasser fallenden Geldstücken sich gespart hatte. Seitdem ließ sich der Hecht nicht mehr blicken, er hatte sein Honorar bezahlt.
Günter meinte nur: „Unglaublich!“ Und damit endete diese Spinnstunde.

Wie vor 30 Jahren
Ludwig war zu spät gekommen, eigentlich ungewöhnlich für ihn. Als er endlich kam, entschuldigte er sich: "Ich hätte nicht geglaubt, dass ich heute mehr als eine Stunde später als vorgesehen beim Arzt drankomme." Die beiden Freunde nickten verständnisvoll, denn diese Entschuldigung ist keine Ausrede, wie sie aus eigener Erfahrung wussten. "Wo warst du denn?", fragte Günter. "Mein Knie hat plötzlich blockiert, gerade jetzt zu Frühlingsbeginn. Tja, es geht stetig bergab, man wird eben alt." Da hatte er nun das richtige Stichwort gegeben. "Ja man muss seine Kräfte richtig einteilen", sagte Arthur nachdenklich. "Ich finde, die größte Herausforderung in unserem Alter ist, seine physischen und psychischen Kräfte realistisch einzuschätzen und nicht zu versuchen, alles alleine machen zu wollen wie früher. Ich jedenfalls setze Prioritäten, zuerst das Wichtigste, danach alles andere."
Ludwig schwieg. "Bist du anderer Meinung oder macht dir das Alter nichts aus, hast wohl noch Kraft wie vor 30 Jahren oder was?", fragte Günter spitz. Ludwig ging nicht darauf ein. "Ich überlege gerade, wie ich vor 30 Jahren geangelt habe und wie heute. Ich meine, da gibt es keinen Unterschied. Das hat mit dem Alter nichts zu tun." Ludwig schaute seine Freunde herausfordernd an. "Das musst du uns beweisen", reagierte Arthur sofort. "Wir treffen uns morgen an unserer Angelstelle. Ich gebe dir eine Stunde Zeit, dann sprechen wir uns wieder." Ludwig war einverstanden, und so trafen sich die drei wie verabredet an der alten Erle.
Ludwig hatte alles vorbereitet und los ging's. "Ihr sollt hier nicht herumsitzen, das macht mich nervös", erklärte Ludwig. "Kommt nach einer Stunde wieder." Pünktlich und sehr neugierig waren

Günter und Arthur zur Stelle. "Aber du hast doch nichts gefangen", platzte Arthur sogleich los. Ludwig schmunzelte: "Sag ich doch, genau wie vor 30 Jahren."

Anglerwissen

"Habt ihr schon mal über die Laichzeiten unserer heimischen Fische nachgedacht?" Günter sah seine Freunde an. "Wieso, was gibt es da nachzudenken?" Ludwig zuckte mit den Schultern. "Höchstens, dass die Schonzeit, wenn die Fische denn eine haben, in der Laichzeit liegt. Ist ja auch logisch."

"Nein, das meine ich nicht", erwiderte Günter. "Wenn man sich die Laichzeiten anschaut, dann fällt auf, dass im August und September keine Laichzeit ist. Die Karpfenfische laichen von März bis Juni, die Raubfische von Februar bis Juli, die Forellenfische von Oktober bis März, weil sie eh kühle Bäche und Flüsse bevorzugen, die Quappe zwischen November und Februar. Habt ihr eine Idee, warum das so ist?"

"Darüber habe ich noch nicht nachgedacht", antwortete Arthur. "Aber einen Sinn wird es schon haben, denn die Natur hat doch von Anbeginn ihre Ordnung. Die Laichpause wird wohl kein Zufall sein."

Günter nickte. "Nun leben ja nicht alle Fische gemeinsam in einem Gewässer bzw. in einem Gewässertyp. Lassen wir mal die Forellenfische und die Quappen weg. Bleiben die Karpfenfische und die Raubfische. Aland und Rapfen beginnen im März, die Barbe endet im Juli. Der Hecht beginnt bereits im Februar, der Wels endet im Juli. Also ein halbes Jahr Laichzeit, ein halbes Jahr Pause. Da die Karpfenfische wärmeres Wasser lieben und das Nahrungsangebot für die Jungfische im Frühjahr und Sommer größer ist als im Spätsommer, Herbst oder gar Winter, sehe ich hier eine Erklärung. Zugleich haben in dieser Zeit die jungen Raubfische reichlich Nahrung durch die geschlüpften bzw. heranwachsenden Plötzen, Rotfedern, Güstern usw. So wird das biologische Gleichgewicht garantiert, so tickt die biologische Uhr. Die jungen heranwachsenden Raubfische selbst sind ihrerseits auch Beute von Artgenossen.

Diese dezimieren dann natürlich auch die bereits laichreifen Friedfische, beispielsweise Hecht und Zander vorzugsweise Plötzen. Bleiben wir bei diesem Fisch. Je nach Größe legen die Weibchen von April bis Mai 50. 000 bis 100. 000 Eier ab. Nach 4 bis 10 Tagen schlüpft die Brut. Das sind letztlich in einem normalen Gewässer Millionen und aber Millionen Jungfische. Immerhin werden Plötzen im Schnitt 13 Jahre alt. Die Natur sorgt dann vor allem durch die klassischen Raubfische Hecht, Barsch, Zander, Wels selbst dafür, dass sich alles ausgeglichen entwickelt und keiner bevorzugt bzw. benachteiligt wird. Auch Aale leben von Fischen, ebenso große Rapfen. Erwachsene Friedfische wie der Aland, Döbel und Barbe nehmen auch kleine Fische auf."
Arthur massierte sein Kinn. "Als Angler wissen wir, dass Hecht, Zander und Barsch vor allem im Oktober gefangen werden. Im Juni weniger und im Juli noch weniger. Das sagt auch die Fangstatistik der Aktion 'Wer wird Märkischer Anglerkönig' des Landesanglerverbandes Brandenburg, organisiert seit 2001 durch die Verbandszeitung 'Der Märkische Angler'. Diese Erfahrung macht eigentlich jeder Angler im Verlauf seines Lebens. Der Oktober ist eindeutig der klassische Hechtmonat, ich würde sagen auch Raubfischmonat, während Welse mehrheitlich im Juli und August und Aale im Juni und August gefangen wurden. Das kann doch kein Zufall sein, wo also ist hier das ordnende Regulativ der Natur?"

"Hier spielt der Zufall eine viel größere Rolle, da wäre ich vorsichtig", meinte Ludwig. "Aber wahr ist, dass Hechte nach dem Laichen im Mai in besonderer Fresslaune sind. Sie müssen wieder Kraft sammeln, auftanken. Außerdem ist das Wasser nicht mehr so kalt wie im Winter, da werden sie ohnehin lebendiger. Wird das Wasser im Sommer zu warm, bindet es Sauerstoff und die Hechte werden träger. Zugleich aber ist das Nahrungsangebot sehr groß, will sagen, sie erbeuten ihre Nahrung mit weniger Aufwand. Da ist der angebotene Köder, sei es ein toter Fisch oder ein Kunstköder, einer von ganz ganz vielen Verführungen oder Optionen für ihn. Er wird im wahrsten Wortsinne auch ohne unsere Köder dicke satt.

Im Oktober scheint das nicht mehr so zu sein, da ist er für unsere Köder eher anfällig. Vielleicht will er auch jetzt schon kräftig zulegen, um Reserven für den bevorstehenden Winter zu haben, wo ja das ganze Leben langsamer abläuft. Das geht bis Mitte November.
Dann lassen die Hechtfänge nach. Aber sicher nicht wegen abnehmender Beißlust, das wäre zu schnell gefolgert. Denn Mitte November werden auch die Boote an Land gezogen, das Wetter ist nicht mehr so einladend, und so verringern sich die Möglichkeiten der Angler für den Erfolg. Es gibt also immer noch viele Abhängigkeiten, Unwägbarkeiten und auch Zufälle für einen erfolgreichen Fang wie Wetter, Köderauswahl, Zeit, Zustand der Fische. Ebenso gibt es viele Gründe für einen Misserfolg - falsche Zeit, falsche Stelle, Fehler des Anglers, Sauerstoffgehalt des Wassers usw. Es ist schon entscheidend, zur richtigen Zeit am richtigen Ort zu sein.
Wie oder was auch immer, unsereins geht eben nicht nur einfach zum Gewässer und wartet irgendwie auf einen Biss, wie viele Nichtangler oder auch Anfänger vorschnell vermuten und meinen, Angeln sei ja ganz einfach, keine Kunst. Dazu gehört eben viel mehr, vor allem viel Wissen über die Fische selbst, ihre Lebensweise, ihre Eigenschaften, Vorlieben usw., Gewässerkenntnis und natürlich auch ein gerüttelt Maß an Erfahrung und Leidenschaft."

"Ja, ja und nein." Arthur bewegte den Kopf hin und her. "Das ist alles richtig. Dennoch weiß, gottlob sage ich, kein Angler wirklich sicher, wann und wo die Fische am Angeltag beißen. Das ist doch der ewige Reiz unseres Hobbys. In dem Moment, wo es keine Geheimnisse mehr gibt, sondern nur ein vorher schon gewusstes oder berechnetes Herausangeln, wenn die Gewissheit die Ungewissheit oder die Hoffnung ersetzt, dann ist für mich die Faszination Angeln erloschen."

So ein Irrtum

Wieder einmal hatten sich die drei Freunde am Wasser verabredet. Es war dieses Mal ein Flüsschen, genauer ein kleiner Spreearm. Sie machten es sich am Ufer bequem. Auf der anderen Seite standen einige Bäume. Ludwig hatte schon seine Stipprute fertig und ließ die Pose fliegen. "Sei bloß vorsichtig", warnte ihn Arthur. "Wieso vorsichtig?", fragte Ludwig zurück. "Hier ist doch nichts weiter." "Doch, doch!" Arthur zeigte auf die Bäume am anderen Ufer. "Ehe du erneut fragst, erzähle ich, was ich meine. Ich war gestern in meinem Angelladen und komme wie immer spontan mit einem anderen Kunden ins Gespräch über dies und das, über große Hechte usw. Ihr kennt das ja. Der nun erzählte folgende Geschichte:

Er angelte an einer Stelle, die etwa so beschaffen war wie unsere hier. Es dauerte nicht lange, da hatte er seiner Pose einen solchen Schwung verpasst, dass sie am anderen Ufer in einem Baum hängen blieb. Was nun? Wie sollte er da hinkommen? Weit und breit war keine Brücke zu sehen. Glücklicherweise hatte er in seinem Angelrucksack eine kleine Säge, die er noch nie gebraucht hatte. Er nahm sie heraus, wanderte etwa einen Kilometer flussaufwärts und entdeckte hier eine Furt, so dass er halbwegs trocken das andere Ufer erreichte. Er marschierte den Kilometer wieder zurück und schaute, an welchem Ast die Pose hing. Als er sie entdeckt hatte, gelang es ihm, den Ast zu erwischen und abzusägen. Verschwitzt aber erleichtert warf er den Ast an das andere Ufer und machte sich auf den Rückweg. Am Angelplatz angekommen wollte er freudig die Pose abmachen - und stellte völlig entgeistert fest, dass er den falschen Ast abgesägt hatte."

Ludwig saß wie erstarrt und reagierte nicht. Irgendwie war er mit seinen Gedanken bei diesem bedauernswerten Angelkumpel. Schließlich fragte er: "Na und, was hat er gemacht?" "Ich weiß es nicht", antwortete Arthur. "Das hat er nicht erzählt und ich habe auch nicht gefragt, denn ich hatte keine Zeit mehr."

Einheimisch und zugewandert

„Wir leben ja in einer im wahrsten Wortsinne bewegten Zeit“, begann Ludwig. „Als Kind mussten wir unsere Heimat 1947 nach dem Krieg verlassen, natürlich nicht freiwillig, sondern mit Zwang. Heute erleben wir erneut eine wahre Völkerwanderung. Die sogenannten Flüchtlinge - auch uns nannte man so – kommen zu uns und hoffen auf ein besseres Leben. Wenn es ihnen in ihrer Heimat gut gegangen wäre, hätten sie sich nicht zur Flucht zum Teil unter Lebensgefahr entschlossen. Keine Beschlüsse oder Abkommen wie damals bei uns sind die Ursache der Vertreibung, sondern Krieg, Hunger, religiöser Fanatismus usw. Weil ich nachfühlen kann, zumindest teilweise, was in ihnen vorgeht, bewegt mich ihr Schicksal. Deshalb habe ich mir hierzu folgende Gedanken gemacht:

Die Oder ist, wie jeder weiß, der östlichste Strom Deutschlands und Grenzfluss. Weil sie, Petrus sei Dank, keinerlei Querverbauungen aufweist, sind Fischwanderungen kein Problem. So tummeln sich hier neben den einheimischen (autochthone) auch zugewanderte (allochthone) Fische. Letztere sind sozusagen Ausländer, Asylfische und illegal ohne Genehmigung über die Grenze geschwommen. Unter Wasser scheint das gut zu klappen. Mit dem Hochwasser 1997 und 2010 als einer dramatischen Ausnahmesituation der Natur hatte der Zustrom der Flüchtlingsfische und damit die Artenvielfalt zugenommen. Nicht zum Schaden, sondern zum Nutzen der gesamten Fischpopulation, wie Wissenschaftler nachweisen konnten. Sie fanden zudem keinerlei Beweise, dass sich die einheimischen Oderfische gegen die zugewanderten Fische gewehrt hätten.

Warum aber wehren sich einheimische Menschen gegen ihre zuwandernden oder zugewanderten ausländischen Mitbürgerinnen und Mitbürger? Offensichtlich gibt es in den Köpfen mancher "autochthonen" Mitbürger massive Querverbauungen.

So kann uns die altehrwürdige Oder mit ihren einheimischen und zugewanderten Fischen nicht nur zum Nachdenken über die Geschichte anregen, sondern auch zum Nachdenken über die Gegenwart und Zukunft.“

Uaa

Nun erzählte Arthur: "Bei uns im Verein ist ein Typ, der hat eine scharfe Zunge, wie man so sagt. Er ist ein großer Spötter vor dem Herrn und lässt keine Gelegenheit aus, seine Witzchen anzubringen, meist in Fällen, wo er nach dem Missgeschick eines anderen mit Lust den Spötter spielt. Dabei ist er durchaus einfallsreich und hat schon in mindestens zwei Fällen für einen Spitznamen bei Vereinsmitgliedern gesorgt. Er selbst hatte noch keinen. Aber wie das so oft ist im Leben, im Austeilen ist er Weltklasse, im Einstecken höchstens Kreisklasse. Dann reagiert er bissig und aggressiv.

Eines Tages fuhr er mit seinem Kahn raus. Nach einiger Zeit regnete es und der Wind frischte auf, aber er hielt tapfer durch und auch den Regen verkraftete er. Nun kam es, dass er mal pinkeln musste. Das mach mal im Kahn bei diesem Wetter, da brauchst du Balancefähigkeiten, denn du musst dich ja an den Rand stellen. Dadurch aber kommt der Kahn bedenklich ins Wackeln. So auch hier. Nun war der auch noch glitschig geworden und es kam wie es kommen musste - er fiel ins Wasser. Dabei schrie er "Uaa, ausgeglutscht!" Ihr könnt euch denken, dass er nicht alleine war und ein schadenfrohes Gelächter über den See hallte.

Jetzt wäre die Geschichte eigentlich zu Ende, ist sie aber nicht, denn der See war an der Stelle, wo er hineinfiel, nicht tief, so dass er auf den Grund zu stehen kam und sich schnell von seinem Malheur erholte. Dabei trat er auf etwas Hartes, bückte sich und holte zu seinem Schreck einen verrosteten Karabiner 98 aus dem Schlamm. Nun war natürlich die Aufregung groß. Meldung, Gewässersperre, Suche nach weiteren Waffen sowie Munition usw. Da fanden die Taucher noch einiges. Die Vergangenheit hatte uns wieder eingeholt. Nach diesem Vorfall trug er die Nase noch höher, denn was wäre gewesen, wenn…?

Aber der Aufschrei unseres Freundes blieb im Gedächtnis, und so hatte er seinen doppeldeutigen Spitznamen "Uaa" weg".
Es war schon dunkel und die verabredete Zeit überschritten, aber Günter bat noch um Geduld, denn diese Geschichte wollte er noch unbedingt erzählen:

Keschereien

„Am letzten Wochenende saß ich in einem Restaurant mit Blick auf die Spree und trank in aller Ruhe einen Kaffee. Am Nebentisch saßen drei Männer, wahrscheinlich Rentner wie wir, und unterhielten sich ziemlich laut, so dass ich alles mithören konnte. Es waren Angler, die sich über ihre Angelerfolge austauschten. Schließlich kamen sie auch auf ihre Kescher zu sprechen.
‚Meiner', sagte der erste, ‚ist nur zwei Meter lang, aber sehr stabil. Mit dem habe ich neulich Enten eingefangen. Also ich war zu Besuch bei der Freundin meiner Frau. Die haben Enten und wollten uns eine mitgeben. Ich sollte sie aussuchen, aber fang die mal, so einfach ist das nicht. Wozu, dachte ich, hast du deinen Kescher im Kofferraum. Also geholt und mit einem Hechtsprung hatte ich das laut gakende Federvieh erwischt.'
‚Meiner ist drei Meter lang', begann nun der Zweite. ‚Als ich letztens hier in der Nähe angelte, flogen dauernd Möwen dicht an mir vorbei, die hofften wohl auf Futter. Ich hatte dummerweise angefüttert. Kurz entschlossen nahm ich meinen Kescher und fing damit die lästigen Vögel aus der Luft und ließ sie natürlich wieder frei. Das wirkte, und danach hatte ich meine Ruhe.'
‚Meiner', so der Dritte, ‚ist ein wahres Teleskopwunder, vier Meter lang und vielseitig verwendbar. Gerade gestern habe ich damit schonend meine Äpfel geerntet. Man ist ja nicht mehr so sportlich wie früher und klettert bis in die Baumkrone.'
Da hielt ich es nicht mehr aus und ging zu ihnen. ‚Entschuldigung, bis jetzt hatte ich gedacht, dass man mit einem Kescher Fische fängt.' Die drei schauten mich verdutzt an. ‚Natürlich, was dachten Sie denn?', antwortete der Entenfänger und fragte: ‚Was haben Sie

denn für ein Hobby'? Ich wollte nicht zurückstehen: ‚Ich bin Laienastronom, genauer, ich studiere und fange Sternschnuppen.' ‚Sternschnuppen'? riefen die drei wie aus einem Munde und blickten mich ungläubig an. ‚Wie denn das'? ‚Ganz einfach, mit einem Kescher natürlich, aber mehr als fünf Meter lang!' Dann holte ich aus meiner Hosentasche einen erbsengroßen Kieselstein, legte ihn auf den Tisch und verabschiedete mich mit ‚Petri Heil.'"

Das Geheimnis der Mischfische

Arthur war dieses Mal der Gastgeber und legte gleich los:
„Ihr wisst ja, dass wir nächstes Wochenende in der Stadt Brandenburg den 25. Jahrestag unseres Landesanglerverandes begehen. Dafür habe ich mir folgenden Beitrag ausgedacht mit dem Titel „Das Geheimnis der Mischfische":
„Bis heute beschäftigt Fischereibiologen ein Phänomen, das beim Kontrollfischen in diesem Jahr ausschließlich in den von uns bewirtschafteten Gewässern aufgetaucht war. Unsere Bewirtschaftungskollektive hatten Exemplare gefangen, die sie nicht zweifelsfrei zuordnen oder bestimmen konnten. Beispielsweise fingen sie einen Gründling mit neun Stacheln, einen **neunstachlichen Gründling** sozusagen oder eine Schmerle, die aber auch aussah wie ein Kaulbarsch, also eine **Kaulschmerle**.
Solche komischen Fische gibt es ja bekanntlich nicht. Die Verblüffung kann man sich vorstellen. Beim nächsten Mal erwischten sie einen **Äschenrapfen**. Die Gewässerwarte waren verdattert und sie beschlossen, die rätselhaften Exemplare sofort frisch den Fischereiwissenschaftlern zur Begutachtung zu übergeben. Aber das war beileibe nicht genug der wundersamen Fänge. So entdeckten sie eine **Barberitze**, einen **Federhecht**, ein **Bleineunauge**, eine **Haselrausche**, ein **Marmorließchen**, einen **Uckenbärbling**, einen **Nasenbeißer** usw. usw. Also ein völliges Durcheinander oder Vermischen unserer einheimischen Süßwasserfische. Die Wissenschaftler beschlossen, selbst nachzuforschen, doch dieses wundersame Phänomen konnten sie nur in den von uns betreuten Gewäs-

sern entdecken, aber nicht in den von den Fischern bewirtschafteten märkischen Gewässern, auch nicht in denen aus Sachsen und Sachsen-Anhalt. Als sie in unseren Gewässern noch eine **Moderzährte** und ein **Steinauge** im Netz sahen, ebenso eine **Barelle** und sogar eine **Zwergfeder** waren auch sie völlig ratlos, ja verwirrt. Sie untersuchten die chemische Zusammensetzung der Verbandsgewässer, isolierten das genetische Potential dieser Fische, schauten in die Literatur - nichts.
Bis heute sorgen diese Mischfische für Unruhe in Wissenschaftskreisen. Ein entsprechender Artikel in der Zeitschrift "Fischer und Teichwirt" sorgte für ungeheures Aufsehen bis in die USA, Kanada, Japan und China. Schon wurde ein Doktorand beauftragt, das rätselhafte Phänomen zu erklären mit der Vereinbarung, dass er dann sofort eine Juniorprofessur bekäme.
Ich verstehe diese Aufregung überhaupt nicht, denn es gibt eine ganz einfache Erklärung. Die Fische in unseren Gewässern haben sich verschuppt und verflosst oder ganz einfach karnevalsmäßig verkleidet, um es menschlich zu formulieren. Das konnten sie sich von den Anglern abschauen. Und warum das alles? Na, das ist doch ganz klar: auch sie feierten ausgelassen und fröhlich das ganze Jahr hindurch den 25. Jahrestag unseres Anglerverbandes.
Ich gehe jede Wette ein. Diese Erklärung wird die Wissenschaftler nicht überzeugen. Nun stellt euch mal vor, wie neidisch die Fische in den anderen Gewässern sind, also jenen, die nicht von uns bewirtschaftet werden. Und stellt euch vor, wir hätten auch noch Küstengewässer. Die Wissenschaftler wären total überfordert."
„Na, dann sind wir mal gespannt, wie die Raktion ist," reagierte schmunzelnd Ludwig. „Du kannst diese Geschichte ja auch in unserer Verbandszeitschrift veröffentlichen."

Märchenhaft

Der iranische Schriftsteller, Lehrer und Regimekritiker des Schahs, Samad Berhangi (1939 bis 1968), hat 1968 ein wundervolles Fischmärchen veröffentlicht. Es heißt "Der kleine schwarze Fisch" und ist eine Ermunterung für alle, neugierig die Welt zu erkunden, sich nicht vor seinen Feinden zu fürchten und sie mit Klugheit mutig zu bekämpfen. Er sagt zu seiner Mutter:
Ich aber will erfahren, ob Leben tatsächlich nur heißen kann, in diesem engen Gewässer auf und ab zu schwimmen, bis man alt wird, oder ob man auf der Welt auch anders leben kann.
Davon lässt er sich nicht abhalten, auch nicht von seiner Mutter, und macht sich auf den Weg vom Bach über den Fluss bis ins Meer.
Das Märchen ist nachzulesen im Internet. Hier hat der Autor dem kleinen Fisch, der Mutter, den Nachbarn und allen, die ihm begegnen, menschliche Züge angedichtet und schreibt z. B.: *Die Mutter schlug die Hände vors Gesicht und brach in Tränen aus.* Nicht etwa die Flossen, sondern die Hände. So ist es ihm möglich, ein Maximum an Verständnis seitens der Kinder für seinen kleinen Held zu erreichen. Der Fisch selbst ist ein Abstraktum, wir wissen nur, es ist ein Fisch, der im Bach geboren wurde. Ob Friedfisch, Raubfisch, welcher Art usw. ist völlig egal. Offensichtlich ist dieses Fischmärchen leider das einzige aus jüngster Zeit, zumindest laut Internet.
Gehen wir zurück in die Hochzeit der Märchensammlungen zur Zeit der Brüder Grimm, dann sind Märchen, in denen Fische eine Rolle spielen auch sehr rar. Heinrich Seidel ist eine rühmliche Ausnahme. Im Grunde geht es den Märchen wie den Fabeln. Also wäre es doch an der Zeit, diese Lücke zu schließen.
Es macht Sinn, Fischmärchen zu schreiben, um den Leserinnen und Lesern, vor allem Kindern, die Fische und damit auch ihre charakteristischen Lebensweise näher zu bringen sowie auch ihre in der Regel nicht sichtbare Welt zu beschreiben. Schon allein die

Beziehungen zwischen Raub- und Friedfischen eröffnet der Phantasie viele Möglichkeiten. Hier haben wir nach wie vor große Defizite.
Der dänische Dichter Hans Christian Andersen (1805 bis 1875) hat uns mit seinem 1837 veröffentlichen Märchen "Die kleine Meerjungfrau" sehr überzeugend demonstriert, dass es auch bei "Wassermärchen" keine Grenzen für die Phantasie gibt. So auch in vielen Wassermann-Märchen.
Nach dieser langen Vorrede hier einige Versuche:

Karli Karpfen
Es war einmal ein kleiner Karpfen, der hieß Karli. Gern spielte er mit seinen Brüdern und Schwestern und mit den gleichaltrigen anderen Verwandten wie Plötzen und Rotfedern. Wenn sie bei Sonnenschein herumtobten, dann blitzten die Plötzen und Rotfedern durch das reflektierte Sonnenlicht. Karli aber blitzte nicht, denn er war ein Lederkarpfen und hatte keine Schuppen. Darüber war er sehr traurig. Er wollte auch so blitzen und glänzen. Warum haben wir nicht so viele schöne Schuppen, fragte er sich.
Da fiel ihm ein, dass hier im See ein Edelkrebs wohnte, der überall nur der Zauberer hieß. Die Sonne ging schon unter und Karli beschloss, gleich früh am nächsten Tag den Zauberer aufzusuchen. Er konnte kaum schlafen. Immer dachte er daran, ob der Krebs wirklich zaubern kann und wenn ja, wie gut er mit den neuen Schuppen wohl aussehen würde. Am nächsten Morgen machte sich Karli auf und fand den Krebs in einer Wohnhöhle der Uferböschung, die mit den Wurzeln der Uferbäume verstärkt war. Dieser wunderte sich nicht über den Besuch, denn bevor Karli ihn begrüßen konnte, winkte er ihn mit seinen großen Scheren heran und sprach:
"Nun Karli, ich habe dich erwartet, denn ich beobachte dich schon lange und weiß auch, was dich bewegt und was du von mir willst." Karli war richtig sprachlos, denn das hatte er nicht vermutet. Er ist wirklich ein Zauberer, dachte er. Der Krebs sprach weiter: "Ich kann dir so viele silberne Schuppen an deinen Körper zaubern wie

bei den Plötzen und Rotfedern. Aber ich sage dir, du wirst keine Freude daran haben. Darum überleg es dir noch einmal gründlich und komm morgen wieder." "Oh, vielen Dank Herr Krebs, das ist wunderbar. Meine Karpfenfreunde werden mich beneiden und die Schuppenfische werden staunen, wenn ich so blinke und blitze wie sie. Warum sollte ich daran keine Freude haben? Nein, nein, hochverehrter Herr Krebs. Zaubern sie so schnell wie möglich. Ich kann es kaum erwarten."

"Wie du willst, aber die Schuppen werden nur einen Tag haften. Und wenn du danach immer noch bei deinem Wunsch bleibst, dann komm wieder." Der Krebs kroch rückwärts in seine Höhle und Karli bemerkte zu seiner Freude, dass er überall mit silbernen Schuppen bedeckt war. Freudig schwamm er so schnell er konnte aufgeregt zu seiner Familie und seinen Freunden. Die Sonne schien kräftig vom Himmel.

Seine vielen Brüder und Schwestern musterten ihn misstrauisch. "Hallo", rief Karli, "ja, ja, staunt nur, ich bin es doch Karli. Jetzt habe ich auch so schöne Schuppen wie die Plötzen und Rotfedern und ihr habt keine. Jetzt kann ich blinken und blitzen und ihr nicht." Seine Verwandten stürzten sich auf ihn. "Hau bloß ab, du bist nie und nimmer Karli. Wir lassen uns von dir nicht belügen." Karli war zutiefst enttäuscht. Er beschloss, zu den Plötzen und Rotfedern zu schwimmen. Als er bei ihnen auftauchte und wie gewohnt spielen wollte, schubsten sie ihn zurück. "Wer bist du denn überhaupt? Wir kennen dich nicht, was willst du hier? So einen Fisch haben wir noch nie gesehen. Eine komische Figur, weder Karpfen noch Plötze, auch keine Rotfeder." So redeten sie alle durcheinander. "Aber ich bin es doch, Karli Karpfen. Wir haben doch immer so gut zusammen gespielt. Ich wollte auch so silberne Schuppen haben wie ihr, um in der Sonne so schön zu blitzen und zu blinken. Der Krebs hat sie mir angezaubert. Nun kann ich blinken so wie ihr und freue mich, aber ihr freut euch nicht. Das verstehe ich nicht." Karli war völlig verzweifelt. Da schwamm eine ältere Plötze herbei. Sie schaute Karli scharf an und sagte zum ganzen Schwarm: "Was ist denn das für einer. Verscheucht ihn. Er

gehört nicht zu uns." "Aber er behauptet, er wäre Karli Karpfen, allerdings mit Schuppen, die ihm der Krebs angezaubert hat", sagte die kleine Plötze Paula, die immer am meisten mit Karli gespielt hatte. "Das wird ja immer schöner. Karli Karpfen also. Das ist der falsche Karli. Aber wenn er es wirklich sein sollte, dann ist er übergeschnappt. Seine Brüder und Schwestern haben keine Schuppen und der Krebs kann auch nicht zaubern. Alles Quatsch."
Paula hatte Karli an seinen Augen erkannt. Sie tröstete ihn. "Ich glaube dir. Aber was hast du nur angestellt? Warum hast du mir nicht vorher gesagt, was du vorhast. Wir haben doch sonst über alles geredet. Ich hätte dich bestimmt davon abgehalten." Karli weinte. "Du hast Recht. Der Krebs hat gesagt, ich werde keine Freude mit diesen Schuppen haben. Deshalb werden sie nach einem Tag wieder abfallen. Hoffentlich stimmt es." "Dann warten wir es ab", beruhigte ihn Paula. "Ich komme morgen zu dir, dann werden wir es ja sehen." Tatsächlich. Am nächsten Tag als Paula Karli besuchen wollte, schwamm er ihr entgegen und sah so aus wie vorher. "Da bist du ja", rief sie erfreut. "Wie schön, dich wieder so zu sehen, wie wir dich mögen. Komm, lass uns jetzt zu den anderen schwimmen und so wie früher miteinander spielen."
"Vielen Dank für deinen Beistand, liebe Paula", entgegnete der sichtlich erleichterte Karli. "Aber warum habt ihr alle Schuppen und wir nicht? Das muss doch einen Grund haben. Ich muss ihn herausfinden. Versteh mich bitte, erst, wenn ich es weiß, kann ich wieder Ruhe finden." "Na ja, wenn du meinst", sagte Paula nur. "Vielleicht hast du Glück und findest es heraus. Karli schwamm zum ältesten Lederkarpfen den er kannte und fragte ihn: "Warum haben wir eigentlich nicht so schöne silberne Schuppen wie die Plötzen und Rotfedern?" Der alte Karpfen dachte lange nach und antwortete schließlich: "Ich weiß es auch nicht, denn ich habe mir noch nie so eine Frage gestellt und auch noch nie darüber nachgedacht." "Aber es muss doch irgendeinen Grund dafür geben", erwiderte Karli. "Ja, mein Sohn, einen Grund muss es geben, aber ich kann dir nicht helfen. Du musst ihn selbst herausfinden." Bekümmert ließ der alte Karpfen Karli allein.

Wie er so nachsann, begegnete ihm ein großer Fisch mit vielen Schuppen. "Guten Tag mein Herr", grüßte Karli. "Darf ich sie etwas fragen?" "Aber natürlich", antwortete der Fisch. "Was willst du denn wissen?" "Ich nehme an, dass sie kein Karpfen sind, sonst hätten sie ja keine Schuppen. Ich habe sie hier noch nie gesehen. Was sind sie denn für ein Fisch und woher kommen sie?" Der große Fisch lächelte: "Wie kommst du darauf, dass ich kein Karpfen bin? Ich bin ein Schuppenkarpfen und habe, wie du siehst, ganz viele Schuppen. Aber wer bist du denn und warum hast du keine Schuppen?"
"Das ist es ja!" seufzte Karli bekümmert. "Ich bin auch ein Karpfen und habe keine Schuppen. Du bist ein Karpfen und hast viele und große Schuppen. Warum? Niemand kann mir das erklären, auch du nicht." Karli schwamm weiter. Da eilte ein Fisch vorbei, der so aussah wie er, aber viel größer und in der Mitte vom Schwanz bis zum Kopf eine dicke Reihe von gleichmäßigen und großen Schuppen hatte. Er beachtete Karli nicht, der aber schwamm hinterher und rief ihm zu: "Hallo Herr Karpfen, warten sie doch bitte einen Augenblick. Ich möchte sie etwas fragen." Auch der Zeilenkarpfen konnte seine Frage nicht beantworten und riet ihm, einen Spiegelkarpfen zu fragen, der nicht so viele Schuppen habe. Dieser war ebenfalls nicht klüger als alle anderen Karpfen vorher. Verzweifelt und hungrig suchte Karli nach Futter.
Am nächsten Tag traf er sich mit Paula und berichtete von seinen Erlebnissen. Paula fragte: "Was willst du jetzt machen?" "Ich wüsste nur noch einen, der uns helfen könnte. Das ist der Krebs, der Zauberer. Lass uns gemeinsam zu ihm schwimmen. Wenn er es nicht weiß, dann muss ich mich zufriedengeben, dann weiß es eben keiner." "Ich soll mitkommen?", fragte Paula ängstlich. "Hoffentlich tut er mir nichts." "Keine Angst, er ist eigentlich sehr freundlich."
So schwammen beide zum Krebs. "Es ist sehr schön, dass du mit deiner Freundin gekommen bist, und vor allem wieder so wie früher aussiehst", begrüßte er sie. "Ich mag es, wenn junge Leute etwas wissen wollen, was sie sich nicht erklären können. Erst recht,

wenn sogar die Alten keine Antwort geben können. Nur so werden wir gemeinsam klüger."
Karli erzählte von seinen Begegnungen mit den anderen Karpfen und fügte hinzu: "Mir ist folgendes aufgefallen: "Der erste Karpfen hatte überall Schuppen, der zweite schon viel weniger und der dritte noch weniger. Ich selbst und meine Verwandten haben gar keine. Also gibt es eine Entwicklung vom Vollschupper zum Nichtschupper. Stimmt das und haben vielleicht irgendwann später auch die anderen Fische wie Paula zum Beispiel immer weniger und schließlich keine Schuppen mehr?" "Das hast du sehr richtig beobachtet", lobte ihn der Krebs. "Aber warum das so ist, dass ist die entscheidende Frage. Verantwortlich dafür ist der Mensch."
"Der Mensch?" Karli machte große Augen. "Wer ist denn das? Ich habe noch nie von ihm etwas gehört, ihn noch nie gesehen. Ist das vielleicht der, der uns Fische geschaffen hat"?
"Nein, nein, ich will versuchen, es euch so einfach wie möglich zu erklären, auch wenn manches unangenehm ist. Die groß gewachsenen Menschen leben nicht im Wasser. Daher könnt ihr sie auch nicht kennen. Sie leben außerhalb unseres Sees auf dem Land und ernähren sich unter anderem von euch Fischen. Karpfen gehören zu ihren Lieblingsfischen, auch weil sie so groß werden. Das hört sich für euch grausam an, aber es ist die Wahrheit. Sie mögen aber die Schuppen ebenso nicht wie die Gräten. Deshalb haben sie in ganz vielen, vielen Jahren die Vermehrung der Karpfen so beeinflusst, dass sie immer weniger Schuppen haben und schließlich wie bei dir, Karli, keine mehr. Plötzen und Rotfedern fangen sie auch, aber da sie nicht so groß werden, haben sie kein Interesse, dass sie immer weniger beschuppt sind." "Ja", rief Paula, "davon habe ich gehört von den alten Fischen bei uns. Plötzlich waren einige Brüder und Schwestern verschwunden, aber nicht durch die Raubfische. Das waren die Zweibeiner, sagten sie dann ängstlich."
"Dann ist doch der Mensch ein Räuber, ein gefährlicher, aber auch ein kluger Räuber", stellte Karli fest. Der Krebs nickte. "Ja, so kann man es sagen." "Die Klugheit ist seine wichtigste Fähigkeit. Denn er weiß, dass er euch Fischen auch helfen muss, sich zu vermehren

und hier im See gut zu leben. So kümmert er sich darum, dass das Wasser nicht zu dreckig wird, dass genügend Schilf am Ufer wächst, damit man die Eier ablegen kann, dass man nicht zu jeder Zeit jeden Fisch und seltene überhaupt nicht fangen darf. Und schließlich hat er auch bestimmt, dass viele Fische eine gewisse Größe haben müssen, ehe er sie mitnehmen darf. Sind sie zu klein, setzt er sie wieder ins Wasser zurück." Der Krebs macht wieder eine Pause und fragte: "Hoffentlich langweile ich euch nicht?" "Nein, nein", antworteten beide zugleich. "Es ist alles so neu für uns", ergänzte Karli.

Beide bedankten sich beim Krebs und fragten, ob sie wiederkommen können, wenn sie noch Fragen haben. Der Krebs nickte. Gemeinsam schwammen beide Fische wieder zurück. Karli war froh, weil er nun wusste, warum er keine Schuppen hat und nachdenklich, weil er sich noch immer nicht vorstellen konnte, was der Mensch für ein Wesen ist. Die Raubfische in unserem See fressen nur, es ist ihnen egal, wann und wie groß die Fische sind, Hauptsache sie passen in ihr Maul. So dachte er. Der Mensch aber ist ebenfalls ein Räuber, jedoch ein ganz anderer, denn trotzdem kümmert er sich um uns. Das verstehe ich nicht. Ob ich es einmal verstehen kann? Hier wird mir der Krebs bestimmt wieder weiterhelfen. Als er mit Paula darüber sprach, antwortete sie. "Du gibst wohl keine Ruhe. Immer willst du etwas Neues wissen. Aber meinetwegen. Ich bin froh, dass wir nun wieder Zeit haben zum Spielen Zum Nachdenken habe ich jetzt keine Lust."

Karli und Paula blieben ihr ganzes Leben lang Freunde. Karli wurde ein ganz großer und kluger Karpfen und nahm sich vor den Anglern stets in Acht. Seine Klugheit sprach sich überall herum. Schließlich berief ihn der Wels als König des Fischvolkes zu seinem engsten Berater. Bis heute sagen die Fischeltern, wenn die Kinder viele Fragen haben. Ihr wollt wohl so klug werden wie Karli Karpfen?

Königin Wilhelmine Welsin I.

Einst existierte in einem großen See ein Reich, in dem der Wels als König regierte. Als er gestorben war, genauer, von einem Petrijünger geangelt, wurde seine Frau Wilhelmine die Nachfolgerin. Sie führte sofort radikale Reformen ein. Zuerst nannte sie sich Königin Wilhelmine Welsin I. Sodann verfügte sie, dass alle leitenden Posten im Königreich, beginnend auf unterster Ebene, endend bei den Ministern, nur noch von weiblichen Fischen besetzt werden dürfen. Ihre Leibgarde wechselte sie komplett aus. Sie bestand jetzt nur aus Zanderweibchen.

Alle männlichen Fische ab der Geschlechtsreife verbannte sie aus dem Reich. Ihnen wurde nur gestattet, zur Laichzeit zurückzukehren. Schließlich bestimmte sie, dass die Artikel Der und Das nicht mehr verwendet werden dürfen. Alle Substantive waren von nun an weiblich, also beispielsweise nicht mehr das Königreich, sondern die Königreich.

Dazu bekamen alle Substantive den Anhang "in" oder "innen". Nun hieß es korrekt "Die Königreichin". Desgleichen wurden auch alle Namen der Fischarten geändert. Es gab also nur noch Welsin als Einzahl und Welsinnen als Mehrzahl, ebenso Hechtin und Hechtinnen, Barschin und Barschinnen, Bleiin und Bleinnen usw. Wer sich von den Untertanen nicht daran hielt, dem drohten harte Strafen und im Wiederholungsfall der Tod. Um das zu kontrollieren, berief die Königin eine oberste Behörde, die Verstöße mit Hilfe besonderer geheim agierender Informantinnen aufspürte und sofort ahndete.

Dank dieser rigorosen Maßnahmen veränderte die Königin innerhalb eines Monats das Zusammenleben in ihrem Königreich bzw. Königreichin. Nichts erinnerte mehr an die ehemalige Vorherrschaft der männlichen Fische. Sie existierten praktisch nicht mehr, mit Ausnahme in der Laichzeit.

Die meisten männlichen Fische emigrierten in die Nachbarreiche bzw. in die angrenzenden Seen und die mit ihr verbundenen Flüsse. Hier aber wurden sie schlecht aufgenommen. Sie wären zusätzliche Nahrungskonkurrenten, hieß es, obwohl die meisten der hier

heimischen Fische die Gründe ihrer Flucht durchaus verstanden. Es kam zu An- und Übergriffen. Andere rieten, sie sollten zurückschwimmen, sich zusammentun und die Regentin Wilhelmine vertreiben. Ja, man bot hierfür sogar Hilfe an. Wilhelmine hatte alles getan, um ihre Zuflüsse weitestgehend dicht zu machen.
Außerdem gab es auch Sympathisantinnen für Wilhelmine, die dazu aufriefen, hier ebenfalls ein solches Fischinnenreich zu schaffen. Mit der Zeit beruhigte sich jedoch die aufgebrachte Stimmung, auch deshalb, weil sich der Lebensstandard nicht verschlechterte und sich die Neuankömmlinge schnell integrieren konnten.
Anlässlich des 1. Jahrestages ihrer Regentschaft ließ die Königin überall im Seenreich folgende Botschaft verlesen:
"Liebe Untertaninnen,
ich, Königin Wilhelmine Welsin I., regiere mit dem heutigen Tagin genau ein Jahrin. Unser Lebin hat sich in dieser kurzen Zeitin zum Gutin verändert. Vorbei sind die Demütigungin durch die Männerin. Wir, die Frauinnen, regieren erfolgreich zum Wohlin unserer Gemeinschaftin. Ich danke allen Fischinnen, die mich hierbei tatkräftig unterstützt haben und bitte auch weiterhin, meine Anordnungin nach besten Kräftin durchzusetzen.
Nur so können wir unseren Wohlstandin halten und ständig mehren.
Nichts wird mich davon abhalten, diesen Wegin weiterhin zu beschreiten. Wer mich daran hindert, den trifft die unbarmherzige, aber gerechte Strafin des Gesetzin.
Im zweiten Jahrin meiner Regentschaftin habe ich vor, auch die Nachbarreichinnen vom Segin unserer neuen Ordnungin zu überzeugen. Ich habe bereits geeignete Fischinnen ausgewählt, die schon in den nächsten Taginnen als meine persönlichen Gesandtinnen die Herrscherinnen der Nachbarreichinne aufsuchen werden, um sie von unseren Ideinnen zu überzeugen.
Sollte es ihnen nicht sogleich gelingen, so bin ich dennoch davon überzeugt, dass unsere neue Artin zu leben auf die Dauerin ihre Wirkunginnen nicht verfehlen wird und sich überall die von mir

begonnene Revolutionin überall neue Gesellschaftinnen nach unserer Musterin schaffen werden.
Liebe Unteraninnen, seid euch eurer Pionierrollin in unserem Lebin bewusst. So wie ihr heute lebt, so werden einst auch alle Fischinnen dieser Weltin leben und uns so das beste Andenkin bewahren.
mit königlichinnen Grüßinnen
Wilhelmine Welsin I."
Dieses Regime funktionierte bis zum natürlichen Tod der Königin. Was danach geschah ist nicht bekannt. Offensichtlich aber hat sich diese Art des Zusammenlebens auf die Dauer sowohl hier als auch woanders nicht durchsetzen können. Das Fischvolk ist eben doch noch zu rückständig und ungebildet.

Nachtrag:
Nach neuesten Forschungen waren es schließlich die „Fischinnen“ selbst, die ein solches „Regimin“ nicht mehr wollten.

Die Verbannung des Aals
Ein Angler hatte einen Aal gefangen. Als er ihn im Kescher aus dem Wasser hob und den Haken vorsichtig aus dem Maul entfernte, sprach dieser: "Es gibt hier nicht mehr viele von uns. Auch ich muss zurück in meine Heimat und dort für Nachwuchs sorgen. Wenn du mich daher leben lässt, will ich dich belohnen."
Der Angler staunte nicht schlecht über die Rede des Aales und fragte: "Wie willst du mich belohnen? Wir Angler sind froh über jeden stattlichen Aal wie du einer bist. Und außerdem wie soll ich dir trauen, wenn ich dich freilasse? Dann bist du weg und kommst nicht wieder."
"Du kennst uns Aale nicht", antwortete dieser. "Es ist bei uns unumstößliches Gesetz, ein Versprechen zu erfüllen, es also niemals zu brechen."
"Nun gut, aber wie willst du mich belohnen?" Der Angler war neugierig geworden. "Hier im See lebt ein Wassermann mit seinen Wassergeistern. Er lässt alles zusammentragen, was ihr Menschen

im See verloren oder hineingeworfen habt. Er hütet die Funde wie einen Schatz, egal was es ist. Darunter sind zum Beispiel goldene Ringe, Münzen, Zeitanzeiger, Messer, Geschirr und noch viele andere Dinge."
"Wenn es so ist, dann bring mir einen goldenen Ring oder eine goldene Münze", unterbrach ihn der Angler ungeduldig. "So einfach oder so schnell geht das nicht", schränkte der Aal ein. "Ich muss sehr vorsichtig sein, denn der Wassermann darf es natürlich nicht merken. Komm daher morgen um diese Zeit wieder an diese Stelle, dann werde ich dir das Gewünschte bringen."
Der Aal hielt sein Versprechen und brachte einen goldenen Ring mit einem grünen Edelstein. Der Angler machte große Augen und nahm das Geschenk begierig entgegen. "Kannst du mir noch so etwas bringen?", fragte er. Der Aal zögerte mit der Antwort, sagte aber schließlich zu. "Dieses Mal aber musst du länger warten. In einer Woche werde ich wieder hier sein."
Der Wassermann indes hatte den Verlust des Ringes wohl bemerkt und überlegte, wie er den Dieb fangen könnte, denn nur er als Herrscher des Gewässers besaß die Schlüssel zur Schatzkammer. Außerdem hatte er vor einiger Zeit von seinem Hofbildhauer, dem Barsch, eine lebensgroße Nachbildung des Chefs seiner Leibwache, des Zanders, anfertigen lassen. Der Bildhauer gab sich besondere Mühe und zeigte sein ganzes Können, denn es war ihm eine große Freude, einen Barschfisch nachzubilden. Das gelang ihm so gut, dass sogar der Wassermann zweimal hingucken musste, um den künstlichen vom natürlichen Zander zu unterscheiden. Als Zeichen seine Anerkennung verlieh er dem Barsch die neunte Querbinde. Er ließ das Kunstwerk vor dem Eingang seiner Schatzkammer postieren. Dies erwies sich in der Vergangenheit als ausreichend. Aber mit der Zeit wirkte dieses Täuschungsmanöver offensichtlich nicht mehr. Auch der Aal hatte bemerkt, dass der Zander nicht wirklich lebendig war und wühlte sich durch den Schlamm in die Schatzkammer. Als der Wassermann den Verlust bemerkte, befahl er dem Zander, die nächsten Tage höchstpersönlich die Wache zu übernehmen und den Dieb zu fassen.

Der Aal wusste natürlich hiervon nichts, versuchte, wie bereits erprobt, sich in die Schatzkammer hineinzuschlängeln, ignorierte den vermeintlichen Statuenzander und wurde prompt vom lebendigen Zander ergriffen und zum Wassermann gebracht. "Wie kommst du dazu, in meine Schatzkammer einzudringen und zu stehlen?", fragte er den Aal. Dieser erzählte die uns bekannte Geschichte. Der Wassermann sprach: "Wenn ein Versprechen an eine Freveltat geknüpft ist, dann hat es keinen Wert und muss nicht eingehalten werden. Aber davon abgesehen, verstehe ich, dass du dein Leben retten wolltest. Dennoch wirst du einer Strafe nicht entgehen können. Ich verbanne dich und alle anderen Aale aus meinem Reich. Euch ist es zudem für lange Zeit untersagt, hierher zurückzukehren. Dieses Urteil hast du unverzüglich zu befolgen. Wirst du morgen noch hier entdeckt, bist du des Todes."
So verschwanden alle Aale aus dem See und sind bis heute nicht wieder zurückgekehrt. Der Angler jedoch wartet bis heute vergebens auf die versprochene Rückkehr des Aals.

Der tapfere neunstachlige Stichling

Im Reiche des Königs Wels ging die Angst um. Ein besonders gefräßiger und heimtückischer Hecht terrorisierte das Fischvolk. Alle hatten Angst vor ihm und niemand wagte, sich dem Räuber entgegenzustellen. Die Klagen über seine Untaten häuften sich. Die Zeit der unbeschwerten Futtersuche und Ausflüge im sonnenbeschienenen Oberflächenwasser waren vorbei. Endlich entschloss sich der König, den Hecht vorzuladen.
"Von dir höre ich die unglaublichsten Freveleien. Man berichtete mir, du frisst als Raubfisch die Beute nicht sofort, sondern lässt sie verletzt wieder frei, um dich an ihren Todesqualen zu erfreuen. Ich hörte ferner, dass du mit Vorliebe kleineren Hechten nachjagst, dass du dich krank oder verletzt stellst und so andere Fische täuschst, damit du sie umso leichter erbeuten kannst. Ja, noch nicht einmal vor meinem Gefolge machst du Halt. Nun ist es genug. Was hast du zu deiner Verteidigung vorzubringen?"

Der Hecht machte eine untertänige Schwimmbewegung und antwortete: "Majestät, es ist alles Verleumdung und unwahr. Lügner und Neider haben dir solches berichtet. Mag sein, dass dieser oder jener meiner Art diese unglaublichen Taten vollbracht hat, aber ich bin es nicht gewesen."
Der Wels entließ ihn, weil er dem mutmaßlichen Täter nichts beweisen konnte. Dieser aber trieb es nun umso ärger. Wieder musste er vor dem Wels erscheinen. Der Hecht schwamm herbei und hörte sich in aller Ruhe die erneuten Vorwürfe des Königs an. Dann antwortete er:
"Majestät, wenn ihr nicht die Krone als Zeichen euer Königswürde tragen würdet, hätte ich Zweifel, ob ihr überhaupt der König seid, denn andere Welse in eurer Größe sehen ebenso aus und sind von euch nicht zu unterscheiden."
"Was willst du mir damit sagen?", fragte der König. "Nichts weiter als das, was ich bereits beim letzten Mal gesagt habe. Auch wir Hechte gleichen uns, so dass mir alles angedichtet wird, was andere verbrochen haben. Sollte ich es tatsächlich gewesen sein und werde bei frischer Tat ertappt, so bin ich gerne bereit, die königliche Strafe zu erdulden." Dem Wels blieb auch dieses Mal nichts anders übrig als den Hecht wieder zu entlassen. Niemand traute sich allerdings so dicht an ihn heran, um ihn zweifelsfrei und mit Zeugen zu überführen.
Da beschloss der König, demjenigen Fisch eine große Belohnung, der den Hecht bei frischer Tat beobachtet und ihn zweifelsfrei identifiziert. Aber niemand wagte es, zu groß war die Angst.
Eines Tages meldete sich ausgerechnet der kleinste Fisch im Königreich, der neunstachliche Stichling, beim König und versprach, das Königreich von dem Tyrannen zu befreien. Der König brachte zunächst vor Erstaunen kein Wort heraus, er war tatsächlich sprachlos. Einerseits bewunderte er den Mut des Winzlings von 5 cm, andererseits konnte er auch das Misstrauen nicht verdrängen, hier einen Schwindler und Hochstapler vor sich zu haben. Schließlich fragte er vorsichtig: "Ausgerechnet du, der kleinste Untertan, willst es mit diesem großen Unhold aufnehmen? Ich freue mich

zwar über deine Kühnheit, aber überschätzt du dich da nicht? Wie willst du es denn anstellen?"
"Majestät, ihr geht doch keinerlei Risiko ein. Ich will nur so viel sagen, dass man solche Räuber nur mit ihren eigenen Waffen und vor allem mit List besiegen kann. Was ich genau vorhabe, das möchte ich noch nicht verraten, denn natürlich geht das alles nicht ohne Risiko und ist gefährlich. Das ist mir klar. Aber ich will es immerhin versuchen. Sollte ich scheitern, ist es allein mein Pech. Deshalb bitte ich euch, niemandem etwas von unserer Unterhaltung mitzuteilen und auf das hoffentlich glückliche Ergebnis meines Unternehmens zu warten." "So soll es sein, ich wünsche dir viel Glück und bin sehr gespannt." Nachdenklich sah der Wels dem davonschwimmenden Stichling hinterher.
Dieser begab sich unverzüglich in das Revier des Hechtes. Er musste nicht lange suchen, da sah er ihn unter einem großen Ast eines in den See gestürzten Erlenbaumes. Mutig schwamm er heran und rief: "He, du Räuber, wenn du Mut hast, dann kämpfe mit mir, damit ich dir deine Verbrechen vergelten kann." Der Hecht ruhte gerade, schaute sich um, woher das Stimmchen kam und konnte zunächst niemanden entdecken. Ich habe vielleicht geträumt dachte er. Aber der Stichling schwamm näher und wiederholte seine Worte. Der Hecht sah ihn schließlich und konnte vor lauter Fassungslosigkeit kein Wort hervorbringen. Endlich antwortete er: "Wer bist du denn, du, ein winziges Wesen, der es wagt, mich so zu beschimpfen und herauszufordern? Ich denke nicht daran, mich mit dir weiter zu befassen. Wenn dir dein Leben lieb ist, dann lass dich hier nie wieder sehen."
"Mein Leben ist mir zwar lieb", entgegnete der Stichling, "aber ich habe dem König versprochen, dich zu bestrafen, weil hier niemand den Mut dazu hat. Ich bin es, der neunstachlige Stichling, den du noch nie gesehen hast, aber fürchten wirst."
Der Hecht lachte verächtlich. "Ich bin satt und will mich ausruhen, also lass mich in Ruhe." Aber der Stichling kam immer näher und schwamm vor den Augen des Hechtes schnell auf und ab, mal nach links, mal nach rechts, nach oben oder unten, so dass dem Hecht

ganz schwindlig wurde als er ihn mit seinen Blicken verfolgte. Dabei wurde er immer ärgerlicher, denn mit seiner Ruhe war es nun vorbei. Ein mutiges Kerlchen, dachte er anerkennend. Der hat sich wirklich vorgenommen, mich zu ärgern. Ich muss ihn vertreiben, sonst werde ich ihn nicht wieder los.
Aber der Stichling war auf der Hut und stichelte immer weiter, bis der Räuber vollends in Wut geriet und nach ihm schnappte. Darauf hatte der Stichling nur gewartet. Er schwamm schnell davon, versteckte sich in kleinen Vorsprüngen, hinter Ästen und Steinen, zwischen Wasserpflanzen, kam wieder hervor und lockte so den Hecht immer weiter von seinem Revier fort. Dies alles machte den Hecht rasend vor Zorn. Jetzt muss ich ihn erwischen, nahm er sich vor. Darauf hatte der Stichling gehofft und schwamm so schnell er konnte geradeaus geradewegs in das Netz eines Fischers und sofort durch ein Maschenloch wieder hinaus. Der Hecht hatte das Netz in seinem Ingrimm nicht bemerkt und war schließlich gefangen.
Wie er auch tobte, er kam nicht wieder frei und musste einsehen, dass der Stichling ihn überlistet hatte. Dieser schwamm zum König, wurde sofort vorgelassen und meldete, dass er den Hecht in einem Fischernetz gefangen habe. Sogleich machten sich der Wels und sein ganzer Hofstaat auf, den gefangenen Räuber zu sehen. Es hatte sich ohnehin schnell herumgesprochen, dass der Unhold nun gefangen war und keinen Schaden mehr anrichten konnte. So schlossen sich immer mehr Fische der Besichtigungstour an und freuten sich, als sie ihren ärgsten Feind hinter den Maschen sahen.
In diesem Moment kam der Fischer mit seinem Enkel im Boot und holte das Netz aus dem See. Er staunte nicht schlecht über das Prachtexemplar von einem Hecht. "Schau", sagte er zu seinem Enkel, "ein Prachtbursche, wie man ihn nicht alle Tage fängt. Ich kann mich nicht erinnern, in den letzten Jahren so ein stattliches Exemplar im Netz gehabt zu haben. Wir wollen ihn sogleich messen und wiegen."
Beide waren gleichermaßen gespannt auf das Ergebnis. Das Bandmaß zeigte 119 cm und die Waage 12,5 kg. "Was willst du mit ihm machen", fragte der Junge. "Gute Frage. Zunächst werden wir ihn

fotografieren und die Lokalzeitung über unseren Fang informieren. Er wird viele schmackhafte Portionen für unsere Fischküche liefern. Aber den Hechtkopf werde ich präparieren lassen. Er wird ein zusätzlicher Grund sein, unsere Fischgaststätte zu besuchen."
So geschah es auch. Nachdem die Lokalausgabe der Zeitung das Foto veröffentlicht hatte, kamen viele Besucher, um von diesem Hecht eine Mahlzeit zu bestellen. Und noch mehr kamen später, um den Hechtkopf zu sehen.
Die Fische indes kehrten wieder in ihre Reviere zurück und feierten den Stichling als Helden. Der König stellte ihn und seine Art unter seinen besonderen Schutz und erklärte den Fangtag des Hechtes für alle Zeiten zum Feier- und Stichlingstag.
Am nächsten Tag ließ ein Angler die Lokalausgabe achtlos am Ufer liegen. Der Wind pustete sie ins Wasser. Der König und alle anderen Fische kamen und sahen ihren ärgsten Feind. So war dieser noch einmal in sein Revier zurückgekehrt. Einige Wochen später erfuhr der König, dass die Menschen den Hechtkopf besichtigen können. Sie haben ihm sogar ein Denkmal gesetzt, sprach er zu sich. Da sieht man, wes Geistes Kind die Menschen sind.

Zauberin Karausche

Am 21. Juni, dem Tag der Tag- und Nachtgleiche, ging ein Angler am frühen Abend zu seiner Angelstelle. Hunderte Mal war er schon diesen Weg gegangen. Alles war ihm vertraut - der Verlauf des Ufers, die bis ins Wasser geneigte Weide, das Schilf, die Blesshühner und sogar die vielfältigsten Geräusche. Er freute sich auf einige ruhige Angelstunden, als er plötzlich ein Plätschern hörte. Vorsichtig schlich er näher und sah eine gut 50 cm große goldige Karausche, die sich irgendwie im Schilf verklemmt hatte und sich vergebens zu befreien versuchte. Gottlob hatte er Stiefel an. So konnte er einige Meter ins seichte Wasser waten und die Karausche befreien, nicht ohne vorher seine Hände nass gemacht zu haben, um sie nicht noch weiter zu beschädigen. Eine goldene Schuppe indes musste die Karausche dort lassen. Der Angler nahm sie mit. Meine Enkel werden sich freuen, dachte er.

Froh und erleichtert über diesen gelungenen Rettungsversuch ging er zu seiner Angelstelle und musste sich auf dem Weg über weggeworfenes Brotpapier, eine Bierbüchse und einen leeren Regenwurmkasten ärgern. Wer hatte hier die Natur so missachtet? Er ahnte es, denn in seinem Verein gab es ein Mitglied, das wiederholt deswegen kritisiert worden war. Dennoch räumte er alles weg. Nach wenigen Metern gelangte er an seine Angelstelle und begann wie gewohnt, sein Angelzeug für den Fang vorzubereiten.
Als er nun so ruhig auf seinem Angelhocker saß und die Natur genoss, staunte er, denn aus dem Wasser schaute eine große Karausche und sprach:
"Ich danke dir für meine Rettung und will dich dafür belohnen. Unser Schöpfer hat mir Zauberkräfte verliehen, die ich aber nur anwenden kann, wenn jemand so hochherzig handelte wie du und dafür eine Belohnung verdient hat. Du hast ja meine Schuppe. Als Besitzer dieser Schuppe kannst du dich in eine Karausche verwandeln und für einige Zeit hier im See leben. Du musst nur denken 'liebes Fischlein mein, ich möchte eine Karausche sein.' Willst du wieder deine menschliche Gestalt annehmen, denke 'liebes Fischlein mein, ich freue mich, ein Mensch zu sein.' Du lernst die Fischwelt kennen und verstehst unsere Sprache. Außerdem kannst du die Angler aus einem ganz ungewohnten Blickwinkel, nämlich aus dem der Fische, beobachten. Es liegt an dir, was du daraus machst. Ich wünsche dir Erfolg."
Die Karausche ließ den Angler völlig verwirrt zurück. Diese Erscheinung kann doch nicht an dem schwülen Wetter gelegen haben und krank bin ich auch nicht, dachte er. Er holte seine Angel ein, packte zusammen und brachte alles ins Auto, das auf einem nahe gelegenen Parkplatz stand. Bei diesem Wetter hatte er ohnehin immer eine Badehose angezogen. Er verstaute seine Sachen, nahm die Schuppe zur Hand, legte sie sorgsam in seinen Angelkasten, ging zur Badestelle und dachte an den Zauberspruch. Und tatsächlich - im gleichen Moment verwandelte er sich in eine Karausche und schwamm in den See hinein. Was für ein total fremdes, ungewohntes Gefühl. Aber nach etwa einer halben Stunde hatte er sich

an sein neues Dasein als Karausche gewöhnt. Dennoch wollte er es nicht übertreiben, dachte an den zweiten Zauberspruch und verließ als Mensch die Badestelle.
Er sagte aber niemandem etwas von dieser Begegnung und der Zauberei, denn mit Sicherheit hätten alle gedacht, er sei nun durchgedreht, ja, sogar verrückt geworden.
Ein paar Tage später schwamm er erneut als Karausche im See und beobachtete die Angler. Er sah, wie einer von ihnen seine Wurmdose achtlos wegwarf und ebenso die verschlissene verdrallte Angelschnur. Vorsichtig näherte er sich dessen Köder, schnappte ihn und verhakte die Schnur in einen alten Baumast, der vor einiger Zeit ins Wasser gefallen war. Als der Angler den Anhieb setzte, dachte er zuerst an einen großen Fisch, aber er merkte schnell den Hänger. In diesem Moment löste die Karausche die Schnur und der Angler ärgerte sich über seinen vermeintlich verpassten großen Fang. Dieses Spiel wiederholte sich mehrere Male, bis der Angler einpackte.
In der nächsten Vereinsversammlung berichtete er von einem großen Fisch, den er fast gehabt hätte, aber bestimmt noch fangen werde, vielleicht schon morgen. Als er am nächsten Tag an seiner Angelstelle saß, verwandelte sich der hilfsbereite Angler wieder in eine Karausche. Er rief viele Fried- und Raubfische zusammen und bat sie, den Müll vergangener Jahre zusammenzutragen und auch neuen Müll immer wieder vor der Angelstelle des rücksichtslosen Anglers abzulegen. Die Fische machten begeistert mit. Zum Schluss hatten sie eine große Menge Müll gesammelt.
Die Karausche hängte einen Fahrradschlauch an die Angel des Umweltsünders. Dann wieder ein vermodertes Handtuch, eine kaputte Bierflasche - kurz, nach und nach den ganzen Müll, den die Fische abgelegt hatten, sogar eine verrostete Fahrradfelge. Manchen Dreck hatte er selbst hier hineingeworfen. Zuerst warf er den Müll wieder ins Wasser, aber an einer anderen Stelle. Doch wie verhext zog er ihn immer wieder aus dem Wasser, auch wenn er woanders angelte. Völlig verärgert, dann verwirrt und schließlich

verzweifelt sammelte und entsorgte er den ganzen Müll. Diese Aktivitäten blieben natürlich nicht unbemerkt. Ja, auf einer Vereinsversammlung wurde er ausdrücklich dafür als Vorbild gelobt. Niemals wieder hat er seinen Angelplatz verschmutzt verlassen.
Die verzauberte Karausche aber schwamm noch manches Mal im See, lauschte den Gesprächen der Fische und studierte ihre Gewohnheiten. Gemeinsam feierte sie mit ihnen die erfolgreiche Aktion. Viele beneideten den hilfsbereiten Angler wegen seiner Erfolge. Mit der Zeit vervollkommnete er seine Kenntnisse immer mehr und wurde sogar ein gefragter Gesprächspartner für die Wissenschaftler. Aber alle seine Geheimnisse verriet er nicht.

Hechtdame Hermine

Hechtdame Hermine war zu einer furchterregenden Größe für die Fische im See herangewachsen. Sie maß 127 cm und wog 14,5 kg. Niemand weit und breit konnte es mit ihr aufnehmen. Alle kannten sie und achteten darauf, nicht in ihre Nähe zu kommen. Sogar die großen Welse hielten respektvoll Abstand. Eigentlich hätte sie zufrieden sein können. Aber Hermine war es nicht, denn sie litt unter Langeweile und noch mehr unter Einsamkeit. Gern würde sie jeden Tag oder zumindest hin und wieder ein Schwätzchen machen. Aber mit wem? Es war verständlicherweise niemand da, der mit ihr reden wollte. Zu groß war die Angst, von Hermine gefressen zu werden.
Deshalb beschloss sie, ihr Revier zu verlassen und nach einem Gesprächspartner zu suchen. Aber vergebens. Wenn sie auftauchte, ergriffen die anderen Fische sofort die Flucht. Als sie einem großen Wels ihren Unmut klagte, antwortete dieser: "Das muss dich ja nicht wundern bei deiner Gefräßigkeit." "Aber ich bin doch nicht dauernd hungrig, will sagen, ich fresse doch nicht ununterbrochen." "Das sagst du so. Erstens kann das ein anderer Fisch nicht sehen, ob du hungrig bist oder nicht und zweitens ist vor allem euch Hechten das Raubverhalten angeboren oder der Instinkt, dass ihr auch nach einer Beute schnappt, wenn ihr satt seid."

Missmutig und grußlos schwamm Hermine weiter, um zu ihrem Unterstand zurückzukehren. Da hörte sie ein Stimmchen: "Suchst du etwas?" Hermine schaute und schaute, da hörte sie "hier bin ich". Jetzt sah sie ein kleines Fischchen, das sie neugierig anschaute. "Nanu, wer bist du denn und wo kommst du her?", fragte Hermine verwundert. "Ich bin eine Plötze, hier geboren und wohne auch hier." "Hast du denn keine Angst?" fragte Hermine weiter. "Warum, vor wem? Aber wer bist du denn, so unheimlich groß. Ich habe dich noch nie gesehen." Hermine wurde nun neugierig und antwortete:

"Ich suche jemanden, mit dem ich mich unterhalten kann." "Dann kannst du doch mit mir reden", unterbrach sie keck das Plötzchen. "Aber wer bist du eigentlich?" "Ich bin Hermine Hecht und habe, ehrlich gesagt, ziemlich viel Langeweile. Aber niemand will mit mir reden. Alle haben Angst vor mir. Das geht mir gehörig auf die Flossen."

"Aha, du bist das. Ich habe schon von dir gehört. Die erwachsenen Fische drohten uns Brutfischen oft mit dir. Wenn ihr nicht hören wollt, meinten sie, dann kommt Hermine und frisst euch augenblicklich. Aber ich habe keine Angst."

"Und warum nicht?" "Erstens bin ich für dich viel zu klein und zweitens halte ich mich immer nahe dem Kraut auf. Ehe du zuschnappen könntest, hätte ich mich darin versteckt und Pflanzen frisst du ja nicht. Deshalb bin ich genau der richtige Gesprächspartner für dich. Aber bitte komm mir nicht zu nahe, halte Abstand. Das muss trotz alledem sein. Worüber willst du eigentlich reden?"

"Tja worüber, ich weiß es ehrlich gesagt auch nicht. Deine Welt ist eine ganz andere als meine. Und du bist außerdem noch so jung und unerfahren, aber mutig, das muss ich dir lassen." "Dann wirst du auch mit den anderen Fischen kein Gespräch zustande bringen. Auch wenn sie den Mut hätten, mit dir zu reden. Was weißt du von ihnen außer dass sie dir als Beute willkommen sind? Es ist dir doch völlig egal, welchen Fisch du erbeutest, woher er kommt, wie er lebt, was ihn bewegt - Hauptsache, du kannst deinen Hunger stillen."

Hermine sagte eine Weile nichts, so dass die Plötze schon ängstlich wurde und sich etwas zurückzog. Aber dann antwortete Hermine: "Ich danke dir, du bist zwar noch jung, aber du hast mir mit deinem Mut und deiner Klugheit mehr geholfen als du ahnst. Ich schwimme nun zurück und bin nicht mehr dauernd übel gelaunt, sondern zufrieden so wie es ist. Ich muss nach meiner Bestimmung leben und ihr nach eurer." Aber das hörte die kleine Plötze schon nicht mehr, sie hatte sich ins Kraut gerettet.

Aland-Goldorfe

Der silbrige Aland hatte Geburtstag und einige Weißfische zu einer Feier eingeladen. Als Gast schwamm auch ein Fisch herbei mit einer goldenen Körperfärbung - die Zuchtform des Alands, auch Goldorfe genannt. Sofort zog er wegen seines Aussehens die Aufmerksamkeit aller Anwesenden auf sich und wurde vom Gastgeber ganz besonders willkommen geheißen.

Er servierte Insektenlarven, Muscheln, Schnecken und extra große Würmer. Mit großem Behagen speisten die Gäste. Nur die Goldorfe ließ all diese Köstlichkeiten unberührt. "Ist dir heute nicht gut oder bist du gar krank oder hattest du großen Stress, dass du nichts von diesen Speisen essen magst?", frage der Geburtstagsfisch.

"Oh nein, vielen Dank", erwiderte die Goldorfe. "Ich esse schon lange keine Fleischspeisen, sondern ausschließlich pflanzliche Kost. Wenn du ein wenig Blätter oder Sprossen von Wasserpflanzen hättest oder Mais zum Beispiel, so wäre ich sehr glücklich. Du musst wissen, ich bin Vegetarier."

Damit hatte der Gastgeber überhaupt nicht gerechnet und auch die anderen Gäste nicht. Sie konnten sich nicht vorstellen, wie man mit reiner Pflanzenkost leben und bei Kräften bleiben kann.

"Wie ihr an mir seht", sprach die Goldorfe, "funktioniert das ausgezeichnet. Zum Beispiel kleine rote Paprikastückchen, gequollener und vorgekochter Mais, Blättchen von Luzerne sind durchaus nahrhaft und köstlich. Ich bin nicht schlechter bei Kräften als ihr, höchstens ein wenig schlanker. Aber nun entschuldigt mich. Ich

muss wieder in meinen Teich zurück, denn als Schauspielerin habe ich heute noch eine Theatervorstellung. Ich spiele die Hauptrolle in dem Märchen vom Fischer und seiner Frau. Vielen Dank für die Gastfreundschaft." Sprach es und schwamm davon.
"So kann man doch nicht leben", sagte ein dicker Spiegelkarpfen. "Und wie sie aussieht", schloss sich die Güster an. "Na ja, eben Künstlerin. Die wollen immer anders sein und auffallen", so die Plötze. "Soll sie aussehen wie sie will. Aber sie lebt in einem Teich und nicht wie wir in einem See. Deshalb möchte ich nicht mit ihr tauschen", erklärte die Schleie.
"Ich finde, mit ihren goldenen Schuppen sieht sie doch gut aus, ähnlich wie wir", fand eine Rotfeder. "Ich jedenfalls werde die vegetarische Lebensweise auch ausprobieren. Vielleicht werden dann meine Schuppen noch mehr golden glänzen?"
Da ertönte die tiefe Stimme eines Graskarpfens: "Daran liegt es auf keinen Fall. Dann müsste ich ja regelrecht vor Gold stahlen. Wer weiß, warum sie so aussieht. Normal ist es nicht. Das steht fest. Aber da die Goldfische, wie ich gehört habe, in den Teichen von Menschen gefüttert werden, kann das nur daran liegen. Ja, es soll sogar schon Fische mit blauen Schuppen geben. Wer so aussehen und leben will, bitte. Ich für meinen Teil sage nur vielen Dank."
Nach und nach verabschiedeten sich die Geburtstagsgäste. Der Gastgeber dachte noch lange über diese Feier nach. Ich möchte doch zu gern wissen, sprach er zu sich selber, ob die goldene Verwandte den Fischer spielt oder dessen habgierige Frau. Auch bei uns haben wir beide Typen zur Genüge. Aber eigentlich ist es egal. Soll doch jeder so leben wie er es für richtig hält.

Die Einladung

Der Hecht lud den Zander zum Essen sein. Dieser freute sich und erschien pünktlich beim Gastgeber. "Schön dass du da bist", begrüßte ihn dieser." "Ich wollte dich schon lange näher kennenlernen. Da Fische unser beider Nahrung sind, habe ich für uns einige besonders große Exemplare aufgehoben. Das wird genug sein für

heute, so dass wir erst ab morgen oder übermorgen zu jagen brauchen."
"Vielen Dank", antwortete der Zander und betrachtete neben einem Blei und einem Schlei zwei stattliche Karpfen. Der Hecht forderte zum Mahle auf und langte tüchtig zu, während der Zander abwartete. "Wieso frisst du nicht?", fragte der Hecht. "Möchtest du lieber andere Fische als diese hier?"
"Keineswegs", entgegnete der Zander. „Aber diese sind für mich zu groß, während sie für dich gerade das rechte Maß haben. Ich habe im Gegensatz zu dir ein viel engeres Maul und kann daher nur kleinere Fische erbeuten und fressen, wie Ukelei, Stint, Kaulbarsch, Güster und auch kleinere Plötzen oder Rotfedern. So kann ich nur zuschauen und mich freuen, wie gut es dir schmeckt. "Oh, das tut mir leid", stotterte der Hecht. "Ich hatte nicht bedacht, dass du Fische dieser Größe nicht bewältigen kannst. Was soll ich jetzt tun?"
"Mach dir keinen großen Kopf", beschwichtigte ihn der Zander. "Lassen wir es für heute gut sein. Aber ich lade dich zum Essen ein, wenn du magst." "Sehr gerne", stimmte der Hecht sogleich zu. Einige Tage später besuchte er den Zander, der ihn schon erwartete. "Ich bin schon hungrig und gespannt, was du heute anbieten wirst", begrüßte ihn der Hecht. "Nun bitte schön, hier ist meine Auswahl." Der Zander präsentierte kleinere Plötzen und Rotfedern, Ukeleis, Stinte und mehrere Kaulbarsche.
"Zwar nicht so groß, aber dafür reichlich" sagte anerkennend der Hecht und fraß alle Fische in kurzer Zeit auf. "Vielen Dank für die Speise und die Einladung. Es hat mir ausgezeichnet geschmeckt. Gerade heute muss ich noch zu einer weiteren Verabredung. Ich hoffe, du hast noch etwas für dich", sagte er zufrieden und satt zum Gastgeber. "Bis zu unserem nächsten Treffen", verabschiedete sich der Gast.
Der Zander antwortete nicht und dachte, da kannst du lange warten. Ich bin ja selber schuld und hätte es wissen müssen. Wer sich mit einem solchen egoistischen Schnell- und Vielfraß einlässt, ist am Ende selbst der Dumme.

Hecht und Wolf

Der Hecht erhielt eines Tages einen sehr ungewöhnlichen Brief. Er traute seinen Augen nicht, denn der Absender war der Wolf. Der Hecht staunte, dass sich ein Landtier an ihn wandte, was ihm sogleich ungeheuer schmeichelte, obwohl er Wölfe gar nicht kannte. Mit großer Spannung las er:

„Sehr geehrter Herr Hecht!

Ich entbiete Ihnen meinen herzlichen und kollegialen Gruß. Gestatten Sie, dass ich mich kurz vorstelle. Die Menschen nennen mich Wolf und ich darf für mich in Anspruch nehmen, hierzulande das bekannteste Raubtier zu sein, wohl auch das gefürchtetste. Wir Wölfe jagen gemeinsam und erbeuten so auch Tiere, die viel größer sind als wir.

Nun habe ich gehört, dass die Hechte von den Menschen auch Wasserwölfe genannt werden und gleich uns die bekanntesten und gefürchtetsten Raubtiere unter bzw. im Wasser sind.

Sie ersehen daraus, dass wir uns trotz vieler und großer Unterschiede auch ähnlich sind. Deshalb möchte ich Sie gerne kennenlernen und warte gespannt auf Ihre Antwort.

Mit wölfischen Grüßen!“

Der Hecht traute diesem Brief nicht und glaubte an eine Falle oder zumindest an eine Veralberung seiner Art und reagierte zunächst nicht. Aber mehr und mehr beschäftigte ihn der Brief und er entschloss sich zu einer Antwort, zumal er neugierig war, seinerseits den Wolf kennenzulernen. Und so schrieb er:

„Sehr geehrter Herr Wolf!

Sie werden verstehen, dass ich total überrascht war von Ihrem Brief und deshalb erst nach einigem Zögern antworte, denn ich bin wohl der erste Hecht, ja, der erste Fisch hier überhaupt, der einen Brief von einem Wolf erhalten hat. Dafür danke ich Ihnen und bin überrascht, welche Gemeinsamkeiten wir haben, denn darüber habe ich noch nie nachgedacht.

Auch ich bin nun gespannt, Sie kennenzulernen und schlage ihnen vor, in zwei Tagen bei Sonnenaufgang am Steg dieses Sees zu erscheinen, wo ich auf Sie warten werde.

Mit hechtischen Grüßen!“
So geschah es auch. Beide Raubtiere begrüßten sich, wobei der Hecht etwas Abstand hielt.
"Wenn ich Ihre Färbung anschaue", so der Wolf, "abwechselnd gelblich und dunkel, dann ähneln wir uns auch hier. Jagen auch Sie gemeinsam und ist das Wasser nicht hinderlich für eine schnelle Verfolgung der Beute?"
"Nein", antwortete der Hecht. "Wir erbeuten die Fische allein mit einem schnellen und sicheren Vorstoß aus der Deckung, darunter auch sehr große, die bald unser Gewicht erreichen. So müssen wir die Beute nicht teilen. Mit unserem langgestreckten runden Körper, der Anordnung unserer Flossen und unserer Kraft überwinden wir den Wasserwiderstand ohne Probleme. Wir kennen es ja ohnehin nicht anders."
"Ich bewundere ihre Jagdmethode, aber die funktioniert so auf dem Lande nicht", erläuterte der hungrige Wolf, während ihm der fremdartige Geruch des Hechtes in die Nase stieg und seinen Jagdtrieb noch mehr reizte. Er beugte sich immer weiter vor und versuchte, den Fischräuber mit seinem Maul zu erwischen, verlor dabei das Gleichgewicht und fiel ins Wasser. Doch Esox war auf der Hut, tauchte blitzschnell ab und versetzte dem Wolf, wenn auch unbeabsichtigt, einen kräftigen Hieb mit der Schwanzflosse und schwamm davon.
Der Wolf erschrak, paddelte so schnell wie er konnte ans Ufer und dachte, es hat keinen Zweck, einen gesunden und noch dazu starken Fisch im Wasser zu jagen, zumal einen Räuber wie den Hecht. Ich hätte an seiner Stelle auch nicht anders gehandelt. Der ist gleich uns ebenso wachsam wie gierig und natürlich uns Wölfen in seinem Element weit überlegen. Also Wolf, bleib auf dem Lande!

Gruselfisch Gründling

Eigentlich wird man dem kleinen Gründling nicht gerecht, wenn man ihn als Gruselfisch bezeichnet, denn er hat wirklich nichts an sich, was uns Angst machen könnte. Im Gegenteil, Gründlinge werden selten länger als 15 cm, ihre Färbung reicht von oliv-grün bis braun an der Oberseite, bis hellgrau auf der Bauchseite. In den Maulwinkeln haben sie je eine kleine Bartel. An den Seiten schimmern bläuliche Flecken oder Punkte wie eine Reihe, die auch manchmal zu einem Band verschmolzen sind. Ich kann mir lebhaft vorstellen, wie ein Künstler die blauen Tupfen aufgetragen hat und viele kleine auch noch auf die Flossen. Gut, dass sie nicht abwaschbar sind und uns vor allem im klaren Wasser bei Sonnenschein erfreuen.

Dieser Gründling nun spielt in dem Märchen der Brüder Grimm „Von einem der auszog, das Fürchten zu lernen“ eine gruselige Rolle, denn diese Fische bringen endlich dem mutigen Jüngling das Fürchten bei. Bekanntlich gab der König dem Fürchtenix seine Tochter zur Frau, weil er das nahe gelegene Schloss von allem Spuk befreit hatte. Aber dennoch war der junge König unzufrieden, denn er hatte noch immer nicht das Gruseln gelernt. Darüber ärgerte sich seine Frau. Ihr Kammermädchen sprach

„ich will Hülfe schaffen, das Gruseln soll er schon noch lernen.“ Und ging hinaus, und ließ sich einen ganzen Eimer voll Gründlinge holen. Und nachts als der junge König schlief, musste seine Gemahlin ihm die Decke wegziehen, und den Eimer voll kalt Wasser mit den Gründlingen über ihn herschütten, dass die kleinen Fische um ihn herum zappelten. Da wachte er auf und rief „ach was gruselt mir, was gruselt mir, liebe Frau! Ja, nun weiß ich was gruseln ist.

Ja, in einen Eimer passen in der Tat viele der kleinen Fische, da kann man sich lebhaft vorstellen, dass es gewiss mehr als hundert waren. Bei dem kalten Überraschungsguss mitten im Schlaf und der Massenzappelei kann einem wirklich der Schreck in alle Glieder fahren.

Gründlinge lieben strömende Gewässer. Es hätte mich aber schon interessiert, wie man so viele Fische so schnell gefangen hat. Ein Bach war dieses Gewässer bestimmt nicht, eher ein Flüsschen. Aber es gab dies Fischchen damals wirklich massenhaft. Und dann

drängt sich die Frage auf, vertraute die Magd auf die erschröckliche Wirkung ihrer Abhilfe oder hatte sie diese schon einmal selbst ausprobiert bzw. wenigstens davon gehört?
Wir werden es nicht erfahren. Auf jeden Fall hat es bestens gewirkt. Aber zur Nachahmung wird sich sicher heutzutage keiner mehr entschließen.

De Fischer un sin Fru

Der Fischer hat ne Fruh,
die lässt ihn nicht in Ruh.
Ha, Ha, Ha,
das Weib ist nicht ganz da.

Sie schickt den Mann zum Butt
und macht ihr Herz kaputt.
He, He, He,
der Butt lebt in der See.

Sie kriegt den Hals nicht voll,
und wird am Ende toll.
Hi, Hi, Hi,
und abgestürzt ist sie.

Nun ist sie wieder arm,
ihr kaltes Herz ist warm.
Ho, Ho, Ho,
der Fischer ist jetzt froh.

Hans und Ilsebill

Wir kennen bestimmt den Namen der unersättlichen Frau, nämlich Ilsebill. Das reimt sich ja so schön:
Mine Fru, de Ilsebill,
will nich so, as ick wol will.

Die Brüder Grimm haben dieses Märchen auf Plattdeutsch vom Maler Philip Otto Runge (geb. 1777 in Wolgast, gest. 1810 in Hamburg) bekommen. Daher geht man davon aus, dass die Heimat von Ilsebill und ihrem Mann das Achterwasser nahe Wolgast ist.
Nun gibt es auch die hochdeutsche Variante dieses Märchens, nämlich Hans Dudeldee. Er lebt mit seiner Frau in einer bretternen Hütte mit Astlöchern statt Fenster. Nachdem der Fischer Hans, dem seine Frau Faulheit vorwirft, erneut den ganzen Tag von früh bis spät nichts gefangen hat, versucht er es noch einmal und ruft dazu: *Fischlein, Fischlein in dem See!* Da taucht ein Fischlein auf mit dem Kopf über dem Wasser und fragt: *Was willst du, lieber Hans Dudeldee?* Dieser wünschte sich ein gleiches Lustschlösschen wie es jenseits des Sees stand. Das Fischlein erfüllt sofort diesen Wunsch. Aber die Frau ist damit nicht zufrieden und schickt Hans erneut zum Fischlein mit immer größeren Wünschen. Hans aber identifiziert sich damit und sagt zu dem Fischlein nicht etwa, meine Frau möchte Königin werden, sondern er selbst wäre gern Köng. So geht es fort, bis beiden auch der Kaisertitel nicht genug ist und Hans das Fischlein bittet, *meine Frau möchte gern können, was Gott kann: Regen und Sonnenschein machen, und Frühling und Sommer und Herbst und Winter, wann sie gerade will.* Auch hier ist Hans mit dem Wunsch einverstanden, denn es gefiel ihm selbst, dass seine Frau Regen und Sonnenschein machen könnte.
Als das Fischlein dies hört, antwortet es:
So? Und weiter nichts? Nein, nein Kaiser Dudeldee, ich sehe, daß an deiner Frau und dir nichts gut angelegt ist. Darum sei du nun wieder der alte Dudeldee! Denn damals warst du nicht so übermütig und ungenügsam wie jetzt. Weiter heißt es:
Und er stand wieder da wie das erstemal, ohne Wams, nur in seinen schmutzigen ledernen Hosen und war wieder der alte Fischer Dudeldee.
Diese berechtigte Schelte des Mannes hatte der Butt im plattdeutschen Märchen nicht nötig. Hier dagegen gab das Fischlein auch dem Hans Dudeldee zu gleichen Teilen die Schuld an der gesteigerten Maßlosigkeit der Wünsche. Und das zu Recht, denn Hans

hatte selbst Gefallen an der Gier seiner Frau gefunden - im Gegensatz zum Mann der Ilsebill. Der wollte eigentlich nichts, aber schließlich beugte er sich ihrem Drängen. Nun mag darüber jeder seine Schlussfolgerungen ziehen.
Das Märchen von Hans Dudeldee gab Albert Ludwig Grimm (1786 geb. in Schluchtern im heutigen Landkreis Heilbronn, gest. 1872 in Baden-Baden). Er war studierter Theologe und Philologe, verdiente sein Geld als Schriftsteller und Politiker. Als begeisterter Sammler volkstümlicher Überlieferungen sandte er auch an Achim von Arnim und Clemens Brentano Beiträge für ihre Anthologie "Des Knaben Wunderhorn." 1809 veröffentlichte er das Buch "Kindermährchen" und hier Hans Dudeldee. Grimm kopierte eben nicht nur, sondern deutete den Stoff bzw. die Handlung weiter aus. Die Brüder Grimm übrigens - er war nicht mit ihnen verwandt - kritisierten das Buch.

Der Ukelei bei Petrus

Vor langer, langer Zeit erschien der Ukelei zur Sprechstunde bei Petrus, die dieser regelmäßig für seine Schutzbefohlenen abhielt. Seine Artgenossen hatten ihn, der mit 20 cm eine respektable Größe erreicht hatte, gebeten, sich in ihrem Auftrag an Petrus zu wenden. In dem extra für diese Gelegenheit eingerichteten Teich für die Friedfische schwammen bereits einige Bittsteller, darunter das Moderlieschen, die Ziege, die Elritze, der Stint, die Zope, die Zährte, und der Schneider. Deshalb musste er sich auf eine längere Wartezeit einstellen, die er für intensive Gespräche über die großen und kleinen Sorgen der Weißfische nutzte.
Es blitzte nur so von ihren silbernen Schuppen. Nur die Elritze mit ihrer olivfarbenen bis dunkelgrauen Färbung des Rückens und mit ihren rund 15 dunklen Querstreifen stach heraus. Sie wollte sich über die Bachforelle beschweren. Während sich beide im Jugendstadium zu Schwärmen vereinen, die Elritzen jedoch nicht größer werden als durchschnittlich 8 bis 11 cm, dienen sie der erwachsenen Bachforelle als Nahrung. Die Elritze fand das hinterlistig.

Als der Ukelei sich mit dem Stint unterhielt, hatte er Mühe, den Geruch nach grünen Gurken zu akzeptieren. Das Moderlieschen fand, ihre Pionierarbeit als typische Erstbesiedler in neu entstandenen oder ausgestickten Gewässern werde nicht genügend gewürdigt. "Kaum haben wir hier eine neue Heimat gefunden, kommen die Raubfische und fischfressenden Vögel. Kein Lob, kein Dank, keine Anerkennung."

"Und was führt dich hierher?", fragte der Ukelei den Bitterling. "Ich habe Angst vor der Zukunft. Vielleicht übertreibe ich. Aber du weißt ja, dass wir zur Fortpflanzung die Großmuscheln benötigen." "Ja, ich weiß es, eigentlich bist du ein Exot", sagte der Ukelei bewundernd. "Ja, ja, richtig, aber was ist, wenn die Muscheln verschwinden? Sie werden doch immer weniger. Schuld ist der Mensch, der das Wasser mit seiner Wirtschaft schädigt, verunreinigt. Die Folge ist Sauerstoffmangel, der wiederum die Fortpflanzung der Muscheln behindert oder gar verhindert. Von Seuchen will ich gar nicht reden. Dann ist es auch aus mit uns. Das kann doch niemand wollen, vor allem auch nicht unser Schöpfer. Ich möchte gern um weitere Wirtstiere für unseren Nachwuchs bitten."

Der Ukelei wollte gerade noch mit dem Schneider über seine Erfahrungen sprechen, weil dessen Schwärme fast immer aus Fischen aller Altersklassen bestehen, aber er wurde aufgerufen. Petrus ließ sich seine Erschöpfung nicht anmerken. "Nun, was führt dich zu mir?", fragte er freundlich. "Ich finde es ungerecht, dass Gott uns vor allem geschaffen hat, Beutefisch für Zander, Hecht, Rapfen, Barsch, Quappe und andere Raubfische zu sein. Sind wir denn zu nichts weiter nütze, als nur den Raubfischen zum Fraße zu dienen?"

Petrus seufzte. "Es ist immer dasselbe. Du und die heutigen anderen Bittsteller möchten, dass Gott seine geschaffene Ordnung in ihrem Interesse korrigiert. Ich kann das zwar verstehen, aber was wird dann passieren? Da alles voneinander abhängt, miteinander verflochten ist, käme die ganze Ordnung, das feine Gleichgewicht der Natur insgesamt durcheinander, wenn nur einer seine ihm zugedachte Aufgabe nicht wie vorgesehen erfüllen würde. Stell dir

mal vor, der Wasserfloh beklagte sich hier, dass er euch Fischen nur zur Nahrung dient. Verstehst du das?" "Ehrlich gesagt, nicht so richtig oder nein", antwortete der Ukelei. "So sehe ich das", fügte Petrus noch hinzu. "Aber ich bin nicht der Weltschöpfer und werde ihn fragen. Morgen schon sollst du eine Antwort bekommen." Der Ukelei war zufrieden und berichtete seinen Artgenossen von der Audienz bei ihrem Schutzpatron und auch von den Anliegen der anderen Fische.
Welche Auskunft hat Gott seinem Apostel Petrus wohl gegeben? Wir wissen es nicht, denn Petrus hatte eins nicht bedacht. Ein Tag nach der himmlischen Zeitrechnung dauert nämlich so lange, dass die Ukeleis bis heute auf eine Antwort warten müssen.

Der Teufel geht angeln

Der Teufel hatte Langeweile. Ich müsste mal etwas anstellen, was ich noch nie gemacht habe, dachte er. Aber was? Von allen Geschöpfen, die heutzutage die Erde bevölkern ist der Mensch die komischste und zugleich interessanteste Kreatur, denn er ist im Gegensatz zu den Tieren durch seinen Verstand am meisten unberechenbar. Man weiß nie richtig, woran man mit ihm ist. Sein Wissensdrang ist unersättlich. Ein Schöpfungsgeheimnis nach dem anderen spürt er auf. Gott hat ihm keine Flügel gegeben, aber er kann fliegen, sogar rund um die Erde und zu den Sternen. Er kann nicht so schnell rennen wie viele Tiere, aber er ist dennoch schneller. Er kann nicht so gut schwimmen wie die Fische, aber er jagt sie in allen Wassern.
Irgendwann steht er auch vor meiner Tür. Aber das wird wohl noch eine geraume Zeit dauern - hoffentlich. Wo soll das noch hinführen? Ich wundere mich, bin aber auch froh, dass er noch nicht herausgefunden hat, wie der Aal sich vermehrt und auch das Vermehrungsgebiet, die Sargassosee, ist ihm immer noch fremd.
Da kommt mir doch die Idee, ich mische mich mal unter die Angler und angle einfach mit. Mal sehen, was dabei herauskommt.
Also besorgte sich der Teufel alles, was ein Angler braucht und erschien - natürlich in Menschengestalt - am Ufer eines Sees, wo

bereits einige Angler ihr Glück versuchten. Sogar an einen gebrauchten Anglerhut mit eingespießter Ködernadel hatte er gedacht. Mit einem freundlichen Petri Heil! grüßte er seinen neuen Nachbarn, obwohl es ihm schwerfiel, denn er konnte und kann bis heute Petrus nicht leiden. Der redet doch dem Schöpfer nur nach dem Munde, meint er.
Er entschied sich, zuerst einen Köderfisch für die Hechtangel zu fangen. Aber er konnte sich nicht konzentrieren, weil er dauernd nach seinem Nachbarn schielte. Der war auf Karpfen aus, würdigte ihn aber keines Blickes, sondern angelte mit stoischer Ruhe, beinahe wie ein Roboter - Köder an den Haken spießen, die Angel rauswerfen, sie im Rutenhalter fixieren und warten. Nach einiger Zeit dieselbe Prozedur. Als er nach einer Stunde immer noch keinen Erfolg hatte, holte er seine mitgebrachten Wurstbrote aus der Angeltasche und aß gemütlich.
Mal sehen, dachte der Teufel, wie ich ihn mit einem Karpfen aus der Ruhe bringen kann. Der Nachbar bemerkte den Biss aber zu spät und sein Anhieb ging ins Leere. Der nächste Biss ließ nicht lange auf sich warten, er saß, aber der Fisch konnte entkommen. Ruhig spulte der Angler sein Handlungsprogramm ab. Endlich hatte er einen Karpfen an der Angel, aber der zog plötzlich mit einer überraschenden Kraft in einen in das Wasser gefallenen Baum. Der Angler konnte ihn nicht mehr befreien.
Beim nächsten Versuch versagte die Rolle und danach auch noch der Kescher. "Heute hat der Teufel seine Hand im Spiel", sagte er zu seinem neuen Nachbarn. "Morgen ist auch noch ein Tag. Aber ich muss zugeben, so etwas habe ich noch nicht erlebt in meinem ganzen Anglerleben. Das ist das einzige positive Resultat des heutigen Tages. Ich hoffe aber, es ist auch das letzte Negativerlebnis dieser Art."
Er wurde nun richtig gesprächig. "Wo kommst du denn her? Ich habe dich hier noch nie gesehen." "Ich hatte Langeweile und dachte, machst mal eine anglerische Entdeckungstour", antwortete der Teufel. "Aber so richtig will bei mir auch nichts klappen. Sind denn hier auch gute Hechte drin?" "Und ob, vielleicht hast du mehr

Glück als ich heute. Na denn Petri Heil!" Der Teufel zuckte zusammen. Eilig verließ der erfolglose Angler die Angelstelle. Den gestammelten Dankesgruß des Teufels hörte er nicht mehr.
Der dachte, nun wo ich schon mal hier bin, will ich doch auch mal mein Anglerglück versuchen - ohne Tricks natürlich, ganz wie ein Mensch. Aber kein Hecht oder Barsch oder Aal oder gar Wels interessierte sich für seinen Köderfisch. Woran mag das wohl liegen, fragte sich der Teufel. Sind die satt, ist jetzt nicht Beißzeit, ist das Wetter ungünstig oder ist das hier eine ungünstige Stelle und sie sind ganz woanders? Am Köder kann es doch nicht liegen, denn sie leben doch vom Fisch.
Gut, wenn kein Raubfisch, dann eben einen guten Karpfen oder eine Schleie, sagte sich der Teufel und begann sozusagen von vorn mit Wurm, Made, Teig, Boilie. Aber auch hier das gleiche Resultat und die gleichen Fragen, die er nicht beantworten konnte. Petrus um Rat bitten wollte er nie und nimmer. Vielleicht bin ich zu ungeduldig, dachte er und wartete noch einige Stunden bis Sonnenuntergang. Aber nichts tat sich. Schließlich packte er zusammen.
Das war ja dennoch ein interessanter Tag, zog er Bilanz. Den Angler neben mir habe ich tüchtig geärgert. Das war schon mal ein teuflisches Erlebnis. Aber der behielt die Ruhe, ist nicht ausgerastet, wie ich vermutet habe. Bestimmt fängt er das nächste Mal seinen Fisch.
Nun habe ich selbst erlebt, dass es zumindest für einen Angler immer noch viele Geheimnisse gibt. Es ist ja wie das Vorantasten im Dunkeln. Man sieht den Fisch nicht und weiß nicht, wie er gerade so drauf ist, was ihn so oder so beeinflusst. Klar, der heutige Angler hat anderes Material und andere Köder, auch andere raffiniertere Methoden als einer von ganz früher, wie ich mich gut erinnere. Doch er hat gottlob - hier ist das auch für einen Teufel angebracht - die Geheimnisse der Unterwasserwelt und der Fische bis heute nicht ergründet. Ich wünschte, er wird es auch künftig nicht schaffen.
Letzten Endes hat auch er nur eine Angel mit einem Köder wie von Beginn seines Daseins an. Nach wie vor bleiben ihm die Hoffnung

und die Geduld. So gesehen ist der Angler gar kein übler Mensch, denn er erlebt noch ganz persönlich und direkt die Geheimnisse, die Überraschungen und auch die Wunder der Natur.

Das königliche Welsdekret

Zu Beginn der neuen Fischzeitrechnung irgendwann nach der Eiszeit existierte in einem großen See ein Fischreich mit dem Wels als König. Am Tag der Sommersonnenwende versammelten sich die Anhänger des Sonnengottes und feierten wie jedes Jahr ihr Weihefest. Für diesen Tag galt für alle die Friedenspflicht, es durfte kein Fischfleisch verzehrt werden. Junge Fische wurden in den Kreis der erwachsenen Fische aufgenommen, die Brutfische bekamen Leckerbissen.

Es gab noch eine zweite Glaubensrichtung, nämlich die der Anhänger des Wintergottes. Sie feierten ihr Fest am Tag der Wintersonnenwende. Die Rituale und Feierlichkeiten glichen sich. Dennoch stritten sich die Anhänger beider Bekenntnisse erbittert bis hin zu tätlichen Angriffen. Alle Erklärungen von Fischgelehrten, dass es sich nur um einen Gott handele, wurden brüsk zurückgewiesen. Beiden Glaubensrichtungen gehörten sowohl Raub- als auch Friedfische an.

So kam es, dass die Feierlichkeiten der Anhänger des Sommergottes von denen des Wintergottes mit viel Energie gestört wurden und umgekehrt. Alle Versuche zur Aussöhnung schlugen fehl.

Einig waren sich jedoch die Anhänger der Winter- wie der Sommergötter darin, die Abtrünnigen, wie sie genannt wurden, zu bekämpfen, das heißt jene, die keiner Glaubensrichtung angehörten. Diese feierten ihre Feste je nach Lust und Laune und hatten dafür keine feste Regeln, was von beiden Glaubensrichtungen als völlig abartig verurteilt wurde. Ununterbrochen gab es zum Teil gewalttätige Demonstrationen gegen die einen oder anderen. So kam es, dass im Königreich kein Frieden herrschte und das Chaos regierte - zum Vorteil aller Feinde des gesamten Fischvolkes.

Alle Bitten des Königs, all seine Appelle an die Fischvernunft, all seine Anordnungen und Gesetze zur Mäßigung wurden missachtet,

Strafen ignoriert, Sanktionen betrügerisch unterschwommen. Er entschloss sich auf Empfehlung seiner Berater - der älteste Spiegelkarpfen und ein weitgereister Aal -, einen sogenannten großen Rat der Fische zu bilden, um endlich in Ruhe und Frieden leben zu können. Jede Fischart hatte nach eigener Wahl die Möglichkeit, ihre Vertreter in den hohen Rat zu entsenden. Dieser bestand aus zwei Kammern, eine für die Raubfische, eine für die Friedfische, wobei die Anzahl abhängig war von der zahlenmäßigen Stärke der Fische im Königreich. Bei den Friedfischen dominierten die Plötzen, bei den Raubfischen die Hechte. Sie stellten deshalb die jeweiligen Präsidenten. Die Empfehlungen beider Kammern sollten die Entscheidungen des Königs erleichtern, ebenso wie die der Großen Versammlung der religiösen Würdenträger beider Glaubensrichtungen. Leider aber erfreuten sich die genannten Gremien keiner großen Autorität, denn sie wurden von den bevollmächtigten Vertretern sehr schlecht genutzt. Offensichtlich hielten die allermeisten Vertreter ihre persönlichen Dinge für wichtiger als das Wohl der Allgemeinheit bzw. des Königreiches.
Angesichts dieser Situation erließ König Wels ein Dekret, das von Generation zu Generation mündlich überliefert ist. Es hat folgenden Wortlaut:
"Alle Versuche, die Vernunft als wichtigsten Leitfaden meiner Regentschaft zu ihrem Recht kommen zu lassen, sind gescheitert. Breite Mitwirkung des Volkes und der Glaubensrichtungen haben nicht funktioniert. Egoismus und Habgier, Geiz und Neid, Vetternwirtschaft und Korruption, Intoleranz und Fundamentalismus breiten sich aus. Fischleben wird immer geringer geachtet. So bleiben mir als König dieses Wasserreiches nur zwei Möglichkeiten: Abdankung oder Diktatur. Abdankung kommt nicht in Frage, weil ich geschworen habe, den Wohlstand des Volkes zu mehren und Schaden von ihm abzuwenden. So bleibt mir nur noch der Weg zur Diktatur der Raubfische.
Ich habe angeordnet, dass ab sofort unter dem Befehl des Stachelritters Zander eine schnelle Eingreiftruppe, bestehend aus je aus zehn Zandern, Barschen, Hechten sowie Welsen, für Ordnung

sorgt. Eine gleiche Anzahl Rapfen bildet die Reserve und hält sich ständig in Bereitschaft. Bei jeglicher Störung der öffentlichen Ordnung und Sicherheit wird die Truppe eingreifen und für Ruhe und Frieden sorgen.
Geistige und organisatorische Rädelsführer werden erbarmungslos bestraft und verfallen als Beute der Raubfische dem Tode. Einspruchsrechte gibt es nicht. Die einzige und letzte Instanz für alle Entscheidungen bin ich selbst.
Angehörige beider Glaubensrichtungen sowie die Nichtgläubigen können ihre Feste nach Tradition und Sitte feiern, ihre Umzüge zelebrieren, sofern sie nicht die öffentliche Ordnung beeinträchtigen. Jeder ist verpflichtet, Verstöße ohne Aufforderung der Eingreiftruppe unter meinem Vorsitz zu melden. Wer sich an diese Anordnungen hält und nicht dagegen handelt oder aufbegehrt, wird in meinem Reich in Ruhe und Frieden sowie in Wohlstand leben können. Besucher aus fremden Gewässern sind willkommen, sofern sie unsere Ordnung respektieren."
Dieses Dekret wird bis heute jedes Jahr in einer Zeremonie zur Sommer- und Wintersonnenwende öffentlich verkündet, obwohl das Königreich schon lange nicht mehr existiert.

Friedenstag

Als der Wels den Königsthron im Fischreich von seinem Vater übernommen hatte, verkündete er, dass jedes Jahr aus diesem Anlass ein Fest gefeiert werden soll. Friede und Ausgelassenheit würden diesen Tag überall zu einem einmaligen Ereignis werden lassen. Den Raubfischen war es verboten, auf Jagd zu gehen und die Friedfische durften sich gegenseitig nicht das Futter streitig machen. Ein Zander allerdings hielt sich nicht an die königliche Order. Deswegen wurde er verklagt und musste vor dem König erscheinen.
"Nun, was hast du zu deiner Rechtfertigung vorzubringen?", fragte dieser. Der Zander antwortete: "Majestät, eure Idee eines Friedenstages ist aller Ehren wert, aber sie kann und wird nicht funktionie-

ren, denn sie widerspricht unserer Natur und Ordnung. Wir Raubfische leben von anderen Fischen und können uns nicht von Wasserpflanzen und Schnecken ernähren. Wir sorgen dafür, dass kranke Fische sich nicht bis zum Tode quälen, dass unsere Nahrungsfische sich nicht zu Lasten anderer Fischarten vermehren. Es ist unsere Funktion, hier in unserem Gewässer für ein artengerechtes Gleichgewicht zu sorgen, egal, ob wir der Beute hinterherjagen oder ihr auflauern."

"Der Wels hatte aufmerksam zugehört und entgegnete: "Es ist alles richtig, was du sagst, aber warum kannst du dich nicht wenigstens einen einzigen Tag zurückhalten, denn meine Weisung gilt nur für einen einzigen Tag? In jeder Ordnung braucht es einen Moment der Besinnung und Mäßigung, um sich nicht von den eigenen Trieben und Begierden verführen zu lassen. Andernfalls besteht die Gefahr, dass ihr in eurem Rausch die Störung des artgerechten Gleichgewichtes nicht bemerkt, weil Ihr eure Beutefische über die Maßen dezimiert habt und schließlich selbst Hunger leiden müsst. Meine Weisung ist also von der Vernunft diktiert. Und wenn Vernunft mit Freuden oder in Frieden gemeinsam, und sei es nur einen Tag, gelebt werden kann, dann ist das umso besser. Hast du das verstanden?"

"Ja Majestät, ich habe verstanden, denn dies habe ich so nicht bedacht und bitte daher um Entschuldigung." Der König ließ ihn schwimmen.

Der Monsterfisch

Plötze Petra war gerade einen Sommer alt. Sie hatte keine Lust mehr, immer mit dem Schwarm zu schwimmen. "Das ist doch langweilig", sagte sie zu ihren gleichaltrigen Geschwistern und Freunden. "Dauernd die gleiche Strecke hin, dauernd die gleiche Strecke zurück. Hier im See kenne ich doch schon jede Bodensenke und Wasserpflanze, jeden Uferbereich auf unserer Strecke. Ich schwimme alleine weiter, um etwas Interessantes zu entdecken." "Das kannst du immer noch, wenn du groß bist", sagten die

erwachsenen Fische. "Hier im Schwarm kannst du dich nicht verschwimmen und bist am besten vor den Raubfischen geschützt."
Aber Petras Neugier war zu groß. "Ich werde schon wiederkommen, ihr werdet es sehen", rief sie noch beim Abschied und schwamm mit klopfendem Herzen davon. "Hoffentlich geht das gut." Die älteren Plötzen schüttelten mit dem Kopf. "Aber wir können sie nicht aufhalten."
Das hörte Petra schon nicht mehr. Oh, wie war das alles interessant um sie herum. Hier war sie noch nie. Der Wind hatte einen Baum mit noch grünen Blättern in den See gepustet. Grüne Blätter hatte Petra noch nie gesehen. Mal sehen, ob die schmecken, sagte sie zu sich. Aber nein, das grüne Zeug schmeckte nicht, obwohl es gut aussah.
Auf ihrer Erkundungstour vergaß sie allerdings nicht, sich immer wieder umzuschauen, ob nicht ein Raubfisch in der Nähe sein könnte. Viele schreckliche Dinge hatte sie von den erwachsenen Artgenossen besonders über den pfeilschnellen Hecht oder den immer hungrigen Barsch gehört. Auch von dem breitköpfigen Aal hatten sie berichtet, der vor allem nachts aus Bodenlöchern oder Verstecken unvorsichtige Fische überlistete. Ob sie vielleicht doch noch umkehren sollte? Nein, nein, entschied Petra, sie werden mich auslachen und Angstpetra zu mir sagen. Ich schwimme weiter, sprach sie sich selbst Mut zu.
Nach einiger Zeit spürte Petra eine kräftige Strömung und schwamm ihr entgegen. Sie kam von einem Zulauf des Sees und Petra sagte sich, hier muss der See zu Ende sein. Sie schwamm ein wenig zurück, um sich auszuruhen. Da entdeckte sie einen ebenso kleinen Fisch, wie sie es selbst war. Dessen Rücken schimmerte mal gründunkel, mal silbergrau, sein Bauch beidseitig gelblich oliv und unten weiß. Vor allem aber hatte er auf dem Rücken viele Stacheln. So genau konnte Petra das nicht sehen. Oh, wie interessant, dachte sie, wie hübsch er ist und nicht so langweilig silbern wie unsereins. Wenn der mal so groß ist wie ein Karpfen, wie groß werden dann seine Stacheln sein? Die alten Fische meiner Sippe

hatten nie etwas von einem solchen Fisch erzählt, folglich wird es kein Raubfisch sein.

Neugierig schwamm sie näher: "Einen schönen guten Tag, ich bin die Plötze Petra, wer bist du und schwimmst du auch, um den See besser kennenzulernen?" Der kleine Stachelfisch kam näher und musterte Petra erstaunt. "Nanu, so ganz allein unterwegs? Man nennt mich neunstacheliger Stichling, obwohl ich selbst 11 Stacheln habe. Aber manche besitzen eben nur neun. Den Überlieferungen zufolge waren sie einmal Flossenstrahlen, aber sie haben sich zu Stacheln entwickelt. Warum, kann ich dir auch nicht sagen. Vielleicht, weil wir so klein sind, um uns damit besser zu schützen. Ich heiße übrigens Stachus."

Aha", antwortete Petra, "wie froh bin ich, dass du kein Raubfisch bist." "Oh bewahre", lachte Stachus. "Du hast Glück, dass du mich hier angetroffen hast, denn wir leben eigentlich ziemlich versteckt. Nur die wenigsten anderen Fische wissen von unserer Existenz. Wir sind sehr bescheiden und fressen kleinste Insektenlarven und Würmer. Die gibt es hier am Zufluss des Sees reichlich." "Da ernährt ihr euch ja ähnlich wie wir", freute sich Petra. "Ich bin ohnehin hungrig. Da probiere ich gerne, wie hier die Larven und Würmer schmecken. Meine größeren Artgenossen fressen auch Muscheln und Pflanzen. Aber dafür bin ich noch zu klein. Ich beneide euch um euer Aussehen. Richtig bunt. Weißt du, ich bin richtig froh, dass ich dich getroffen habe. In meinem Schwarm habe ich mich gelangweilt und wollte deshalb viel mehr kennenlernen als bisher. Denn du kannst dir denken, ich habe noch nie etwas von dir gehört. Auch unsere Alten haben dich nie erwähnt."

"Das kann ich mir gut vorstellen, das ist auch normal bei unserer Größe und unserem begrenzten Siedlungsgebiet. Aber nun rate ich dir, wieder zurück zu deinem Schwarm zu schwimmen, denn du hat Glück gehabt, dass dich kein Raubfisch erwischt hat. Ich begleite dich ein Stück in den See zurück. Dann wirst du sicherlich die richtige Richtung wählen und deinen Schwarm wiederfinden. Aber sei auf der Hut und grüß deine Artgenossen von mir."

Petra war sofort einverstanden, denn ein bisschen mulmig war ihr schon, wenn sie an den Rückweg dachte. Nach wenigen Minuten verabschiedete sich Stachus und wünschte ihr viel Glück. Vielleicht halfen Petra diese guten Wünsche, denn sie erreichte schließlich wohlbehalten ihren Schwarm und wurde freudig begrüßt.
"Erzähl schon, wie ist es dir ergangen, was hast du erlebt?" Vor allem die Gleichaltrigen platzten schier vor Neugier. Petra genoss diese Aufmerksamkeit und berichtete von ihrer Reise. "Aber jetzt kommt das allerwichtigste. Ich habe einen neuen Freund gefunden, der mir versprochen hat, mich vor den Raubfischen zu beschützen. Er heißt Stachus und hat 11 Stacheln auf dem Rücken. Ein Monsterfisch sage ich euch. Wer dem in die Quere kommt, wird es nie vergessen. Nicht dass er so gefräßig ist wie der Hecht. Nein, allein durch seine Stacheln vertreibt er jeden Fisch, auch unsere größten Feinde, die Raubfische. Dazu ist er freundlich und friedlich und hilfsbereit und sieht richtig gut aus, oben grausilbrig, an den Seiten gelb-oliv und unten weiß. Er selbst sagt, er wäre ein neunstacheliger Stichling mit 11 Stacheln und verteidigt mutig sein Brutrevier."
"Wir haben noch nie von so einem Fisch gehört", sagten die ältesten Fische des Schwarms und bewegten misstrauisch ihre Flossen. "Aber, wenn wir dich so reden hören, möchten wir dir gerne glauben. Doch wie soll denn der neunstachlige Monsterfisch den Raubfischen Angst einjagen, wenn vermutlich auch die ihn nicht kennen?"
Petra antwortete: "Wir müssen im ganzen See verbreiten, dass der Monsterfisch Stachus mit den 11 großen Rückenstacheln uns, die Plötzen, beschützt und jeden Raubfisch aufspießen wird, der es wagt, uns zu fressen." Alle waren über diesen Vorschlag begeistert. Und nun erzählten die Plötzen seeauf, seeab von ihrem neuen mächtigen monstermäßigen Schutzpatron Stachus. Mit jeder neuen Erzählung wurde der Fisch größer und schrecklicher, größer als der gewaltigste Wels, schrecklicher als der gefräßigste Hecht mit Stacheln so groß und gefährlich wie die Angeln der Menschen.

Petra musste bis an ihr Lebensende von der Begegnung mit dem Monsterfisch erzählen. Die Raubfische indes lachten nur über die mehr und mehr leichtsinnigen Plötzen.
Angenehme Lüge führt schnell zur Übertreibung - je länger die Zeit, desto größer ist sie.

Besuch von Petrus

Es ist wieder Zeit, sagte sich Petrus, auf die Erde hinabzusteigen, um zu erkunden, wie es meinen Schutzbefohlenen geht. Dieses Mal werde ich mir die Angler anschauen. Er spazierte am Ufer eines Sees entlang und beobachtete vier Angler. Der erste mühte sich, einen großen Sack voller Futter an seine Angelstelle zu schleppen. Der zweite frühstückte und ließ Papier sowie Plasteverpackung achtlos liegen. Der dritte hatte einen Karpfen gefangen, maß, wog, fotografierte und setzte ihn wieder zurück. Der vierte saß gedankenversunken da und rührte sich nicht.
Da ich schon einmal hier bin, sagte sich Petrus, werde ich mich zu diesem hier setzen und mich mit ihm unterhalten. "Petri Heil", grüßte er. Der Angler zuckte zusammen. Es sah aus, als ob er aus einer Starre erwachte. "Petri Dank!" grüßte er zurück.
"Nichts los heute?", fragte Petrus. "Hier ist immer was los", entgegnete der Angler. Wenn nicht unter Wasser, so doch auf dem See und am Ufer, soweit man das beobachten kann. Und wenn alles ruhig ist, habe ich Muße, meine Gedanken loszulassen. Also langweilig ist es nicht, falls Sie das meinen."
"Ja, schön, aber ein guter Fisch krönt doch einen Angeltag." "Richtig, aber dann hat der Tag eben keine Krone. Sie sind doch bestimmt nicht aus dieser Gegend. Machen Sie hier Urlaub?"
"Stimmt, ich bin von weiter oben sozusagen und wollte mir mal einen Tagesauflug gönnen. Aber ich will nicht weiter stören."
"Sie stören mich nicht, ist doch interessant so eine Unterhaltung."
"Das freut mich. Eine Frage interessiert mich. Was denken Sie denn über Petrus?"
"Na, Sie können Fragen stellen. Was soll ich über ihn denken? Er ist ja, wie Sie sicher selbst wissen, unser und natürlich auch der

Fischer Schutzpatron. Und wer weiß für wen noch alles. Wenn ich nichts fange, sage ich mir, er hat heute woanders zu tun oder vielleicht nur schlechte Laune und morgen kann es wieder ganz anders sein. Aber das ist ja nur symbolisch gemeint oder spirituell, wie man will.
Ich meine, es gibt ihn nicht wirklich, aber wir glauben trotzdem an ihn. Und wenn es ihn gäbe, könnte seine Aufgabe bestimmt nicht sein, Fische zum Anbiss zu führen. Die Angel halten immer noch wir Angler selbst, also sind wir auch für den Fang oder Nichtfang verantwortlich. Noch immer gilt und wird sie gelten, die alte Anglerweisheit. Nicht jeder Angeltag ist ein Fangetag. Oder abgewandelt: Nicht jeder Angeltag ist Petrustag.
Aber wenn es ihn wirklich gäbe, würde ich ihn bitten, alle Flüsse bei uns wieder so durchgängig zu machen, dass die Wanderfische zu ihren Laichplätzen gelangen können, dass sie nicht in den Turbinen der Kraftwerke zerhäckselt werden." "Und für sich, ich meine für die Angler, was würden Sie sich da wünschen?" "Ich würde zu gern verstehen, worüber sich die Fische unterhalten und zu gern wissen, was sie über uns denken."
Petrus lächelte und erhob sich. "Vielen Dank und Petri Heil für die Saison." Der Angler nickte nur mit dem Kopf, denn er musste sich konzentrieren, weil die Pose mit einem Ruck abgetaucht war und die Schnur lief.
In der darauffolgenden Nacht träumte der Angler von dieser Begegnung. Er sah zwei Karpfen an seiner Angelstelle, sie unterhielten sich: "Heute ist ein guter Tag für uns", sagte der eine. "Wieso?" "Unser ärgster Feind, der große Hecht, kann unseren kleineren Brüdern und Schwestern nicht mehr nachstellen, wir leben alle ruhiger, Petrus sei Dank." "Woher weißt du das?" "Der Angler, der heute Vormittag hier am Ufer saß, hat ihn gefangen. Dieses Mal nützten Kraft, Ausdauer und List des Räubers nichts. Der Angler war stärker." "Nun ja", antwortete der andere nachdenklich", der Angler ist ebenso unser Feind wie der Hecht, wenngleich dieser uns dank unserer Größe nicht mehr erbeuten oder fressen kann."

"Das ist richtig, aber die Hechte bedrohen uns zu jeder Zeit, wir lebten früher ständig in Angst vor ihnen.
Der Angler ist nicht ständig hinter uns her, wenn auch oft genug. Und bei ihm haben wir eine Wahl, ob wir uns von seinem Köder verführen lassen oder nicht. Und wenn, dann können wir noch kämpfen.
Aber warst du das nicht, der gestern geangelt wurde und wieder zurückkehrte?"

Der kluge Aal

Am Hofe des Königs der einheimischen Süßwasserfische Silurus XX. herrschte Freude und Trauer zugleich. König Wels hatte den weit gereisten Aal, seinen besten Minister und Berater, entlassen, nein, vertrieben, obwohl dieser ihm ehrlich und aufopferungsvoll viele Jahre treu zur Seite stand. Die Freunde des Aals trauerten, seine Neider hingegen jubelten, denn endlich waren sie den gehassten Berater los, der ihnen auf die Flossen geschaut und Vetternwirtschaft sowie Korruption bekämpft hatte. Ihnen war es gelungen, den König durch eine infame Intrige zu täuschen und so den Aal als schlangengleichen Egoist und Lügner hinzustellen, der selbst die Macht übernehmen wolle.
Der solcherart Geschmähte zog sich widerspruchslos zurück, was sogar als Eingeständnis seiner Schuld gewertet wurde, und lebte bescheiden und ehrlich.
Aber der Triumph der vom Zander und Nachfolger des Aals angeführten Intriganten währte nicht lange. Zu offen und ungeniert wirtschafteten sie zu ihrem eigenen Vorteil. Den Freunden des Aals gelang es, den König zu überzeugen, die Angelegenheit noch einmal zu untersuchen mit dem eindeutigen Ergebnis, dass alle Beschuldigungen gegen seinen ehemaligen Vertrauten erlogen waren.
Der Wels bereute nun, seinen besten Minister derartig schlecht behandelt zu haben. Er verbannte sofort den Zander samt Kumpanen vom Hof, schickte einen Boten zum Aal und bat ihn, wieder in seine alte Funktion mit noch mehr Vollmachten zurückzukehren.

Aber der lehnte höflich dankend ab. Nun suchte der König selbst den Aal auf, entschuldigte sich und wiederholte seine Bitte. Der Aal ließ sich jedoch nicht umstimmen. "Warum, mein lieber Aal", so sagte der König, "willst du nicht wieder deine Klugheit gebrauchen?" "Eben, Majestät", antwortete dieser, "noch nie habe ich mich meines Verstandes besser bedient als gerade jetzt."

Der Lügenkarpfen

Einem Karpfen wurde es im See zu langweilig. Jeden Tag dasselbe, dachte er, jeden Tag die gleiche Umgebung, jeden Tag Futtersuche, jeden Tag die dummen Nachbarn. Das macht doch keinen Spaß. Ich schwimme aus. In der Nacht träumte er von einem Gewässer, das immer von der Sonne beschienen wurde. Kein Karpfen glich dem anderen. Der eine rotgefleckt, der andere schwarz gemustert, ein dritter gestreift. usw. Jeder kam aus einem anderen See und wusste viel spannende Geschichten zu erzählen. Unter Wasser gab es blühende Wasserpflanzen, kleine Ausbuchtungen und Nischen, sowohl Erhebungen als auch Vertiefungen. So stellte sich unser Karpfen das Fischparadies vor.
Als er aufwachte, schwamm er sofort los, um dieses Paradies zu suchen. Überall wo er hinkam, erzählte er seinen Traum als wahres Erlebnis und fügte noch hinzu: „Der See ist nicht so groß wie dieser hier. Eine Brücke verbindet die Ufer. Hier standen Zweibeiner und fütterten uns, sobald wir auftauchten. Ja, es gab sogar ein Gerät, womit sie uns im Wasser sehen konnten, worüber sie dann laut redeten. Meine Nachbarn waren freundlich und nicht futterneidisch, denn sie wussten, hier wird jeder satt. Und das wichtigste: Niemand von den Zweibeinern verführte uns mit ihrer verwünschten Angel, von einem Netz nicht zu reden. Fischfressende Vögel hatten keine Chance. Ließ sich einer auch nur blicken, wurde er von den Zweibeinern verscheucht."
Er erzählte so begeistert und realistisch, dass die Zuhörer überzeugt waren, er wäre selbst dort gewesen. Einer fragte aber misstrauisch. „Wieso bist du denn hier, wenn es dort so wunderschön ist?" „Ja, du hast Recht", antwortete unser Karpfen. „Aber auch die

Zweibeiner waren machtlos gegen das Unwetter. Bis jetzt ist der Rückweg ausgeschlossen. Ich weiß nicht, wie es dort jetzt aussieht. Aber ich kehre bestimmt zurück, und wenn es Jahre dauert."
Seine Zuhörer waren beeindruckt. Nur der Fragesteller glaubte ihm nicht. „Wie unser Freund hier die Zweibeiner darstellt, ist doch von vorne bis hinten völlig falsch. Sie sind unsere größten Feinde, hinterlistig und falsch. Überall lauern sie uns auf. Vielleicht gibt es wenige, die so sind, wie du berichtet hast. Und wenn, dann nur dort, wo die Fische in Gefangenschaft gehalten werden und sich nicht frei bewegen können. Sie werden dick und dicker. Nein, vielen Dank, das ist für mich nicht das Paradies, sondern die Hölle."
Aber die vielen anderen Karpfen glaubten ihm kein Wort. Der Traum vom Paradies verdrängte den Verstand, und sie bestimmten den Lügenkarpfen zu ihrem Anführer.

Der Guthecht

Ein Hecht litt darunter, von allen anderen Fischen wegen seiner räuberischen Lebensweise gehasst zu werden. Sie sollen mich nicht fürchten und hassen, nahm er sich vor. Er hatte sich schon diesen Spruch als Motto ausgedacht: „Ich brauche keinen scharfen Zahn, denn künftig lebe ich vegan." Aber wie kann ich das anstellen? Meine gleichgroßen Artgenossen haben mich ausgelacht, die kleineren trauen sich nicht zu mir heran und die größeren fürchte ich selbst. Also beschloss er, eine Plötze zu fangen und sie wieder schwimmen zu lassen. So geschah es, aber die Plötze war überzeugt, dem Hecht entwischt zu sein und konnte so seine Botschaft nicht weitergeben. Schließlich schwamm der Hecht zu dem großen Wels und fragte ihn, was er machen solle. Der Wels aber konnte ihm nicht weiterhelfen. „Du bist wie du bist, und was du auch tust, immer werden dich alle als Räuber sehen und deine ganzen Bemühungen, so ehrlich sie auch sind, als Täuschungsmanöver abtun."
Der Hecht wagte noch einen letzten Versuch. Er näherte sich einem so großen Karpfen, den er nie und nimmer als Beute hätte fressen können. Aber auch dieser Karpfen folgte seinem Instinkt und riss aus.

Da wurde der Hecht wütend und wütender. Wenn ich die anderen Fische nicht im Guten überzeugen kann, dann eben mit Gewalt, nahm er sich vor. Ich werde ihnen beibringen, dass ich ein guter Hecht bin. Und fortan räuberte er noch viel schlimmer als vorher.

Das Futtergeheimnis

Ein Aland fiel dadurch auf, dass er schneller wuchs als gewöhnlich und sich jeden Tag zur selben Zeit entfernte. Neidisch und neugierig verfolgte ihn ein Artgenosse heimlich und sah erstaunt, dass der "Dicke" offenbar eine hervorragende Futterstelle entdeckt hatte und mit Vergnügen seinen Hunger stillte. Sofort schwamm er dorthin und sprach: "Jetzt ist mir alles klar, warum du so gut genährt aussiehst. Hier gibt es ja Insektenlarven, Muscheln und Schnecken in Hülle und Fülle. Wie hast du denn diesen Schatz gefunden?"
"Durch Zufall, einfach durch Zufall. Aber da auch du nun die Stelle kennst, bitte ich dich, das Futtergeheimnis nicht zu verraten. Es ist genug Nahrung vorhanden, wir werden beide satt."
"Versprochen, versprochen", beteuerte der "Neue". Doch er konnte sein Versprechen nicht halten. Meinem besten Freund kann ich das ja sagen, dachte er. Der wird bestimmt nichts verraten. So taten sich nun drei Fische gütlich. Schließlich wurden es vier, fünf, und endlich fraßen hier alle Alande und nach kurzer Zeit auch andere Fische. Es dauerte nicht lange, da waren alle wirbellosen Organismen verschwunden.

Egaalogie

Auf der traditionellen Hauptversammlung der Friedfische klagte ein Karpfen: "Der Druck seitens der Menschen wird immer größer, die Kormorane und andere fischfressende Tiere über Wasser sind hinter uns her und auch die Raubfische jagen uns erbittert - kurz, wir sind mehr denn je im Wasser, vom Land und aus der Luft bedroht. So kann es nicht weitergehen."
"Du hast vollkommen Recht", bestätigte eine Rotfeder. "Der einzige Schutz ist unser Schwarm. Allein traut man sich nicht mehr, nach Futter zu suchen. Die notwendige Wachsamkeit verursacht

einen ungeheuren Stress, ich bin am Abend fix und fertig, meistens hungrig dazu und habe Angst vor dem nächsten Tag." Alle Fische stimmten mit beifälligen Flossenbewegungen zu." Aber was wollen wir denn tun?", fragte ängstlich eine kleine Plötze. Niemand wusste eine Antwort.

Da meldete sich ein spitzköpfiger Aal: "Entschuldigt, wenn ich mich hier einmische, aber ihr wisst ja, dass ich bis hierher viele große und kleine Wasser durchschwommen habe. Überall hörte ich von euren Artgenossen die gleichen Klagen."

"Das ist zwar tröstlich, hilft uns aber nicht weiter", unterbrach ihn ein Schlei. "Ich verstehe", antwortete der Aal, "aber ich bin noch nicht fertig. Auch wir Aale waren in der gleichen Situation wie ihr und haben deshalb eine neue Lebensphilosophie entwickelt. Seither gibt es bei uns keine Klagen. Wir sind zufrieden, keine Rede mehr von Druck und Stress oder gar Angst."

"Erzähl weiter, erzähl weiter", riefen die Friedfische. Der Aal schwamm in ihre Mitte und erläuterte: "Wir nennen unsere neue Lebensphilosophie Egaalogie. Das heißt, egal, was passiert, wie uns zumute ist oder was geschehen könnte, wir lassen uns davon nicht beeindrucken, denken immer positiv, sozusagen nach vorne und schlängeln uns weiter durchs Wasser."

"Einfach so?", fragte die ängstliche kleine Plötze. "Dazu halten wir einen Moment inne, sprechen laut egaal und bewegen dazu die Flossen, um gewissermaßen alle negativen Gedanken und Gefühle zu verscheuchen. Danach spricht ein jeder oder denkt: mir geht es gut, mir geht es gut."

"Und das soll funktionieren?", fragte die Plötze immer noch skeptisch. "Nach dieser seelischen Selbststärkung fühlen wir uns stark und lustig, denken nicht mehr an Mensch, Kormoran oder Raubfisch und begeben uns fröhlich auf Nahrungssuche."

Die Friedfische hatten fast vergessen, die Kiemen zu bewegen und waren einen Moment sprachlos. Dann aber jubelten alle und ließen den Spitzkopf hochleben. Dieser verabschiedete sich, musste jedoch versprechen, unbedingt wieder zu kommen.

In kurzer Zeit hatte sich der neue Lebensstil Egaalogie beim gesamten Fischvolk durchgesetzt. Die Rotfedern beispielsweise schwammen fröhlich und munter los, ohne sich um Angler, Kormoran oder Hecht zu kümmern. Ja, sie flohen noch nicht einmal, wenn sie einen Räuber bemerkten. Dieses egaale Verhalten irritierte insbesondere die Raubfische so sehr, dass ihr Jagdinstinkt für kurze Zeit unterdrückt wurde. Mehr noch, sie übernahmen komplett die Egaalogie der Friedfische und verfolgten mit einem Lächeln ihre Beute, die ihrerseits unbekümmert daher schwamm.

Das Leben der Friedfische hatte sich nun radikal geändert. Fröhliche Raubfische, verwunderte Kormorane und staunende Angler erbeuteten zwar mehr und mehr von ihnen. Aber es war den Fischen jetzt egaal. Uns geht es gut, uns geht es gut, versicherten sie sich gegenseitig. Sie empfanden keinen Stress, fügten sich in Demut und begehrten nicht mehr auf.

Über die Elbefische zwischen Dresden und Hamburg

Weil die Elbe in die Nordsee fließt, schwimmen auch die Elbefische nach der Wende hin und wieder neugierig bis nach Hamburg, um dort etwas von ihren Brüdern und Schwestern über die Lust auf der Reeperbahn, die HSV-Fans, den Horror auf dem Fischmarkt, die Elbphilharmonie und andere Berühmtheiten bzw. Sehenswürdigkeiten zu erfahren.

Das war zwar bereits auch zu DDR-Zeiten möglich, aber für einen sozialistisch aufgewachsenen Fisch nicht so einfach zu verkraften, denn schließlich fehlten ihm jenseits der Grenze die vertrauten Kampf- und Planerfüllungsparolen und so ganz offen wollten die sächsischen Fische ihr Interesse für die sündige Meile in der Hansestadt auch nicht zeigen – man hatte ja schließlich schon mit dem Dottersack nur sozialistische Moral eingekiemt und Westbesuch war auch unter Wasser nicht so gern gesehen.

Umgekehrt war und ist das nicht so zu beobachten. Nicht, dass die Hamburger Elbefische zu träge gewesen wären, um flussaufwärts gen Osten, beispielsweise bis nach Dresden, zu schwimmen und sich in das heiter-bunte sächsische Gewimmel zu begeben – nein, das nicht, aber da waren im vorigen Jahrhundert einige Hindernisse zu überwinden, die möglicherweise bis heute nicht beseitigt sind. Wir sprechen hier nicht von Querverbauungen- oder doch, aber nicht von solchen im Wasser bzw. von Ufer zu Ufer, sondern von solchen im Kopf. Da war es zu jenen früheren Zeiten - wie hieß doch mal dieser andere deutsche Staat, in dem die Sachsen nur hinter vorgehaltener Hand kichern durften? – nicht so einfach, nach Dresden zu schwimmen, denn gar schauerliche Geschichten waren da zu hören und zu sehen. Das Elbwasser sollte - hu, wie schrecklich – rot sein, denn es konnte nur rot sein dort im Osten. Als sich einmal drei Rotfedern und Plötzen mit ziemlich roten Flossen aus Dresden in Hamburg sehen ließen, kreischten die Barben: „Seht nur, seht nur, es ist wahr, die kommen aus dem Osten, denn ihre Flossen sind rot, bei den anderen die Augen und die Flossen auch. Es ist wahr, das Wasser dort muss rot sein.“

Solche Schockerlebnisse verbreiten sich natürlich schneller als Tsunami-Wellen, weshalb seinerzeit der gemeine Hamburger Elbefisch nur höchstens im Traum daran dachte, sich gen Dresden aufzumachen. Oh wie schön, seufzte er dann nach dem Erwachen, dass ich hier in Hamburg in Freiheit lebe, auch wenn es einen Fischmarkt gibt. Aber lieber in Freiheit sterben, als im roten Wasser selber rot zu werden.

Diese Zeiten sind ja nun erfreulicher- und gerechterweise ein für alle Mal vorbei. Ende 1989 schwammen ganze Schwärme des sächsischen Elbflorenzfisches nach Hamburg. Es war die sprichwörtliche sächsische Welterkundungsneugier, die sie trieb. Und sie wurden jubelnd empfangen von ihren Hamburger Brüdern und Schwestern, denn nun war die Chance weit geringer, selbst auf dem Fischmarkt zu landen.

2004 nun machten sich drei höchst demokratisch delegierte Hamburger Fische endlich gen Osten auf, denn so viele Jahre nach dem Mauerfall war auch bis hierher die Kunde gedrungen vom Zwinger, vom Aufbau der Frauenkirche, von den wundervollen Elbterassen, der Semperoper, von der Hege und Pflege der Elbefische

durch den Anglerverband und schließlich von der Kürung des Elbtals zum UNESCO-Welterbe. So etwas dürfte man sich als Fisch einer Welthafenstadt, sozusagen als nordseelicher Global-Fisch, nicht entgehen lassen. Und so ignorierten sie ihre mentalen Querverbauungen und machten sich mutig, jedoch mit Herzklopfen auf in den wilden Teil der Ostelbe, um die einfach strukturierten Brüder und Schwestern über den Umgang mit der Großen Freiheit aufzuklären und sie so endgültig von ihrer Vergangenheit loszureißen. Als sie nach vier Wochen wieder in Hamburg ankamen, länger als geplant, schon bedauert und sogar betrauert von ihren Artgenossen, dann aber umso stürmischer freudig empfangen, berichtete der erste:
„Also um ein für alle Mal mit irgendwelchen überholten Gerüchten aufzuräumen – das Wasser dort ist nicht rot und die Brüder und Schwestern sehen tatsächlich aus wie wir. Auch die Angler sehen sich zum Verwechseln ähnlich. Nur das Wasser schmeckt etwas lascher, nicht so nordisch herb wie hier.“ „Wir wurden mit großer Freude und Neugier empfangen“, setzte der zweite fort, „und wir mussten viel erzählen von unserer Hamburger Heimat. Dann unternahmen wir eine Exkursion in die nähere Umgebung. Da war eine Ruhe und Beschaulichkeit, ja, eine Gemütlichkeit, wie wir sie hier nicht kennen.“
Die Artgenossen hatten alle aufgeregt zugehört und merkten erst jetzt, dass der dritte fehlte, ausgerechnet der Karpfen. „Ja, wo ist denn euer Dicker?“, fragten sie schon merklich abgekühlter.
„Ach“ antworteten die beiden Heimkehrer wie aus einem Maul, „der ist in Dresden geblieben. Ihr wisst ja, das war immer schon so ein Feingeist. Er bleibe hier, hatte er kategorisch erklärt, denn in einem von der UNESCO zum Welterbe gekürten Elbflorenz-Wasser zu leben, ist das Größte, was einem Fisch überhaupt im Leben passieren kann. Vielleicht käme er mal in einem Jahr hier zu Besuch, um uns einen Vortrag über sächsische Lebensart zu halten."
Es ist leider nicht bekannt, ob der Karpfen nach Aberkennung des Welterbe-Titels wieder nach Hamburg zurückgekehrt ist.

Der Hechtkarpfen

Karin war zweifelsohne die schönste Spiegelkarpfendame im ganzen See. Überall, wo sie mit ihren Rundungen und den attraktiven Schuppen auftauchte, schauten ihr die anderen Fische bewundernd hinterher - und beileibe nicht nur die der gleichen Art. So wie sie müsste man aussehen, seufzten alle vor sich hin.

Wenn Karin so einen Seufzer hörte, schwamm sie besonders stolz weiter. Ja, es reizte sie, sich sogar vor den Raubfischen zu zeigen. Aber die Bewunderung der Fische reichte ihr nicht aus. Alle müssen mich schön finden, war sie überzeugt und schwamm deshalb recht oft und auffällig so dicht unter der Oberfläche, dass sie auch von den Anglern wahrgenommen werden musste.

Tag und Nacht dachte sie daran, was sie wohl anstellen könnte, um noch mehr bewundert zu werden. Da kam sie auf die Idee, dass sie noch attraktiver würde, wenn sie nicht mehr so dick wäre, sondern schlank wie ein Hecht beispielsweise. Dann würde sie sich noch vorteilhafter von allen anderen Karpfen unterscheiden. So beschloss sie, eine Schlankheitskur zu machen.

Fortan verschmähte sie die natürlichen Nahrungsangebote des Sees und besonders die Futter- und Köderverlockungen der Angler. Wochen vergingen, die Weihnachtzeit kam heran. Karin hungerte eisern, wurde schlank und schlanker und sah immer weniger einem Karpfen ähnlich. Sie verspürte natürlich den Hunger.

Aber das wollte sie vor sich selbst und erst recht nicht vor ihren Artgenossinnen zugeben, die ohnehin schon Karins Kurtick missbilligten und sie zu überreden versuchten, damit aufzuhören. "Ein Karpfen", sagten sie "darf nicht so aussehen wie du, ein Karpfen muss rund und dick sein."

Vor Wochen hatte ein Angler Karin bewundert, wie sie majestätisch ihre Bahn zog. Diesen Karpfen wollte er unbedingt fangen. Und so zog er frohen Mutes los, warf das Futter aus und bot nach und nach seine verschiedenen Köder an.

Karin hatte ihn wohl bemerkt, strafte ihn aber mit Nichtachtung. Ha, ha, dachte sie, du verführst mich nicht mit deinen Dickmachern. Bei mir nicht. Und wie zur Bekräftigung wühlte sie das

Oberflächenwasser auf. Der Angler sah das und wurde noch eifriger. Aber es half alles nichts an diesem Tag. Auch am nächsten und am übernächsten musste er ohne Fisch heimkehren.
Seine Frau wurde zunehmend ungeduldiger, denn sie rechnete mit einer schmackhaften Karpfenmahlzeit. Schließlich übertrug sie ihrem Mann die Hausarbeit und nahm sich fest vor, selbst ihr Glück zu versuchen.
Ihre Überlegung war ganz einfach. Wenn die Karpfen nicht auf Kartoffel, Teig und Boilies scharf sind, dann versuche ich es eben mit dem guten alten Regenwurm. Da sie aber zu den kanadischen Würmern kein Vertrauen hatte, holte sie sich aus dem Komposthaufen des Gartens feine Rotwürmer, auch auf die Gefahr hin, dass da kleinere Fische anbeißen. Gedacht und getan. Das Wetter ließ es zu.
Als Karin an diesem Tag ihre Runden schwamm, bemerkte sie mehrere kleinere Fische, die sich um die immer wieder dargebotenen Rotwürmer drängelten und hin und wieder daran zupften. Deren Appetit schien nicht so groß zu sein wie die Neugier.
Bei Karin war das verständlicherweise umgekehrt. So ein kleines Wurmhäppchen, sagte sie zu sich, kannst du dir gönnen. Das stillt den Hunger etwas und macht nicht so dick wie Kartoffel, Teig und andere rundliche Nahrungsangebote. Aber sie wusste natürlich auch, dass freihängende Würmer immer Gefahr signalisieren. Deshalb beobachtete sie zunächst die kleinen Fische, die zwar manchmal nach oben verschwanden, aber kurz darauf ohne ersichtlichen Schaden wiederkehrten.
Schließlich siegte doch der übermächtige Hunger. Vorsichtig fasste sie ein Wurmende, zog langsam daran, schwamm ein wenig, um zu prüfen, ob sich da etwas tut. Aber sie spürte keinen Widerstand, schnappte zu - und bemerkte den vorsichtigen Anhieb. Es half alles nichts, ihre Kräfte waren ohnehin schwach. Sanft, aber unaufhaltsam musste sie der unbekannten Gewalt nach oben folgen.
Als Karin aus dem Wasser gehoben wurde, bemerkte sie immerhin, dass der Angler eine Frau war. Wenigstens eine Frau, ob sie

mich auch bewundert? Die Anglerin führte sie sicher in den Kescher und erschrak.
Was war denn das? Ein Karpfen? Ja, aber was für ein dünnes Exemplar? Da konnte doch etwas nicht stimmen. „Nein“, sprach sie laut zu sich, „so ein dürres hässliches Ding. Das reicht doch hinten und vorne nicht.“ Vorsichtig senkte sie den Unterfangkescher ab und entließ den Fang in den See.
Karin schwamm total verunsichert und tief enttäuscht davon. Dürr und hässlich hatte die Frau gesagt. Dürr und hässlich - nein, das ist zu viel, das kann ich nicht auf mir sitzen lassen. Vielleicht haben die anderen Karpfen und die Angelfrau wirklich Recht. Ein Karpfen muss dick und rund sein, sonst ist er alles andere, nur kein Karpfen. Und sie beschloss, ihre Hungerkur zu beenden.
Zu Hause angekommen, berichtete die Anglerin allen Ernstes, dass sie einen ganz komischen Fisch, einen Hechtkarpfen, gefangen, ihn aber eben deswegen wieder freigelassen habe. Ihr Mann erwiderte kein Wort. Hechtkarpfen? Hechtkarpfen? Was soll denn das sein, sinnierte er. Ich dachte bis heute, ich kenne meine Frau. Nie hätte ich geglaubt, dass auch sie das Anglerlatein so gut beherrscht.

Wels und Stichling

Ein Wels schwamm einst in seinem Revier, da begegnete ihm ein Stichling. Dieser erschrak sich sehr und versuchte zu fliehen. "Wo willst du hin, ich tu dir nichts", rief der Wels. "Wenn ich auch der größte Süßwasserfisch bin hierzulande und du einer der kleinsten, vielleicht sogar der kleinste hier im See, haben wir doch eine Menge Gemeinsamkeiten."
Der Stichling hielt inne und schaute den Wels verwundert an. "Wie soll ich deine Rede verstehen? Welche List steckt dahinter? Sicher, bin ich für dich ein Happen, den du noch nicht einmal bemerken würdest." "Ich meine es ernst", erwiderte der Wels. "Dein Misstrauen ist zwar verständlich, aber unbegründet. Ich wollte dir schon immer mitteilen, dass wir trotz des großen Unterschiedes in der Größe Gemeinsamkeiten haben, ja, ich glaube, wir beide sind die einzigen, die sich da ähneln."

"Nun machst du mich aber wirklich neugierig", sprach der Stichling und schwamm näher. "Aber ich verstehe immer noch nicht, was du meinst."
Der Wels winkte mit seinen Barteln. "Wir beide haben keine Schuppen. Das ist für Fische sehr ungewöhnlich. Dafür ist unser Körper marmoriert. Wir beide sind Männer und treiben Brutpflege, verteidigen unsere Nester. Auch das ist nicht die Regel."
Der Stichling überlegte eine Weile, ehe er antwortete: "In der Tat, du hast Recht. Darüber habe ich mir noch keine Gedanken gemacht. Aber du bist ein Raubfisch wie der Hecht und der stellt mir nach. Wieso sollte ich dir trauen?"
"Jetzt hast du vollkommen Recht", entgegnete der Wels und schnappte zu. Aber der Stichling war auf der Hut und entkam dem Räuber.

Cyprinischer Frieden

Ein großes Ereignis stand bevor. Schon lange hatte es eine solche Feier nicht gegeben. Nun aber war es soweit. Karlo Spiegelkarpfen wurde 30 Jahre - ein seltenes Jubiläum. Wie sollte er wohl dieses festliche Ereignis begehen? Eigentlich wollte er es nicht, denn er war ein bescheidener Karpfen und mochte nicht im Mittelpunkt stehen. Aber seine Artgenossen waren ganz anderer Meinung.
Du musst diesen Geburtstag unbedingt feiern, drängten sie wieder und immer wieder, bis Karlo seufzend nachgab. "Nun gut", lenkte er ein, "aber nur dann, wenn wir meinen Geburtstag als Familienfest der Cypriniden begehen. Ich lade je zwei Vertreter aller 28 hiesigen Karpfenfischarten ein. Mögen sie selbst entscheiden, ob und wer kommen möchte. Für die Zeit der Anreise, der Feier und der Abreise herrscht cyprinischer Frieden. Geschenke sind nicht vonnöten. Wenn überhaupt, dann soll jeder aus seinem Leben erzählen und unser Wissen auf diese Weise mehren. Aber wir müssen es klug anstellen, damit die Raubfische hiervon nichts erfahren, denn nichts soll an diesem Tage unsere gemeinsame Freude trüben."

Die anderen Spiegelkarpfen waren sehr einverstanden und erboten sich, als Kurier die Einladung zu überbringen. Alle freuten sich über die Gelegenheit, gemeinsam diesen außergewöhnlichen Geburtstag zu feiern, zumal Karlo überall ob seiner Größe von 136 cm und seines Gewichtes von mehr als 25 kg bekannt war. Außerdem genoss er großen Respekt für sein besonnenes Verhalten und seine Weisheit. Er war nie um einen guten Rat verlegen und respektierte seinerseits Artgenossen und Familienmitglieder. Sogar die großen Raubfische mieden ihn wegen seiner Stärke.
Bis auf Schneider, Nasen und Zährten trafen die Kuriere alle anderen hier lebenden Familienmitglieder an. Nun also rückte der große Tag heran. Petrus meinte es gut mit seinen Schutzbefohlenen und sorgte schon seit Tagen für sehr sonniges Wetter, so dass die Wassertemperatur nicht besser sein konnte.
Als erste Gratulanten trafen der Silberkarpfen, der Graskarpfen und der Marmorkarpfen ein, alles gewichtige Gesellen wie der Jubilar. Sie begrüßten ihn mit einer Verbeugung, wie sie in China üblich ist. Von dort kamen einst in der zweiten Hälfte des vorigen Jahrhunderts ihre Vorfahren und sie hatten sich bemüht, Sprache und Kultur nicht zu vergessen. Aber sie waren ebenfalls schon sehr betagt und bedauerten, dass es ihnen nicht vergönnt war, sich in den hiesigen Gewässern fortzupflanzen.
Es folgten der Aland, Döbel, Hasel, Rapfen, Barbe, Elritze, Gründling, Ukelei, Moderlieschen, Bitterling, Rotfeder, Plötze, Schleie, Blei, Karausche, Giebel und ganz zuletzt die Güster. Als alle Gratulanten eingetroffen waren und ihre Glückwünsche überbracht hatten, wandte sich Karlo an diese einmalige Versammlung:
"Liebe Brüder und Schwestern, Herzlichen Dank für euer Kommen und die vielen guten Wünsche. Ich kann mich nicht erinnern, dass wir von der Familie der Karpfenfische je in diesem Kreise beisammen waren. Deshalb schlage ich euch vor, hier und jetzt den Familienverband der Karpfenfische zu gründen, um unsere Traditionen als Cypriniden zu pflegen, unsere gemeinsamen Interessen zu bündeln und gegen unsere Feinde mit geeinter Kraft aufzutreten. Dafür habe ich ein Statut des Familienverbandes verfasst. Ich

bitte euch, es genau zu studieren, um es heute Abend zu diskutieren und bei Einverständnis zu beschließen. Wer sich noch nicht dazu entschließen kann, dem steht selbstverständlich jederzeit der Eintritt als Mitglied offen. Ich halte es für richtig, dass wir uns in einem Monat erneut treffen, damit ihr mit euren Artgenossen alles besprechen könnt, um dann den Familienverband rechtskräftig zu gründen."
Sein Vorschlag wurde mit viel Beifall angenommen und Karlo einstimmig zum Vorsitzenden des noch provisorischen Familienverbandes gewählt. Ihm stand ein Rat aus je einem Vertreter einer Fischart zu Seite mit gleichen Stimmrechten. Begeistert berichteten die Geburtstagsgäste zu Hause über den neuen Verband und seine Aufgaben.
Als die erste Sitzung nach vier Wochen einberufen und von Karlo eröffnet wurde, meldete sich die Güster: "Zur Geschäftsordnung. Ich beantrage die Überprüfung der Rechtmäßigkeit der heutigen Versammlung. Alle Anwesenden müssen ordnungsgemäß delegiert sein und mit dem Mandat ausgestattet, Beschlüsse zu fassen."
Die anderen hörten diesen Antrag mit Verwunderung, aber ein jeder konnte seine Delegierung ordentlich nachweisen. Nun stand die Nachwahl des Vertreters der Rotfedern an, weil der bisherige Vertreter von einem Hecht gefressen worden war. Ursprünglich war nur ein Kandidat vorgesehen, aber kurz vor der Wahl meldete sich ein zweiter, weil die Rotfedern sich zerstritten hatten und dieser die neu gebildete Gruppe vertrat.
Sogleich entbrannte ein von der Güster entfachter Streit, ob man nun offen oder geheim wählen solle. Nach mehreren Anläufen und Versuchen setzte sich der neue Kandidat durch.
Nun endlich, so stöhnte die überwiegende Mehrheit der Teilnehmer, könne man zur Tagesordnung übergehen und die dringenden inhaltlichen Fragen besprechen.
Doch weit gefehlt. Erneut meldete sich die Güster zu Wort und brachte einen Misstrauensantrag gegen den Vorsitzenden des Familienverbandes ein. Dies, so meinte sie, sei nicht persönlich und

gegen ihn gemeint, sondern solle die Aufmerksamkeit der Versammlung darauf lenken, dass bisher noch keine sachliche Debatte stattgefunden habe. Und dafür sei es doch nun endlich höchste Zeit.
Leider kamen die Delegierten nicht mehr dazu, denn inzwischen hatten die Raubfische die Versammlung entdeckt und jagten die Fische auseinander. Einen funktionierenden Familienverband der Cypriniden gibt es bis heute nicht.

Der grübelnde Silberkarpfen

Vor einiger Zeit trafen sich Sigurd Silberkarpfen, Gregor Graskarpfen, Malte Marmorkarpfen. "Der Zufall hat uns zusammengeführt", eröffnete der Silberkarpfen das Gespräch. "Ich hatte schon lange die Idee für ein solches Treffen, stammen doch unsere Vorfahren aus dem fernen asiatischen Raum und sind zu unterschiedlichen Zeiten von dort teils freiwillig, teils unfreiwillig in die hiesigen Gewässer umgesiedelt worden. Was haltet ihr davon, einmal gemeinsam unsere alte Heimat zu besuchen? Das stelle ich mir sehr spannend vor."
"Eine prima Idee, ich bin begeistert.". Gregor schwamm aufgeregt auf und ab. "Aber wie willst du denn in unsere alte Heimat kommen und weißt du, ob wir dort nach so vielen Generationen der Abwesenheit überhaupt willkommen sind? Die Menschen nennen unsereins ja auch Amurkarpfen, aber ich kann mit diesem Namen nichts anfangen, die Erinnerungen daran sind längst aus unserem Gedächtnis verschollen."
"Ja, ja, die Idee hat was, aber nein nein, zurück können wir nicht", bekräftigte Malte. "Aus den Überlieferungen weiß ich, dass unsere Vorfahren viele Jahre benötigten, um aus der chinesischen Heimat immer in Richtung Osten über große Entfernungen sowie über längere Zwischenstationen in die hiesigen Gewässer zu kommen. Die Idee ist die eine Sache, aber die Realisierung eine andere."
"Eure Einwendungen sind nicht von der Flosse zu weisen", antwortete nach einer Pause der Silberkarpfen. "Dann sollten wir doch

wenigstens versuchen, mit unseren Vorfahren irgendwie in Kontakt zu kommen."
"Wieder so eine im ersten Moment interessante Idee, aber sie ist ebenso untauglich wie die erste." Der Amurkarpfen bewegte verneinend die Flossen. "Wie sollten wir das denn anstellen? Und wenn es gelänge, wissen wir nicht, ob man uns dort noch versteht. Wir selbst sprechen ja nicht mehr die Sprache unserer Altvorderen. Die paar Höflichkeitsfloskeln aus dieser Zeit taugen hier nichts."
"Aber Moment mal", der Silberkarpfen rief es geradezu triumphierend. "Unsere Vorfahren sind doch mit Hilfe des Menschen hierhergekommen. Folglich kann uns nur der Mensch wieder in die alte Heimat bringen. Das ist doch logisch oder? Wir müssen die Menschen darum bitten."
Malte Marmorkarpfen überlegte und erwiderte: "Logisch ist das schon, aber wie willst du denn das machen? Wer soll den Menschen die Bitte überbringen und wie?" Die drei Karpfen redeten noch lange miteinander, aber sie fanden keine Lösung. Schließlich schwamm jeder seiner Wege.
Sigurd Silberkarpfen aber kann sich bis heute nicht damit abfinden und grübelt und grübelt und grübelt.

Das Großmaul

Ein ausgewachsener Barsch prahlte gern über seine Fähigkeiten, die Angler zu foppen. Und in der Tat hatte er sich hierbei schon beachtliche Fähigkeiten antrainiert. "Wir Barsche gelten bei den Menschen als leichte Beute, weil wir als ewig hungrig verschrien sind", pflegte er zu sagen. "Ich habe den Ehrgeiz, das zu ändern."
Die mahnenden Worte der Alten, die anderen Räuber nicht zu vernachlässigen, ignorierte er mit dem Argument, er sei schließlich selber einer und wisse Bescheid. "Man muss den Verstand gebrauchen, die Schwächen der Angler erkennen und ausnutzen. Erst der Verstand, dann die Beute."
"Und wie willst du das anstellen?", fragten die Gefährten. "Ich will euch ein Beispiel sagen. Manche Angler pieken die großen Wümer

nachlässig auf den spitzen Haken, so dass sie durch ihre Bewegungen nach einiger Zeit der Länge nach herunterhängen. Hier schnappe ich gefahrlos unten zu und nehme den Wurm noch einige Zeit mit mir. Der Angler glaubt an einen tollen Biss und ist gefoppt. Ich nehme niemals tote Fischchen. Auch keine, die ihnen nur ähnlich sehen. Nur solche, die ich genau aus eigener Erfahrung kenne und schon gefressen habe."
"Und wenn du großen Hunger hast?", fragten die Freunde weiter.
"Dann nehme ich mich zusammen und ertrage ihn etwas länger Nichts ist gefährlicher als dem Hunger ohne Nachdenken nachzugeben."
Auf diese Weise hatte sich der Barsch die Achtung seiner Artgenossen erarbeitet. Alle begegneten ihm mit Respekt und suchten seine Freundschaft. Ja, er gab sogar Lehrvorführungen für den Nachwuchs.
Mit der Zeit jedoch wurde der Barsch übermütig, ja großmäulig und genoss seine Popularität. Zwar beobachtete er weiter ganz genau die Angler und registrierte ihre Fehler, aber er vergaß dabei, seine Feinde im Gewässer selbst genügend zu beachten. Und so kam es, wie es kommen musste: Ein großer Hecht nutzte seine mangelnde Wachsamkeit und fraß ihn.
Viele Artgenossen waren sehr bestürzt. Aber die alten Barsche sagten, sie hätten das kommen sehen. "Schon unsere Großväter handelten nach dem Sprichwort: Wer zwei Feinde hat, darf nicht nur einen sehen.“

Wie schützen wir uns vor den Hechten?
Ein Schwarm Plötzen begab sich auf Nahrungssuche. Wie immer stand im Mittelpunkt des Gedankenaustausches der Schutz vor den Raubfischen, insbesondere vor dem Hecht.
"Ich hasse ihn, ich hasse ihn", sagte eine Plötze. "Ich kann schon an gar nichts anderes mehr denken. Immer kreisen meine Gedanken um dieses Scheusal. Ich freue mich den ganzen Tag, wenn ich beobachtet habe, wie ihn ein Angler erwischt hat. Dauernd überlege ich, wie man ihm schaden oder zumindest ärgern kann. Mir

ist noch keine wirksame Methode eingefallen. Habt ihr nicht eine Idee?"

"Schön und gut", entgegnete eine zweite Plötze, "wir hassen ihn ebenfalls, aber was nutzt es dir? Hilft dir der Hass, ihn früher zu sehen als er dich? Bist du deswegen schneller auf der Flucht? Hass ist kein guter Ratgeber, im Gegenteil, er kann sogar hinderlich sein, in Ruhe nachzudenken. Ich hasse den Hecht auch, aber ich lasse mich nicht vom Hass beherrschen und so von meinem gewohnten Alltagsleben abhalten.“

"Ich sehe das nicht ganz so“, meldete sich eine dritte Plötze. "Hass kann ja auch Motivation sein, über eine erfolgreichere Überlebensstrategie nachzudenken und nicht gleich aufzugeben." "Ja und?", redeten alle auf einmal. "Das haben wir doch schon hunderte Male diskutiert." "Dann müssen wir eben erneut überlegen", antwortete die zweite Plötze. "Zum Beispiel, welche Stärken, aber auch welche Schwächen hat der Hecht? Dann können wir uns sicherer bewegen." Und so listeten die Plötzen auf:

Der Hecht liebt eher klares als trüberes Wasser. Uns macht trübes Wasser nichts aus. Also sollten wir möglichst hier die Nahrung suchen. Er ist ein Einzelgänger, lauert in Unterständen. Alle, die am Rande unseres Schwarmes schwimmen, vor allem vorne und an den Seiten, müssen immer besonders wachsam schauen und signalisieren, damit wir ihm nicht zu nahekommen. Wir müssen immer zusammenbleiben, uns möglichst dicht bewegen, denn einen von uns erbeutet er leichter als aus dem Schwarm heraus, weil er sich nicht so schnell entscheiden kann, auf wen er es abgesehen hat. Räubert er, dann müssen wir diese Gegend meiden, denn da ist sein Revier. Besonders vorsichtig müssen wir sein in der Nähe von Kraut, Seerosen und anderen Wasserpflanzen, ins Wasser gefallenen Bäumen, dunklen Vertiefungen, steil abfallenden Hängen, Totholz, Schilfgürtel, überhängenden Büschen.

Als sie die Aufzählung beendet hatten, herrschte nachdenkliche Ruhe. Endlich bemerkte eine Plötze: "Wenn wir das alles vermeiden, wo sollen wir denn unser Futter suchen? Wo treibende Insekten, Schnecken, Pflanzen, Algen? Sollen wir uns auf das verlassen,

was die Angler hier hineinwerfen und uns anbieten, wie Teig, Erbsen, Mais, Maden und so weiter? Dann sind wir einer Gefahr entronnen, jedoch einer nächsten, nicht minder schlimmen, ausgeliefert."
"Ich sag es ja", rief jene Plötze, die die Diskussion angestoßen hatte: "Ich hasse ihn, ich hasse ihn."

Maulsteinball
Das ist ein beliebtes Spiel der Barsche. Hierbei werden sechs rund geschliffene Kieselsteine auf eine gekennzeichnete Stelle gelegt, die sich zwischen zwei gleichgroßen markierten Plätzen befindet. Die Größe der Plätze ist abhängig von den örtlichen Gegebenheiten, jedoch in der Regel drei mal drei Meter, kann aber beliebig verändert werden. Jede Mannschaft besteht aus sieben Barschen und stellt sich in einer Reihe in der Mitte des einen bzw. anderen Platzes auf.
Auf ein Signal des Schiedsrichters - ein Schlag mit der Schwanzflosse - schwimmt je ein Barsch einer Mannschaft so schnell er kann auf den Stein zu, schnappt ihn mit dem Maul und versucht, den Stein auf eine wiederum markierte Stelle auf dem Platz des Kontrahenten abzulegen. Die Barsche der gegnerischen Mannschaft können bzw. müssen ihn so attackieren, dass er den Stein verliert, um ihn ihrerseits auf die markierte Stelle des gegnerischen Platzes abzulegen. Der Barsch, der den Stein im Maul hat, verhindert das, indem er schnell den Stein einem anderen Mannschaftskameraden übergibt, der ihn seinerseits mit dem Maul festhält. Ist der erste Kieselstein abgelegt, beginnt das Spiel von vorn. Wer als erste Mannschaft die meisten Steine auf dem gegnerischen Platz ablegen kann ist Sieger. Dabei sind körperliche Angriffe wie Rammstöße mit dem Kopf und Schläge mit den Flossen, insbesondere mit der Schwanzflosse, erlaubt.
Dieses Spiel hatte Generationen vorher ein kluger Barsch namens Bastian erfunden, um so die Jugend für das schwere Los sowohl eines Jägers als auch Gejagten zu ertüchtigen. Er war und blieb das

Vorbild. Noch nach Jahren sprach man von seinen schnellen Vorstößen, fintenreichen Körperwendungen und robusten Remplern. Sein Leben wäre wie das aller Barsche vor ihm verlaufen, hätte es da nicht ein Ereignis gegeben, von dem die Artgenossen bis heute erzählen. Eines Tages tauchte im Revier ein großes Boot auf, das mit vielen Anglern besetzt war. Diese versuchten, die unerfahrenen oder gierigen Fische mit blinkenden fischähnlichen Metallködern zu verführen, was ihnen auch gelang. Viele vor allem jüngere Barsche wurden gefangen. Bastian selbst konnte damals nur mit knapper Not der Katastrophe entrinnen, und er sann Tag und Nacht darüber nach, was man dagegen tun könne.

Er überlegte und probierte, vom Unverständnis seiner Artgenossen begleitet, ja, manche lachten ihn sogar aus, bis er die Regeln des Spieles Maulsteinball ersonnen und ausprobiert hatte. Schnell gewann er unter den jungen Barschen viele Anhänger, die überdies froh waren, ihre Langeweile sportlich bekämpfen zu können. In kürzester Zeit gewöhnten sich die Barsche an die neue Sportart und trainierten mit großem Eifer. Die Bleie und Karpfen aber schauten sich die Maulsteinballspiele an und lachten. "So blöd können doch nur Barsche sein."

Als nun wiederum so ein Boot mit vielen Anglern in Sicht war, versammelte Bastian kurz entschlossen unweit des ankernden Bootes alle Maulsteinballer und sprach:

"Liebe Sportfische, die hinterhältigen Zweibeiner stellen uns nach. Wir müssen ihnen eine Lektion erteilen." "Schön gesagt", unterbrach ihn einer, "aber wie sollen wir das anstellen?"

"Wir müssen unsere Maulsteinballgeschicklichkeit anwenden", antwortete Bastian. "Jetzt wird der eigentliche Sinn dieses Spieles deutlich. Aber es ist gefährlich. Darum können nur Freiwillige hier mitmachen. Je zwei von uns fassen je einen Metallköder ganz vorsichtig mit dem Maul und richten es so ein, dass die Schnur immer locker bleibt, so dass der Zweibeiner oben nichts merkt. Das heißt, manchmal muss man schneller auf das Schiff zu schwimmen als der mörderische Zweibeiner dort oben den Köder heranzieht. Nun müssen diese beiden ihre Bahnen kreuzen, also der eine schwimmt

von rechts nach links und der andere in die umgekehrte Richtung, und den Köder loslassen. Alles andere erledigt sich dann von selbst.
Die Zweibeiner ziehen nämlich ihre blanken Köder an der kaum sichtbaren Leine aus dem Wasser, um sie erneut auszuwerfen, aber sie werden schnell merken, dass sie jetzt verheddert sind, was für großen Ärger sorgt bis hin zu heftigen Streitereien und sie es für diesen Tag aufgeben, uns zu fangen. Jetzt können wir beweisen, wie gut wir im Maulsteinball sind, denn je geschickter wir es anstellen, desto besser werden wir auch diese gefährliche Aufgabe zu unser aller Nutzen meistern."
Und so geschah es auch. Es gelang den Maulsteinballern, die Angler zur Verzweiflung zu bringen, so dass sie schließlich aufgaben. Dieser gemeinsame Sieg spornte die Sportbarsche an, noch intensiver zu trainieren und ermutigte viele andere, ebenfalls das Maulsteinballspiel zu erlernen. Seit der Zeit gelten die Barsche als die mutigsten Fische des Sees.
Aber wie das so ist im Leben: Die erfolgreichen Störversuche der Barsche reizten natürlich die Angler umso mehr, erst recht zum Erfolg zu kommen. So ist es bis heute.
Die Maulsteinball-Barsche jedoch waren und sind zeitlebens bessere Jäger als ihre untrainierten Artgenossen.

Der Frosch als Schiedsrichter

Ein Spiegelkarpfen-Weibchen stritt sich mit einem Spiegelkarpfen-Männchen darüber, wer attraktiver oder hübscher sei, die Weibchen oder Männchen. Eigentlich war sie davon überzeugt, dass es nur die Weibchen sein können, aber das Männchen stimmte dem nicht zu.
"Wir wollen uns einen Schiedsrichter suchen, der soll das endgültige Urteil fällen, aber er darf kein Fisch sein, sondern total unabhängig", schlug das Weibchen vor. "Meinetwegen", brubbelte das Männchen. "Und an wen denkst du? Bestimmt hast du doch schon eine Idee." "Ja, habe ich. Was hältst du von einem Frosch, der hier

bei uns im gleichen Gewässer lebt?" "Meinetwegen", brubbelte der Karpfenmann erneut.
Und so schwamm das Weibchen sogleich los und bat einen Frosch eifrig und mit vielen Worten, die Entscheidung zu treffen und zu verkünden. Der bekam zunächst einen Schreck über dieses unerwartete Ansinnen. Woher soll ich das wissen, dachte er. Die sehen doch aus meiner Sicht alle so gut wie gleich aus, ob Weib oder Mann.
Aber wenn mich meine Ahnung nicht täuscht, dann ist dieser eifrige Schnatterkarpfen hier das Weibchen. Wenn ich den Mann wähle, habe ich hier keine ruhige Minute mehr. Sie würde es mir nie verzeihen, dass ich sie nicht gewählt habe, denn mit der Eitelkeit der Frauen ist nicht zu spaßen. Da sind sie doch alle gleich.
Und so versprach der Frosch, als Schiedsrichter sein Urteil abzugeben. Das Weibchen holte auf der Stelle das Männchen und bat den Frosch um seine Meinung. Der tat so, als ob er überlegen müsse, umschwamm beide mehrmals, schaute und machte eine nachdenkliche Mine. Nachdem er erneut Luft geatmet hatte, sprach er endlich:
"Eure Bitte ist für einen Frosch sehr ungewöhnlich und schwierig. Aber wenn ihr mich nun einmal darum gebeten habt, so erkläre ich nach reiflicher Überlegung die Karpfenfrau zur Siegerin."
Diese triumphierte augenblicklich und wiederholte nur immer "ich habe es dir doch gesagt, ich habe es dir doch gesagt." Der Karpfenmann verzog keine Miene, sagte kein Wort und schwamm langsam davon.

Die Rache der Giebelweibchen

Vor Urzeiten lebten auch die Giebelweibchen mit ihren Männern harmonisch zusammen. Aber die Männchen entwickelten nach und nach einen unbezähmbaren Drang zum Fremdgehen. Zur Laichzeit Mai bis Juli kümmerten sie sich mehr um die Eier anderer Karpfenfische, vor allem der goldigen Karausche, aber auch der Plötzen und Rotfedern als um die ihrer Weibchen. Deren Bitten und Flehen, alle Ermahnungen sogar der Karauschen selbst, auch die heftigsten Auseinandersetzungen halfen nichts. Die Männchen trieben es nur noch umso toller.

Ein Giebelweibchen ergriff schließlich die Initiative und lud alle anderen Leidensgenossinnen ein, um gemeinsam zu beraten, was man nun unternehmen könnte. "Dieses Verhalten unserer süchtigen untreuen Männer können wir uns nicht länger gefallen lassen. Es gibt nur einen Ausweg", sagte sie, "wir müssen bei der Fortpflanzung unabhängig von ihnen werden." Die anderen Frauen waren zunächst sprachlos, denn das konnte sich keine vorstellen. "Das geht doch überhaupt nicht, die Natur hat es so nicht vorgesehen", antwortete schließlich eine Giebelin. "Natürlich weiß ich das auch", antwortete die Initiatorin der Beratung. "Aber wie wäre es, wenn wir unsere Eier zeitgleich und an der gleichen Stelle ablegen wie die Karauschen und meinetwegen auch der Plötzen und Rotfedern? Deren Männer befruchten auf jeden Fall die Eier ihrer eigenen Frauen, und da wir alle verwandt sind, könnten wir eventuell davon profitieren."

Eine heftige Diskussion setzte ein. "Dann werden unsere Kinder halb wir, halb Karausche oder Plötze bzw. Rotfeder", rief eine. "Dann sterben wir aus." "Wenn es so weitergeht wie bisher, sterben wir auch aus", gab eine anderen zu bedenken. "Ich bin dafür, es auf jeden Fall zu versuchen." Die Giebelfrauen trennten sich mit der Vereinbarung, jede solle selbst entscheiden, was sie für richtig halte. Die Mehrzahl allerdings folgte dem Vorschlag und dem Vorbild der Initiatorin, die Art ohne Hilfe der Männer fortzupflanzen. Zu ihrer eigenen Verwunderung klappte es. Ihre Eier wurden allein durch den Kontakt mit dem fremden Sperma zwar nicht befruchtet, jedoch zur Eigenentwicklung angeregt und es schlüpften erneut nur Weibchen. Die Männer in diesem Gewässer wurden nach und nach überflüssig und starben schließlich aus.

Nachtrag:
So ist es bis auf den heutigen Tag in den meisten Gewässern geblieben. Aber es gibt gelegentlich noch einige Giebelmännchen. Die sind also nicht fremdgegangen.

Warum die Fische nicht mehr mit den Fröschen reden
Einst, kurz nach der Eiszeit, lebten in einem See, der von einem Fluss durchströmt wurde, zeitweise nahezu alle einheimischen Süßwasserfische. An den Rändern des Sees wuchsen viele große Seerosen. Hier lebten unzählige Frösche. Durch lautes Quaken grenzten die vielen Männchen ihr Revier ab. Das war aber noch nichts gegen das weithin hörbare lautstarke Rufen der Männchen während der Paarungszeit im Frühjahr und Sommer. Einer der Frösche quakte besonders lange und laut, so dass er von allen anderen als Chef akzeptiert wurde.
Eines Tages, er saß gerade auf einem Seerosenblatt, tauchte neben ihm ein Fisch auf und sprach: "Ihr Frösche und wir Fische leben an, auf und in diesem See. Er ist unsere gemeinsame Heimat. Deshalb möchten wir mit euch in Harmonie leben. Jeden Tag hören wir jetzt eure gewaltigen Stimmen. Wir hören oder besser gesagt spüren sie unter Wasser noch stärker, denn du musst wissen, dass eure Stimmen auf unsere Schwimmblase übertragen werden, die dadurch in Schwingungen versetzt wird. Besonders deine Stimme ist so tönend, dass sich unsere Brut aus Angst verkriecht und daher nicht genügend Nahrung aufnimmt. Kannst nicht wenigstens du als Leitfrosch etwas leiser quaken? Vielleicht nehmen sich die anderen Frösche an dir ein Beispiel. Dafür wären wir dir sehr dankbar."
Der Frosch hatte aufmerksam zugehört und antwortete:
"Der See ist unsere gemeinsame Heimat. Da hast du Recht. Ich gebe zu, dass ich noch nie darüber nachgedacht habe, wie wir in Harmonie und Frieden zusammenleben können. Wenn euch besonders meine Stimme derartig stört, werde ich sie von nun an nicht mehr so laut ertönen lassen. Aber quaken müssen wir Froschmänner, sonst hören uns die Weibchen nicht, antworten nicht und wir

können uns nicht vermehren." "Hab Dank", freute sich der Fisch und tauchte ab.
Fortan quakte der Leitfrosch leiser als alle anderen Artgenossen. Die wunderten sich zwar, aber auch sie dämpften ihre Stimme im Glauben, der Leitfrosch würde schon seine Gründe haben. Als dieser jedoch bei seinem leiseren Quaken blieb, sprachen sie zueinander: "Er muss krank sein". "Nein, er ist gar verrückt geworden", erkühnte sich ein anderer. Nach und nach rückten sie von ihrem Chef ab und hörten nicht mehr auf ihn. Besonders die Froschweibchen, die sich früher um seine Gunst bemüht hatten, mieden ihn geradezu.
Natürlich bemerkte das der mitfühlende Leitfrosch und bereute sein Versprechen. Sogleich donnerte er mit gewaltiger Stimme seine Artgenossen lauter denn je derartig zusammen, dass diese einen gewaltigen Schreck bekamen. Schließlich hatte er ja seine Stimme schonen können. Sofort schwammen und hüpften sie zu ihm und entschuldigten sich wegen ihrer Kleingläubigkeit und baten ihn, weiterhin ihr Leitfrosch zu sein. Die Welt der Frösche war wieder in Ordnung, ihr Konzert aber viel viel lauter als vorher, so laut, dass die gestressten und verärgerten Fische seit dieser Zeit kein Wort mehr mit den Fröschen reden.

Geschichtliches

Angeln und Frauen

Im Mittelalter wurden Jagen und Fischen, darunter auch ausdrücklich das Fischen mit der Angel, stets als ehrenwertes hochherrschaftliches Privileg und als Einheit angesehen. Es gehörte zur guten Sitte, dass beispielsweise Fürsten und Ritter nicht nur zur Jagd gingen, sondern auch Fische mit der Angel fingen, ja sogar die adligen Frauen sich mit der Angel versuchten. Darüber geben zeitgenössische Darstellungen Auskunft. Dabei angelten die Frauen mit langen Kleidern und Hut. Fische gehörten wie Wildbret zur ständigen Kost landesherrschaftlicher Speisetafeln.

Aber angelnde Frauen blieben eine Ausnahme. Die Angler hatten es in Deutschland von Anfang an schwer, sich überhaupt Achtung und Aufmerksamkeit in der Öffentlichkeit zu verschaffen. Die Gründerväter und Pioniere waren allesamt Männer aus gutbürgerlichen Kreisen oder dem Adel, deren Frauenbild mehrheitlich konservativ war. Von angelnden Frauen war so gut wie keine Rede, da doch hier schon die Männer Probleme hatten, sich als Angler zu emanzipieren.

Dennoch wurde das nicht völlig ausgeschlossen oder strikt abgelehnt. In seinem „Taschenbuch der Angelfischerei“ (1892) schrieb bereits Max v. d. Borne, Autor des wohl bedeutendsten deutschen Angelbuches "Illustriertes Handbuch der deutschen Angelfischerei" (1875):

Für angelnde Damen möchte ich eine Kombination von Damenjagd- und Radfahrerinnenkostüm mit Pumphosen und kurzem Rock empfehlen, mit recht vielen Taschen und Täschchen, wie die Damenkleider ja meist sonst nicht haben. Dazu werden hohe, wasserdichte Schnürstiefel und schilfleinene Gamaschen getragen. Ein keckes Lodenhütchen oder ein Matrosenhütchen sehen gut aus und ermöglichen die Anwindung der Vorfächer. Als Material dient ein kurzes, wasserdichtes Lodencape.

Er war auch mit dieser Empfehlung seiner Zeit weit voraus.

Über eine weitere Ausnahme schrieb Max Piper (1876 bis 1960) - Autor zahlreicher Angelbücher - in der Angelzeitschrift des Verbandes Deutscher Sportfischer (VDSF - BRD) „Die Fischwaid", Heft 12 1950 über Dr. Horst Brehm, Sohn des Zoologen und Schriftstellers Alfred Brehm (Brehms Tierleben):
Doktor Brehm selbst war ein bekannter und passionierter Sportfischer, der mit der Fliege wie auch mit dem Spinner in gleicher Weise vorbildlich fischte. ... Die gleichfalls passionierte Gattin des Doktors fischte unverdrossen mit und scheute sich nicht, mit den damals sehr langen Kleiderröcken, die mit Sicherheitsnadeln hochgesteckt wurden, bis zu den Knien im kalten Wasser auszuhalten.

1925 fragte das "Deutsche Fischereiblatt" (Organ für die Interessen der Binnenfischerei) „Sollen Damen angeln gehen?" und regte eine Diskussion dazu an. Es war die Zeit der „goldenen Zwanziger" mit wirtschaftlichem Aufschwung, relativer politischer Stabilisierung und neuen Konsum- sowie Bildungsbedürfnissen in breiten Volksschichten. Deshalb gab es auch in dieser Zeit starke Emanzipationsbestrebungen der Frauen, die nun ihre Chance sahen, aus der traditionellen Geschlechterrolle auszubrechen und dies auch taten. Vor diesem Hintergrund ist diese Diskussion zu sehen, die gewiss auch generell die Teilnahme der Frauen am Sport beinhaltete.
Auch Frauen von Anglern begehrten dagegen auf, dass ihre Männer in der ohnehin knapp bemessenen Freizeit die Familie allein ließen. Wenn dies schon unvermeidlich sei, so wolle man doch dabei sein und vielleicht sogar mitangeln. Möglicherweise wollte das Fischereiblatt hier eine Tür aufstoßen und fand auch Zustimmung, wie folgendes Zitat deutlich macht:
Wenn etwa die verehrte Frau Mama das Angeln nicht schicklich finden sollte, so wolle sie gütlichst bedenken, daß schließlich unfein denkende Menschen in allem etwas finden können: Im Schwimmen, Rodeln Schlittschuh- oder Skifahren usw. Der Angelsport ist aber vorläufig noch der am wenigsten verleumdete Sport, den die Damen ausüben können. Im Umgang mit den männlichen

Sportkameraden werden die angelnden Damen bald herausfinden, daß der in Anglerkreisen herrschende Ton zwar rau, aber herzlich und ein echter Angler in der Regel ein sehr lieber Kerl ist.
Dieses Zitat lässt einige Interpretationen zu. Wahrscheinlich gab es keine große gesellschaftliche Zustimmung dafür, dass Frauen in die Männerdomäne Sport eindringen, womit zunächst die klassischen Sportarten gemeint waren. Weil aber Angeln so nicht im Mittelpunkt der Betrachtung stand, wollte wohl der Autor nicht zu Unrecht aus der Not eine Tugend machen.
Im August 1925 befasste sich der Leitartikel der Zeitschrift "Der Freie Angler", Organ des 1922 gegründeten Arbeiter-Angler-Bundes Deutschland (A.A.B.D.) unter der Überschrift „Angler und – Frauen“ mit diesem Thema:
Für viele Angler und ebenso für Anglergattinnen ist die Tatsache, daß der Mann auf Wasserweid geht eine Quelle – häuslicher Disharmonie.
In den Briefkastennotizen von Frauenzeitungen kehren die Klagen über den rücksichtslosen Gatten, der Frau und Kind einsam und verlassen zurückläßt, immer und immer wieder. Dieselben Klagelieder ertönen von der anderen Seite in unseren Vereinen von den Angelfreunden. Eine Brücke der Verständigung über einen Ausgleich ließe sich bald finden, wenn in vielen Fällen von einem bestimmten Prozentsatz Eigensinn und Rechthaberei Abstand genommen würde.
Wir maßen uns nicht an, der Frau die Berechtigung, zusammen mit dem Mann sonntäglichen Unterhaltungen nachzugehen, abzusprechen. Im Gegenteil, es ist gerade unser Wunsch, die bisherige Ehedisharmonie in eine wirkliche Harmonie umzustellen. Es wird nicht in allen Fällen möglich sein; aber ist erst einmal der Anfang gemacht, und ist der Weg gefunden, der in der freien Natur beide zusammenführt, dann haben auch wir ein Stück Kulturarbeit geleistet, auf daß wir mit Stolz zurückblicken können.

Es handelte sich also hier um eine breite gesellschaftliche Diskussion, die auch vor den Anglerorganisationen nicht Halt machte,

gleich ob eher bürgerlich oder proletarisch ausgerichtet. Die "Wochenendidee" des A.A.B.D. zielte darauf ab, die Frauen und die Kinder nicht zu Hause allein zu lassen. Das war zweifellos ein großer Fortschritt, der hoch geschätzt werden muss. In der Siedlung aber angelten die Männer, während sich die Frauen um den Haushalt und den Kleingarten kümmern sollten. Von mitangelnden Frauen war noch nicht die Rede.
Über die Anzahl der Angler in Deutschland in den dreißiger Jahren gibt es keine verlässlichen Zahlen. Der Reichsverband Deutscher Sportfischer (RDSF) hatte Ende 1938 105 000 Mitglieder. Über die Anzahl der Frauen gibt es keinerlei Angaben, aber sie war wohl sehr gering. Schätzungsweise gab es 200 000 Fischereischeininhaber, davon mehr als die Hälfte nicht im RDSF, aber in kleineren Verbänden organisierte oder vereinslose Angler.

Nach dem Zweiten Weltkrieg nahm das Hobby Angeln insgesamt in beiden deutschen Staaten einen großen Aufschwung. Der Frauenanteil erhöhte sich relativ schnell auf etwa 5% und ist seit Jahrzehnten etwa konstant. Insgesamt werden in Deutschland nach einer Studie des Fischerei- und Angelwissenschaftlers Prof. Dr. Robert Arlinghaus vom Jahre 2002 3,3 Millionen aktive Angler ab 14 Jahre geschätzt.
Auch wenn es keine exakt ausgewiesenen Daten gibt, kann man grob bilanzieren: Rund eine Million hiervon sind organisiert, davon 520 000 im Deutschen Angelfischerverband (DAFV). Eine Million angeln ebenfalls regelmäßig, aber nicht organisiert. 1,3 Millionen angeln gelegentlich, z. B. im Urlaub, oder nur im Ausland.
In Deutschland können wir somit von rund 50 000 organisierten Anglerinnen ausgehen. Hinzu kommen weitere 50 000, also insgesamt mindestens 100 000 Anglerinnen, aber höchstwahrscheinlich noch etwas mehr aus dem Potential der Gelegenheitsangler.

Dr. Christel Happach-Kasan ist seit 2013 Präsidentin des Deutschen Angelfischerverbandes e.V. (DAFV), der aus der Verschmelzung des VDSF und des DAV hervorgegangen ist. Der DAFV ist der Dachverband der Angelfischer in Deutschland. Noch nie stand in Deutschland eine Frau an der Spitze eines derartigen Verbandes und meines Wissens auch nicht in den Bundesländern. Auch von anderen Ländern ist nicht bekannt, dass eine Frau einen derart großen Anglerverband führt.
Übrigens:
Eine ganz enorme Entwicklung gibt es bei den Jägerinnen. Vor 20 Jahren waren nur ein Prozent der Jagdscheininhaber Frauen. Jetzt sind es zehn Prozent und ihr Anteil steigt weiter.
Was die Kleidung betrifft, so können wir heute Frauen und Männer am Wasser kaum noch unterscheiden. Der vorhin genannte Max Piper angelte immer adrett mit Schiebermütze, weißem Hemd und Krawatte - kein Wunder, war er doch Modeschöpfer - er führte u. a. vor dem 1. Weltkrieg einen Modesalon in Paris, dann in Berlin ein Konfektionshaus -, bevor er sein Geld nur noch mit dem Angeln verdiente. In Paris machte er Bekanntschaft mit dem Turnierangeln, heute Castingsport und organisierte 1926 das erste deutschlandweite Wurfturnier mit der Fliegenrute.
Und da sind wir bei zwei weiteren Frauen, genauer im besten Sinne Angelsportlerinnen, die es bis in Guinnes-Buch der Rekorde geschafft haben. Das hat noch kein Mann vollbracht. Nämlich 1997 die Opernsängerin Helga Trantow (früher Wischer bzw. Wischer-Rudolph geb. 1932). Zum ersten Mal wurde in dieser bedeutendsten Dokumentation der Rekorde eine Anglerin als "absolute Rekordhalterin im Turnierangelsport" (heute Castingsport) aufgenommen. Sie gewann bei 5 Weltmeisterschaften zwischen 1960 und 1965 32 Goldmedaillen, davon 29 in Einzeldisziplinen. Bei den Europameisterschaften 1959 in der Schweiz gewann sie alle fünf zu vergebenden Titel. Diese wurden hier nicht berücksichtigt. Sie stellte 16 Weltrekorde und 9 Weltbestleistungen auf. Da war die DDR bzw. der DAV eine Turnierangel-Weltmacht.

2004 folgte die Lehrerin aus Gera Jana Maisel (geb. 1963) mit 36 eingetragenen Weltmeistertiteln zwischen 1990 und 2002. 2010 wurde Jana Maisel endlich mit dem "Silbernen Lorbeerblatt", der höchsten verliehenen sportliche Auszeichnung in der Bundesrepublik Deutschland, durch den Bundespräsidenten Johannes Rau geehrt. Die Zeitung "Die Welt" vom 29. Oktober 2010 schrieb hierzu zu Recht und bedauernd:

Keiner kennt die erfolgreichste Sportlerin der Welt. Deutschlands erfolgreichste Sportlerin ist eine Trockenanglerin: Jana Maisel hat 61 WM-Titel gewonnen und wurde vom Bundespräsidenten geehrt.

2013 beendete sie ihre internationale Laufbahn mit sage und schreibe 72 WM- und 42 EM-Titeln. Wer will sie einholen oder gar überholen?

Rechnet man die vielen, vielen Landesmeistertitel beider Frauen noch hinzu, dann kann man dies nur noch bewundernd als sagenhaft bezeichnen. Dabei muss man wissen, dass eine Frau nach den gültigen Regeln theoretisch bei einer WM zehn Titel erkämpfen kann, neun im Einzel und einen mit der Mannschaft, was freilich noch keiner Sportlerin gelang.

Beide Frauen sind zugleich auch hervorragende "richtige" oder klassische Anglerinnen. In ihren Erinnerungen "Meine Liebe zum Angeln" schreibt Helga Trantow:

Ich möchte nochmals betonen, daß die Wurfturniere nicht Selbstzweck waren, sondern den Sportanglern die Möglichkeit gaben, ihre Geschicklichkeit im Umgang mit der Spinner- oder Fliegenrute beim Wurf auf verschiedene Scheiben und aus unterschiedlichen Entfernungen in genau fixierten Zeiten unter Beweis zu stellen. Der beste Techniker wird selbstverständlich auch am Fischwasser- ähnlich dem Schützen bei der Jagd- die größten Erfolge haben.

Dies stellten beide Frauen wiederholt unter Beweis.

Jana Maisel übrigens ist „genetisch vorbelastet“, denn ihre Mutter Hanna war in den sechziger Jahren des vorigen Jahrhunderts mehrfache Casting- Weltmeisterin.

Beim klassischen Fischangeln kann man bestenfalls zwei WM-Titel erreichen - in der Einzel- und in der Mannschaftswertung. Dabei sind die Angler natürlich viel mehr von den Launen der Natur und insbesondere der Fische abhängig als ein Castingsportler. Auch da haben wir Extraklasse zu bieten - und das noch in Familie. Die zweifache Weltmeisterin und Mutter Astrid Bloch nahm zwölfmal an den Weltmeisterschaften der Damen im Süßwasserangeln teil und wurde 1994 in Bulgarien Weltmeisterin, damals noch Mitglied im Landesanglerverband Brandenburg, später im LAV Mecklenburg-Vorpommern. Ihrer Tochter Steffi Bloch (LAV Brandenburg) gelang dies Bravourstück 2009 in Italien. Sie war auch gemeinsam mit ihrer Mutter Astrid, jetzt Beck, Mitglied der Damenmannschaft, die hier 2009 ebenfalls den WM-Titel erkämpfte. Hinzu kommt noch ein Vizeweltmeistertitel von Steffi in der Mannschaftswertung der Damen 2011.

Seit 2000 organisiert der Landesanglerverband Brandenburg jährlich einen Kinder- und Jugendtag. Es ist heute die größte Angelveranstaltung für Kinder und Jugendliche in Deutschland. Nicht nur Angeln steht auf dem Programm, sondern auch Spiele und Sport, Wissenstests und vieles andere.

Hier bewährten sich auch drei Mädchen, die später in den genannten Mannschaften der Damen in Italien Weltmeisterin und Vizeweltmeisterin wurden. Es sind Jane Nemetz, Diana Ellmer und Lisa Maria Erdmann.

Ich erinnere mich noch sehr gut an den 4. Kinder- und Jugendtag 2003. Da hörte ich den Ruf "Lotte, kannst mal nachfüttern" und dachte nanu, wer ist denn Lotte? Es war die damals 12-jährige Lisa-Marie Erdmann. Lotte nannte sie ihr Vater Jens, von dem sie die Angelleidenschaft geerbt hat. Damals sagte ihr Vater schmunzelnd: "Sie ist ehrgeizig und holt eher mich früh aus dem Bett als ich sie, wenn es zum Angeln gehen soll." Und Lisa-Marie bekannte: " Angeln macht einfach Spaß, und wenn ich angele, dann möchte ich auch große Fische fangen." Das ist ihr auch mehrfach gelungen.

Familienangeln

Mit dem vergrößerten Freizeitangebot in den letzten Jahrzehnten erfreut sich nun das Familienangeln immer größerer Beliebtheit, egal ob die Frau mitangelt oder nicht. Denn die sich generell verstärkende Hinwendung zur Natur begünstigt diesen Trend. Schauen wir uns an, was eine Anglerfrau 1973 in der damaligen Zeitschrift des DAV "Deutscher Angelsport" geschrieben hatte:

Vaters Mühen - unser Glück

Wir sind eine Anglerfamilie - mein Mann angelt aus Leidenschaft, ich aus reiner Nervensache und unsere Tochter aus Unterstützungsgründen, um im Rechtsstreit meine Partei zu ergreifen, so daß wir die Mehrheit bilden können. Geangelt wird grundsätzlich gemeinsam, wobei Vater die Oberaufsicht führt, Mutter ist für die Ökonomie zuständig (wie Brote und Kaffee) und das Kind darf den Meisterangler Vater bewundern. Dabei gibt es gar nichts zu bewundern, denn auch jeder noch so gute Trick des Familienvorstandes wird mit einem Flossenwedel unter Wasser dankbar durchschaut.

Vater verwaltet grundsätzlich alle zur Verfügung stehenden Posen mit seinem Kennerblick, und jedes Bewegen derselben wird mit Aufforderungen an den jeweiligen Angler signalisiert. Vater ist der Beste. Wir beiden übrigen der Familienbrigade müssen eben noch viel lernen. Jeder hat bei uns seinen Tätigkeitsbereich. Der kleinste Angler darf die kleinsten Fische für den Meister angeln. Mutter angelt aus Gesellschaft auch nach einigem Kleingetier und Vater steckt sie dann für den großen Hecht an.

Und was geschieht dann? - Na, man übt sich in Geduld. Jeder Hüpfer eines Bewohners des nassen Elements wird mit Kommentaren belegt, denn es könnte ja mal ein Esox sein, der voreilig seinen Kopf aus dem Wasser steckt. Meist jedoch schickt Vater Esox einen seiner ungehorsamen Schießer, der einmal probiert, was der Mensch da oben so vorhat. So verging fast der ganze Sommer, ohne daß sich etwas besonders Großes andeutete.

Nun ist es anders. Der Familienvorstand hat doch noch einen Hechtstandplatz gefunden, der ein Mammut von einem Hecht beherbergt. Da sollte man die Kleinfisch-Angler daheim lassen und sich ungetrübten Angelfreuden hingeben, schließlich möchte unsere Hausgemeinschaft auch einmal Hecht essen, meinte unser 'Meister'.
Kunstgerecht wird der Köderfisch (der erst einmal gefangen werden muß - und das dauert...) dem pfiffigen Esox unter die Nase gehalten. Zuerst tut sich nichts, denn schließlich ist er als alter Hecht nicht mehr so verfressen. Nach entsprechender Zeit nimmt er dann den vorsichtig ins Maul. Nun sagt eine alte Anglerregel: Wenn der Hecht beißt, brennst du dir in aller Ruhe eine Zigarette an, wenn du sie geraucht hast, dann haue an. Darüber ist Esox gut informiert, denn nach Kontrolle hat er meist den Braten gerochen und gibt sein Opfer vorsichtig frei.
Also, eine neue Technik muß her. Was, glauben Sie, wie vorsichtig unsere Männer sein können, wenn es darum geht, daß ihnen jemand ins Netz beziehungsweise in den Kescher gehen soll. So kunstgerecht wurde noch nie ein Haken gebunden, so vorsichtig wurde noch nie ans Werk gegangen, wenn eine zarte Plötze an den Haken mußte. Jedoch Esox probierte und probierte, es schmeckte ihm eben nichts, was der da oben ihm vorsetzte.
Dabei wurden schon Konsultationsstunden den in der Grundorganisation (Verein - d. A.) eingerichtet, um auf dem speziellen Gebiet Erfahrungen auszutauschen, aber es tut sich eben nichts.
Für uns gehörte der kluge und pfiffige Esox bereits zur Familie, und es verging kaum ein Wochenende, an dem wir beide, meine Tochter und ich, nicht darum beteten, daß unserem Familienhecht nichts passiert, denn worüber sollten wir mit unserem Meister dann reden?

Und nun gekürzt eine Frau 29 Jahre später 2003 in der Zeitschrift des Landesanglerverbandes Brandenburg "Der Märkische Angler":

Frust und Lust einer Anglerfrau und Anglermutter

Ich bin die geplagte Ehefrau und Mutter einer besonders seltsamen und bisweilen verrückten Spezies der Gattung Mensch - einem Mann, einem Sohn und zwei Töchtern, die allesamt vom Angeln begeistert sind. Mein Leben gestaltet sich zu einem Drama, denn die Gedanken meiner Familie drehen sich nur noch um das, was von Insidern "Angelfieber" genannt wird. Stundenlang diskutieren sie mit ihren Angelkumpeln über das Für und Wider bestimmter Zusammensetzungen, Aromen und Mischungen. Wenn sie sich dann endlich geeinigt haben, wird eine Meter lange Zutatenliste erstellt. Wenn dann endlich die ganzen Grundmischungen fürs Jahr zusammengerührt und verpackt sind, kehrt wieder etwas mehr Ruhe ein.

Am Ende des Tages nach erfolgter Aufräum- und Säuberungsaktion macht die Familienmehrheit die Angeltermine öffentlich. In der heutigen Zeit muss ja fast alles präzise geplant werden. Warum nehme ich den ganzen Stress auf mich? Wenn ich etwas mehr von meiner Bande haben möchte, muss ich eben mit ans Wasser. Dort erlebe ich mit ihnen gemeinsam die schönsten Angelstunden des Jahres und kann all die Schönheiten der Natur und Umwelt direkt entdecken und erleben. Die gefangenen Fische interessieren mich wenig, auch deren Zubereitung und Verarbeitung. Das ist Sache meines Mannes und meiner Kinder. Mein Interesse beginnt erst, wenn die Fische ohne Gräten zu Mittag auf dem Tisch liegen. Mich interessiert und fasziniert am meisten das "Drumherum", das um den Fisch und seinen Fang gemacht wird.

Was bedeutet Angeln für mich und meine Familie? Angeln ist für unsere Familie eine Möglichkeit, die Natur zu erleben, uns zu erholen, Ruhe und Entspannung zu finden und einem der schönsten Hobbys nachzugehen. Natürlich ist Angeln mehr als nur Fische aus dem Wasser zu ziehen. Die Kinder lernen beizeiten den bewussten Umgang mit der Natur und die Achtung vor jeder Kreatur. So lernen sie zu verstehen, dass der Mensch die Natur braucht, aber die Natur den Menschen nicht! Das weckt in ihnen eine sehr

große Naturverbundenheit und eine Verantwortung für unsere Umwelt.
Genauso wichtig ist für uns die aktive Vereinsarbeit bei der Hege und Pflege der Gewässer und der Umwelt. Es gibt kaum etwas Schöneres als zu sehen, wie durch viele gemeinnützige Stunden eine "Wasserwüste" wieder nach und nach zum Leben erweckt wird. Ein großes Zusammengehörigkeitsgefühl im Angelverein mit gleichgesinnten Sportfreunden und die vielen schönen gemeinsamen Erlebnisse machen dieses Hobby für unsere Familie zum schönsten Hobby der Welt.
Nur wer schon einmal einen herrlichen Angeltag in der Natur am Wasser verbracht hat und dabei auch einen schönen Fang hatte, der kann vielleicht die Faszination des Angelns verstehen. Es ist so, als wenn man die ganze Welt umarmen möchte.

Oder eine andere Anglerfrau:
Liebe zur Natur, zur Kreatur und zum Angeln haben unsere drei Kinder und Enkel von meinem Mann. Oft bin ich mit am Gewässer, gehe mit unserem Hund spazieren, schaue beim Angeln zu. Ich profitiere also auch von der Angelleidenschaft meines Mannes. Nicht zu vergessen die Mahlzeiten mit den ganz frisch gefangenen Fischen.
Und zu guter Letzt eine Neuanglerin auf die Frage, was sie so toll am Angeln findet:
In der Natur zu sein, habe Spaß am Angeln. Im neuen Verein fühlt man sich wohl, alle helfen sich untereinander.
Und noch kürzer:
Eine 16-jährige Anglerin aus Berlin antwortete auf die Frage, was ihr denn daran so gefalle:
Allet.

Nachtrag:
Am 15. Mai 2004 fand in Dresden ein Festakt anlässlich des 50. Gründungsjubiläums des Deutschen Anglerverbandes statt. Die

Festansprache hielt die Vorsitzende der CDU und Fraktionsvorsitzende der CDU/CSU im Bundestag Angela Merkel. Sie überraschte die Delegierten und zahlreichen Ehrengäste aus dem In- und Ausland mit folgender Information:
Ich zum Beispiel war, ohne jemals selber einen Fisch geangelt zu haben, trotzdem Mitglied des Anglerverbandes der DDR, weil dort, wo ich lebte, in der Uckermark, das Befahren des nahen Sees nur erlaubt war, wenn man Mitglied des Anglerverbandes war. Und so wurde ich dann in dem Ort mit 60 Einwohnern auch Vorsitzende des dortigen Anglerverbandes, und ich glaube, es gab auch nahezu keine Familie in dem Ort, die nicht Mitglied des Anglerverbandes war. So waren die gemeinschaftlichen Aktionen des Dorfes in ganz hohem Maße das Anfischen, das Abfischen und das winterliche Fest des Anglerverbandes, das ich dann auch ein- oder zweimal organisiert habe. ...
Das liebe ich im Übrigen sehr am Angeln, das es eine Beschäftigung ist, die uns dem Lärm der Gesellschaft, dem wir heute eigentlich pausenlos ausgesetzt sind, ein Stück entzieht. Und damit ist es, glaube ich auch eine sehr moderne und schöne Form, sich im 21. Jahrhundert dem Fischefangen hinzugeben.

Schonzeiten und Mindestmaße

Der Schriftsteller Heinrich Steinhöwel (1412 bis 1482 oder 1483) hat die folgende Fabel "Der Fischer und das Fischlein" geschrieben:
Was du jetzt sicher hast, das gib nicht um zukünftiger Aussichten willen her. Wenn du es später suchen solltest, wirst du es vielleicht gar nicht mehr erlangen können. Hierzu vernimm diese Fabel:
Ein Fischer begab sich an das Meeresufer, um mit einer Angel Fische zu fangen. Er spießte seinen Köder auf, warf seine Angelschnur ins Wasser und fing auch richtig ein kleines Fischlein. Als er dem jedoch den Angelhaken aus dem Maul gelöst hatte, sprach es weinend zu dem Fischer:
"Ich bitte dich inniglich: Sei gnädig zu mir und lasse mich ziehen. Du siehst doch selbst, daß du nur geringen Verlust beklagen mußt,

wenn du mich ziehen läßt, bin ich doch der Mutter entwöhnt. Darum lasse mich erst wachsen und groß werden, damit ich dann deinen Tisch um so mehr ziere. Wenn ich größer geworden bin, komme ich wiederum an dieses Ufer und stelle mich freiwillig, mit dir in deine Wohnung zu kommen. Dort magst du dich dann an mir vollauf sättigen."
Der Fischer antwortete ihm: "Es ist töricht, einen gefangenen Fisch loszulassen und nach einem anderen zu trachten."
Niemand soll schwer errungenen Besitz leichtfertig wieder hergeben. Wenn nämlich die Zeit gekommen ist, danach zu suchen, wird er nicht mehr aufzutreiben sein. Darum gib nicht sicheren Besitz um zukünftiger Aussichten willen hin.

Die Botschaft ist ja eindeutig. Steinhöwel hat dafür einen Fischer gewählt, der auch "nur" ein Angler sein kann, also keiner, der die Fischerei als Beruf ausübt. Denn sonst würde er anders fischen als nur mit einer Angel. Wenn der Angler entschieden hat, den Fisch mitzunehmen, dann wahrscheinlich, weil Steinhöwel auch auf seine Armut hinweisen wollte. So steht der Fischer hier für den armen Landmann schlechthin und ist eine Kritik an den sozialen Zuständen. Steinhöwel nennt den Fisch Fischlein und gerade der Mutter entwöhnt, obwohl jeder weiß, dass der Fisch kein Säugetier ist. Aber somit ist für jeden klar, er war noch sehr klein. Wer darauf nicht verzichten kann, muss schon mit argen Nöten leben.
Dies könnte die eine Seite der Fabel sein. Die andere Seite - gab es damals schon Festlegungen über Schonzeiten und Mindestmaße? Die Fischereigesetzgebung entstand im Mittelalter, also Fischereiberechtigung, Fangmethoden, Kontrolle usw. Sie wurde verliehen durch die jeweiligen Landes- oder Grundherren oder auch Klöster. Die erste heute noch bekannte Hegeanweisung der Mark Brandenburg beispielsweise legte fest, dass der Lychener See nicht befischt werden durfte, *so lange der Plötz laicht*.
Die Gründe waren nachvollziehbar. Erstens galt es, den Ertrag der Gewässer zu sichern, nicht zuletzt für die eigene Küche, und zwei-

tens auch den schon damals beobachteten Rückgang der Fischbestände zu verhindern und wenn möglich rückgängig zu machen. Deshalb wurden - regional unterschiedlich bis heute - Mindestmaße für Netze und Fische festgelegt und bereits auch Schonzeiten. Vor allem aber ging es um die Verhinderung von Fischdiebstahl und illegaler Fischerei. Diese Bestimmungen mussten damals größtenteils verlesen werden, weil die meisten Fischer und Angler nicht lesen konnten.

Die Rolle der Angler unterschied sich selbstverständlich von der der Berufsfischer. Nicht selten war die private Angelei stark eingeschränkt oder sogar verboten und mit Strafen belegt, wovon viele einzelne Bestimmungen zeugen.

Aber kommen wir zurück zu den Schonzeiten und Mindestmaßen. Wenn auch festgelegt, so war die Kontrolle schwierig, und daher wurden entsprechende Bestimmungen ignoriert und nicht eingehalten. Ob in der obigen Fabel so ein Fall beschrieben wurde? Es ist möglich.

Mit beginnender Industrialisierung Mitte des 19. Jahrhunderts wurde die Fischereigesetzgebung den neuen fischereibiologischen sowie fischwirtschaftlichen Erkenntnissen angepasst, so beispielsweise durch die Fischerei-Polizeiverordnung von 1858 für den Regierungsbezirk Potsdam. Mindestmaße für Netze wurden ebenso festgeschrieben wie Mindestmaßen und Schonzeiten für Fische und Strafen für Verstöße. Untermaßige Fische durften beispielsweise nicht vermarktet werden. Interessant, dass dies für Hecht und Wels nicht galt. Fischwilderei aber gab es natürlich dennoch.

In der Festschrift zum 25-jährigen Bestehen des Fischereivereins für die Provinz Brandenburg wird geschildert, dass ein Fischer zwei Angler befragte, was sie denn gefangen hätten. Der eine antwortete, es wären 65 Barsche, einer wie der andere. Der Fischer ließ sich den Fang zeigen und sah, dass nur vier Barsche das gesetzliche Maß hatten. Da er einige Brathechte gefangen hatte, schlug er dem Angler einen Tausch vor, weil dieser die untermaßigen Barsche doch nicht gebrauchen könne. Der Angler war einverstanden und bekam die Hechte. Der Fischer nahm die kleinen

Barsche und schüttete sie vor den Augen der Angler und zu ihrem Entsetzen in den See. Als diese laut protestierten, sagte er ihnen, es seien nun seine Fische. Mit denen könne er machen was er wolle.
Soweit ein kurzer Blick in die Vergangenheit. Wie ist die Situation heute? In der Fischereiordnung des Landesanglerverbandes Brandenburg sind 43 Fischarten aufgeführt. Davon sind 26 ganzjährig geschützt, darunter beispielsweise der Lachs und die Meerforelle. 17 Fischarten dürfen geangelt werden. Davon haben 9 eine Schonzeit und 8 keine. Für 11 Fische gelten zudem Fangbegrenzungen. (Die große Maräne ist ganzjährig geschützt, sofern sie in Fließgewässern lebt, sie ist zeitweise geschützt als Besatzfisch in stehenden Gewässern. Die Regenbogenforelle ist teilweise geschützt in Fließgewässern und hat keine Schonzeit in stehenden Gewässern nach Besatz. Die Seeforelle ist ganzjährig geschützt, jedoch als Bestand in stehenden Gewässern nur teilweise).
Für alle in der Fischereiordnung zum Angeln freigegebenen Fische gelten zudem Mindestmaße. Beim Wels wurden ab 2010 Mindestmaß und Schonzeit aufgehoben, weil er sich so ausgebreitet hat, dass sein Schutz als Raubfisch und Konkurrent der anderen Raubfische eher Schaden anrichtet. Hinzu kommen noch weitere 14 Fischarten (mit dem seltenen Bachsaibling und dem Sonnenbarsch sind es 16), darunter Barsch, Blei, Döbel, Karausche, Giebel, Plötze, Rotfeder, Ukelei, Zwergwels, ohne Schonzeiten und Mindestmaße.
Der Landesanglerverband Brandenburg organisiert seit 2002 im Februar den zentralen Hegetag, an dem sich auch Förster und die Wasserschutzpolizei beteiligen. Damit wird eine Aktion des DAV der DDR unter der Losung "Unsere Gewässer- gepflegte Gewässer" wieder belebt und fortgesetzt. Hier ein Auszug aus der Pressemeldung 2007:
Am Sonnabend, den 10. Februar werden wieder wie im Vorjahr Tausende Angler des Landesanglerverbandes Brandenburg und weitere Naturschützer mit Schaufeln, Äxten, Sägen, Müllsäcken, Fahrzeugen und schwererem Gerät an vielen der rund 1000 vom

Landesanglerverband betreuten Gewässer zu finden sein. Sie treffen sich zum traditionellen gemeinsamen landesweiten Hegetag unter dem Motto „Anglerkur für die Natur". Die diesjährigen milden Temperaturen erlauben Pflegearbeiten, die bei strengem Winter so nicht möglich sind.
Ziel ist vor allem die Säuberung der Uferzonen von Müll und Unrat, ihre Pflege z.B. durch Rückschnitt oder Beseitigung von Wildwuchs und Sturmschäden, Schnitt von Rohr, Kopfweiden und morschen Ästen. Ebenso Ausbesserung von Steganlagen, Befestigung von Angelstellen, Neuausschilderung von Gewässern sowie Instandsetzung von Naturlehrpfaden. Die konkreten Maßnahmen werden von den Kreisanglerverbänden und den Vereinen in eigener Verantwortung organisiert.
Da der Landesverband Berlin Mitglied im Landesanglerverband Brandenburg ist, werden auch die Berliner Angler die Ufer ihrer DAV-Gewässer, z.B. an den Bucher Teichen und an der Wuhle, für die bevorstehende Saison herrichten.
Auch an den nächsten Wochenenden werden regional weitere Pflege-Einsätze an den Gewässern des Landesverbandes unter dem Motto „Anglerkur für die Natur" stattfinden – zur Freude der DAV-Mitglieder, der Gastangler und Touristen.

Es wird also deutlich, dass die organisierte Anglerschaft ehrenamtlich, mit eigenen Mitteln und mit qualifizierten Fachkräften ebenso Fische hegt, pflegt, schützt, wie sie Fische angelt. Beides bedingt sich und ist nicht voneinander zu trennen. Hierzu gehört auch die organisierte und finanzielle Mitwirkung der Angelverbände an der Wiedereinbürgerung von gefährdeten oder ausgestorbenen Fischarten wie Lachs, Meerforelle und Stör.
Aber auch andere Arten wie Maifisch, Schnäpel, Quappe, Äsche, Karausche, Flussperlmuschel und andere sind Gegenstand von regionalen Wiedereinbürgerungs- und Bestandsstützungsprojekten der Angelfischerei. Und ganz besonders wichtig sind die umfangreichen Besatzmaßnahmen zur Erhöhung der Aalbestände gemeinsam mit den Fischern.

Nachtrag:
Schaut man sich die Fischereiordnungen der Bundesländer an, so fällt die unterschiedliche Regelung für Schonzeiten und Mindestmaße auf. Nehmen wir zwei Beispiele für Schonzeiten:
In Berlin ist der Hecht seit Jahrzehnten geschont vom 1. 1. bis 30. 4., in Brandenburg vom 1. 2. bis 31. 3., in Hamburg vom 1. 1. bis 15. 5. Der Zander in Berlin vom 1. 1. bis 31. 5., in Brandenburg vom 1. 4. bis 31. 5. und in Hamburg ebenso wie beim Hecht.
Berlin liegt bekanntlich inmitten Brandenburgs. Die Unterschiede sind nicht logisch, höchstens historisch zu erklären.

Beispiele für Mindestmaße:
In Hamburg gilt für den Hecht ein Mindestmaß von 50 cm, in Niedersachsen von 40 cm, in Schleswig-Holstein von 45 cm für Binnenland und Küste. Für den Aal gelten 45 cm in Hamburg, in Niedersachsen 35 cm und für die Küste 45 cm, in Schleswig-Holstein 45 für Binnenland und 40 cm für die Küste. Für den Zander gelten unterschiedliche Mindestmaße, 35 cm im Binnenland für Niedersachsen und 50 cm in Sachsen, Sachsen-Anhalt und Bayern.
Wie sind diese Unterschiede zu erklären? Biologisch oder fischwirtschaftlich bestimmt nicht. Nur durch die hoheitliche föderale Logik, die wiederum historische Wurzeln hat, denn die Auffassungen der mittelalterlichen Landesherren und ihrer Berater über Schonzeiten und Mindestmaße unterschieden sich sehr. Kein Wunder, denn es gab stets großen Bedarf an Fisch, daher unterschiedliche Interessen und noch keine gesicherten wissenschaftlichen Erkenntnisse. Aber heute haben wir sie, dennoch …

Und noch ein Beispiel:
In Berlin darf ein Kind bis zu 12 Jahren nur in Begleitung bzw. unter Aufsicht eines erwachsenen Fischereischeininhabers angeln. Ab 12 Jahren braucht es einen Jugendfischereischein und darf selbständig angeln. In einer Information der Senatsverwaltung für Stadtentwicklung und Umwelt steht:

***Das heißt, das Kind unter zwölf Jahre kann das Angeln nicht selbständig praktizieren**, sondern nur unselbständig und zwar nicht mit einer eigenen Angel, sondern nur mit einer Angel des erwachsenen Fischereischeininhabers.*
Die praktische und theoretische Ausbildung zum Angler sollte erst mit dem Lösen eines Jugendfischereischeins ab dem vollendeten zwölften Lebensjahr beginnen, da ein dauerhafter Lernerfolg vorher in der Regel nicht erzielt werden kann. Die Möglichkeit, Kinder am Angeln zu beteiligen, sollte so restriktiv wie möglich gehandhabt werden. Bei Verstößen des Kindes unter zwölf Jahren gegen das Fischerei- und Tierschutzgesetz macht sich der erwachsene Fischereischeininhaber strafbar!

Aber Kinder sind mit 6 Jahren schulreif, also reif für einen dauerhaften Lernerfolg. Für das Angeln gilt das nicht?

Und nun Brandenburg:
Hier dürfen Kinder bereits ab 8 Jahren selbständig auf Friedfrische angeln, also ohne Aufsicht eines Erwachsenen, wenn sie die Fischereiabgabenmarke für 2,50 Euro im Jahr erworben und in eine grüne Nachweiskarte eingeklebt haben. Also 4 Jahre Unterschied. ???

Und nun Mecklenburg-Vorpommern Stand 24. Mai 2013:
Die Fischereiaufsicht beanstandet es auch nicht, wenn folgender Fall vorliegt: Ein Kind angelt zusammen (unter Aufsicht) mit einem erwachsenen oder jugendlichen Fischereischeininhaber im Rahmen des Geltungsbereiches seiner Dokumente (Fischereischein und Angelerlaubnis) mit. (Beispiel: mit der Angelerlaubnis sind 3 Handangeln erlaubt: das Kind hat 1 Handangel, der Erwachsene hat 2 Handangeln). Da die Eingriffsmöglichkeit des Fischereischeininhabers jederzeit gegeben ist, wird nicht von einer eigenständigen Fischereiausübung des Kindes ausgegangen. Daher benötigt das Kind dann keine eigene Angelerlaubnis.

Noch Fragen? Der Vollständigkeit halber soll noch kurz erwähnt werden, dass auch die gesetzlich festgelegte Anzahl der Handangeln in den Bundesländern nicht einheitlich ist. Ebenso wie viel gefangene Fische von einer Art pro Kalendertag zulässig sind.

Fazit:
Der Föderalismus schlägt auch bei der Angelfischerei voll zu. Darum ist es unbedingt notwendig, sich vor einer Angelpirsch in einem anderen als dem Heimat-Bundesland ganz genau über die dortigen gesetzlichen Bestimmungen zu informieren.
Da hat man es z. B. als Autofahrer mit der einheitlichen Straßenverkehrsordnung wahrlich einfacher.

Fischereiaufsicht
Ist Ihnen schon mal der Name Pritstabel, auch Pritzstabel, begegnet? So hieß früher in der Mark Brandenburg der Fischereiaufseher. In einer Information der Berliner Senatsverwaltung für Umwelt, Verkehr und Klimaschutz ist u. a. zu lesen:
600 Jahre Fischereiaufsicht
und seit 1639 als Staatliche Fischereiaufsicht im heutigen Berliner Raum oder vom Pristabel, Pritzstabelamt, Oberfischmeister/Fischereiamt der Stadt Berlin und der Provinz Brandenburg, Fischereiamt von Groß-Berlin zum ***Fischereiamt Berlin****.*
Zwei zu Spandau (1407) und Köpenick (1487) als Wasservögte eingesetzte markgräfliche Privatbeamte bilden die nachweisbare Keimzelle jener von als Pritzstabeln [wendisch: Pristaw = Aufseher] zunächst privatrechtlich, von 1639 an polizeilich wahrgenommenen Staatlichen Fischereiaufsicht.
Noch heute zeugen Namen von dieser Berufsbezeichnung, zum Beispiel die Pritztabelstraße in Köpenick.

Im neuen preußischen Fischereigesetz vom 30. Mai 1874 wurden die erweiterten Aufgaben der Fischereipolizei als „Königliches Fischeraufsichtspersonal“ festgeschrieben. 1877 erhielten die Fischereiaufsichtsbeamten Uniform und 1879 auch Waffen. Das ist natürlich heute nicht mehr so. Die Fischereiaufsicht ist eine hoheitliche Aufgabe in Verantwortung der Bundesländer. Sie sind für die Überwachung und Kontrolle der Regelungen des Fischereigesetzes und seiner Durchführungsverordnungen zuständig. Die meisten Fischereiaufseher für die Binnengewässer sind ehrenamtlich tätig. Sie werden, die persönliche und fachliche Eignung vorausgesetzt, offiziell geprüft, bestellt und verpflichtet und sind meistens Mitglieder der Anglerverbände. Sie erhalten einen Dienstausweis. In Mecklenburg-Vorpommern gibt es 315 ehrenamtliche Fischereiaufseher (Stand: Mai 2017), die auf den Gewässern der Angelvereine und der Binnenfischereibetriebe die Fischereiausübung kontrollieren.

Dabei treffen sie Schwarzangler, aber auch Angler mit gültigen Dokumenten, die sich - meistens bewusst - nicht an die Bestimmungen halten, beispielsweise zu viele Angeln, Mitnahme von untermaßigen oder zu viel Fischen, Angeln mit lebenden Köderfischen statt mit getöteten u. v. a. m.

Da kann man sich lebhaft vorstellen, wie notwendig, aber auch kompliziert und z. T. sogar gefährlich solch eine Tätigkeit ist. Sie müsste viel mehr gewürdigt werden. Die erfolgreichsten Fischereiaufseher setzen auf die Vernunft und das Verständnis der Angler. So wie die Fischereiaufseher die unterschiedlichsten Anglertypen kennenlernen, so lernt auch der Angler die unterschiedlichsten Typen von Fischereiaufsehern kennen.

Nur ein Beispiel: Ich angelte 2018 in Mecklenburg-Vorpommern immer am gleichen Gewässer und wurde innerhalb weniger Wochen fünfmal kontrolliert. Das ist in Ordnung. Ein Fischereiaufseher kontrollierte mich dreimal. Als er zum dritten Mal erschien, fragte ich ihn, ob er denn jetzt erneut meine Papiere sehen wolle. Im Brustton der Überzeugung antwortete er streng „aber selbstverständlich." Ein Kollege von ihm hatte mich ebenfalls kontrolliert. Als er wiederum wenig später mit einem weiteren Fischereiaufseher am Wasser auftauchte und dieser mich kontrollieren wollte, hielt er ihn zurück mit der Bemerkung. „Brauchst du nicht. Das ist der Angler aus Berlin."

Bleibt nur noch anzufügen, dass auch die Wasserschutzpolizei die Aufsicht über die Fischerei wahrnimmt!

Historische Wirkungen eines ausgiebigen Frühstücks

Im Jahre 1858 trafen sich in Berlin die Mühlenberger und Stralauer Angler und beschlossen, einen Anglerverein ins Leben zu rufen. Noch im selben Jahr fand die Gründungsversammlung statt. In einem Artikel der Zeitschrift „Der Sportangler“ vom 1. Februar 1949 wurden unter der Überschrift „Chronik der Berliner Angler-Bewegung“ folgende interessante Einzelheiten zur Entstehungsgeschichte des genannten Vereins mitgeteilt:

„Im Jahre 1858 wurde bei einem sehr fidelen Angeln ein Frühstück abgehalten. ...Dabei wurde der Wunsch laut, daß die Mühlenberger und Stralower Angler einen Anglerverein gründen wollen. Noch in demselben Jahre fand ...die erste Gründungsversammlung statt. Zuerst 30 Gründer, wurden bald daraus 80 Mitglieder. ...Am 8.März 1866 erhielt der Verein den Namen 'Central-Verein der Anglerfreunde 1866 zu Berlin'.

Eigentlich ist somit das Jahr 1858 der Beginn des organisierten Angelns in einer Gemeinschaft in Deutschland. Aber es brauchte eben noch 8 Jahre, ehe alle rechtlichen Hürden für eine offizielle Anerkennung der Anglergemeinschaft als Verein überwunden waren. Deshalb gilt der 8. März 1866 als Gründungsdatum des ersten und ältesten Angelvereins in Deutschland und somit offiziell als Beginn des organisierten Angelns in Deutschland.

Die Mitgliederzahl entwickelte sich so gut, dass der Verein mehrmals aus Platzgründen das Vereinslokal wechseln musste. Für ein bequemes und auch erfolgreiches Angeln wurde über viele Jahre hinweg der Rummelsburger See gepachtet. Er wurde sozusagen zum Hausgewässer des Vereins. Im Protokoll vom 6. Oktober 1866 wird allerdings Klage darüber geführt, dass der See total verkrautet ist. Gemeinschaftsangeln wurde vom Kahn aus vorwiegend an der „Liebesinsel“ organisiert. Dieses endete dann immer mit einem ausgiebigen Frühstück!

Dass die Gründungsväter durchaus hohe Ansprüche an ihr Vereinsleben stellten, ergibt sich aus dem Protokoll vom 18. März 1869. Darin heißt es:
Man könne in dem jetzigen Lokal nicht mit gutem Überzieher und Hut kommen. Erstens ist kein genügender Platz zum Aufhängen der Sachen vorhanden, zweitens sei alles voll Schmutz und Staub, drittens läuft man Gefahr, daß die Sachen zerdrückt sind, da entweder die Haken an den Kleiderriegeln fehlten oder die Riegel abfielen. Die Stühle, wenn überhaupt welche da waren, kann man nicht zum Sitzen gebrauchen, die Türen knarren, auch ist keine Öffnung vorhanden, wo der Qualm und die schlechte Luft abziehen können. Kurz, das ganze Lokal ist höchst mangelhaft. Ergebnis: Der Wirt versprach, das Lokal vollständig renovieren zu lassen.
Aus einem weiteren Protokoll ist ersichtlich, dass man auch dem Trunk nicht abhold war, denn es steht geschrieben,
dass zu einem Frühstück nach dem Angeln auf der Liebesinsel 4 Achtel Bier und 50 Weißen vorläufig aufgelegt wurden, weil man ja jeden Augenblick dort mehr erhalten konnte.
Regelmäßig wiederkehrende Ereignisse waren Familienangeln, Herrenabende, Kinderfeste und Dampferfahrten mit Kind und Kegel sowie fast jährlich im März stattfindende so genannte Stiftungsfeste. Jedes Jahr wurde der erfolgreichste Angler zum „Angel-Ritter“ oder „Angel-König“ ernannt. Am 6. März 1875 stifteten die Frauen der Vereinsmitglieder dem Verein eine selbst gefertigte Fahne aus Seidentuch. Auf ihr steht mit großen gestickten Buchstaben: "Friede, Freude, Einigkeit, Heil und Gedeih'n dem Angler-Verein." Der Spruch "ruht" auf zwei Eichenzweigen.
Eigentlich verständlich, denn diese Zeit der industriellen Revolution und der damit verbundenen selbstbewusster werdenden Bevölkerung war auch eine Zeit der Vereinsbildungen. Die Arbeiter begannen sich zu organisieren, so 1863 im "Allgemeinen Deutschen Arbeiterverein", der ersten Massenpartei der deutschen Arbeiterbewegung.
Schauen wir uns in diesem Zusammenhang die Motivation der Gründerväter an, so unterscheiden sie sich nicht von denen der

heutigen Anglergeneration. Zusammenhalt macht stark, Geselligkeit verschönert den Alltag, der Vergleich der besten Fänge hat etwas Sportliches und nicht zuletzt sind Fische in sauberen Gewässern ein willkommenes Nahrungsmittel.
Aber industrielle Revolution hieß auch industrielle Nutzung der Gewässer und damit auch ihre industrielle Verschmutzung in einem bisher nicht gekannten Ausmaß. Es war der hohe Preis für technischen Fortschritt und besseres Leben. Wie sahen die Gewässer damals aus? 1874 erschien das erste deutschsprachige Buch über das Fliegenfischen „Die Kunst der Fliegenfischerei auf Forellen und Äschen in Deutschland und Österreich“ des Schotten John Horrocks (geb. 1816 in Edinburgh, gest. 1881 in Weimar). Horrocks lebte ab 1842 in Weimar. Er schrieb:
Kaum notwendig ist es zu erwähnen, daß die deutschen Seen und Flüsse im Vergleich mit denen der anderen europäischen Länder die größten und schönsten sind und daß sie von der Natur mit dem hellsten Wasser versehen wurden, das sich ganz besonders zum Aufenthalt aller Arten Fische eignet. Im vorigen Jahrhundert und zu Anfang des jetzigen waren Seen und Flüsse noch voller Salmoniden: Lachse, Forellen, Äschen und Saiblinge waren hier reichlicher vertreten als in den Gewässern von Großbritannien und Norwegen.
Und wie steht es damit heutzutage? Vergleiche mit statistischen Nachweisen über kleine Gewässer in Schottland ergeben, daß die deutsche Flußfischerei in einem traurigen Zustand und Verfall ist. Überall hört man klagen: das Zerstörungswerk hat die Grenze der Natur besiegt. Flüsse und Bäche sind durch Menschenhand entvölkert.

Wie würde wohl heute sein Urteil ausfallen? Horrocks vertrat übrigens als einer der ersten die Einheit von Fischfang und Hege. Genau aus dem von ihm beschriebenen Grund nämlich.
Anders ausgedrückt heißt das, Angeln ist ohne den Kampf für eine intakte Natur, ohne die Bemühungen um saubere Gewässer und Uferzonen, für artenreiche und ausreichende Fischbestände nicht

denkbar. Als sich die Angler damals organisierten, mussten sie, bewusst oder veranlasst durch die Umstände, zu Kämpfern für den Natur- und Umweltschutz werden. Auch um den Preis, dass man sie als Feinde des Fortschritts beschimpfte, weil sie sich gegen die Verschmutzung der Gewässer wandten und damit für die Erhaltung der Lebensräume der Fische eintraten.
Das betraf ihre Aktionen sowohl gegen die Gewässerverschmutzung als auch gegen die Begradigung der Flüsse und ihre Abriegelung durch Wehre, weil diese die Wanderwege der Fische und damit ihre Fortpflanzung unterbrachen. Als noch niemand von einer organisierten politischen grünen Bewegung sprach, hatten es die Angler schon vorgemacht. Umweltschutz gehört deshalb zu unseren Wurzeln, zur Gründungsmotivation des organisierten Angelns. Deshalb waren die organisierten Angler zugleich eine der ersten organisierten Natur-, Umwelt- und Tierschutzschutzvereine. Dies muss man gerade in heutiger Zeit hervorheben und würdigen. Heute hat ein Umdenken begonnen. Fortschritt in Wissenschaft und Technik, ein besseres Leben ist eben nicht dauerhaft auf Kosten der Natur zu haben, sondern nur mit ihr.
Die Fischer übrigens waren damals nicht begeistert von den Anglern, schon immer nicht, und erst recht nicht, als sie sich organisierten. Für sie waren die Angler Konkurrenten. Im Landesarchiv Potsdam ist eine Beschwerde des Bürgers Johann Heinrich Wilke aus Küstrin von 1773 überliefert. Die Gemeinde verbot ihm das Angeln. Die Akten enthalten einen

Bericht über den unerlaubten Vorteil der mit Angel und gekochten Erbsen fischenden gegenüber den berufsmäßigen Netzfischern. Verdacht der Fischer auf Zauberei und Magie gegen besonders erfolgreiche Angler.

Die Meinung, dass an einer Angelrute auf der einen Seite ein Wurm ist und an der anderen Seite ein Nichtsnutz oder Tagedieb war keine Einzelauffassung bei vielen Fischern – im Gegensatz zu Heute. So stand beispielsweise in einer Fischerei-Zeitung aus dem Jahre 1893 - und das war noch moderat:

Es ist kaum denkbar, daß sich ein auch nur mäßig begabter Mensch dieser langweiligen, unfruchtbaren und unlohnenden Beschäftigung hingeben könnte. Wie kann man es nur fertig bringen, Stunden oder gar den ganzen Tag oder die ganzen Nächte an einem Gewässer zu verweilen und auf irgendein kleines Fischlein zu warten, welches den angebotenen Köder ergreift. Es muß doch das Angeln eine Herz und Geist tötende Beschäftigung sein.

Die Fischer taten alles, damit die Angler keine Gewässer kaufen oder pachten konnten. Diese konnten sich nur gemeinsam und organisiert dagegen wehren. Es gründeten sich immer mehr Angelvereine. Die Zeit für einen Dachverband der Angler war reif.

Der Central-Verein war Initiator und Keimzelle des Deutschen Angler-Bundes (DAB), der ersten deutschlandweiten Anglerorganisation. Diese wurde am 31. Mai 1900 gegründet. Von nun an gab es in Deutschland die erste Anglerorganisation, auf die sich alle Hoffnungen für eine deutschlandweite einheitlich geführte Anglergemeinschaft aufbauten. Der hier schon erwähnte Dr. Horst Brehm, Vereinsmitglied des Central-Vereins seit 1899, wurde wenig später Präsident des DAB.

Ab 1946 hieß der Central-Verein "Angelsparte beim Bezirksamt Berlin-Friedrichshain" und ab 1954 mit Gründung des Deutschen Anglerverbandes der DDR "DAV-Ortsgruppe Berlin Friedrichshain." Die Fahne wurde gehütet und beschützt und 2006 bis 2008, finanziert durch eine Spendenaktion, von einer Restauratorin als historisch wertvolles Kulturgut instand gesetzt. Ab 8. April 2008 befindet sie sich in einer Glasvitrine als ständiges Exponat in der Geschäftsstelle des vormaligen Deutschen Anglerverbandes (DAV) bzw. jetzt Deutschen Angel-Fischer-Verbandes (DAFV).

Die Mitglieder des ältesten Anglervereins Deutschlands - ab 1991unter dem Namen "Angelfreunde 1966 Berlin" - pflegen das Vermächtnis ihrer Gründerväter und feierten im März 2016 unter lebhafter Begleitung der Öffentlichkeit ihr 150-jähriges Bestehen.

Nachtrag:
Zu Beginn der Festschrift zum 60. Jahrestag des Anglerverbandes "Elbflorenz" Dresden ist der folgende "Anglerspruch" des 1. Vizepräsident des Deutschen Angler-Bundes (DAB Paul Rauser zu lesen:

Angle um des Angelns willen,
Nicht um den Beutel Dir zu füllen.
Sorg', daß Dein Gerät was tauge,
Können leg' in Hand und Auge!
Biete fairen Kampf dem Fische,
Acht' ihn nicht nur auf dem Tische.

Feines Zeug und Fähigkeiten
Sollen Dir den Sieg erstreiten.
Sei kein Prahler und kein Neider,
Bleibe fröhlich auch als "Schneider".
Halte Deine Passion in Ehren,
Daß sich Deine Freunde mehren.

Lass Dein Können und Dein Wissen
Andre sehn und mitgenießen.
Am Wasser gilt nicht Geld und Gut,
Vor Leistungen, da zieh' den Hut!
So wandre durch des Lebens Tal
Bis Du erschaust Nirwanas Mal.

Und gehst Du ein zur Himmelstür
Wo Petrus neigt sich freundlich Dir,
So grüße ihn und biete ihm die Zeit,
Und bitte ihn um gute Wasserwaid.

Historische Karpfenspur
In Neustadt an der Aisch gibt es seit 2008 ein Karpfenmuseum. Wir erfahren auf der Internetseite:

In den Räumen des "Alten Schlosses" ist seit dem 22. Mai 2008 die mehr als 1250-jährige Geschichte und Tradition der Aischgründer Teichwirtschaft, ihre kulturhistorische Bedeutung für die fränkischen Königshöfe, die mittelalterlichen Klöster, die adeligen Gutsherrschaften und die bäuerliche Landwirtschaft zu sehen. Heute werden weit über 5000 Teiche mit einer Fläche von 3.500 ha bewirtschaftet.

Das Karpfenmuseum ist das einzige in Deutschland und untergebracht im Markgräflichen Wasserschloss, dass der hohenzollersche Markgraf Albrecht von Ansbach und Kulmbach, genannt auch Albrecht Achilles, erbauen ließ. Er lebte von 1414 bis 1486 und wurde als Albrecht III. auch Kurfürst von Brandenburg.

Sein Urenkel war Johann von Brandenburg-Küstrin (1513 bis 1573), der auch die Herrschaft über Cottbus und Peitz besaß. Er beschloss 1557 die Festung Peitz zu errichten (auch die Festung Küstrin). Als Schutzgürtel wurden bereits 1556 vor der Stadt auf einer Fläche von 5000 Morgen (1250 ha) große Teiche sowie zu deren Flutung der Hammergraben angelegt. Damit begann auch die Geschichte der Peitzer Karpfenzucht. Südlich von Peitz erstreckt sich das mit fast 1.000 Hektar Wasserfläche größte zusammenhängende Teichgebiet Deutschlands. Hier werden auch andere Fische wie Hecht, Wels, Zander und Barsch herangezogen.

Wir sehen also, dass eine historischen Karpfenspur wahrscheinlich ganz bewusst durch die hohenzollernschen/brandenburgischen Markgrafen von Neustadt an der Aisch bis nach Peitz führt.

Fisch als Arznei

Fische sind wegen ihres hochwertigen Eiweißes und anderer lebenswichtiger Inhaltsstoffe, vor allem der Omega-3-Fettsäure, die unser Körper selbst nicht herstellen kann, eine sehr gesunde, schmackhafte und leicht verdauliche Nahrung. Das ist sicher unbestritten. Insofern sind sie natürlich auch eine gute Arznei. Wie aber sahen das bzw. was berichteten darüber unsere Vorfahren? Ihnen hatte es besonders der Hecht angetan, wie Angelhistoriker Heinz Haase weiß:

Auf Brust und Fußsohlen gestrichenes Hechtfett sollte angeblich Husten lindern und sogar vertreiben, und die Hechtmilz schließlich war ein hoch geschätztes Mittel zur "Verdünnung " des Blutes. In Anlehnung an den großen Paracelsus (1493 - 1541)), Arzt, Naturforscher und Philosoph, empfahlen die Ärzte den Hecht allen jenen, deren Herz zu viel oder zu wenig schlug. Hechtfleisch wurde den Wöchnerinnen als Kost angeraten. Die gepulverten Kopfknochen galten als Heilmittel gegen Hämorrhoidalleiden, Blasenstein und Seitenstechen.

1773 publizierte der Benediktinermönch Odilo Schreger aus dem Kloster Ensdorf in Bayern (Diözese Regensburg) in zweiter Auflage (erste wahrscheinlich 1764) ein "Hausbüchlein worin unterschiedliche geistliche, als auch weltliche Hausmittel, sonderlich wie sich ein Hausvater gegen Gott, gegen den Nächsten, und gegen sich selbst, wie auch in seinen Hausgeschäften verhalten solle." Nicht eine "Hausmutter", sondern ein Hausvater. Kapitel X, hier Caput X, ist überschrieben: "Was ein Hausvater von den Fischen wissen soll." Aus heutiger Sicht sind diese zum Teil abstrusen Ratschläge amüsant zu lesen, auch in damaliger originaler Schreibweise:

1. Karpfen sind zwischen Ostern und Pfingsten nicht gar gut, weil sie um diese Zeit laichen: sonst sind sie durch das ganze Jahr gut; im Herbst aber am besten. Der Karpfenstein dienet für die Colica, die Gall den bösen Augen, die Fette den contracten Gliedern.
(contract - steif).

2. Bersig ist im März und April, weil er laichet, nicht gut; sonst ist er allzeit gut. Dieser Fisch giebt dem Menschen gute Nahrung, dieweil er in Blut verwandelt wird: dahero er auch vor anderen Fischen den Vorzug hat.
(Bersig - Barsch).

3. Der Barb ist gut vom Mai an bis im September, zu welcher Zeit er am fettesten ist. Sein Rogen ist schädlich. Vom Oktober bis auf dem März hat er keinen Rogen, ist aber schwer zu essen. Die kleine Barmen, welche man in harten Wässern fängt, seyen die besten.

4. Der Hecht ist das ganze Jahr gut, im August aber am besten. Er giebt dem Menschen gute Nahrung. Die besten Hechte werden gefangen in fließenden Wässern. Hechtenherz geessen, hilft gegen das Fieber. Der Rogen macht speyen. Mit Fette die Brust und Fußsohlen geschmiert, vertreibt die Husten. Hechten gepulvert und eingenommen, hilft im Seitenstechen, Gries, Sand und Stein. Die Kreuzbeinlein, so man im Kopf findet, seyend sehr gut für die Kinderfraiß, man stoßet sie zu Pulver und giebts ein.
(Kinderfraiß - Krämpfe, Epilepsie; Gries, Sand und Stein - schmerzhafte Ablagerungen in den Organen, s. Gallen- oder Nierensteine).

5. Forellen sind im April, und May gut, im Winter aber am besten. Die besten seynd, welche man in den allerstärkesten und felsichsten Brunnenquellen, und fliessenden Wässern fanget.

6. Der Salm ist im April und May, und eine Weile hernach am besten. Von St. Jacobs Tag an bis auf St. Andrea wird der Salm zum Lachs.
(St. Jacobstag 25. Juli; St. Andreastag 30. November).

7. Der Lachs ist zwischen Michaelis, und Martinstag am besten.
(Michaelistag 29. September; Martinstag 11. November).

8. Der Schley ist im Märzen und Brachmonat am besten. Schleyengall in die üblen Ohren gethan, bringt das verlohrne Gehör wieder. Die ganze Schleyenauf den Puls und Sohlen gebunden, vertreibt die gifftige Hitz.
(Brachmonat - Juni).

9. Die Aesche ist gut im August, und im Herbstmonat am besten.

10. Grundeln sind im Februario, März, April, und May sehr gut; junge Grundeln aber mit Petersilien sind allzeit gut.
(Grundeln sind Meeresfische, gemeint ist sicher der Gründling, der auch als Grundel bezeichnet wurde. Oder auch die Schmerle, die manchmal auch Grundel genannt wurde).

11. Krebse sind am besten in denjenigen Monaten, welche kein R haben, also im Mai, Junio, Julio, August; dahero sagen die Lateiner. In mensibus, ubi non est R, est bonus cancer. *Der Krebs kühlet, nähret und stillet die scharfen Dämpfe. Die Krebs-Augen lösen auf und zertheilen den Stein, helffen auch für das Seitenstechen.*

Der Beruf des Fischers

Der Beruf des Fischers ist - wie der des Jägers - einer der wenigen, der im Grunde noch immer so ausgeübt werden muss und kann wie vor Jahrhunderten. Ja, eigentlich sind seit der Steinzeit alle wesentlichen Fischfanggeräte erfunden. Der Fischer muss hinaus, seine Netze stellen, den Fang einholen und die Fische vermarkten. Mit Ausnahme vielleicht der Aquakultur sind die digitalen Errungenschaften der modernen Gesellschaft für ihn nicht entscheidend für den Erfolg seines Berufes. Entscheidend ist und bleibt der Fischer selbst - sein Können, seine Leidenschaft, seine Verbundenheit und sein schonender Umgang mit der Natur, sein Wille, einen der ältesten Berufe der Menschheit weiter zu pflegen und zu entwickeln. Der Kern seines Berufes ist die direkte Verbindung und Auseinandersetzung mit der von der Natur diktierten Arbeit. Deshalb ist er einer der schönsten und faszinierendsten Berufe.
Was ist denn die digitale Welt im Vergleich zu der wirklichen? Letztere schmeckt, riecht, ist anfassbar, jedes Mal anders erlebbar, nicht ausrechenbar, immer noch abenteuerhaft und geheimnisvoll. Die digitale oder elektronische Welt ist dies alles nicht und hat dies alles nicht. Ein lebendiger Fisch, Kormoran, Eisvogel oder Otter sind Natur pur.
Schauen wir uns die Berufsanforderungen an einen Fischer an, wie sie 1694, 1746 und 1799 beschrieben wurden:

1694 erschien mit dem „Haus- Feld- Arzney- Koch- Kunst und Wunderbuch“ von Johann Christoph Thieme ein umfangreicher Ratgeber mit 1587 Seiten zuzüglich ein alphabetisches Stichwortverzeichnis, hier *Blattweiser* genannt. Ein Kapitel behandelt auch die Fischerei mit dem Schwerpunkt Teichwirtschaft:
Eines guten Fischers Amt erfordert/daß er muß munder und wachsam seyn. Item/arbeitsam in Hitze und Kälte/ingleichen vorsichtig/listig/und auf der Fische Tücke behänd/derselben Natur und Eigenschaften gar eigentlich erkundigen und wissen/wann/wie oder wo ein jeder Fisch jährlich leicht/stehe/gerne wohne/in fliessenden oder stillen/in tieffen oder feuchten/in rauschenden oder gelindfliessenden Wassern.

Was zu einer nützlichen Fischerei gehöre
Im Jahre 1746 erschien das Werk "Heinrich Wilhelm Doebel's Jäger-Practica oder der wohlgeübte und erfahrene Jäger. Eine vollständige Anweisung zur ganzen hohen und niederen Jagdwissenschaft." In diesem Werk werden in den ersten drei Teilen die Jagd, im vierten Teil die Forstwirtschaft und im fünften Teil die Fischerei behandelt. In einer Einleitung "Vorläufige Anmerkungen und Beobachtungen, was zu einer nützlichen Fischerei gehöre", bemerkt der Autor,
daß zum Fischfange gleichmäßige Behutsamkeit, List und Verschlagenheit, wie auch ein genügsames Nachsinnen und Fleiß erfordert wird, besonders aber ein verdrießlicher, fauler oder commoder Fischer nicht viel ausrichtet, zumal wenn derselbe nicht ein gutes Nachsinnen mit einer verschlagenen Behutsamkeit besitzt, daß er die Jahreszeiten, Wind und Wetter nebst denen Tages- und Nachtstunden zu unterscheiden wisse, maßen ja, da die Fische einer wilden und menschenscheuen Natur sind, dieselben mit ihren kristallhellen Augen, was ihnen zuwider ist, sogleich erblicken, auch das Poltern und Rauschen, so auf dem Erdboden geschieht, gar bald vernehmen und solchem zu entfliehen als ein Pfeil sich in verborgene Winkel und in die Tiefen retirieren. Ferner muß er auch derer Fische Eigenschaft und Natur erforschen, wo und wie

sie ihr Lager und Stand haben, was ihnen angenehm ist und wobei sie sich zu versammeln oder wofür sie sich zu hüten pflegen. Vom Teichbau, wie Dämme, Flutrinnen, Grundzapfen, Ständer, Gerinne und Rechen, auch Wehre und Wasserbaue an Flüssen und Bächen anzulegen, zu verfestigen und zu erhalten sein, muß er gute Connoissance haben, daß er solches anzugeben, die Fehler auch zu verbessern und alles in richtigen Stand zu setzen und zu erhalten wisse.
(commod i. S. von gemächlich, Connoissance i. S. von Kenntnis haben).

Des Fischers Person und Amt
1799 publizierte der Garn- und Fischermeister J. B. Meißner bei Frankfurt an der Oder sein Buch "Kleine Lustfischerei oder die Kunst zu angeln" und stellte fest:

Des Fischers Person und Amt betreffend, so wird Erfordert, daß er sey, nach dem Gemüthe, vor allen Dingen: wachsam; fürsichtig; unverdrossen; aufmerksam.
Munter und wachsam soll der Fischer seyn; Wegen der Fische Geschwindigkeit, wegen ihrer Hin- und Herschweifung, und auch derselben schlüpfrigen Natur und Eigenschaften.
Fürsichtig soll er seyn: Damit der den Fischen, wegen ihrer Geschwindigkeit desto besser vorkommen möge; ingleiche, daß er seinen Fischzug bequem zurichte und denselben mit Fleiß unterhalte.
Unverdrossen: Weil man oft, wie bei der Jagd, wenig oder gar keine Fische fängt.
Aufmerksam: Daß er im Rechnen und Aufschreiben bei dem Verkauf der Fische nichts vergißt.
Der Begriff Lustfischerei trifft auch heute noch den Kern des Angelns.
Und zu guter Letzt: Wenn vor mehr als hundert Jahren ein Fischergeselle auf Wanderschaft war, begrüßte er einen Meister mit folgendem Spruch:

Gott grüß das Handwerk, Meister, Frau Meister und Gesellen.
Gott segne das Handwerk bei Sturm und Wetter,
ein fremder Fischer spricht den Meister um Arbeit an.
Petrus sprach zu seinen Gesellen,
fahret hin auf die Höhe der Wellen,
dort sollt ihr eure Netze stellen,
kaum war dies geschehen,
so fing der Nordwind an zu wehen.
Selbst der Weise Salomo
war stets bei Land und Wasser froh.

Wunderding Stör

Gemeint ist hier der Europäische Stör. Er ernährt sich vor allem von kleinen, bodenbewohnenden Organismen, zum Beispiel Würmern, Krebstieren, Weichtieren, Insektenlarven, aber auch von kleinen Fischen. Dabei bewegt er sich vergleichsweise langsam auf dem Gewässergrund. Der Stör ist ein Fisch, der uns viel abverlangt, wenn wir ihn richtig begreifen und würdigen wollen - viel Vorstellungskraft, Staunen, Phantasie, Zorn, Hoffnung. Doch der Reihe nach.

Beginnen wir mit der ersten uns bekannten Erwähnung des Störs. Der antike griechische Geschichtsschreiber, Geograph und Völkerkundler und als "Vater der Geschichtsschreibung" geehrte Herodot (490/480 v. Chr. bis um 424 v. Chr.) beschreibt in seinem neun Bücher umfassenden Geschichtswerk "Historien", die die Perserkriege zum Inhalt haben, im vierten Buch auch das Land Skythien und seine Bewohner, die Skythen.

Hier informiert er über die Flüsse Donau (bei Herodot Istros), Dnestr (Tyres oder Tyras), den südlichen Bug (Hypanis) und den Dnjepr (Borysthenes), was im Griechischen „der vom Norden Fließende“ bedeutet. Und über diesen schreibt er:

Alle übrigen aber übertrifft der Borysthenes bei weitem, denn dort gibt es die schönsten, gesündesten Weiden für das Vieh und die meisten und die weitaus edelsten Fische, sein Wasser ist angenehm zu trinken, und er ist auch klar und nicht trübe wie die anderen. An

seinen Ufern wächst das vortrefflichste Korn und, wo das Land nicht bebaut wird, das dichteste Gras. An seiner Mündung aber bilden sich von selbst mächtige Salzlager.
Aus ihm kommen auch die Störe, jene großen grätenlosen Fische, welche gesalzen werden, und andere Wunderdinge mehr.

Wunderding 1
Zunächst - das ist naheliegend - beginnen wir mit dem Namen. Die Herleitung ist nicht zweifelsfrei geklärt. Stör soll aus dem altnordischen oder auch althochdeutschen **stor** kommen, was so viel wie groß heißt. Und das ist in der Tat treffend, denn der Europäische Stör (auch Baltische Stör) kann - so ist zu lesen - 6 m lang werden und weit über 500 kg wiegen.
Auf alten vergilbten Fotos können wir solche Exemplare bestaunen. Da präsentieren beispielsweise vier wettergegerbte Fischer ein Prachtexemplar. Spätestens ab einer Größe von 1,5 m war er vor Fressfeinden geschützt. Er ist der größte Fisch, der in unseren Gewässern heimisch war. Ja, war und eben nicht mehr ist. In freier Natur kommt er heute nur noch im Nordostatlantik vor und laicht nur noch in Südwestfrankreich in der Gironde.

Wunderding 2
ist sein Alter, genauer gesagt, dass es ihn seit unglaublichen 250 Millionen Jahren gibt - seit dem Trias. Das heißt, er schwamm bereits in Flüssen und im Meer des Urkontinents Pangäa. Zeitgleich mit ihm entwickelten sich die Dinosaurier, die Krokodile und die Schildkröten. Schon damals war er so perfekt entwickelt, dass er sich bis heute so gut wie nicht verändert hat - ein Erfolgsmodell der Natur wie die Krokodile und Schildkröten auch.

Wunderding 3
Der Stör hat keine Gräten, sondern Knorpel, keine Schuppen, sondern Reihen von Knochenplatten. So ein Riesenfisch aus Knorpel, aber nicht unförmig, sondern elegant, ja geschmeidig. Er erinnert

in seinem Aussehen an einen Hai, besonders was die Schwanzflosse und das unterständige Maul betrifft, oder an einen gepanzerten Torpedo, ist aber in seinem Charakter sehr friedlich.
Seine Knochenplatten auf dem Rücken sehen aus wie die abgestumpften Zähne einer groben Säge. Betrachtet man ihn von unten, so fallen die zwei Reihen Knochenplatten am weißen Bauch und die großen an Tragflächen moderner Flugzeuge erinnernden Brustflossen auf.
Vielleicht hat sich Julius Verne das Unterwasserfahrzeug Nautilus von Kapitän Nemo in seinem Phantasieroman "Zwanzigausend Meilen unter dem Meer" so vorgestellt, so robust und doch so friedlich? Wenn man ihn betrachtet, so scheint er zu staunen, macht einen neugierigen und sanften Eindruck. Ja, wenn man ihn länger anschaut, dann kann man mit Phantasie auch hin und wieder ein Lächeln entdecken. Hat der Stör Humor?

Wunderding 4
ist sein Lebensalter. Da ähnelt er uns Menschen. Immerhin kann er wie wir die 100 Jahre schaffen, wenn auch wie bei uns als Ausnahme. Da fällt es auf, dass auch die "Zeitgenossen" des Störs, die Schildkröten und Krokodile ähnlich lange leben. Ist das ein Grund, weshalb sie bis heute überlebt haben? Und was die Geschlechtsreife des Störs betrifft, da ist es im Vergleich zu uns genau umgekehrt. Die Weibchen werden erst mit 16 bis 18 Jahren geschlechtsreif und die Männchen mit 12 bis 14 Jahren.
Seine vier Barteln geben ihm dazu noch eine großväterliche Aura, also mithin eine weise Ausstrahlung.

Wunderding 5
sind natürlich seine großen Eier oder der Kaviar, der gereinigte und gesalzene Rogen, auch schwarzes Gold genannt. Von keinem Fisch ist er so begehrt wie vom Stör. Kaviar, auch wenn es unterschiedliche Preisklassen gibt, gilt bis heute als Synonym für Reichtum und Spitzengastronomie. Sekt und Kaviar - so leben die Reichen.

Das Fleisch der Elbe-Störe wurde größtenteils gesalzen und nach England als Proviant für die Mannschaften der Segelschiffe exportiert. Das Aussterben der Dinosaurier vor rund 65 Millionen Jahren hat der Stör unbeschadet überlebt und alle anderen großen globalen Naturkatastrophen und Veränderungen wie Verschiebung der Kontinente, Entstehung neuer Flüsse und Meere, Eiszeiten und Vulkanausbrüche und vieles andere. Aber der Mensch hat alles übertroffen und den Stör nahezu ausgerottet. So ganz genau weiß man es nicht, aber in Deutschland soll der letzte Europäische Stör 1968 in der Eider in Schleswig-Holstein gefangen worden sein. Der Verband hessischer Fischer hat das in seinem Info-Faltblatt so zusammengefasst:

Die nahezu vollständige Vernichtung der Störbestände in der zweiten Hälfte des 19. Jahrhunderts war vor allem auf die zunehmende Verbauung und Verschmutzung der Flüsse zurückzuführen. Heute fallen noch immer die wenigen verbliebenen Individuen als Beifang der industriellen Hochseefischerei zum Opfer. Der Abbau von Kies in der Gironde droht die letzten Laichgebiete Europas zu vernichten. Die Größe der Tiere ist auch ein Hindernis bei der Wiedereinbürgerung. Die Stauanlagen der Wasserkraftwerke sind schon für kleinere und sprungstärkere Wanderfische unüberwindbar. Die Dimensionen der Fischtreppe in Geesthacht an der Elbe, die für Störe bis 3 m Länge ausgelegt ist, führen Wiederansiedlungsversuche an anderen deutschen Flüssen wie Rhein, Main, Neckar oder Mosel ad absurdum, solange keine funktionierenden Wanderhilfen verfügbar sind.

Das Geeshachter Stauwerk ist das einzige Sperrwerk an der unteren Elbe. Die dort nach neuesten Forschungsergebnissen gebaute Fischaufstiegsanlage ist die einzige Anlage überhaupt, die eine nennenswerte Funktion belegen kann. Für den Fischabstieg sind bisher keine belegbar funktionierenden Wanderhilfen bekannt. Trotzdem ist die Elbe der einzige der großen deutschen Flüsse, in dem ein Versuch der Wiederansiedlung überhaupt eine Chance auf Erfolg haben könnte. Angler haben daher an der Elbe ein entspre-

chendes Programm initiiert, das nun mit Hilfe der Bundesregierung umgesetzt wird. Das Projekt wird intensiv wissenschaftlich überwacht, um permanent die Fortschritte und Rückschläge in die weitere Planung einzubeziehen. Werden nicht bald funktionierende Auf- und Abstiegshilfen entwickelt und installiert, wird es nur eine Frage der Zeit sein, bis die friedlichen Riesen endgültig aus Europa verschwunden sind.

Was hätte Herodot wohl dazu gesagt? Er würde es bestimmt zunächst nicht glauben. Katastrophe, Schmach, Schande, Frevel wären sicher Worte, die auch er gebraucht hätte. Der Mensch ist jedoch das einzige Lebewesen, das ein Bewusstsein über seine Taten und Untaten entwickelt, wenn auch bei den Untaten oft sehr spät. Aber so ist er wenigstens in der Lage zur Selbstkritik, zur Umkehr, zur Wiedergutmachung, zumindest teilweise. So auch beim Stör. Man kann die Wiedereinbürgerungsversuche des Wanderfisches Störs, der vorwiegend im Frühjahr zur Fortpflanzung von seinen Nahrungsgründen im Meer die Flussläufe hinauf bis zu den Laichplätzen zieht und dabei bis 1000 km zurücklegen kann, durchaus mit den Bemühungen vergleichen, die Wanderfische Lachs und Meerforelle in ihren ursprünglichen Heimatgewässern wieder anzusiedeln. Diese Enthusiasten, die das tun, vor allem Wissenschaftler, Fischer, Angler, sind Tierschützer im besten Sinne. Ob es gelingt? Man kann es nur hoffen. Aber so wie einstmals wird es nicht wieder sein.
Und Herodot? Vielleicht würde er gen Himmel schauen und die Götter anflehen, dass es gelingen möge, den riesigen, friedlichen, faszinierenden Wunderfisch Stör auch für die nachfolgenden Generationen erlebbar zu machen.
Erleben wir dann doch noch das Wunderding 6?

Schriftsteller-Fisch
Ein Fisch der schreiben kann? Nein, natürlich nicht. Es ist die Fontane-Maräne, die nicht nur in Deutschland, weltweit ausschließlich im Große Stechlinsee an der Nordgrenze Brandenburgs vorkommt.

Seinen Namen bekam er zu Ehren des märkischen Schriftstellers Theodor Fontane - (1819 in Neuruppin geboren, 1898 in Berlin gestorben) -, weil dieser in seinem Altersroman "Der Stechlin" Land und Leute rund um den Stechlinsee beschrieben hat. Erst 2003 konnte nachgewiesen werden, dass es sich hier um eine einzigartige, die Wissenschaftler nennen das endemische, eigenständige und junge Art handelt, denn der Stechlinsee ist erst in der letzten Eiszeit entstanden, also ist die Fontane-Maräne rund 12.000 Jahre jung. Sie lebt hier gemeinsam mit der sogenannten Kleinen Maräne, die geräuchert als Delikatesse geschätzt wird, hält sich jedoch unter ihren Verwandten in den Tiefenregionen zwischen 20 und 60 m auf und ist mit durchschnittlich 10 cm nur halb so groß wie diese und daher auch kein Nutz- und Speisefisch.
Damit ist die Fontane-Maräne auch der einzige Fisch mit einem Künstler- bzw. Schriftsteller- oder Dichternamen. Selbst der große Dichterheroe und Naturforscher Goethe hat diese Ehrung nicht bekommen können. Allenfalls der andere Dichterfürst, nämlich Schiller, nach dem bekanntlich die enthäuteten, geräucherten Bauchlappen des Dornhais benannt sind, weil sie sich beim Räuchern lockenförmig einrollen. Aber amüsant ist es schon, sich einen Goethe-Hecht oder eine Schubert-Forelle vorzustellen oder einen Seidel-Karpfen.
Wenn die Fontane-Maräne wüsste, wie einzigartig sie ist, wie würde sie wohl reagieren? Vielleicht so:

Der Mensch hat entdeckt,
was allein in uns steckt.
Mir ist es egal!
Ich find das normal.

Sie kennt eben nur ihren Stechlin und noch nicht einmal einen Bach oder Fluss, einen natürlichen See oder einen Stausee. Schon die alten Chinesen wussten: Mit einem Fischlein im Brunnen kann man sich nicht über das Meer unterhalten. Worüber also könnten wir mit der Fontane-Maräne reden? So dicht liegen Einzigartigkeit und Beschränktheit beieinander, ja, sind sie nicht zwei Seiten einer Medaille?

Fischschuppen

Fischschuppen sind wie die Blätter der Bäume, nahezu unendlich in ihrer Struktur und zeitlos schön. Allein im Internet einmal nachgeschaut unter "Fischschuppen" offenbart, wie vielseitig sie sind und was eine Lupe oder sogar ein Mikroskop enthüllt - gerade für Kinder ein Aha-Erlebnis.

Die Kunst und die Schmuckdesigner haben sie natürlich schon lange entdeckt. Schon der Anblick eines Döbels beispielsweise lässt uns staunen wegen seiner deutlichen gleichmäßigen Netzzeichnung durch den dunklen Rand seiner Schuppen. Schindeldächer erinnern uns an Fische und vielleicht waren sie sogar das Vorbild hierfür.

Der kleine Karpfenfisch Ukelei, der vor 150 Jahren noch massenhaft vorkam, war sehr begehrt, weil aus seinen Schuppen eine sogenannte Silbertinktur (Fischsilber) gewonnen wurde. Sie diente dazu, künstlichen Perlen eine mattsilberne "echte" Farbe zu geben. Sogar künstliche Perlen selbst wurden hergestellt. In Brehms Tierleben (Alfred Brehm 1829 bis 1884), neubearbeitet 1927, finden wir sogar ein Rezept:

Die Erfindung, Glasperlen innerlich mit feingestoßenen Fischschuppen zu bekleiden und ihnen so jenen Perlenglanz zu verleihen, wurde vor der Mitte des vorigen Jahrhunderts von einem französischen Rosenkranzverfertiger gemacht und seitdem in mehr oder minder großartigem Maßstabe betrieben.

Man schuppt den Weißfisch ab, bringt die Schuppen in ein Geschirr mit Wasser und zerreibt sie hier so sein wie möglich. Das Wasser, das bald eine Silberfärbung annimmt, wird in ein großes Glas gegossen und letzteres zum Setzen der Masse mehrere Stunden lang an einen ruhigen Ort gestellt. Ist die Masse zu Boden gesunken, so gießt man das reine Wasser durch vorsichtiges Neigen des Glases ab, bis außer einem ölartigen, dicken Safte, der Essence d'Orient, nichts mehr zurückgeblieben.

Die Benutzung gründet sich auf die Eigenschaft der abgeriebenen Silberglanzplättchen, in Ammoniak keine Veränderung zu erleiden. Nach den von S i e b o l d am Mittelrhein eingezogenen Erkundigungen liefern fünfzig Kilogramm Weißfische zwei Kilogramm Schuppen und sollen zur Auswaschung von fünfhundert Gramm Silberglanz achtzehn- bis zwanzigtausend Fische erforderlich sein.

Ja natürlich, einen Fisch muss man schuppen. Es gibt nur wenige heimische nicht geschützte Speisefische, die keine Schuppen haben, darunter der Wels und der Lederkarpfen. Auch eine Schleie muss man nicht schuppen, denn deren Schuppen sind sehr klein und sitzen tief in der Haut. Man kann sie bedenkenlos mitessen. Für die Forelle und den Aal trifft das ebenfalls zu.
Der Barsch ist nahezu berüchtigt bzw. gefürchtet wegen seiner sehr festsitzenden Schuppen. Da gibt es neben den käuflichen Abschuppgeräten viele eigene Konstruktionen der Angler, beispielsweise ein Griff mit einem aufgenieteten Kronkorken. Einen Barsch zu schuppen ist mühselig. Man muss natürlich gegen die Wuchsrichtung in Richtung Kopf schuppen.
Und weil die Schuppen beim Barsch so festsitzen, leisten sie lange Widerstand und spritzen schließlich in alle Himmelsrichtungen. Deshalb so frisch wie möglich, das heißt gleich nach dem Fang abschuppen und nicht erst zu Hause. Denn die Reinigung danach ist wirklicher Sport, wenn man es mit Humor betrachtet. Aber sie gelingt nie ganz vollständig, und noch nach Wochen wird man hier und da noch einige schuppige Ausreißer finden.

Karikaturen

Karikaturen und Witze über Angler kennt wohl jeder. Sie sind pointierte Übertreibungen bis hin zum Sarkasmus – aber in den meisten Fällen nicht beleidigend. Wie viele es sind weiß sicherlich niemand. Es sind so viele, dass man glauben könnte, die Angler sind die am meisten belächelten oder verspotteten Menschen. Eine Statistik hierüber gibt es nicht, aber einen Spitzenplatz würde ich den Anglern schon einräumen.

Überall in der Welt amüsiert man sich über die Angler, über deren sprichwörtlichen anglerlateinischen Übertreibungen. Dies allein erklärt wohl nicht die Anzahl. Es ist auch Bewunderung für die Leidenschaft, dieses Hobby zu pflegen. Und nicht zu vergessen: Es sind ja auch die Angler selbst, die sich solcherart auf die wippende Rutenspitze nehmen und über sich selbst schmunzeln, wobei sie eine erstaunliche immer wieder erneuerte Kreativität beweisen. Denn auch dies macht ja das Hobby anziehend. Es ist nicht nur die Freude über einen guten Fang, über einen erholsamen Tag in der Natur, es ist auch der Spaß, sich selbst durch das Vergrößerungsglas des Humors zu betrachten, so manche gesellige Runde zu unterhalten und sich dabei noch gegenseitig zu übertreffen.
Dabei scheinen die Karikaturen zeitlos zu sein, ob eine vor mehr als hundert Jahren oder eine von gestern. Beide wären in den meisten Fällen austauschbar. So bietet das Angeln den Künstlern und dem Publikum zumindest seit sich die Angler in Vereinen und Verbänden organisiert haben nahezu unbegrenzte Impulse und Anregungen für Witz und Humor.
Da wundert es nicht, wenn der Klassik-Zeichner des Humors Wilhelm Busch (1832 bis 1908) auch seinen Beitrag hierzu geleistet hat. 1881 erschien sein Bilderbuch „Stippstörchen für Äuglein und Öhrchen". Dieser Titel bezieht sich auf eine Zeichnung, die einen Angler mit großem Wetterhut darstellt, der einen großen Stör zumindest schon mit dem Kopf aus dem Wasser gezogen hat. Hier liegt die Komik vor allem im auffälligen Unterschied zwischen der verniedlichenden Bezeichnung „Störchen" und dem Fisch, der wohl so groß ist wie der Angler selbst.
Wer so die Angler darstellt, muss sich mit ihnen beschäftigen, um die Komik des Hobbys genau zu treffen. Wir sehen es auch an den Karikaturen, die der polnische Angler Janusz Jaskulski aus vielen Ländern Europas und den USA sammelte - allesamt zwischen 1900 und 1935. Der polnischen Anglerverband (Polski Związek Wędkarski – PZW) war davon so begeistert, dass er sie als Sammlung herausgab.

Eine mir vorliegende Serie umfasst 21 farbige Humorzeichnungen. Die älteste ist aus Frankreich von 1900. Hier fällt auf, dass es allesamt Postkarten sind. Also eine hervorragende Möglichkeit, das Angeln Menschen nahe zu bringen, die sich womöglich nicht damit beschäftigt hätten. Wenn wir uns die Bilder ansehen, bieten sie für jeden, außer der gewollten Pointe, auch viele Freiräume für eigene weiterführende Gedanken, zumal einige sogar noch einen Text bieten. Da gibt es den Angler, der die Angelschnur total verheddert hat, ein anderer angelt mit einem Tuch über den Kopf zum Schutz gegen die Bienen. Der deutsche Angler 1908 ist in seinem Kahn eingeschlafen und zwei Schwimmer befestigen am Angelhaken einen Zettel mit schönen Grüßen aus der Tiefe von Hans Karpfen, Paul Hecht und Karl Schleie. Der Kommentar:

Willst du Fische angeln gehen,
Sitze nicht und schlafe;
Sonst kann es sehr
leicht geschehen,
Wirst verulkt zur Strafe.

Ebenso werden der berühmte Schuh und die Fischbüchse herausgeangelt. Und auch Frauen sind mit von der Partie, als „richtige“ Anglerin mit kapitalem Fisch, als „kleine Fischerin“ mit einem kleinen Fisch oder als große und füllige Dame, die einen kleinen Mann am Haken hat.
Sicher ist hier wie auch generell der Zeitgeist durch den Zeichenstil und die Botschaft zu sehen. Aber im Grunde ist die Botschaft immer gleich geblieben. Heute finden wir derartige Postkarten nicht mehr. Warum eigentlich? Es wäre eine dankbare Aufgabe für den Deutschen Anglerfischer Verband (DAFV), diese gute Idee erneut aufzugreifen. Eine Ausstellung über Anglerkarikaturen fände mit Sicherheit ein dankbares Publikum.
An eine erinnere ich mich besonders gern. Ein Angler sitzt bei strömendem Regen am Ufer. Er hat den Hut tief in die Stirn gedrückt

und kann sich kaum bewegen, weil er eine große Regenplane umgelegt hat. Der Kommentar: „Und doch ist es schön, und doch ist es schön."
Wer Lust hat, mehr hiervon zu sehen oder zu lesen, der wird - nicht überraschend - im Internet fündig – auch unter „Stippstörchen für Äuglein und Öhrchen" und unter „Wedkarstwo na pocztówkach sprzed lat Humor i satyra".

Fische zurücksetzen?
Wir reden hier nicht von solchen, die in der Schonzeit unabsichtlich gefangen wurden oder noch nicht die geforderte, das heißt die gesetzlich vorgeschriebene Größe (Mindestmaß) erreicht haben und deshalb schonend zurückgesetzt werden müssen. Es geht um große Fische, die zurückgesetzt werden sollen, um deren im Vergleich zu kleineren Fischen besseres genetisches Potential weiter für die Fortpflanzung zu nutzen. Dies wird nach wie vor äußerst kontrovers diskutiert. Hier ist nicht der Platz, um Pro und Kontra auszubreiten und zu bewerten. Dies ist im Internet abrufbar. Die Diskussion um Catch & Release, wie es englisch heißt, denn der Begriff kommt wie viele Angeltermini von dort, wurde in den letzten Jahren durch neuere wissenschaftliche Erkenntnisse belebt, die das Dogma des absoluten Rücksetzverbotes mit nachdenkenswerten Argumenten in Frage stellen.
Unter diesem Gesichtspunkt ist es höchst interessant, einen Beitrag der englischen Zeitung „Manchester Guardian" vor mehr als 80 Jahren, genauer vom 4. 9. 1934, über einen Gruppen-Angel-Wettkampf an der Themse zu lesen. (Übrigens ist ein Angel-Wettkampf bei uns nicht erlaubt). Der Sieger fing 8 Bleie, 4 Plötzen und 15 Rotfedern. Interessant ist dieser Satz:
Keiner der gefangenen Fische wurde getötet; sie wurden sämtlich bis zum Ende des Tages gesammelt, gewogen und dann in das Wasser zurückgesetzt, um anderen Anglern Freude zu machen.

Die folgende Betrachtung kann man eventuell als englische Angel-Philosophie bezeichnen:

Man kann sich vorstellen, daß sie (die Fische – d. A.) nun unter sich von dem Tag erzählen, das Geschick und die Vorsicht der Handgelenke vergleichen, derer, die von Lanceshire und Kent kamen. Die schlanken Weißfische, welche gewogen und zu leicht befunden waren, trösteten einander in dem Gedanken, daß sie beim nächsten Mal dazu beitragen werden, den Pokal für Sheffield zu gewinnen.

Soviel darf man auf jeden Fall dazu sagen: Dies kann und darf nicht der Grund für das Zurücksetzen sein.

Der Hecht in der Küche

Ob es einen Zusammenhang gibt zwischen der Spitzenstellung des Hechtes bei den sprachlichen Ableitungen und seiner Favoritenstellung in der früheren Fischküche? Ich weiß es nicht, aber denkbar ist es schon. Der bereits erwähnte Marcus Elieser Bloch stufte den Hecht als Speise sowohl für die vornehmen als auch für die geringen Leute ein, er war also in allen Küchen gefragt und beliebt. Schauen wir einmal in Kochbücher aus alten Zeiten. Zuerst ein Blick in das Buch "Wie man in Berlin zur Zeit der Königin Luise kochte" - ein gastronomischer Beitrag nach den im Jahre 1795 niedergeschriebenen Aufzeichnungen von F. C. Fontane, Berlin 1903. Unter Suppen finden wir zwei mit Hecht und bei den 27 Fischgerichten 9 mit Hecht. Damit liegt er auch hier an der Spitze. Es folgt der "Karpen" mit 5 Gerichten.

Dann "Praktisches Kochbuch für die gewöhnliche und feinere Küche mit besonderer Berücksichtigung für die gewöhnliche und feinere Küche unter besonderer Berücksichtigung der Anfängerinnen und angehenden Hausfrauen." Es erschien 1845 von Henriette Davidis aus dem Ruhrgebiet (1801 bis 1876). Im Internet unter "Projekt Gutenberg" lesen wir dazu:

Die deutsche Kochkultur wurde durch sie entscheidend geprägt, besonders populär sind bis heute ihre Worte ›Man nehme ...‹, mit denen sie jedes Kochrezept einleitete.

Bei ihren 53 "Flußfischen" steht der Hecht mit 11 Rezepten an erster Stelle. Zander, Lachs und Aal sind mit je 6 vertreten.

Etwa zur gleichen Zeit erschien "Rottenhöfers Kochbuch. Neue vollständige theoretisch-praktische Anweisung in der feinen Kochkunst mit besonderer Berücksichtigung der herrschaftlichen und bürgerlichen Küche." J. Rottenhöfer war
königlicher Haushofmeister und vorher erster Mundkoche weiland seiner Majestät des Königs Maximilian II. von Bayern (König von 1848 bis 1864).
In diesem bayrisch dominierten Kochbuch mit 97 Gerichten einheimischer Fische führt die Forelle (auch Saibling) mit 21 Rezepten, gefolgt vom Lachs mit 20, danach der Zander mit 15. Der Hecht kommt auf 11, die Quappe auf 9, der Karpfen auf 6, der Barsch auf 5, der Aal und die Äsche auf 4.

"Elvira Bartels bürgerliches Kochbuch oder gründliche Anweisung, einfache und feine Speisen mit möglichster Sparsamkeit zuzubereiten, unter besonderer Berücksichtigung der Fortschritte, die in der Chemie gemacht worden sind", wurde erstmalig um 1895 in Berlin aufgelegt. Es hat selbstverständlich ein Kapitel "Von den Fischen." Auch hier liegt bei insgesamt 46 Gerichten der Hecht mit 7 Rezepten vorne, gefolgt vom Karpfen mit 6. Zander und Barsch sind mit je 5 vertreten. Für Forellen hat sie nur ein Rezept. Übrigens, Zander in allen Ausgaben mit Z geschrieben.
Aus heutiger Sicht interessant sind die Belehrungen über die Behandlung der Fische. In den Vorbemerkungen lesen wir:
Größere Fische werden schnell getötet, indem man ihnen ein scharfes Messer in die Hirnschale stößt und dann den Kopf durchschneidet, dann schneidet man den Bauch auf, nimmt die Eingeweide heraus und entfernt behutsam die Galle, worauf man auch den Rücken aufschneidet und die zwei Hälften des Fisches in beliebig große Stücke theilt. Die Methode, das Schlachten der Fische mit Aufschneiden des Bauches zu beginnen, ist eine nutzlose Quälerei für das Thier.

Bei kleinen Fischen gießt man etwas scharfen Essig in den Topf, worinnen sie sich befinden, wovon sie in wenigen Augenblicken sterben.
Im Kapitel "Von den Fischen" gibt es diese Hinweise:
Man tödtet die Fische durch ein paar kräftige Schläge auf den Kopf, schuppt sie und nimmt sie dann aus. Eine andere Art, die Fische zu tödten, besteht darin, daß man mit einem scharfen Messer einen Finger breit der Länge nach in die Spitze des Schwanzes schneidet und dann mi dem Messerrücken kräftig auf das Genick schlägt.
Den Aal tödtet man mit einem schweren Hammerschlag auf den Kopf und schneidet ihn darauf mit einem scharfen Messer hinter dem Kopf das Rückgrat, den sogenannten Lebensfaden durch. Geradezu roh und im höchsten Maße sträflich ist die alte Art, den Aalen lebendig die Haut abzuziehen, um sie dadurch zu tödten. Überhaupt schlachte man alle für die Küche erforderlichen Thiere möglichst schnell und sicher, um denselben die Schmerzen eines langen Todeskampfes zu ersparen.

1904 erschien in Berlin "Mathilde Erhards Grosses Illustriertes Kochbuch". Im Kapitel "Fische und Schaltiere" ist bereits die Einleitung über das Töten der Fische bemerkenswert:
Was das Schlachten der Fische anbetrifft, so geschieht das häufig noch auf die unverständigste Weise, die oft auf arge Tierquälerei hinausläuft. Viele stechen die Fische oberhalb des Schwanzes, andere stechen mit einem spitzen Messer in das Maul hinein, um das Blut abzufangen, noch andere schneiden ihnen die Kehle durch. Ja, es kommt sogar vor, dass einige die Fische nur durch einen Schlag auf den Kopf betäuben und dann schuppen oder Aalen wohl gar bei lebendigem Leibe die Haut abziehen. Ein solches Verfahren zeugt einerseits von Gedankenlosigkeit, andernteils sogar von Rohheit, wie man sie wohl zuweilen auch bei Dienstmädchen antrifft. Eine jede Hausfrau sollte es sich aber zur Pflicht machen, wo sich ihr die Gelegenheit dazu bietet, durch Lehre und Beispiel

für den Tierschutz einzutreten und auf keinen Fall Tierquälerei irgend welcher Art in ihrer Küche zu dulden, auch nicht an den stummen Fischen.
Die schnellste und wirksamste Art, einen Fisch zu schlachten, ist folgende:
Man betäubt den Fisch durch einen Schlag auf den Kopf und schneidet dann in den Rücken dicht hinter dem Kopfe mit einem scharfen und spitzen Fischmesser so tief ein, daß das Rückgrat vollständig durchschnitten ist. Auf diese Art sind die Nerven, welche zum Gehirn führen, vollständig von demselben losgetrennt, und wenn nun auch der Fisch nicht so schnell völlig abstirbt, so fehlt ihm doch gänzlich jedes Gefühl des Schmerzes.

Was den zählebigen Aal betrifft, so empfiehlt allerdings die Autorin:
Aale tötet man sehr leicht, rasch und einfach, indem man sie in ein tiefes, großes Gefäß legt, in das man vorher ½ L. Weinessig und 250 g Kochsalz getan hat; darnach deckt man das Gefäß mit einem Deckel zu und beschwert denselben. Nach einigen Minuten schon kann man die Aale, die nun ganz blau geworden sind, tot herausnehmen.
Hier führen von insgesamt 88 Gerichten: 11 Hecht, 10 Aal, 9 Karpfen, 8 Lachs, 7 Forelle, 6 Zander.

Schauen wir in "Allgemeines Illustriertes Kochbuch für die deutsche Küche" vom Anfang des 20. Jahrhunderts - Berlin, wahrscheinlich 1906. Ein Kapitel ist hier überschrieben mit "Fische, Krebse, Austern". Bei 40 Gerichten ist allein der Hecht 24 mal vertreten. Es folgen der Aal mit 14, der Karpfen mit 11, Lachs mit 8, Forelle und Zander mit 5 Gerichten.

Vielleicht ist es interessant, auch sprachlich, Sie liebe Leserin und Leser, wenigstens mit einem Hechtrezept zur Zeit der preußischen Königin Luise (Königin 1793 bis 1810, man könnte auch sagen zu

Goethes Zeiten), bekannt zu machen, nämlich einen ganzen Hecht mit holländischer Brühe:

Man nimmt einen großen Hecht, schabet ihn und schneidet 2 Schnitt beisammen und läßet vier Finger breit Platz, dann wieder gekerbt zweimal, dann bringt man ihm den Schwanz ins Maul, kochet ihn aus dem Salz. - Zur Brühe darüber nimmt man ein gut Viertel Butter, (nehmlich ausgewaschene) drückt darin einen Löffel voll Weitzen-Mehl - quirlet von 8-10 Eyern das Gelbe und rühret solches mit der Butter durcheinander, thut dazu etwas Muskatblume und feinen Zucker, - ein gut Bierglaß voll weißen Wein, eben so viel Wasser und eine Zitrone in Scheiben geschnitten. Setzet es alsdann auf Kohlen und rühret es beständig. - Sollte es zu dick werden, gießet man etwas Wein dazu. Wenn es anfängt zu kochen, nimmt man es ab vom Feuer, und füllet es über den Fisch, wovon aber vorher die Salzbrühe gut ablaufen muß. - Über solchen Hecht kann man auch eben solche Sardellen-Soße machen, als über eine gespickte Kälber-Keule.

Natürlich gab es schon damals viel mehr Kochbücher. Der einleitend genannte Zusammenhang ist hiermit nicht bewiesen, aber zumindest drängt sich ein solcher Gedanken auf.

Welche Stellung hat der Hecht heute in unserer Küche? Sicher nicht mehr die vordere von damals, denn alleine das Angebot an Seefisch ist ungleich größer, vielfältiger geworden, damit auch die Auswahl für ein gesundes Lebensmittel. Ebenso ist die Aquakultur heute nicht mehr mit der damaligen zu vergleichen. Ja, es wird nicht lange dauern und wir essen mehr "gezüchtete" als "wilde" Fische.

Theodor Fontane meinte in seinen Wanderungen durch die Mark Brandenburg:

Das wäre kein Spreewaldsmahl, wenn nicht ein Hecht auf dem Tisch stünde, und das wäre kein Hecht, wenn ihn nicht die berühmte Spreewaldsauce begleitete.

So ist es geblieben. Eine Kahnpartie im Spreewald und dazu ein Hechtgericht, beispielsweise Hechtklößchen, wäre ein vollkommenes Erlebnis. Rezepte sind natürlich im Internet abrufbar.

Welche Rolle spielt der Hecht in der Küche bei Ihnen zu Hause bzw. bei Ihren Verwandten, Freunden, Kollegen und anderen Bekannten?

Übrigens:
Auch Martin Luther schätzte einheimische Fische als gute Speise. So fanden Forscher in seinen "Alltagsabfällen" Knochen bzw. Gräten von Hecht, Karpfen und Zander.

Der Döbel als Speisefisch
Der Döbel gehört zur Familie der Karpfenfische. Er wird durchschnittlich 30 bis 50 cm groß und 1 kg. schwer. Er fällt durch seine großen Schuppen mit dunklem Rand auf, weshalb man meinen könnte, er habe ein Netz übergestreift. Döbel sind Allesfresser, größere Exemplare - s. zum Schluss die Fangtabelle - ernähren sich vorwiegend räuberisch, z. B. von Ukeleis. Ihr Fleisch ist grätenreich. Deshalb ist dieser Fisch in der Küche zu Unrecht ein seltener Gast. Er kann zubereitet werden wie andere Weißfische, aber ein spezielles Döbel-Rezept ist selten. Für die kommerzielle Fischerei hat daher der Döbel keine Bedeutung, hingegen als beliebter Angelfisch schon. Das gilt ebenso für den Rapfen.
Der Trend geht ja dahin, möglichst wenige Gräten im Fischgericht zu haben. Das ist einerseits verständlich, andererseits aber schade, denn Fische haben diese nun mal, und es lohnt die Mühe, die Gräten zu akzeptieren. Außerdem sind sie durch Einschneiden des frischen Filets vor dem Braten, Grillen Frittieren, Kochen, Einlegen wirklich zu ertragen.
In den vergangenen Jahrhunderten war das anders, man war nicht so verwöhnt und pingelig.

Der englischen Schriftsteller und Angelklassiker Izaak Walton (1593 bis 1683), auch als Vater aller Angler bezeichnet, hat in seinem bis heute hoch geschätzten unsterblichen Werk "Der komplette Angler oder eines nachdenklichen Mannes Erholung", das in seinem 60. Lebensjahr erschien, auch dieses Döbel-Rezept überliefert. Vorher beteuert er, dass der Döbel, obwohl als minderwertiger Fisch angesehen, bei richtiger Zubereitung gut schmeckt:
Man bemängelt an ihn nicht nur die vielen feingegabelten Gräten, sondern auch den wässrigen Geschmack sowie die geringe Qualität seines weichen und faden Fleisches. Die Franzosen schätzen ihn so gering ein, daß sie ihn sogar ein Scheusal nennen. Dessen ungeachtet kann man eine vorzügliche Mahlzeit aus ihm herstellen. Handelt es sich um einen großen Döbel bereitet man ihn folgendermaßen zu:
Zuerst wird er geschuppt und sauber gewaschen, sodann ausgenommen. Dazu macht man bei den Kiemen eine Öffnung so klein wie nur möglich. Man säubert den Schlund von den gewöhnlich sich darin befindlichen Gras- und Wasserpflanzen, sonst bekommt der Fische einen leicht säuerlichen Geschmack. Danach legt man einige würzige Kräuter in seinen Bauch, bindet ihn mit zwei oder drei Stäbchen an einen Spieß und brät ihn unter häufigem Begießen mit Weinessig oder besser noch mit Holzapfelessig und Butter, die mit einer tüchtigen Portion Salz vermischt ist.
Bei dieser Art Zubereitung mundet er köstlich, verdunstet doch dabei die in allen Döbeln reichlich vorhandene Feuchtigkeit.
Doch noch auf andere Art kann der Döbel zubereitet werden. Nachdem man ihn geschuppt, Schwanz und Flossen abgetrennt und ihn sauber gewaschen hat, schlitzt man ihn in der Mitte auf wie einen Salzwasserfisch; alsdann macht man ihn mit dem Messer drei oder vier Kerben in den Rücken und brät ihn auf einem möglichst rauchlosen Holzkohlen- oder Torffeuer, wobei man ihn ständig mit bester, frischer, reichlich gesalzener Butter begießt und sehr fein gewiegten oder in der Butter gestoßenen Thymian hinzufügt.

Auch bei dieser Zubereitung verliert der Döbel den wässrigen Geschmack, der so vielen zuwider ist. Allerdings muß der Döbel immer frisch gefangen gegessen werden.

Königsfisch Stint

Unsere einheimischen Süßwasserfische sind faszinierend. Jeder sendet uns eine unverwechselbare Botschaft. Und doch gibt es unter ihnen einige, die beschäftigen uns seit Jahrhunderten mehr als andere. Woran liegt das? Es ist nicht allein ihr Aussehen, ihre Fortpflanzung, ihr Geschmack, ihre Größe oder Kleinheit, ihre Variabilität, ihre Ernährungsweise usw. Es gibt Fische, die haben für uns mehr Phantasiepotential als andere. Sie sind Helden oder Akteure in Sagen, Geschichten oder Märchen. Gerade weil es hiervon im Vergleich zu den Tieren auf dem Lande und in der Luft so wenig gibt, ist dies umso auffälliger.

Zu diesen Fischen gehören beispielsweise Forelle, Hecht, Neunauge, Karpfen, Karausche, Aal, Wels, Lachs, Meerforelle, Stör und auch der Stint. Dessen Schuppen sind leicht silberglänzend und wirken "durchscheinend". Seine Flanken erinnern deshalb an poliertes Silber.

Es lohnt sich, mit diesem Fisch auf Erkundungsreise ins Internet zu gehen. Was ist da alles zu entdecken: Sein Geruch nach frischen grünen Gurken, weshalb er auch - ungerechterweise - Stinkfisch genannt wird, seine Lebensweise als Meeres- Schwarm- und Wanderfisch in Küstengewässern und im Mündungsbereich der Flüsse, beispielsweise der Elbe. Am 2. Februar 2012 schrieb das Hamburger Abendblatt treffend:

Als Gurkenfisch war er verschrien, als Dünger wurde er verstreut, an die Tiere verfüttert und als "Arme-Leute-Essen" verschmäht. Der Elbstint hat über Jahrzehnte ein klägliches Dasein gefristet. Doch das ist vorbei. Inzwischen hat sich der tatsächlich nach Gurken riechende Fisch zu einer regionalen Delikatesse mit Kultstatus entwickelt. ...

Immer am Jahresanfang ziehen die lachsartigen, etwa 20 Zentimeter großen Stinte von der Nordsee elbaufwärts in brackiges Wasser zum Laichen. Inzwischen sind sie schon bei so manchem Elbfischer angekommen und damit in den Restaurants - in Roggenmehl gewendet und knusprig gebraten, dazu Salat und Bratkartoffeln (16,50 Euro).

Die Stadt Lüneburg stellte den Stint im Jahr 2007 in den Mittelpunkt ihres Marketingkonzepts - Sie können es nachlesen.

Der Meeresstint hat noch einen 10 bis 14 cm kleinen Bruder, den Binnenstint. Der lebt in unseren großen Seen und gilt als gefährdet.

Zu Beginn des Winters vereinigen sich Stinte zu Laichschwärmen. Ein Weibchen legt im Februar, März, April bis zu 50 000 klebrige Eier über dem Kiesgrund ab - was für eine Leistung.

Der Binnenstint war und ist Wappenfisch von Nikolaiken in den Masuren, jetzt Mikołajki. Hier kennt jeder den Stinthengst unter der Brücke. Mit ihm ist die Sage vom Stintkönig verbunden. Der Text ist leicht zu finden, beispielsweise unter "Der Stinthengst von Nikolaiken." Was könnte der Stint uns mitteilen?

Ich soll ein Stinkfisch sein?
Was fällt euch ein?
Wer mich so nennt,
mich ganz verkennt.

Ihr habt Wasser verschmutzt,
weil ihr es so nutzt.
Die Stinker seid ihr,
auf keinen Fall wir.

Der Fisch als Wappentier

Unsere Plauderei wäre unvollständig, wenn wir nicht den Fisch als Wappentier für Städte, Dörfer, Ämter und Landkreise gewürdigt hätten. Karpfen (in mehr als 20 Wappen, darunter natürlich des Amtes Peitz in der Niederlausitz und des Karpfenlandes Aischgrund in Franken, und Forellen liegen hier vorne. Aber auch Hecht, Barbe, Lachs, Felchen (Maräne) und anderen Fischen wird diese

Ehre zuteil. Mit Stand Jahreswechsel 2014 / 2015 gibt es 295 Landkreise in Deutschland. Davon führen 5 Fische in ihrem Wappen. Es sind: Forchheim in Bayern (roter Fisch) Harz in Sachsen-Anhalt (zwei steigende rote Forellen), Kaiserslautern (blauer Hecht), Konstanz in Baden Württemberg (zwei aufsteigende Felchen) und Plön in Schleswig-Holstein (silberner Fisch). Von den 12 Berliner Stadtbezirken führt Treptow-Köpenick zwei aufrecht stehende silberne Fische im Wappen. Sie sind aus Köpenick übernommen worden. (Aber auch Treptow hat einen Fisch, genauer eine Fischfrau, nämlich die Karpfenjule. Sie steht bronzen vor dem dortigen Rathaus. Mehr ist im Internet nachzulesen).
Eine Erkundung im Internet hierüber ist durchaus spannend und lehrreich. Lehrreich deshalb, weil die Frage wie, wann und warum die Fische Wappentier geworden sind, zugleich eine Exkursion sowohl in unsere weit zurück liegende als auch jüngere Vergangenheit ist, zum Teil von Sagen oder unwahrscheinlichen Überlieferungen begleitet, wie im Falle des Hechtes aus Kaiserslautern, im Wappen seit 1373.
Nehmen wir das Wappen von Oranienburg in Brandenburg. Es wurde am 26. Februar 1993 genehmigt und zeigt in Silber aus grünem Rasen wachsend einen grünen Eichenbaum mit acht Blättern und vier goldenen Früchten. Links vom Stamm (so sieht es der Betrachter, heraldisch ist es rechts) schwebt ein zum Stamm gewendeter gekrümmter roter Fisch.
Das frühere Wappen von 1548 zeigte einen Einbaum auf grünem Rasen, den Fisch und sieben Rohrkolben. Es stand für die Rechte der Bötzower Bürgerschaft (ab 1. Januar 1653 Oranienburg): freies Holz zum Bauen und Brennen, freie Mast und Weide der Haustiere, freie Fischerei auf der Havel und freie Rohrnutzung vor allem für die Dachdeckerei. Im Jahre 1937 wurden die Rohrkolben durch goldfarbene Eicheln ersetzt.
Im Wappen der Stadt Wriezen sehen wir einen Hecht als Symbol für den aus heutiger Sicht schon sagenhaften Fischreichtum des Oderbruchs vor der Trockenlegung (Anfänge ab 1735, Hauptarbeit

zwischen 1747 und 1762) auf Befehl Königs Friederich II. Besonders Hechte profitierten hiervon. Dazu äußerte sich der Bürgermeister Uwe Siebert in der Mitgliederzeitschrift des Landesanglerverbandes Brandenburg "Der Märkische Angler" Nr.1 (Januar bis März) 2001:

In Wriezen, der alten Hauptstadt des Oderbruchs, entwickelte sich der Fischhandel. Am 21. November 1622 erschien eine Verordnung des Kurfürsten Georg Wilhelm, die die Fischmärkte regelte - "Verordnung wie es mit den Fischmärkten zu Wrietzen hinfüro wöchentlich solle gehalten werden." Darin wurde unter anderem festgelegt, dass Fische aus dem Bruche nur in Wriezen verkauft werden durften.

Die am 28. 9. 1692 gegründete Wriezener Hechtreißerinnung - sie bestand als lose Vereinigung schon viel länger - gelangte zu Wohlstand, der in der Umgebung seinesgleichen suchte. Diese in Brandenburg einmalige Erscheinung erreichte 1740 ihren Höhepunkt. Der Fisch wurde von den Hechtreißern oben auf dem Rücken mit einem Messer "aufgerissen", ausgenommen und eingesalzen. Auf dem Siegel der Hechteißergilde ist das Aufreißen deutlich zu sehen. Unter dem Namen "Ketzin" wurden Milch und Rogen schüsselweise billig verkauft. Die Hechtleber galt als Delikatesse.

1740 hatte die Innung 42 Mitglieder. Sie war verpflichtet, täglich auf dem Markt frische Fische anzubieten und auch Berlin wöchentlich mit drei bis vier Fuhren Frischfisch zu versorgen. Als Beweis dafür mussten die Hechtreißer ihr eigenes Hauszeichen und das Dorfzeichen durch den Schulzen in die Verpackung einbrennen lassen. Der Angelhistoriker Heinz Haase schreibt hierzu:

Der Umsatz betrug z. B. 1705 an Hechten – 974 Tonnen, 1735 – 1.658 Tonnen und 1755 rühmten sich die Hechtreißer, dass sie in den drei zurückliegenden Jahren 2.742 Tonnen Pökelhechte außer Landes geschickt hätten.

Hierzu muss man wissen, dass eine Tonne gerissene Hechte in der Regel drei Zentner wog.

Marcus Elieser Bloch schrieb hierzu in seinem 1783 in Berlin auf eigene Kosten veröffentlichten Buch „ökonomische Naturgeschichte der Fische Deutschlands“:
Das Einsalzen geschieht auf folgende Art: Nachdem der Hecht aufgerissen, die Eingeweide ausgenommen und durch das Auswaschen vom Blut und Schleim wohl gereinigt ist, wird er in Stücken geschnitten, mit Salz eingerieben und fest verpackt; diejenigen aber, welche an der Luft getrocknet oder geräuchert werden, müssen vorher, nachdem sie auf erwähnte Art zurecht gemacht sind, drei Tage im Pökel gelegen haben.

Aber auch Aale und Krebse wurden in großen Mengen angeboten. Die nicht lebend verkauften Aale wurden in der Sonne getrocknet oder geräuchert oder gesalzen. Als die Oder 1753 auf der Strecke zwischen dem Dorf Güstebiese (heute Gozdowice in Polen am rechten Ufer der Oder) und Hohensaaten ein neues Bett bekam, wurde den Hechtreißern buchstäblich das Wasser abgegraben. 1866 gab es schließlich nur noch sieben Innungsmitglieder, und im Juli 1869 ging dieses ruhmvolle Kapitel der Fischerei im Oderbruch endgültig zu Ende.

Siegel der Hechtreißer im genannten Buch von Heinz Haase.

Noch ein Tipp: Ein Blick in Fontanes Wanderungen durch die Mark Brandenburg, speziell seine Beschreibung des Oderbruchs, passt genau hierher.

Im Wappen der kleinen Stadt Teupitz im Landkreis Dahme-Spreewald in Brandenburg dominiert ein Karpfen. Über seiner Rückenflosse ist ein Kreuz zu sehe, links und rechts davon zwei Wasserlilien. Teupitz entstand als slawisches bzw. wendisches Fischerdorf am Teupitzer See. Der Karpfen steht für den Fischreichtum und das Kreuz für die "Bekehrung" der Heiden zum Christentum. Die Lilien wachsen im Teupitzer See.

Unternehmen wir noch einen Ausflug direkt in den Spreewald, genauer nach Lübbenau. Hier schwimmt der Wappenfisch Barbe inmitten dreier sechsstrahliger silberner Sterne auf blauem Grund. Die endgültige Ausführung beschloss die Stadtverordnetenversammlung 2001. Selbstverständlich soll die Barbe auf den Fischreichtum des Spreewaldes hinweisen. Sie "schwimmt" hier schon seit 1315. Heute aber ist sie leider sehr selten geworden, erholt sich aber wieder. Als Wappenfisch erinnert die Barbe ständig an die Versäumnisse des Menschen und mahnt zugleich, die Sünden der Vergangenheit nicht zu wiederholen.

Philosoph Bachforelle

Die aus dem Wasser springende Forelle hat in Deutschland eine herausragende Position. Sie war der Logofisch des Deutschen Anglerverbandes (DAV, gegründet 1954 in der DDR), und ist es seit 2013 auch des Deutschen Angelfischerverbandes (DAFV). Hier sind rund 520.000 Mitglieder organisiert. Er ist hervorgegangen aus der Verschmelzung des Verbandes Deutscher Sportfischer (VDSF, gegründet 1946 in Hamburg) und des Deutschen Anglerverbandes im Jahre 2013.

Die Bachforelle repräsentiert nahezu alles, was der Angler unter seinem Hobby versteht, sie ist sozusagen der Philosophiefisch der Angler. Daher nennt man sie auch die Raubkatze des Wassers. In

der Sprache der Wissenschaft, so in "Fische in Brandenburg" vom Institut für Binnenfischerei Potsdam-Sacrow 2011, liest sich das auf Seite 74 so:
Die Bachforelle besitzt einen spindelförmigen Körper mit einer Grundfärbung in überwiegend Gelb--, Braun- und Grautönen, die zu den Flanken hin heller werden und am Bauch ins Weiß übergehen. Auffällig sind leuchtend rote und von einem hellen Rand umgebende Tupfen auf den Flanken. Auch Rücken- und Fettflosse sind häufig rot gepunktet. Daneben treten zahlreiche schwarze Punkte am Rücken auf, die unterhalb der Seitenlinie spärlicher werden. ... Sie bevorzugen struktur- und gefällereiche, sommerkühle Bäche und kleine Flüsse mit sandig-kiesigem Grund.

Ihre Umgebung muss reich strukturiert sein mit Unterständen und Rückzugsräumen. Die Schönheit der Rotgetupften (lat. trutta fario), ihre camälionische Wandlungsfähigkeit, ihr explosives Raubverhalten, ihr Kampf, ihre Ausdauer und Eleganz beim Drill sind oft beschrieben worden. Ebenso ihre hohen Ansprüche an eine saubere, sauerstoffreiche und kühle Wasserwelt sowie ihr gesundes und schmackhaftes Fleisch.
Es ist daher ganz verständlich, dass seit jeher Schriftsteller vielfach ihren Fang beschrieben haben. So beispielsweise Hermann Löns (1866 bis 1914), der Dichter des Liedes über die Lüneburger Heide in seinen Jagdgeschichten bzw. Jagdschilderungen. Oder Victor von Scheffel (1826 bis 1886), wie Löns Jäger und Angler. Sein Motto lautete entsprechend seiner eigenen Notiz: Ubi cunque piscans sto, placet trutta fario!
Wo immer ich stehe und fische, gefällt mir am besten die Forelle.

Auch im Hause Goethes (1749 bis 1832) wurde die Forelle ihres trefflichen Geschmackes wegen sehr geschätzt und stand als bevorzugte Speise oft und reichlich auf dem Tisch. Wir wissen das unter anderem aus dem Briefwechsel des Dichters mit seiner Frau Christiane Vulpius (1765 bis 1816, seit 1806 offiziell Goethes

Frau): So schrieb beispielsweise Christiane am 18. Juni 1798 aus Weimar:

Was ich den Freitag bestellt habe zu essen: 1. Erstens eine Sago-Suppe. 2. Rindfleisch mit Senf. 3. Grüne Erbsen mit jungen Hühnern. 4. Forellen oder Back-Fische. 5. Wildprets-Braten und Gänse. 6 Torte und Rührkuchen.

Und vier Tage später:

Kein Aal ist nicht zu kriegen, auch in Weimar kein Pfund anderer Fisch; aber ich bekomme 12 Pfund Forellen von unserm Gärtner.

Eduard Mörike (1804 bis 1875), Heinrich Seidel (1811 bis 1861), Theodor Fontane (1819 bis 1898), Peter Rosegger (1843 bis 1918), Ludwig Ganghofer (1855 bis 1920) und andere haben wiederholt Forellenmahlzeiten beschrieben, natürlich auch Löns und Scheffel. Es fällt durch die Lebensdaten der genannten Dichter auf, dass das Angeln, hier speziell auf Forelle, im 19. bis zu Beginn des 20. Jahrhunderts durchaus im öffentlichen Bewusstsein geschätzt wurde. Diese Dichter waren ja keine Fachbuchautoren, sondern Poeten, die sich unter anderem auch der Forelle zuwandten.

Heutzutage haben wir leider von unseren großen Literaten nicht solche Beschreibungen. Dies ist ausdrücklich zu bedauern und wirft ein Licht auf einen Imagewandel hin zum Negativen seit knapp einhundert Jahren. Zu Recht ist der Tierschutz im öffentlichen Bewusstsein angekommen. Aber er hat auch durch maßlose Übertreibungen und Unkenntnis das Image des Angelns zersetzt. Für die Angler bleibt hier noch viel zu tun.

Ganghofer und Rosegger beschrieben sehr genau, wie man damals Forellen mit der Hand fing und dabei nicht zimperlich war. Das war damals schon illegal. Heute ist das nicht mehr denkbar. Lesen wir, was Rosegger in "Jakob der Letzte" schrieb:

Seit altersher war es verstattet gewesen in Altenmoos: Der Hase, der Vogel, der Fisch, so mit freier Hand gefangen wird, gehört dem Fänger. Das Gesetz war gnädig, aber die Tiere waren es nicht, sondern liefen oder flogen der täppischen Menschenhand munter davon. Nur der Fisch, der wässerige Augen hat und keine Ohren und keine Ahnung von den Gefahren für ein Wesen, das Fleisch und Blut hat, und wäre es noch so kalt, nur der Fisch war sorglos. Und in Altenmoos gab es genug Hände, die ohne Angel oder Beren (Netz) oder sonstige Vorrichtung täglich die schönsten, oft pfundschweren Forellen aus der Sandach zogen. Die Tiere flüchten sich gerne unter Steine oder Uferrasen, bleiben dort ruhig stehen und meinen, weil sie den Feind nicht sehen, so sehe er sie auch nicht. Legt sich nun der Bauer auf den Bauch, greift mit den Händen sachte unter den Rasen, und zwar so, daß die eine Hand mählich nach dem Kopf des Fisches, die andere nach dem Schweife langt. Plötzlich ist der Forelle Haupt in der Faust, und da hilft alles Schwänzeln nichts mehr, sie wird aus dem Bach gezogen, in eine bereitete Wasserlagel getan oder an Ort und Stelle getötet. Dann liegt sie mit ihrem weißen, rotbesprenkelten Bauch und mit verglasten Augen auf dem Rasen; der Bauer weidet sie aus, bestreut sie mit Salz und wirft sie in die Glut eines mittlerweile angemachten Feuers. Nach zehn Minuten ist die Forelle gebraten, der Fänger schält die versengte Haut weg, löst das milchweiße Fleisch von den Gräten und verzehrt es mit schnalzender Zunge.

Ein solches Wohlleben kann nun aber der zunächst berufene Fischer oder Jäger nicht mit ansehen. Das Fischwasser hat der Kampelherr gepachtet und auf einmal ist's den Altenmooser Bauern verboten, Fische selbst mit den Händen zu fangen.

„Fischer, Ihr macht Fischdiebe!“ sagte da der alte Pechölnatz einmal. „Wieso?“ begehrte der Kampelherrische Oberförster, Wald- und Wildmeister Ladislaus auf. „Wir hätten mit dem schlimmsten Willen nicht Fische stehlen können, wenn das redliche Nehmen erlaubt geblieben wäre.“ „Untersteht Euch nicht!“ rief der Waldmeister.

Zur Ehre der Altenmooser Bauern sei es gesagt, sie unterstanden sich nicht, oder nur höchst selten, nämlich wenn sich einer etwa die Hände einmal im Bache wusch und es verlief sich zufällig eine Forelle zwischen seine Finger.

Und nun sind wir bei der berühmtesten Forelle, nämlich beim gleichnamigen Gedicht von Christian Daniel Friedrich Schubart (1739 bis 1791). Er hat der Forelle mit seinem bekannten Gedicht ein ewiges literarisches Denkmal gesetzt. Es ist die Bachforelle, denn die Regenbogenforelle wurde erst 1872 aus den USA eingeführt. Der Wiener Komponist Franz Schubert (1797 bis 1828) war hiervon so begeistert, so gerührt, dass er dieser Literatur eine ebenbürtige Musik hinzufügte, sein berühmtes Forellenquintett. Schubert kannte wahrscheinlich die eigentlichen Ursachen für das Gedicht, denn die betrogene Forelle ist der Verfasser selbst. Aber das ist eine andere Geschichte. Sie ist nachzulesen im Buch „Literarische Fischtafel", ebenfalls erschienen im Verlagshaus Schlosser.

Die Metapher vom rücksichtslosen Forellenfänger oder besser Forellendieb, der das Gewässer erst tücksch trübe machen muss, um sie zu überlisten - man beachte: nicht einfach trübe, sondern tückisch trübe -, ist eine generelle Mahnung an Aufrichtigkeit und Fairness des Menschen im Umgang mit den Tieren und auch seinesgleichen.

Jeder Angler, der sein Hobby als Natur- und Fischschutz begreift und lebt, wird sich von einer solchen Praxis distanzieren und sie bekämpfen. Im Grunde ist dies die gesamte Philosophie der Anglerschaft. Aber auch die tückische Trübung des Klimas im persönlichen Umgang miteinander sowie in der Gesellschaft durch Gier, Neid, Intoleranz, Gewinnsucht, Egoismus usw. ist ein ebensolcher Betrug am Menschen wie an der Forelle letztendlich mit ebensolchen Folgen.

Der fanatische Tierschützer wird niemals begreifen und daher auch niemals akzeptieren, dass das Töten eines Fisches durch den Angler und seine sinnvolle Verwertung als gesundes Nahrungsmittel auf der gleichen ethischen Stufe steht wie seine Hilfe beim Schlupf, bei der Aufzucht, dem Besatz, der Wiedereinbürgerung ehemals heimischer Fische wie Lachs und Meerforelle oder Stör.

Damit müssen wir Angler leben und diese konsequente Gegnerschaft akzeptieren, solange sie nicht in Feindschaft und Militanz ausartet.
Und noch etwas: Eduard Mörike hat es in einem Brief an seine Verlobte Luise Rau vom 27. Februar 1830 so ausgedrückt:
Nachher ließ ich mich bereden, mit ins Fischen an die Lauter zu gehen ... und gewiß reuten mich die paar Stunden nicht, die ich größtenteils als Zuschauer am Ufer auf einem Block sitzend im Freien zubrachte. Der Hund lag neben mir und konnte kaum begieriger und vergnügter sein als ich selber, so oft wieder etwas an der Schnur zupfte und gleich darauf so ein glattes Tierchen zu unsern Füßen geschleudert lag. Wir fingen fast ein Dutzend treffliche Forellen. Zuletzt gab ich kaum mehr auf den Fischer acht, sondern verfolgte unter dem Rauschen des Wassersturzes, wo ich saß, ungestört meine eigenen Meditationen, wobei ich abermals meine alte Bemerkung bestätigt fand, daß die Einbildungskraft, namentlich auch die musikalische, durch nichts lebhafter befördert wird als durch die dichte Nähe eines tosenden Wassers. Ich bekam hier einige gute und brauchbare Einfälle.

In einem aktuellen Angelbericht heißt es:
Wenn nix beißt auch nicht schlimm, wenigstens mal wieder raus aufs Wasser und 'nen schönen Tag verbringen und die Natur genießen..
Wir sagen es ganz nüchtern, meinen aber dasselbe: Angeln ist mehr als nur Fische aus dem Wasser zu ziehen. Schauen wir unter diesem Gesichtspunkt erneut in die erwähnte Arbeit "Fische in Brandenburg":
In Folge von Abwassereinleitungen, Querverbauungen und großflächigen Meliorationsmaßnahmenhaben seit den 1960er Jahren zahlreiche, ehemals gute Forellenbäche ihre Eignung als Lebensraum für die Bachforelle teilweise oder völlig verloren. In solchen Gewässern konnte der Bestand, wenn überhaupt, nur durch künstliche Reproduktion und Besatzmaßnahmen erhalten werden.

In Folge der verringerten Abwasserbelastung, der Extensivierung der Gewässerunterhaltung und der verbesserten Durchgängigkeit in den Fließgewässersystemen konnte sich die Art seit 1998 zunehmend ihren ursprünglichen Lebensraum zurückerobern. In vielen dieser ehemals stark beeinträchtigen Gewässer kann wieder eine natürliche Reproduktion beobachtet werden.
Allerdings wird diese positive Entwicklung derzeit wieder durch andere, teilweise neue Gefährdungen überlagert. So werden die Forellenbestände gegenwärtig durch steigende Versandung ihrer Wohngewässer in Folge vom Anbau nachwachsender Rohstoffe ohne Uferrandstreifen und der Reaktivierung von Wasserkraftanlagen bedroht.
Außerdem stehen die Populationen unter zunehmendem Fraßdruck durch Fisch fressende Vögel und Kleinsäuger. Da die Bachforelle in den meisten Gewässern jedoch weiterhin durch Besatz gestützt wird, treten die teilweise besorgniserregenden Zustände oft nicht deutlich zu Tage.

Übrigens ist die Forelle seit 2012 laut Fischinformationszentrum in Hamburg (FIZ) auf den 5. Platz der beliebtesten Speisefische mit 5,1 %, überwiegend geräuchert, aufgestiegen. 2017 hatte sie bereits einen Anteil von 7,1%. Damit hat sie den Karpfen als beliebtesten einheimischen Süßwasserfisch abgelöst. Vor der Forelle rangieren:
Der Lachs mit 19 %, der Alaska-Seelachs mit 17,5 % (gehört aber zur Familie der Dorsche), der Hering mit 16,2 %, der Thunfisch zusammen mit Bonito, einem engen Verwandten des Thunfisches und der Makrele, mit 14,3 %.
Schon Izaak Walton betonte: *Was der Wein unter den Getränken, ist die Forelle unter den Fischen.*
Im Jahr 2017 lag der durchschnittliche Pro-Kopf-Verbrauch von Fisch und Fischereierzeugnissen nach vorläufigen Angaben bei rund 13,5 Kilogramm Fanggewicht. Hier sind allerdings die Erträge aus der Angelfischerei im In- und Ausland nicht berücksichtigt, weil es dafür nur grobe Schätzungen gibt.

Laut Institut für Binnenfischerei in Potsdam-Sacrow für 2016 beträgt der Anteil der Angler am Gesamtertrag der deutschen Binnenfischerei 45%, die Erwerbsfischer tragen 6% hierzu bei. 49 % kommen aus den verschiedensten Aquakulturen. Das unterstreicht eindrucksvoll einerseits die soziale und ökonomische Bedeutung der Angelfischerei und andererseits zugleich ihre große Verantwortung für die Hege und Pflege der einheimischen Fischbestände sowie den Schutz der Gewässer und ihrer Uferbereiche.
Was wäre also, wenn es die Angelfischerei nicht gäbe?

Nachtrag:
Der Vorwurf, der Angler fange die Fische vor allem deshalb, um seinen archaischen oder primitiven Fang- bzw. Jagdtrieb zu befriedigen, ignoriert, dass dieser sich begreift als verantwortlicher Mitgestalter der nie aufhörenden Schöpfung, der mit Freuden gibt und ebenso mit Freuden nimmt. Gleichermaßen Geben und Nehmen, Hegen und den Fisch überlisten - das ist und bleibt die Philosophie der Anglerschaft.
Am 11. April 2011 wurde der Grundstein für die neue Geschäftsstelle des LAVB in Saarmund bei Potsdam gelegt. Die eingemauerte Kassette enthielt unter anderem einen Text, in dem es heißt:

Angeln *ist für Millionen Menschen schlicht und einfach eine den Geist und Körper erneuernde Freizeitbeschäftigung, weil sie körperliche Anstrengungen, viel Geschick und Wissen erfordert und zudem mit dem Fisch ein gesundes Nahrungsmittel liefert.*
Angeln *ist für uns selbst ein „fangtastischer“ Quell der Lebensfreude.*
Angeln *ist uralte Fertigkeit, noch immer mit Geheimnissen begleitetes Kulturgut und somit Erbe der Menschheit.*
Angeln *beschert den Reiz des Ungewissen, des Nichtvorhersagbaren ebenso wie das Glücksgefühl des Fanges und den Fisch als gesundes Nahrungsmittel.*

Angeln *ist Hege und Pflege der Fischbestände, Wiedereinbürgerung verschwundener und Erhaltung bedrohter Arten in einer vom Menschen geschaffenen Kulturlandschaft.*
Angeln *ist eine Möglichkeit, vielen Menschen, besonders Kindern und Jugendlichen, das Abenteuer Natur näher zu bringen und zu genießen.*
Angeln *schafft in Deutschland 52 000 Arbeitsplätze und ist in Verbindung mit dem naturnahen Tourismus ein bedeutender wirtschaftlicher Faktor mit rund 6,4 Milliarden Euro Umsatz im Jahr.*
Angeln *ist Impulsgeber für die Wissenschaft.*
Angeln *ist nachhaltig, es hilft, die Natur zu erhalten, zu verbessern und dient damit zukünftigen Generationen.*
Angeln *ist somit alles in allem eine unverzichtbare Dienstleistung für die Natur und das Gemeinwohl.*

Und noch dies von Izaak Walton:
Das Angeln ist die richtige Beschäftigung für die Mußezeit, die einen zwar nicht müßig läßt, aber nach der Arbeit eine wohltuende Entspannung für den Geist bedeutet, die Kräfte auffrischt, die Sorgen vertreibt, Unruhe in das Gegenteil verwandelt, Leidenschaft besänftigt und Zufriedenheit bringt. Erziehung und Ausharren und friedliche Lösungen sind mit diesem Tun in einzigartiger Art und Weise verknüpft.
Übrigens: Sein vorhin genanntes weltberühmtes Buch ist mit mehr als 600 Auflagen weltweit ganz vorne zu finden.

Einer der größten Verehrer der Philosophie und Angelkunst Waltons war der Schriftsteller Siegfried Lenz (1926 bis 2014). Er meinte sogar, dass Angeln von allen Möglichkeiten, für den Bestand der Welt einzutreten, die beste und sinnreichste sei.

Der Fisch in unserer Sprache

Hecht

Kein anderer der heimischen Fische hat unsere Phantasie und Sprache so bereichert wie dieser mächtige aggressive und schnelle Raubfisch, denn es ist zu verführend, seine Eigenschaften auf den Menschen, insbesondere die Männer, zu übertragen. Die Herkunft des Namens ist nicht gesichert, aber die folgende Internet-Erklärung ist nachvollziehbar:

mittelhochdeutsch hech(e)t, althochdeutsch hechit, hachit, zu Haken, vielleicht nach den scharfen Zähnen des Fisches.

Diese Interpretation finden wir bereits im Wörterbuch der Brüder Grimm (1838 begonnen, 1961 beendet). Hechte ersetzen übrigens wie auch die anderen Fische ihre Zähne kontinuierlich, wenn sie abgenutzt sind, denn es ist ja für ihn als Raubfisch die einzige Möglichkeit, die sich wehrenden Beutefische festzuhalten. Sie werden dann nicht gekaut, sondern heruntergeschluckt. Ohne diese Sicherheitsmaßnahme der Natur würde er verhungern, wenn die Zähne schwinden. (Aber auch die Schlundzähne der Friedfische, mit denen sie ihre Nahrung zermahlen, werden ebenso kontinuierlich ersetzt bzw. wachsen neu nach).

Wir kennen eine Hechtrolle als Bodenturnübung. Wenn wir sagen, da hechtet einer ins Wasser, dann meinen wir einen kräftigen kühnen Sprung. Einen tollen Hecht kennt wohl jeder, und mancher Mann wäre froh, wenn ihn die Frauen so sähen. Ja - und was ein scharfer Hecht sein soll, das wissen wohl alle. Hechtgrau ist ein Farbvergleich wie lachsfarben. Bis heute gebräuchlich ist das Sprichwort "Von kleinen Fischen werden Hechte groß." In den Karpfenteichen haben die Fischer gern kleinere Hechte. Sie dezimieren die Weißfische als Nahrungskonkurrenten der Karpfen. Dabei dürfen die Hechte natürlich nicht zu groß und damit den Karpfen selbst gefährlich werden.

Und beim "Hecht im Karpfenteich" denken wir an eine männliche Person, die von allen anderen anerkannt eine führende oder herausragende Rolle spielt. So schrieb Burkhard Waldis (um 1490 bis

1556) in seinem erstmals 1548 erschienenen umfangeichen Fabelbuch "Esopus":

ein hecht regiert ein lange zeit
in einem wasser grosz und weit;
all vische lieszen ihn da walten,
ward für ein herrn und könig ghalten.

Auch in der politischen Satire oder bei Karikaturen spielte der Hecht im Karpfenteich insbesondere im 19. Jahrhundert eine Rolle. Damit wurden Politiker an den Pranger gestellt, die sich so räuberisch aufführten wie der Hecht bzw. so gesehen wurden.

Die Recherche im Internet (www.duden.de) ergibt:

(geprägt von dem deutschen Historiker H. Leo [1799–1878], der den französischen Kaiser Napoleon III. in einem Aufsatz so nannte).

Reichskanzler Bismarck übrigens war auch einer dieser Politiker. Erst eher negativ gemeint im aggressiven räuberischen Sinne, wandelte sich die Redewendung bis heute in seiner Bedeutung und meint nun schlechthin, manchmal auch ironisch, einen tollen von allen bewunderten Kerl.

Im 1666 erschienenen "Vogel-, Fisch- und Thierbuch", vom Fischer, Jäger und Naturforscher Leonhardt Baldner (1612 bis 1694) heißt es:

Ein Hecht ist ein rechter Räuber im Waßer, undt thut großen Schaden unter den Fischen, dahero er auch von Vielen ein Wolf genennet wird.

Ich habe ein Problem, diesen "Wasserwolf" als König zu akzeptieren und mich deshalb für den Wels entschieden, zumal es eine ähnliche Darstellung über Fische wie die Geschichten um Reinecke Fuchs, in höchster Vollendung als Versepos bei Goethe, meines Wissens nicht gibt. Hier ist bekanntlich der Löwe der König der Tiere, und ich finde, wenn man überhaupt einen Vergleich wagen soll, dann käme ihm der Wels am nächsten.

Wer einmal einen Hechtkopf ausgekocht hat, dem fallen zwei Knochen auf, die einem Kreuze ähnlich sind, die wir bei anderen Fischen nicht finden. Weiterhin gibt es Knochen, die an eine Lanze erinnern und an ein Schwert. Deshalb umgeben den Hecht verständlicherweise seit frühester Zeit Mythen, er sei von Gott selbst geschaffen und von Jesus zum König erkoren. Vielleicht spielt Waldis auch hier darauf an. Ganz deutlich wird das im folgenden Gedicht von Johann Gottlieb Pfeffel aus dem Elsass (1736 bis 1809) in seiner Sammlung "Poetische Versuche" (1789/90):

Der Hecht

Ein Kläußner, der am Tiberstrand
Einst fischte, zog in seinem Netze
Den schönsten Hecht erfreut ans Land.
"Verwegner!" rief der Fisch, "verletze
Nicht meine heilige Person!
Du weist, die ganze Passion,
Den Kelch, den Schwamm, das Kreutz, die Lanze,
Die Nägel samt dem Dornenkranze,
Hab ich im Kopfe." Wunderlich!
Versetzt der Greis: doch darf ich fragen,
Was hast du hier im vollen Magen?
Sprich oder ich zergliedre dich!" –
"Ach nichts, ein Nest mit jungen Aalen,
Hochwürdiger Herr Eremit,
Ein kleines Frühstück." "Ha, Bandit!
Ich dacht es wohl: ihr Kannibalen
Tragt die Religion im Kopf,
Und in dem Busen das Verderben." –
Hier warf er ihn in seinen Topf
Und ließ ihn wie Sanct Vitus sterben.

(Sanct Vitus oder auch der heilige Veit wird in der römisch-katholischen Kirche als Heiliger verehrt. Er starb um 304 in der Regierungszeit des römischen Kaisers Diokletian den Märtyrertod. In einem Bild - Darstellung vom Veitsaltar (1514/17) der Veitskirche in Flein (BW) - wird er dargestellt in einem Kessel mit siedendem Öl).

Wie man früher unter anderem Hechte fing, können wir bei dem Dichter Ernst Moritz Arndt (1769 - 1860) nachlesen. In seinem Gedicht Lebenstraum (Sommer 1813), gewidmet seiner Künftigen und eine Liebeserklärung an seine Heimat Rügen, schrieb er unter anderem:

Öfter noch, wenn es dem Liebchen gefällt und linde die Luft geht,
Stoßen den Nachen wir ab hoch auf die wallende Flut,
Werfen das Netz nach dem Barsch und stellen dem Aale die Reusen,
Ködern die Angel dem Hecht, spießen bei Fackeln ihn auf.

Es ist verständlich, dass der Hecht auch in der nordischen Mythologie und in Sagen eine Rolle spielt, mehr als andere Fische. Hierzu gibt es eine sehr informative Abhandlung "Der sagenhafte Hecht" von Dr. Hennig Stilke. Bei Google anklicken unter "Hechtsagen". Oder das Video unter "Manifestation Jesus Christus Kreuz in einem Fischkopf ". Der Hecht ist im Ergebnis einer Sage das Wahrzeichen der Stadt Teterow in Mecklenburg-Vorpommern. Hier steht seit Mai 1914 der sogenannte Hechtbrunnen.

In der schöngeistigen Literatur wird wohl der Hecht der am meisten genannte einheimische Fisch sein, so in vielen Hechtgedichten. Ebenso finden wir ihn in Märchen.

Wir hören hin und wieder "hier zieht es wie Hechtsuppe". Hierfür nehme ich die Erklärung aus dem Internet:

Sind wir gerade in einem Fischlokal? Nein! Diese Redensart hat weder mit einem Hecht noch mit einer Suppe zu tun! Die "Hechtsuppe" stammt aus dem Hebräischen und heißt eigentlich "hech supha". Übersetzt bedeutet das "Sturmwind".

Dieser hebräische Ausdruck wurde in den jiddischen Sprachgebrauch übernommen. Man sagte also, es zieht wie "hech supha", wie ein Sturmwind. Wie bei der Flüsterpost entstand daraus im Laufe der Zeit die Redensart "es zieht wie Hechtsuppe".

Ähnliche, wenn auch weniger sprachliche Ableitungen oder Sinnübertragungen wie beim Hecht, kennen wir noch vom Aal - wie ein Aal winden oder schlüpfrig sein wie ein Aal oder aalglatt. Auch in der Sonne aalen ist uns geläufig.
Vielleicht noch hechtgrau als Farbe, gemischt aus Weiß, Schwarz und etwas Blau. Früher beliebt als Uniformfarbe. Und das Sprichwort „Grau ist der Hecht, die Frau hat recht" ist zwar heute nicht mehr so gebräuchlich, aber dennoch aktuell.

Das war es dann aber schon mit unseren Fischen oder? Wir kennen zwar das Eigenschaftswort barsch im Sinne von unfreundlich, aber mit dem Fisch Barsch hat das nichts zu tun - es sei denn, man interpretiert barsch auch als stachelig und baut so eine gedankliche Brücke zum Rückenflossenstachler.
Vom Zander beispielsweise kennen wir derartige sprachliche Ableitungen nicht. Zander ist nämlich eine rätoromanische Kurzform von Alexander.

Fischzug

Einen solchen erfolgreichen wünschen wir den Fischern, wobei dieser Begriff ohnehin schon eine positive Bedeutung hat. Wir sprechen beispielsweise eher von einem gelungenen Fischzug als von einem schlechten. Und wenn wir gelungen sagen, dann meinen wir das auch im bildlichen Sinne als eine erfolgreiche Aktion. Auch die Bibel (Lukas 5) erzählt ja im Neuen Testament bekanntlich die Geschichte eines wundersamen Fischzuges am See Genezareth. Als Jesus zu den Fischern trat, riet er Simon (Petrus) nach dem erfolglosen Fang:
Fahre auf die Höhe und werfet eure Netze aus, daß ihr einen Zug tut. Und Siomon antwortete und sprach zu ihm: Meister, wir haben die ganze Nacht gearbeitet und nichts gefangen; aber auf dein Wort will ich das Netz auswerfen.

Und da sie das taten, beschlossen sie eine große Menge Fische, und ihr Netz zerriß.
Das war ein Wunder. Vielleicht ist bereits hiervon bereits die positive Bedeutung des Fischzuges abgeleitet?

Auch eine Berliner Sage berichtet von einem solchen erfolgreichen Fischzug:
Während einer großen Hungersnot, die das Brandenburger Land heimsuchte, hatten auch die Fischer aus dem Kietz bei Köpenick ihre Sorgen. Weder im Müggelsee noch in Dahme oder Spree ließen sich Fische fangen, und man wusste nicht, wie und wovon man leben sollte. Da taten sich die Köpenicker Frauen zusammen und fischten heimlich in der Nacht an einer Stelle mitten in Köpenick, wo es bisher keinem eingefallen war sein Glück zu versuchen. Es war ein kleiner Wasserarm östlich der Schlossinsel. Sie hatten Erfolg. Netz für Netz, prall mit Fischen gefüllt, zogen sie in die Boote. Am Morgen zeigten sie ihren Fang den staunenden Männern. Fürs erste war die Hungersnot zu Ende. Der Spreearm heißt seitdem der Frauentog (Frauenzug).
(Internet unter: Sagen aus Treptow-Köpenick - Sagen und Geschichten von Berlin).

Weder Fisch noch Fleisch
Aber bleiben wir noch bei der Bedeutung des Wortes Fisch in unserer Alltagssprache, beispielsweise die Redewendung „das ist weder Fisch noch Fleisch.“

Weder Fisch noch Fleisch,
weder Singsang noch Gekreisch,
weder Kopf noch Schwanz,
weder halb noch ganz,
weder nass noch trocken,
weder Strumpf noch Socken,
weder Stuhl noch Tisch,
weder Fleisch noch Fisch.

Weitere Beispiele
Ausreden werden auch als faule Fische bezeichnet, und was es bedeutet, im Trüben zu fischen, ist uns auch geläufig. Ebenso, wenn einer behauptet, das wären für ihn kleine Fische. Auch ist der Vorwurf verständlich, jemand fische sich die besten oder größten Brocken aus der Suppe. Fische füttern kennen wir beispielsweise für die Fische im Aquarium, aber auch, wenn sich jemand übergeben muss, weil er seekrank geworden ist. Wenn sich eine bestimmte Handlung nicht lohnt, dann sagt man auch, hier ist nichts zu holen oder zu fischen. Fische und große Fische kennen wir vor allem aus der Kriminalliteratur. Und in der Sprache der Politik heißt es vorwurfsvoll, dieser oder jener fische am rechten Rand oder "die AfD will weiter am rechten politischen Rand fischen". Auch der linke Rand wird hier nicht ausgespart - je nach politischer Position.

Zu guter Letzt natürlich auch die Redewendung aus dem norddeutschen Raum "Butter bei die Fische tun". Was erst ganz im direkten Sinne gemeint war, dass das Fischgericht erst vollendet ist, wenn die Butter hinzukommt, hat sich heute in der Bedeutung ausgeweitet. Nämlich im Sinne von vollkommen, perfekt oder zur Sache kommen. Rede nicht drum herum, tu Butter bei die Fische. Diese Redewendung hat sich heute bis in die Sprache der Politik ausgebreitet. Ich habe sie auch schon in Sportreportagen gehört.

Wenn festgestellt wird, der Fisch fängt zuerst am Kopf an zu stinken, dann ist Krisenbewältigung angesagt. Diese Redewendung kannten schon die alten Griechen. Der große Gelehrte und Humanist Erasmus von Rotterdam (1466/1467/1469 - 1536) sammelte und kommentierte antike Sprichwörter und Redewendungen und veröffentlichte sie ab 1500 in der Adagia (gesammelte Sprichwörter) genannten Schrift. Hierzu stellte er fest:
„*Es fängt der Fisch zuerst vom Kopf zu stinken an. Das ist gegen die schlechten Herrscher gerichtet, die mit ihrer Verderbtheit das ganze Volk anstecken. Es stammt offenbar aus der Sprache des einfachen Volkes.*“

Der Hintergrund für dieses Sprichwort ist, dass sich alle wesentlichen Organe des Fisches direkt hinter dem Kopf befinden und bis etwa zur Hälfte des Körpers reichen. Bei einem toten Fisch zersetzen sich diese Organe zuerst.
Ist jemand durch die Maschen geschlüpft, beispielsweise des Gesetzes, so ist der Gedanke an die Fischerei oder auch an den Vogelfang früherer Zeiten naheliegend. Wer von einem dicken oder großen Fisch an der Angel spricht, muss kein Angler sein. Vielleicht hat er ein "Schnäppchen" gemacht oder die Aufklärung einer Straftat ist gelungen. Fühlt man sich elend, dann ist der Vergleich mit einem Fisch auf dem Trockenen durchaus angebracht.

Jeder von uns kennt weitere Spruchweisheiten, so auch, dass man sich munter oder gesund fühle wie ein Fisch im Wasser. Im ersten Akt von Schillers Drama "Die Räuber" fragt Karl seinen Vater: *Ist Euch wirklich ganz wohl, mein Vater?* Dieser antwortet: *Wie dem Fisch im Wasser!*
Bis heute hält sich diese Redensart hartnäckig, aber sie zeugt vom (entschuldbaren) Nichtwissen über Fische.
1936 veröffentlichte der damals führende Fischereiwissenschaftler in Deutschland Prof. Dr. Dr. Paulus Schiemenz (1856 bis 1936) aus Berlin ein Buch mit dem Titel "Betrachtungen über die wichtigeren Fische unserer Seenwirtschaft, und Allerhand fischereilicher Aberglaube:" Hier ein Auszug:

***1.** "So gesund wie ein Fisch im Wasser."*
Der Mann, der dieses Sprichwort erfunden hat, hatte keine Ahnung davon, wie es in unseren Fischgewässern zugeht. Der Fisch ist keineswegs übermäßig gesund; im Gegenteil, man kann ruhig behaupten, daß es kein Wirbeltier gibt, welches so den Krankheiten und dem Sterben ausgesetzt ist wie der Fisch. Schon die ungeheuer starke Fortpflanzung der Fische läßt dies voraussetzen, denn wir haben ein Naturgesetz, welches sagt, daß die Fortpflanzung einer Tierart um so stärker, je größer der Abgang der Individuen durch Tod ist.

Hinzu kommt, dass man Fische schwerlich beim Schlafen beobachten kann und daher sich schnell die Ansicht verbreitet, sie seien immer munter. Und wenn man sie beobachtet, in der Regel nur im Aquarium, dann haben sie die Augen offen und nicht geschlossen.

Auch die Redewendung "stumm wie ein Fisch" ist inzwischen überholt, denn Fische kommunizieren vermittels verschiedenster Laute miteinander. Wir hören sie nur nicht. Hier kann ich nur das Buch von Roland Kurt empfehlen: "Stumm wie ein Fisch?: Das akustische Leben im Süsswasser", erschienen 2010. Das Buch wird bei Amazon so vorgestellt:
Das erste Buch über die Akustik im Süsswasser. 30 Jahre intensive Forschung waren nötig, um die zum Teil sensationellen Forschungsergebnisse hier zu präsentieren. Leicht verständlich und reich bebildert berichtet der Autor über seine Arbeit. Angler können grossen Nutzen aus diesen neuesten wissenschaftlichen Forschungsergebnissen ziehen; unter anderem wird hier fundiert nachgewiesen, weshalb das Wallerholz die Welse tatsächlich anlockt. Ein Buch für Wissenschaftler, Angler, Naturliebhaber, Taucher und alle Fischfreunde. Die beigefügte CD enthält zahlreiche Unter-Wasser-Hörproben von unseren Fischen.

Veranglerte Sprüche
Das Büchlein "Das kleine Sprichwörterbuch", 1965 herausgegeben vom VEB Bibliographisches Institut Leipzig, enthält eine Sammlung von Sprüchen und Lebensweisheiten. Darunter sind auch folgende, die direkt Fischen und Angeln betreffen:

Im Trüben ist gut fischen.

Fische fängt man mit der Angel, Leute mit Worten.

Es ist kein Fisch ohne Gräte und kein Mensch ohne Fehler.

Besuch und Fisch stinkt nach drei Tagen.

Fisch will dreimal schwimmen, in Wasser, Schmalz und Wein.

Ein Gründling besser auf den Tisch als in der See ein großer Fisch.

Klettere nicht auf den Baum, wenn du Fische suchst (chinesisch).

Oft fängt man Fische von ungefähr, wo man nicht meint, daß einer wär.

Wer den Aal nimmt beim Schwanz, hat ihn weder halb noch ganz.

Es ist durchaus reizvoll, die anderen Sprüche aus der Sicht eines Anglers zu lesen und zu interpretieren. Zum Beispiel:
Statt *Ehrlichkeit währt am längsten* - Ehrlich angeln währt am längsten. Oder statt *Wer den Pfennig nicht ehrt, ist des Talers nicht wert* - Wer das kleinste Gewässer nicht ehrt, ist die ganze Natur nicht wert;
statt *Lieber die alten Kleider flicken, als neue borgen* - Lieber das alte Angelzeug flicken als neues borgen;
statt *Die Frau kann mit der Schürze mehr aus dem Hause tragen als der Mann mit dem Erntewagen einfährt* - Die Frau kann mit der Schürze mehr aus dem Hause tragen, als der Mann in einem Jahr angelt;
statt *Wes das Herz voll ist, des geht der Mund über* - Wes der Kescher voll ist, des geht der Mund über. Wes der Kescher voll ist, des geht der Mund über.
Wer mag, kann weitere Sprichwörter dahingehend umdeuten.

Wir sehen also, wie die Wasserbewohner unsere Sprache bis heute prägen und bereichert haben. Es gibt aber auch Redewendungen, die aus alter Zeit stammen und nicht mehr im Gebrauch sind, zum Beispiel: „Wer den Hecht gut essen will, muß die Galle wegwerfen." Oder: „Lehr du mich Karpfen kennen! Mein Vater war ein

Fischer." Fällt Ihnen noch etwas ein? Oder suchen Sie nach im Internet, da finden Sie sehr viele auch lustige Zitate und Sprüche über den Fisch und die Fischerei, so diesen alten Küchenspruch:
"Beim Dirndel und beim Fisch - das Mittelstück das Beste isch".

Fischsprüche dürfen auch getrost kritisch betrachtet werden.

Nachtrag:
Im Vereinszimmer des Berliner Anglervereins "Müggelsee 1993 e.V." ist eingerahmt zu lesen:

Die Entspannung findet statt,
wenn man den Burschen im Kescher hat.
Kescher lass nie zu Hause stehen,
sonst kannst du ohne Fisch nach Hause gehen.

Die höchste Spannung, wenn man wüsst,
wer da unten am Köder frisst.
Denn unten ist's wie oben auch,
einer frisst den anderen auf.

Gedanken

Auf dem See

Es ist Herbst, aber die Sonne will nichts davon wissen. Kraftvoll, beinahe übermütig beschenkt sie das Land mit Wärme. Sie ermuntert den alten Mann in seinem Entschluss, morgens ganz früh in sein Boot zu steigen, hinaus auf den See zu rudern und zu angeln. Er weiß, dass er früher aufstehen muss als vor 10 Jahren. Da fühlte er sich noch stark und hatte keine Mühe, mit kräftigem Ruderschlag das Boot zu seiner Angelstelle zu führen. Nun aber muss er es gemächlich angehen lassen und braucht mehr Zeit.

Eigentlich geht es ihm nicht so sehr um das Angeln. Gut, wenn er einen Fisch fangen sollte, umso besser. Den würde er nicht verachten, wie er überhaupt die Kreatur, die Schöpfung nicht verachtet. Er macht sich höchstens den Vorwurf, früher, als er noch jung war, zu wenig darüber nachgedacht zu haben. Er ist nicht enttäuscht, wenn er ohne Fisch heimkehrt. Sein hauptsächliches Fangerlebnis ist das „Einfangen" der Natur. Er will seine Seele so fliegen lassen wie beispielsweise der stotternde Kuckuck, der schon seit Jahren in der Umgebung seines Angelsees beheimatet ist oder wie die zwei Fischreiher, die hier seit zwei Jahren zu Hause sind. Und es ist ihm, als entdecke er bei jeder Bootsfahrt etwas Neues, obwohl er doch schon über 50 Jahre hier angelt.

Es ist die Lust auf Neues, die Neugier, die ihn treibt. Und der Hunger nach frischer Luft. Und der Spaß, konzentriert auszuhalten und den Fisch zu überlisten.

Deshalb denkt er nicht daran, sich eine andere Freizeitbeschäftigung zu suchen, denn Angeln ist für ihn mehr, als Fische aus dem Wasser zu ziehen. Es befriedigt das Bedürfnis, in Ruhe und in der Natur für sich allein nachzudenken über Gestern und Heute und Morgen, über Mögliches und Unmögliches. Und während er zu seiner Angelstelle rudert, lässt er seine Gedanken treiben wie der frische Morgenwind die Wellen:

Rute, Angelschnur, Pose, Haken und Köder wurden schon vor Jahrtausenden benutzt. Nun aber wird die Technik immer mehr vervollkommnet, die Elektronik erobert auch die Angelmethoden, der Fisch hat immer weniger Chancen, dem Menschen zu entkommen, die Technik reduziert den Zufall, sie vertreibt das Geheimnis Natur. Dies ist eine moralische Niederträchtigkeit, und ich weigere mich, immer mehr Technik an Stelle von Glück und Zufall zu setzen, der Verführung immer modernerer Technik zu erliegen. Dies ist eine schlimme Droge, die verdrängt wird.

Für mich liegt nun mal der Reiz des Angelns neben dem Erlebnis Natur mehr im Glück als im krampfhaften Ausprobieren immer neuer raffinierterer Methoden und technischer Feinheiten. Glück ist so selten geworden heutzutage, wir Angler haben die große Chance, es noch in seiner Ursprünglichkeit zu erleben. Warum sollten wir darauf verzichten? Sicher, auch um uns Angler macht der technische Fortschritt keinen Bogen. Aber ist das wirklich Fortschritt, wenn menschliche Intelligenz eingesetzt wird, das Glück zu einer berechenbaren Größe zu machen? Lasst uns doch wenigstens beim Angeln ein wenig Ursprünglichkeit bewahren.

Naturerlebnis habe ich auch mit meinem vergleichsweise einfachen Angelgerät. Und ob die Erfolge wirklich in dem Maße größer werden wie der technische Fortschritt zunimmt, sei noch dahingestellt.

Der Kampf zwischen Mensch und Fisch wird immer ungleicher. Wohin soll das führen, was macht der Mensch mit der Kreatur, der er nachstellt, in tausend Jahren? Oder wird sie dann nur noch künstlich am Leben erhalten oder ist sie gar bereits ausgerottet? Um wie viel ärmer wird der Mensch dann sein? Wie moralisch arm ist er denn heute schon im Verhältnis zu seinen Vorfahren oder im Verhältnis zu den heutigen Naturvölkern?

Gradmesser des Entwicklungsstandes der menschlichen Zivilisation und damit des Modernen ist und bleibt das Verhältnis der Menschen untereinander sowie zur Natur und nicht allein der Entwicklungsstand von Wissenschaft und Technik.

So geht auch die Unterscheidung in moderne Zivilisation einerseits und unmoderne Naturvölker andererseits völlig in die Irre. Sie sind in vielen Dingen moderner als wir.
So wie der Taiga-Jäger Dersu Usala in dem großartigen gleichnamigen Film. Dieser war nicht trotz, sondern wegen seines Berufes so eng mit der Natur verbunden, dass er, wenn er dachte, immer zugleich auch die Natur, die ihn geistig, moralisch und materiell ernährte, mit einbezog. Er dachte an die dort lebenden Tiere und Pflanzen, an ihre Bedürfnisse und er handelte entsprechend, indem er sich ihnen gleichstellte. Dieser Jäger, dem die moderne Zivilisation zuwider war, weil in ihr die Natur nicht mehr vorkam, stand er nicht moralisch viel höher als unsereiner? Ist nicht er der moderne Mensch? Zu Recht erhielt dieser Film 1976 einen Oscar.
(Vorlage für den Film war das Buch „Dersu Usala, der Taigajäger" von Wladimir Klawdijewitsch Arsenjew – 1849 bis 1908).

Der alte Mann hat seine Angelstelle erreicht, wirft die Anker und starrt aufs Wasser, als wolle er aus der Tiefe des Sees jene unvollendeten Gedanken heraufholen, die er ihm hier vor Tagen anvertraute. Wo kommst du her Mensch, wie lebst du und vor allem wohin gehst du, wenn du so wie bisher weiterlebst? Er weiß, dass diese Fragen so alt sind wie die Menschheit selbst, aber er will sie für sich stellen und für sich beantworten.
Was soll aus der Menschheit werden, wenn sie so weitermacht wie bisher? Haben wir, um diese Frage zu beantworten, eigentlich aus der Vergangenheit gelernt und vermögen wir denn überhaupt, Lehren aus der Vergangenheit zu ziehen? Das heißt, taugt die Vergangenheit dazu? Aber wenn nicht von dort, woher sollen dann Erfahrungen aufbereitet, Fehler korrigiert, Bewährtes weitergeführt werden?
Und die Zukunft - ist sie nur eine Fortsetzung der Vergangenheit über die Brücke der Gegenwart? Können wir sie eigentlich global voraussehen? Überhaupt, es scheint, die Menschheit ist dazu verurteilt, immer wieder die gleichen Fragen zu stellen. Aber gibt es neue Antworten? Offensichtlich nicht.

Die Vergangenheit hat es einfach. Sie ist wissend, wenn auch nicht allwissend. Die Zukunft hat es schwerer. Sie ist ahnend, wenn auch nicht allahnend. Sie ist Traum. Wenn wir von der Zukunft träumen, nehmen wir Abschied von der Vergangenheit.
Dies alles geht dem alten Mann durch den Kopf, und je mehr er darüber nachdenkt, desto weniger Antworten weiß er auf seine Fragen, desto größer wiederum ist das Bedürfnis weiterzudenken.
Wie spät ist es eigentlich? Der alte Mann schaut auf die Uhr und spürt eine befreiende innere Erleichterung. Er hat seine Gedanken wieder aus dem See geholt und fürs erste in seinem Kopf verstaut. Dort liegen sie nun geordneter als vorher, wenngleich immer noch nicht so ordentlich wie das Angelzubehör in seinem Angelkoffer. Aber kann man denn diese Gedanken so ordnen, zumal er nun erst recht hin und her gerissen ist zwischen Pessimismus und Hoffnung, wenn er an die Zukunft der Menschheit denkt?
Und nun bekommt er Lust auf körperliche Bewegung und wirft seine Rute aus. Kleine Rotfedern spielen an der sonnigen Wasseroberfläche. Die halbwüchsigen Barsche lassen sich diese Chance nicht entgehen. Da - ein lautes Platschen - etwa fünfzig Meter vor ihm breiten sich Wasserkreise aus. Ein Hecht oder ein Karpfen? Die Blesshühner sind Angler gewöhnt und auch der Haubentaucher lässt in seinem Jagdeifer nicht nach. Unmittelbar am Ufer taucht ein Frosch auf. Herausfordernd bleibt er regungslos sitzen und schaut den Alten starr an. Dieser lächelt.
„Du willst mir wohl bedeuten, dass dies dein Revier ist?“ spricht er zu dem Frosch. Er formt kleine Teigkügelchen und wirft sie vor ihm ins Wasser. Der aber behält die Ruhe und bewegt sich nicht. Der Alte wirft seine zweite Angelrute aus und denkt an die fröhlichen Kinder vor drei Tagen. Als er zum See ging, begrüßten sie ihn mit einem lauten „Guten Tag“. Sie waren gut gelaunt wie er, freute er sich doch auf einen schönen Angelnachmittag. Kinder, ging es ihm durch den Kopf, haben einen großen naturgegebenen beneidenswerten Vorteil. Sie begeistern sich schnell für alles Neue und haben keine Probleme, damit umzugehen. Wo wäre die Menschheit heute, wenn es diese kindliche Begeisterungsfähigkeit

nicht gäbe? Besonders anziehend ist für sie die Verbindung zwischen Spiel und neuester Technik. Sie meistern sie sozusagen spielend. Fernbedienungen aller Art einschließlich Programmierung, Computer, Gameboys, Tablets, Digitalkameras, Smartphones u.a. sind für die technikbegeisterten Kinder keine Hürde. Es sind Selbstverständlichkeiten des Alltags wie zu unserer Zeit das Radio oder der Plattenspieler.
Aber all das ist eine künstliche, farblose und eintönige Welt, die nicht mehr atmet und schreit, nicht mehr riecht und schmeckt, kurz, eine Welt, die Sinne und Seele unserer Kinder verkrüppelt, eine Welt, die nur noch künstlich piept und mit einem Knopfdruck zufriedenzustellen ist. Eine solche Welt ist eine arme Welt, denn sie verödet die Kinder und schließlich die Menschheit zum Roboter.
So bleiben die moralischen Qualitäten der heranwachsenden Generation zwangsläufig immer mehr hinter ihren Fähigkeiten zurück, mit den neuesten Resultaten von Wissenschaft und Technik umzugehen. Und so werden diese Fähigkeiten zu einer Gefahr, wenn wir nicht entschieden etwas dagegen tun.
Dies ist, was den Alten am meisten bekümmert. Auch die moderne Technik ist schon zur verführerischen Droge geworden. Und die Kinder sind ihr besonders schutzlos ausgeliefert.
Menschliche Intelligenz hat sich seit Jahrtausenden unaufhaltsam von der Moral abgekoppelt, sie ist nur noch wissenschaftlich-technisch definiert und bestimmt von daher, was als moralisch zu gelten hat. Ja, Moral und Intelligenz stehen sich heute schon gegensätzlich gegenüber. Moral steht im Dienst dieser wissenschaftlich-technisch besetzten Intelligenz. Diese hat sich von der Moral befreit, regiert zunehmend die Welt, bestimmt die Zukunft und macht den Menschen selbst zu einem wissenschaftlich-technischen Gegenstand, zu einem Wesen, dessen Seele zu einem Stromkabel, dessen Herz zu einem Chip geworden ist. Der Mensch als Roboter ist schon keine Zukunftsvision mehr. Dieser Mensch ist der eigentliche Teufel. Deshalb geht die Menschheit ihrem Untergang entgegen. Was danach kommt, weiß niemand.

Er muss an seine Kindheit zurückdenken. Da waren Poesie-Alben Mode. Jeder sollte für seine Mitschülerin oder Mitschüler ein Sprüchlein zur Erinnerung an die Schulzeit hineinschreiben. Eigentlich eine ganz gute Tradition, gab sie doch Einblick in die moralische Verfassung und Bildung der Schuljugend. Er hatte - nicht zuletzt auf Wunsch seiner Mutter - immer die Goethe-Worte hineingeschrieben *Edel sei der Mensch, hilfreich und gut! Denn das allein unterscheidet ihn von allen Wesen, die wir kennen.*
Erst jetzt fällt ihm auf, dass Goethe nicht geschrieben hatte „edel **ist** der Mensch, hilfreich und gut". Zweifelte oder verzweifelte auch Goethe am Menschen? War dies auch für ihn nur eine Vision? Aber was ist mit dem zweiten Teil seines Satzes? Goethe hat ihn als Tatsache formuliert, vielleicht weil er noch Hoffnung hatte. Es wäre konsequenter gewesen, hätte er auch hier geschrieben, denn nur das **unterschiede** ihn von allen Wesen, die wir kennen. Wenn Intelligenz das ist, was den Menschen auszeichnet, dann hat Goethe Intelligenz als edel, hilfreich und gut formuliert.
Edel, hilfreich und gut, nein, das war, ist und bleibt ein Traum, ein unerfüllbarer Traum. Was unterscheidet den Menschen denn von allen Wesen, die wir kennen? Dass er seine Intelligenz rücksichtslos ausnutzt und fortentwickelt, um sich gegen seinesgleichen und die Natur zu behaupten, ja, seinesgleichen und die Natur zu Sklaven zu machen? Edel, hilfreich und gut sind da nur hinderlich, allenfalls tauglich für eine Hofnarrenrolle.

Seine Pose ist jetzt zu weit abgetrieben. Er muss sie reinholen, wartet aber noch, denn der Frosch sitzt immer noch da. Hoffentlich nicht zu lange, spricht der Alte vor sich hin. Wenn der Frosch denken könnte wie ich, was ginge ihm wohl jetzt durch den Kopf? Aber vielleicht ist es gut, dass ich es nie erfahren werde, wo bliebe da die Spannung, die Aufregung, wenn es keine Geheimnisse mehr gäbe?
Plötzlich spürt der alte Mann eine unsägliche Müdigkeit. Hier im Boot einschlafen und nie mehr aufwachen, das wäre kein schlechter Tod, denkt er. Aber noch ist es nicht soweit.

Bedächtig verstaut er seine Ruten, holt die Anker vom Grund und rudert ebenso bedächtig nach Hause. Einen Fisch hat er nicht gefangen, aber eine Menge neuer Gedanken. Wird er sie festhalten können?
Der alte Mann weiß wohin er rudert. Weiß die Menschheit, wohin sie rudert? Der alte Mann weiß, dass er zu Hause ankommen wird. Weiß die Menschheit, ob sie zu Hause ankommen wird? Wo ist überhaupt ihr zu Hause?

Aalköpfe?
In den Jahren 1932/33 bzw. 1938 erarbeitete der große Dramatiker und Lyriker Bertold Brecht (1898 bis 1956) zwei Fassungen des Parabelstücks von den "Rundköpfen und den Spitzköpfen" unter dem Eindruck der Machtübernahme Hitlers und der Nationalsozialisten. Hier der Inhalt gekürzt bei Wikipedia:
Der überwiegend agrarorientierte südländische Phantasiestaat Jahoo ist zerrüttet und bankrott. Es wird zwar viel produziert, aber die Pächter verarmen und wollen den Herren Pacht und Steuern nicht mehr zahlen. ... Im Lande formiert sich eine Rebellion. ... Da der Vizekönig selbst einer der größten Pachtherren in Jahoo ist, beschließt er, ... vorübergehend dem populären Abenteurer Angelo Iberin die Regierungsgeschäfte zu übertragen.
Dieser schlägt vor, das Volk, statt wie bisher in arm und reich, nunmehr in Tschuchen (Rundköpfe) und Tschichen (Spitzköpfe) einzuteilen. Um von den unpopulären Maßnahmen wie einer geplanten neuen Steuer oder gar einem in Erwägung gezogenen Feldzug gegen die zahlungsunwilligen Pächter abzulenken, erklärt Angelo Iberin flugs die Spitzköpfe zu alleinigen Sündenböcken. Nun erhoffen sich die Kleinbürger ... eine Verbesserung ihrer eigenen sozialen Position. Währenddessen verbreitet Iberins Privatarmee Angst und Schrecken unter der Bevölkerung. ...
Inzwischen ist es aber nicht mehr opportun, die reichen, staatstragenden Tschichen zu verfolgen. Dank Iberins „Gewaltkur" konnte die Staatskrise abgewehrt werden. Der Vizekönig kehrt zurück, um mit rund- und spitzköpfigen Pachtherrn zu speisen. Am Ende sind

sie, wo sie immer waren, auf der Höhe der Macht, und Herrn Iberin, der sie ihnen erhalten half, wird nach besorgtem Geschäft der Platz des Büttels zugewiesen.

Wie ist Brecht auf die Idee der Rund- und Spitzköpfe gekommen? Hat er sich hier etwa vom Aal inspirieren lassen? Denn wir unterscheiden sie nach der Kopfform in Breitkopfaale und Spitzkopfaale. Die Breitköpfe sind durch das größere Maul vorwiegend Fischfresser, also Räuber, die Spitzköpfe sind vorwiegend auf wirbellose Bodentiere spezialisiert und können nur sehr kleine Fische fressen. Das passt doch zu Brechts Stück, zumal hier die "friedlichen" Spitzköpfe verfolgt werden, also nicht die "räuberischen?" Rundköpfe.

Man könnte einwenden, warum hat er dann die Rundköpfe so genannt und nicht Breitköpfe, wenn der Aal Pate gestanden haben könnte? Richtig, vielleicht aber war ihm ein Breitkopf einfach zu unförmig? War Brecht ein Angler? Ich weiß es nicht, kann es mir jedoch vorstellen. Immerhin finden wir in seinem 1938/39 im schwedischen Exil verfassten Drama "Mutter Courage und ihre Kinder", von ihm selbst als "Chronik aus dem Dreißigjährigen Krieg" bezeichnet, gleich zu Beginn folgende Szene:

Ein Feldwebel und ein Werber treffen die Marketenderin Anna Fierling, auch Mutter Courage genannt, sowie ihre zwei Söhne und ihre Tochter. Der Werber möchte ihren Sohn Eilif zum Militärdienst überreden, was die Mutter strikt so ablehnt:

Er ist ein ganzes Kind. Ihr wollt ihn mir zur Schlachtbank führen, ich kenn euch. Ihr kriegt fünf Gulden für ihn.

Der Werber antwortet:

Zunächst kriegt er eine schöne Kappe und Stulpenstiefel. nicht?

Eilif wirft schnell ein, bevor die Mutter antwortet:

Nicht von dir.

Die Antwort der Mutter:

Komm, geh mit angeln, sagte der Fischer zum Wurm.

Brecht verwendet also dieses Bild aus der Anglerwelt, um deutlich zu machen, die Courage weiß ganz genau, dass der Werber (Fischer) ihren Sohn (Wurm) letztlich ins Verderben führen wird. Man kann natürlich diesen Vergleich auch benutzen ohne Angler zu sein.
In den letzten Lebensjahren lag der Sommerwohnsitz Brechts und seiner Frau Helene Weigel, Schauspielerin und Intendantin des Berliner Ensembles, am Ostufer des Schermützelsees in der Märkischen Schweiz, seit 1977 Gedenkstätte. Bootshaus und Bootssteg gehörten dazu. Hier arbeiteten und erholten sich beide seit 1952, Helene Weigel (geb. 1900) auch nach dem Tod Brechts 1956 bis zu ihrem Tod 1971. Will sagen, dieser Sommerwohnsitz lud geradezu ein zum Bootsfahren und auch zum Angeln, zumindest zum Beobachten der Angler.
Ob Brecht selbst hier hin und wieder angelte? In seinen Buckower Elegien hat er viele Beobachtungen und Gedanken niedergeschrieben, aber keine über das Angeln.

Nachtrag 1

Eine bekannte Weisheit der Öffentlichkeitsarbeit lautet: "Der Wurm muss dem Fisch schmecken und nicht dem Angler". Da steckt eine Menge Wahrheit drin, die nicht nur für die Öffentlichkeitsarbeit gilt. Wie oft verliebt man sich in seine eigene Idee, findet sie also gut und fragt sich gar nicht, wie findet sie denn derjenige, für den sie gedacht ist?
Ich kann einen Slogan, eine Werbung, einen Witz, ein Buch, einen Film, eine Karikatur noch so gut finden, wenn das Publikum es nicht versteht oder ablehnt, dann habe ich nichts gekonnt. Also ist Öffentlichkeitsarbeit vor allem Dialog mit dem Publikum oder den Zielgruppen, Austausch von Gedanken und Informationen auf Augenhöhe. Erst dann weiß ich, ob der Wurm auch dem Fisch geschmeckt hat.

Nachtrag 2

Brecht bevorzugte von allen Fischen den Haifisch, weil er dessen Natur und Lebenseise am ehesten mit der kapitalistischen Lebensweise vergleichen konnte. Weltberühmt ist seine Moritat von Macky Messer in seiner Dreigroschenoper. Aber immerhin zeigt der Haifisch noch seine Waffen, die Zähne, weil er sie im Gesicht trägt. Macky Messer dagegen hat sein Messer verborgen.

In seiner Parabel "Wenn die Haifische Menschen wären" vertieft Brecht diesen Gedanken. Die kleine Tochter der Wirtin von Herrn Keuner, genannt Herr K., fragt ihn: *Wenn die Haifische Menschen wären, wären sie dann netter zu den kleinen Fischen? Sicher,* antwortet Herr K. und erläutert ausführlich und mit viel Ironie und Hinterwitz, wie nett die Haifische zu den kleineren Fischen wären und schlussfolgert, *es gäbe erst überhaupt eine Kultur im Meer, wenn die Haifische Menschen wären.*

Wir sehen also, sogar der räuberische Hecht war Brecht nicht groß und räuberisch genug, um seine Botschaft zu vermitteln. Er konnte wohl auch davon ausgehen, dass der Charakter des Hais viel bekannter ist als der des Hechtes.

Anhang

Eins zwei drei Kinderreimerei

Eins zwei drei,
ich angle einen Blei.
Auch wenn er viele Gräten hat,
wird die Familie mittags satt.

Eins zwei drei,
ich angle einen Schlei.
Der hat mich lang genug genarrt,
geduldig hab ich ausgeharrt.

A B C
die Quappe liegt im Schnee.
Erst wenn es Nachts so richtig kalt,
dann stell ihr nach und fängst sie bald.

A B C
die Äschen sind passé.
Wer hat uns das bloß angetan?
Es war der schwarze Kormoran.

A B C
gebratenes Hechtfilet
mit Kräutern und mit Speck,
und du bist weg

1,2,3,4,5,6,7
wo ist nur der Aal geblieben?
eben war er doch noch da,
ist mir wohl entwischt ja ja.
1, 2, 3 und 4, jetzt angeln wir.
5, 6, 7 die Fische sind vertrieben.

8, 9, 10 nach Hause wolln wir gehn.

Der Kaulbarsch ist besessen,
will nur immer fressen,
schnappt den Wurm in einem Nu
und raus bist du.

Der Stichling hat Stacheln,
der Ofen hat Kacheln,
der Zander beißt zu,
und raus bist du.

Eins und zwei, drei und vier,
der Hecht hat sein Revier.
Der Wels bewacht sein Nest
und du isst jetzt den Rest.

Schau hin und sei leise.
Der Fisch zieht seine Kreise.
Bleibt er stehen,
kannst du gehen.

Flossen der Fisch,
Beine der Tisch,
Giebel das Haus,
und du bist raus.

Ene mene Ukelei,
heute gibt's Kartoffelbrei,
dazu Würstchen zwei bis vier,
und du bleibst hier.

Ene mene Karpfenschuppe,
heute gibt es Karpfensuppe
mit Pfeffer, Salz und Kaviar

schmeckt sie allen wunderbar.

Ri Ra Rotfeder,
angeln kann ein jeder,
aber jeder fängt nicht was,
trotzdem macht das Angeln Spaß.

Der Döbel ist kein Dödel,
denn wenn er ein Dödel wär,
gäb es keine Döbel mehr.

Fischmathematik
Null und eins sind eins,
was ich fang ist meins.

Eins und eins sind zwei,
ich bin der Schlei.

Zwei und eins sind drei,
da schwimmt ein Blei.

Drei und eins sind vier,
der Barsch ist hier.

Vier und eins sind fünf,
ein Fisch hat keine Strümpf.

Fünf und eins sind sechs,
die Finte hat 'nen Klecks.

Sechs und eins sind sieben,
der Stör ist weggeblieben.
Sieben und eins sind acht,
der Wels das Nest bewacht.
Acht und eins sind neun,

wer anbeißt wird's bereuen.

Neun und eins sind zehn,
ich kann den Hecht gut sehen.

Fischrätsel

Und wer noch Lust hat, die Fischrätsel zu lösen, dürfte es bestimmt schaffen, wenn er das Buch gelesen hat.

Zeilen, Spiegel oder Leder,
kennt mich ein jeder?

Neun im Namen stehen,
aber nur zwei können sehen.

Für meinen Rogen bin ich bekannt,
er wird allerdings Kaviar genannt.

Viele Vögel schmücken sie,
ich aber habe sie nie.

In einem Bächlein helle
schwimmt sie launisch schnelle.

Zum größten Fisch hier werde ich,
weißt du es, kennst du mich.

Das B weg ist es ein Po,
aber nennt man ihn so?

Der letzte Buchstabe im Alphabet
als erster meines Räubernamens steht.

Blitzschnell mit starken Zähnen bewehrt,

ausdauernd kämpfend, von den Anglern verehrt.

Meine Fahne auf dem Rücken
bringt jeden Kenner zum Entzücken.

Im Oberlauf gefällt es mir sehr,
aber laichen muss ich im Meer.

Im Winter werde ich richtig mobil,
ist es kalt fresse ich viel.

Meine rote Iris ist bekannt.
Danach werde ich auch genannt.

Mich zieren große Schuppen mit dunklem Rand,
bin als Allesfresser bekannt.

Ein Karpfenfisch bin ich zwar,
aber erwachsen ein Räuber ganz und gar.

Wer ein Haus sieht, muss ihn kennen
und so mich beim Namen nennen.

Ist das Gewässer auch sehr klein,
goldig passe ich bestimmt noch rein.

Ich liebe es warm mit viel Schlamm und Kraut,
bin olivgrün gefärbt und hab schleimige Haut.

Vom Aussterben bedroht bin ich jetzt.
Mein rotes Fleisch ist hochgeschätzt

Ich gebe es zu, klein und verfressen,
auf Würmer, Fischchen und Fischlaich versessen.

Perlmuttige Schuppen und klein,
das kann doch nur ein … sein.

Bin klein, schlank und silberlich,
nach grünen Gurken rieche ich.
Bleiig, grätig, schmal und relativ klein.
Ist das ein Speisefisch für uns? nein, nein!

Ich bin stachelig und klein,
welcher Name fällt dir ein?

Als Wanderfisch schleimig und schlank
Mein Weg bis hierher 6.000 Kilometer lang.

Graubraun und klein
tarne ich mich fein.

Wer bestellt dies im Fischrestaurant?
Als **Vorspeise** Sand mit Kleintieren, als **Hauptspeise** Kleintiere mit Sand, als **Nachspeise** kleine Pflanzenreste mit Sand. Dazu eine Schale, um den Sand durch die Kiemen auszustoßen.

Fischnamensalat

Welcher Fisch verbirgt sich hinter den folgenden Namen? Ein- und Mehrzahl sind möglich. (Auflösungen s. am Ende).
schielen
Schal
Krapfen
Torferde
Scharbe
Eigelb
Rebab
Leib
Saleh

erzielt
röste
zeige
blöde
schreiend
Fliegers Kappen
ungenaue

Auflösung Fischrätsel
Spiegelkarpfen, Neunauge Stör, Rotfeder, Bachforelle, Wels, Barsch, Zander, Hecht, Äsche, Meerforelle/Lachs, Quappe, Plötze, Döbel, Rapfen, Giebel, Karausche, Schleie, Lachs, Kaulbarsch, U-kelei, Stint, Güster, Stichling, Aal, Groppe, Steinbeißer.

Auflösung Fischnamensalat
Schleien, Lachs, Karpfen, Rotfeder, Barsch, Giebel, Barbe, Blei, Hasel, Elritze, Störe, Ziege, Döbel, Schneider, Spiegelkarpfen, Neunauge.

Welche und wieviele Fischnamen haben sich in der folgenden Geschichte versteckt?

Fischreicher Angelausflug
Artur, Günter und Ludwig verabredeten sich zu einem Angelausflug am Sonnabend Nachmittag auf einer kleinen Insel im Ukelei-See. Auf dem Fußweg zur Bootsanlegestelle kamen sie an einem einsamen Gehöft vorbei. Links vor dem Tor bewunderten sie einen großen Findling.
"Mann, wer hat den wohl hierher gewelst", meinte Ludwig bewundernd. "Es war ein Riese, ein Zwerg welst den nicht." Das Haus hatte einen Giebel mit leuchtend gelber Barbe. Ein Hund bellte laut und scheuchte einen Hasel auf. Und der Hahn präsentierte einer Groppe Hühner stolz seine Rotfedern. "Mensch, hast du gesehen? Das sind Lachshühner, eine alte Rasse. Ich kenne mich da aus." Ludwig war begeistert.

Da sahen sie auch schon das Boot. Sie mussten nur etwa eine Viertelstunde fahren, dafür war der Motor Marke Forelle aus DDR-Zeiten noch immer gut genug. "Ein idyllisches Fleckchen hier", stellte Artur begeistert fest als sie das kleine Aland erreichten. "Da hinten die Ziegen sind gottlob eingezäunt, sonst hätten sie großen Schaden anrichten können."
Sie sahen, dass die ersten Plötze schon von Anglern besetzt waren. Offensichtlich kamen alle aus einem Verein. Ludwig schaute Günter an. "Und was machen wir jetzt?" Günter beruhigte ihn. "Warte ab, ich kenne eine versteckte Stelle. Ist ja auch kein Flunder, denn ich habe hier schon als Kind geangelt." Und wirklich, nach ein paar Minuten Fußmarsch erreichten sie eine kleine Bucht, die noch frei war.
Sie waren erst beim Auspacken, als es karauschte. "Was mag das für ein Fisch gewesen sein?", fragte Artur. "Warten wir ab, das erhöht die Spannung", antwortete Günter. "Bestint können wir mit großen Exemplaren rechnen, aber wir müssen schon gründling zu Werke gehen. Meine Nase sagt mir, es kann nicht mehr lange dauern."
Ludwig redete dauernd laut vor sich hin. "He, halt doch mal endlich deine Quappe!", unterbrach ihn Artur barsch und schaute güster drein. "Das geht mir auf den Nerfling". Ludwig antwortete nicht, sondern starrte dauernd auf den Boden. "Stör mich jetzt nicht. Mein Zwilling muss in eine Elritze gefallen sein, ich kann ihn nicht finden, bin schließlich kein Neunauge." "Hör doch auf, das ist doch wieder eine Finte von dir", entgegnete Arthur.
Endlich hatte Ludwig den Doppelhaken gefunden und zeigte ihn wie eine Trophäe. "Sei vorsichtig", mahnte Günter. "Mein Gartennachbar hat sich gestern einen Aalhaken in den Daumen gezogen und musste zur Notaufnahme. So ein Ding ist sehr stichlingich."
Endlich hatten sie die Angeln montiert und genossen einen Schluck Kaffee. Ludwig versöhnte seine Freunde mit selbstgebackenen Krapfen. Wie üblich schrieb Arthur mit einem Blei Notizen in ein Heft, um die Wartezeit zu verkürzen. "In der Natur habe ich immer die besten Einfälle", sagte er.

Ludwig hatte sein Kofferradio mitgebracht und den Kopfhörer angeschlossen. Wie versunken saß er auf seinem Angelstuhl. "Was hast du denn da auf der Platte?", fragte Günter. Ludwig reagierte nicht. Erst als Günter wild mit seinen Händen winkte nahm er die Kopfhörer ab und Günter wiederholte seine Frage. "Ach so, ich höre gerade Frank Zander mit seiner rauchigen Stimme. Er singt das Fritze-Bollmann-Lied."
Aber Günter hakte nach. "Du scheinst wohl schlecht zu hören?" "Wieso?" fragte Ludwig zurück. "Wann hast du zum Beispiel das letzte Mal das Zirpen der Grillen gehört?" "Grillen, wieso Grillen, die sind doch schon seit Jahren ausgestorben." Arthur kicherte und Günter winkte nur ab.
Noch immer rührte sich nichts. Ganz hinten schnäpelten zwei Schwäne. "Die Zeit schleicht dahin, deine Angelstelle ist auch nicht der wahre Jacob" zopete Ludwig rum und rutschte unruhig auf seinem Stuhl hin und her. Schließlich stand er auf. "Ich vertrete mir mal die Beine." Als er wiederkam schimpfte er: "Ein paar Meter nur von hier haben welche offensichtlich übernachtet und sogar Feuer gemacht und die Äsche einfach so übriggelassen. Schade, dass ich kein Zährten-Leser bin. Es ist auf jeden Fall eine Sauerei."
Der Abend kam und die drei Petrijünger holten die Abendbrotschnitten aus ihren Rucksäcken. "Hier draußen schmeckt es immer besser, so eine Stulle einfach mit Schmalz beschmerlet ist doch was Feines", murmelte Ludwig zufrieden. "Wie wäre es zum Abschluss mit einem kleinen Bitterling?", fragte Artur. Die beiden nickten.
"Da wir gerade beim Essen sind", spann Günter Ludwigs Faden weiter, "ich kenne da ein tolles Fischlokal. Spezialität ist Karpfengulasch mit Steinpilzen bzw. Maränen oder mit jungen Austern-Saiblingen. Wenn wir heute nichts fangen, lade ich euch ein. Und die Chefin heißt zudem passend Kaulbarsch. So heißt übrigens auch das Restaurant. Auch ihre Suppe aus den kleinen Fressköpfen ist lecker. Übrigens, mit Vornamen heißt sie Lieselotte, nur Lieschen genannt. Und Kaulbarsch ist auch ihr Geburtsname. Ihr Mann hieß Moder. Den hat sie natürlich nicht genommen. Warum muss

ich euch ja nicht erklären, und ihr Mann war froh, den Namen los zu sein".
"So, nun muss mal endlich was beißen, sonst bekommen wir noch von der Posenkiekerei Rotaugen und gehen arm wie ein Schneider nach Hause und dann werde ich zum Steinbeißer", stöhnte Arthur. Das klang nun wahrlich nicht mehr hoffnungsvoll.
Aber kaum ausgesprochen bewegte sich seine Angel unaufhaltsam in Richtung See. "Mist", rief er, "ich habe den Bügel der Rolle nicht unten.“ "Nun beeile dich aber", rief Günter. Arthur hechtete nach der Angel und bekam den Griff gerade noch zu fassen. "Glück gehabt" stellte er keuchend fest. "Da kommt das Blut in Wallerung, aber der Fisch ist ab, bestimmt ein Großer." "Du bist vielleicht ein Döbel." Ludwig schüttelte mit dem Kopf. "Das war ein Anfängerfehler." "Verschleimt, verschuppt und vertüdelt" brasselte der nur. Ausgerechnet jetzt kam Wind auf und trieb Regenwolken heran, die auch bald kräftig und herzlich nass grüßten. "Wir packen zusammen", schlug Günter vor. "Ich erwarte euch übermorgen um 19.00 Uhr im genannten Fischrestaurant. Beide nickten zustimmend. "Aber mit unseren Frauen natürlich", meinte Arthur. "Selbstverständlich", erwiderte Günter. "Wir müssen doch unseren heutigen „fischreichen“ Angelausflug durch eine fischreiche Abendmahlzeit ergänzen."

Auflösung:
Ukelei, Wels, Zwergwels, Giebel, Barbe, Hasel, Groppe, Rotfeder, Lachs, Forelle, Aland, Ziege, Plötze, Flunder, Karausche, Stint, Gründling, Nase, Quappe, Barsch, Güster, Nerfling, Stör, Elritze, Neunauge, Finte, Aal, Stichling, Rapfen, Blei, Schnäpel, Zope, Äsche, Zährte, Schmerle, Bitterling, Karpfen, Maräne, Saibling, Kaulbarsch, Moderlieschen, Rotauge, Schneider, Steinbeißer, Hecht, Döbel, Brasse.
Da aber Aland und Nerfling, Blei und Brasse, Wels und Waller, Plötze und Rotauge identisch sind und Kaulbarsch zweimal vorkommt, bleiben 42 Fische bzw. Fischarten.

Fangtastische Fischparade

Seit 2001 melden die Leser der Verbandszeitschrift des Landesanglerbandes Brandenburg (LAVB) "Der Märkische Angler" ihre besten Fänge in 13 ausgeschriebenen Fischarten aus Verbandsgewässern und anderen von Fischern bewirtschafteten Gewässern, auf denen die LAVB-Mitglieder durch Verträge geregelt angeln dürfen.

Die besten Fänge und damit die erfolgreichsten Angler bzw. Anglerinnen einer jeden ausgeschriebenen Fischart werden jährlich als "Märkischer Anglerkönig/in" ausgezeichnet.

Um eine Vorstellung von der Größe und dem Gewicht der Fische zu bekommen, hier die bisher besten Fänge in den 13 ausgeschriebenen Fischarten mit Stand 2018:

Aal: 2001 in der Elbe - 117 cm und 2,9 kg mit Tauwurm

Äsche: 2004 in der Dosse - 42 cm und 0,66 kg mit künstlicher Fliege

Bachforelle: 2008 in der Dosse - 65 cm und 3,084 kg mit einem kleinen künstlichen Fisch

Barsch: 2013 im Märkersee - 55 cm und 2,3 kg mit Gummifisch

Blei: 2011 im Teltow-Kanal - 80,5 cm und 5,7 kg mit Tauwurm

Hecht: 2015 im Großen Wukensee - 129 cm und 16 kg auf Blinker

Karpfen: 2009 in der schwarzen Kuhle - 116 cm und 23,5 kg mit Boilie

Plötze: 2014 in der Kiesgrube Nudow - 1,7 kg und 52 cm mit Mais

Quappe: 2013 in der Oder - 80 cm und 4,5 kg mit Tauwurmbündel.

Rotfeder: 2014 in der Kiesgrube Nudow - 2,3 kg und 54 cm mit Made/Mais

Schleie: 2014 in der Kiesgrube Nudow - 3,3 kg und 63 cm mit Tauwurm

Wels: 2017 im Göhlensee - 220 cm und 64 kg mit Köderfisch (Blei)

Zander: 2006 in der Elbe - 104 cm und 9,56 kg mit Köderfisch (Ukelei)

Hier die besten Fänge einiger nicht ausgeschriebener Fischarten:

Graskarpfen
2003 im Gelben Stich bei Ketzin - 126 cm und 27,25 kg mit Boilie

Karausche
2013 im Stoßdorfer See - 51 Zentimeter und 3 kg mit Boilie

Giebel
2006 im Teltow-Kanal - 74 cm und 2,4 kg mit Rotwurm/Made

Marmorkarpfen
2013 im Göhlensee - 130 Zentimeter und 35 kg mit Gummifisch

Rapfen
2011 in der Oder - 87 cm und 6,5 kg mit Gummifisch

Döbel
2007 in der Elbe - 68 cm und 2,9 kg mit Rotwurm

Schuppenkarpfen
2013 im Stausee Spremberg - 95 cm und 19 kg mit Boilie

Aland
2006 im Gnevesdorfer Vorfluter - 54 cm und 2,28 kg mit Made
(3,6 kg, 71 cm, 1972)

Silberkarpfen
2012 im Großem - 124 cm und 22 kg mit Spinner

Güster
2006 im Teltow-Kanal - 47 cm und 1,1 kg mit Rotwurmbündel

Regenbogenforelle
2005 in der Kiesgrube bei Saalow - 60 cm und 2,2 kg mit Tauwurm

Barbe
2014 in der Neiße - 76 cm und 3,85 kg mit Tauwurm
(5,82 kg, 80 cm, 1983)

Nachtrag:
Gras-Marmor- und Silberkarpfen wurden in der DDR Mitte der sechziger Jahre des vorigen Jahrhunderts aus der Sowjetunion und Polen eingebürgert bzw. ausgesetzt, um die Wasserqualität in nährstoffreichen Seen durch die Vertilgung des Planktons und übermäßiger Wasserpflanzenbestände zu verbessern und zugleich an weiteres Angebot an Fischfleisch zur Verfügung zu stellen - s. Größe und Gewicht. Aber die Erwartungen wurden nicht erfüllt. Heute haben wir es nur noch mit überalterten Restbeständen zu tun.

Die Fische des Jahres
Der Fisch des Jahres in Deutschland wird seit 1984 gekürt. Bis 1990 von der Petri-Stiftung, ab dann durch den Verband Deutscher Sportfischer e. V. (VDSF), seit 2013 im Ergebnis mit der Vereinigung mit dem DAV (früher DDR) vom Deutschen Angelfischerverband (DAFV).
1984 Bachschmerle (s. hier Schmerle)
1985 Bitterling

1986 Schneider
1987 Europäischer Schlammpeizger
1988 Bachneunauge und Flussneunauge
1989 Groppe
1990 Bachforelle
1991 Elritze
1992 Atlantischer Lachs
1993 Kabeljau
1994 Nase
1995 Europäischer Aal
1996 Meerforelle
1997 Europäische Äsche
1998 Strömer (kleiner stark gefährdeter Karpfenfisch)
1999 Nordseeschnäpel (ausgestorben)
2000 Atlantischer Lachs
2001 Europäischer Stör
2002 Quappe
2003 Barbe
2004 Maifisch
2005 Bachforelle
2006 Groppe
2007 Schleie
2008 Bitterling
2009 Europäischer Aal
2010 Karausche
2011 Äsche
2012 Neunaugen
2013 Forelle
2014 Europäischer Stör
2015 Huchen
2016 Hecht
2017 Flunder
2018 Dreistachlicher Stichling
2019 Atlantischer Lachs

Nachwort

Liebe Leserin und lieber Leser,
damit beenden wir diese Plauderrunde. Als dieses Buch begann, hätte ich selbst nicht gedacht, wie viel ich dazu lernen würde. Ich hoffe, Ihnen erging es ähnlich, Sie hatten ein wenig Spaß und sind angeregt, noch mehr über unsere einheimischen Fische zu erfahren. Zum Beispiel ähneln sich und werden manchmal verwechselt Rotfeder und Plötze, Ukelei und Moderlieschen, Karausche und Giebel, Güster und Blei, Döbel und Aland.

Wodurch bzw. wie sind sie zu unterscheiden? Das wäre doch eine interessante Aufgabe für den Schulunterricht. Ob sich hierfür auch dieser oder jener Kinderreim eignet? Vielleicht haben Sie Lust, dieses und jenes aus dem Buch in der Familie, Freunden und Bekannten weiter zu erzählen oder eben Butter bei die Fische zu tun. Denn dies - nicht mehr und nicht weniger - ist der Sinn unserer Plauderei und damit die Absicht dieses Buches. Sollte es gut genug sein für ein Geschenk, würde ich mich ganz besonders freuen.

In diesem Sinne wünsche ich Ihnen viel Gesundheit, den Petrijüngern einen guten Fang, allen leckere Fischgerichte und - wo und wie auch immer - manches Aha-Erlebnis mit unseren einheimischen Fischen und schließe:

Morgenstund hat Fisch im Mund.
Abendstund nicht minder.
Angeln ist ja so gesund
für Große und für Kinder.

P.S.
2015 erschien bei Hoffmann und Campe ein Buch von Max Scharnigg "Die Stille vor dem Biss Angeln Eine rätselhafte Passion". Unter der Überschrift "Fischwissen in der Bevölkerung" schreibt er ganz auch in meinem Sinne:

Jeder, der halbwegs volljährig ist, kann einen Dackel von einem Schäferhund, einen Pudel von einem Pitbull unterscheiden. Aber wehe, man fragt die Menschen mal an der Fischtheke, was da so im Eis vor ihnen liegt, da geht es wüst durcheinander. In dem gleichen Maße, wie die Empathie mit dem abnimmt, was sich unter der Wasseroberfläche tummelt, nimmt offenbar auch das diesbezügliche Allgemeinwissen ab. Das ist schon deshalb seltsam, weil die Menschen ja ständig Fisch essen. Es wäre kulinarisch durchaus brauchbar, das ein oder andere Detail zu kennen oder wenigstens bei der Artenbestimmung nicht ganz im Trüben zu stochern.

Da dachte ich mir, vielleicht könnte dein Buch doch für diesen oder jenen eine Hilfe sein.
Und erst recht, als ich im März 2016 eine Quizsendung sah. Der Moderator fragte, was ein Schlei sei. Die Antwort: eine Eule.

In diesem Sinne ein freundliches und kräftiges Petri Heil !

Dr. Dieter Mechtel

Jahrgang 1944, Journalist, PR-Berater und Autor, so 2013 das Buch "Wie die Fische in den Himmel kamen" (Anglergeschichten und Gedichte) bei Edition Berolina. Seit 2001 Vizepräsident des Landesanglerverbandes Brandenburg, verantwortlich für die Öffentlichkeitsarbeit. Hier sieben Jahre Chefredakteur der Verbandszeitschrift "Der Märkische Angler" (80 000 Auflage, vierteljährliches Erscheinen) und 12 Jahre verantwortlich für die Beilage "Der Märkische Fischer".

Jetzt Mitglied des Redaktionsbeirates der Mitgliederzeitschrift und regelmäßige Veröffentlichungen. Besondere Kenntnisse über die Geschichte der Angelfischerei und ihre Darstellung in der schöngeistigen Literatur.